Zeichen der Hoffnung

Werner Trutwin

Grundfassung
Religion – Sekundarstufe I
Jahrgangsstufen 9/10

Patmos

Inhalt

Pablo Picasso (1881–1973), Taube mit Blumen, 1957.

„Mein Sohn soll in die Religion. Da lernt man ihm Benehmen."

Hallo, Schülerinnen und Schüler

Willkommen zum Religionsunterricht! Ihr alle seid herzlich eingeladen, hier mitzumachen, euch zu beteiligen, Anregungen zu geben und zu empfangen. Vielleicht fragt ihr euch, was der **Religionsunterricht** in der Schule will. Die katholischen Bischöfe Deutschlands haben vor einiger Zeit die Antwort auf eine griffige Formel gebracht. Sie sagen: Religionsunterricht ist ein ganz normales Schulfach, und doch mehr. Religion in der Schule bedeutet ein Zweifaches:

(1) „Die Freiheit zu glauben"

Der Religionsunterricht übt keinen Zwang aus. Er lässt euch nicht nur die **Freiheit** zu glauben, er tritt entschieden für diese Freiheit ein. Er geht davon aus, dass nur der einen begründeten Standpunkt in wichtigen Lebensfragen findet, der sich frei darum bemühen kann. Dazu findet ihr hier eine Chance. Was euch wichtig ist, könnt ihr hier offen zur Sprache bringen und miteinander prüfen. Diejenigen Schülerinnen und Schüler, die Christen sind, können dabei ihren **Glauben** vertiefen. Diejenigen, die dem Christentum fern stehen oder es ablehnen, werden mehr und mehr verstehen lernen, was es heißt zu glauben (→ WdG S. 12 ff). Alle können dabei miteinander ins Gespräch kommen.
Hier kommen auch die Fragen zur Sprache, die mit dem Glauben zusammenhängen und weithin öffentlich diskutiert werden, z. B. „Liebe und Verliebtsein", das „Recht auf Leben" oder die „Bedeutung des Geldes". Der Religionsunterricht möchte dazu beitragen, dass ihr die Kompetenz für eine begründete Entscheidung gewinnt.

(2) „Das Recht zu wissen"

Im Religionsunterricht geht es auch um euer **Recht**. Ihr habt Anspruch darauf zu **wissen**, welche Bedeutung Religion schon immer hatte, wie sie heute gelebt wird, welche Rolle sie für die Zukunft spielen kann, warum sie wichtig ist. Hier erfahrt ihr etwas über das Christentum, seinen Anspruch, seine Gestalten und Wirkung auf unsere Welt. Hier hört ihr etwas von seiner unerhörten Botschaft, die nachdenklich und froh zugleich machen will.
Hier könnt ihr euch darüber hinaus auch ein Grundwissen über die anderen Religionen erarbeiten, die das Leben von unzähligen Menschen bei uns und weltweit überall bestimmen.

Wenn ihr in diesem Buch etwas findet, das ihr nicht versteht, worüber ihr anders denkt oder das falsch ist, wenn ihr etwas überflüssig findet oder euch etwas fehlt, so könnt ihr mir schreiben. Jede **Kritik** wird ernst genommen. Ihr bekommt auf jeden Fall eine Antwort. Die Adresse: Bayerischer Schulbuchverlag, Rosenheimer Str. 145, 81671 München.
Nun wünsche ich euch, dass ihr gute Erfahrungen mit dem Religionsunterricht macht.

euer Werner Trutwin

Religion in der Schule:
Die Freiheit zu glauben
Das Recht zu wissen

cu@reli

Von allem kann man etwas lernen

Ein Rabbi sagte einst zu seinem Schüler: „Von allem kann man etwas lernen, von den Dingen, die Gott geschaffen hat und auch von dem, was der Mensch gemacht hat."

Der Schüler fragte zweifelnd zurück: „Was können wir von der Eisenbahn lernen?" „Dass man um eines Augenblicks willen alles verpassen kann." „Und vom Fernschreiber?" „Dass jedes Wort gezählt und berechnet wird." „Und vom Telefon?" „Dass man dort hört, was hier gesprochen wird."

Martin Buber

Anregungen zum Religionsunterricht

1 Notiert auf einem Blatt, was der Religionsunterricht auf jeden Fall berücksichtigen oder vermeiden sollte. Ihr könnt auch in Zukunft eure Wünsche, Fragen und Anregungen, die nicht sofort behandelt werden können, aufschreiben und in einen **„Briefkasten"** legen. Eure Religionslehrerinnen und Religionslehrer werden gewiss darauf eingehen.

2 Ein bewährter Vorschlag für alle künftigen Stunden: Am Anfang jeder Stunde könnte ein kurzes **Bibelwort** stehen, über das ihr still einen Moment nachdenkt. Es soll abwechselnd von allen Schülerinnen und Schülern – evtl. in alphabetischer Reihenfolge – zu Hause ausgesucht und in der Klasse vorgelesen werden. Sein Motto könnte lauten: „Ein Bibelwort, das mir gefällt." Oder: „Ein Text, der mir zu denken gibt." Ihr werdet erstaunt sein, was alles in der Bibel steht. In ein Bibelheft der Klasse könnt ihr die vorgetragenen Bibelstellen (in Abkürzung, z. B. Mk 1, 14: Õ M3) eintragen sowie Datum und vorlesende Person festhalten.

3 Wahrscheinlich habt ihr ganz **verschiedene Einstellungen** zu Religion, Kirche und Glauben. Ist diese Vielfalt ein Problem oder eine Chance für den Unterricht?

Zur Arbeit mit „Zeichen der Hoffnung"

- Ihr solltet **nicht** mit dem ersten Kapitel anfangen und dann alle Kapitel **der Reihe nach** durchgehen, bis ihr an den Schluss kommt.
- Die **längeren Kapitel** könnt ihr aufteilen und einzelne Abschnitte zu verschiedenen Zeiten bearbeiten.
- Die erste **Doppelseite** führt jeweils in das Kapitel ein.

Abkürzungen im Buch

A zeigt euch **Aufgaben/Arbeit** an, bei denen ihr eine **Auswahl** treffen müsst. Sonst kämt ihr auch nach zwei Schuljahren an kein Ende. Besser ist es noch, dass ihr euch selber Aufgaben ausdenkt, die zum Thema passen.

L ist ein kleiner **Lexikonartikel**, der wichtige Informationen zum Thema bietet (→ S. 236).

B gibt Hilfen für den Zugang zu einem **Bild** (→ S. 237).

P regt zu einem größeren **Projekt** an (→ S. 232, 237).

M1–M10 macht darauf aufmerksam, dass ihr im **Methodenteil** (→ S. 230–235) Arbeitsanleitungen und Hilfen zum selbstständigen Lernen findet.

Verweise auf die vorangehenden Bände des Unterrichtswerks:

ZdF → „Zeit der Freude" (5/6),
WdG → „Wege des Glaubens" (7/8)

Zeichen der Hoffnung

Vincent van Gogh *hat einige seiner wichtigsten Werke in einer Irrenanstalt geschaffen. Hier erlitt er mehrere quälende Anfälle. Bis heute weiß man nicht, worin seine Krankheit bestand. Zu den bedeutendsten Bildern dieser Zeit gehört auch die* ***„Sternennacht“****. Damals schrieb er seinem Bruder Theo:*

„Dies hält mich nicht davon ab, ein unbändiges Verlangen – soll ich das Wort sagen? – nach Religion zu haben. Dann gehe ich in die Nacht hinaus, um die Sterne zu malen.“

Vincent van Gogh (1853–1890), Sternennacht, 1889.
*Der heute in der ganzen Welt geschätzte Maler **Vincent van Gogh** ging kurz vor seinem Tod 1889 im Alter von 36 Jahren freiwillig in die Irrenanstalt von Saint-Rémy (Südfrankreich), weil er nach vielen Misserfolgen seine Einsamkeit nicht mehr ertragen konnte. Er fühlte sich als Künstler nirgends anerkannt und hatte bis dahin kaum ein Bild verkaufen können. Sein einstmals starker Glaube war ins Wanken geraten, aber er bewunderte auch jetzt noch Gottes Schöpfung und nannte Christus den größten Künstler.*

Die Sterne leuchten in der Nacht

1 Lasst dieses Bild zuerst einige Minuten ruhig auf euch wirken und sammelt eure **Eindrücke**. Zur Bildbetrachtung: → **M5**.

2 Welche **Einzelheiten** könnt ihr unten, in der Mitte und oben, rechts und links erkennen? Welche Bedeutung schreibt ihr ihnen zu?

3 Welche **Wirkung** geht von dem Bild aus?

4 Was meint ihr – hat das Bild etwas mit dem **Leben der Künstlers** zu tun? Was sagt es über das menschliche Leben?

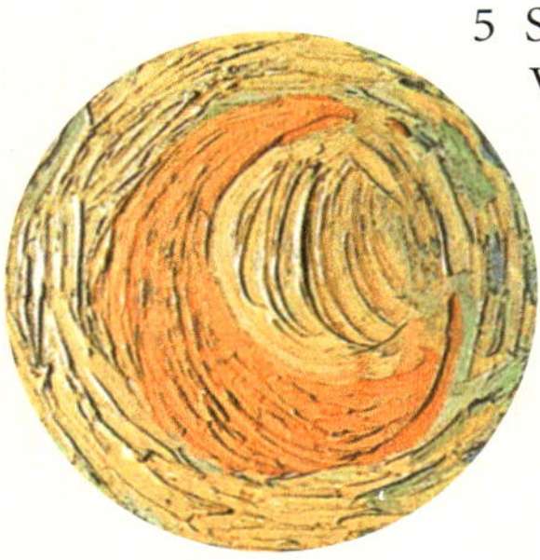

5 Schreibt einen kleinen **Text**: Van Goghs „Sternennacht" – ein Zeichen der Hoffnung.

6 **Malt** auch selbst ein Bild, auf dem ihr zeigt, wie ihr euch Hoffnung vorstellt und was ihr von ihr haltet.

Zeichen der Hoffnung

Lesen | Fragen | Denken | Interviewen | Suchen | Gestalten | Präsentieren

1 Schreibt einen **Brief**, in dem ihr formuliert, was ihr euch für den Tag, die Woche, das Jahr, das Jahrzehnt, das ganze Leben erhofft.

2 Hoffnung wird oft in **Bildern und Symbolen** ausgedrückt, z. B. eine blühende Blume, die aufgehende Sonne, ein Anker, ein Leuchtturm, die grüne Farbe. Stellt solche Hoffnungsbilder zusammen und heftet sie an eine Pinnwand.

3 Stellt in einer Liste zusammen, wo ihr das Thema Hoffnung im **Fernsehen, Film, Musik** etc. findet. Um welche Hoffnung geht es dabei jeweils? Welches Hoffnungslied gefällt euch besonders?

4 Stellt zusammen, wo ihr auf dem Warenmarkt auf **Angebote der Hoffnung** stoßt, z. B. Reiseprospekte, Kinoplakate, Kosmetikgeschäfte, ... Was haltet ihr von diesen Angeboten?

Vorschau

Zum Leben brauchen wir mehr als nur Essen und Trinken, Wohnung und Kleidung, Geld und Personalausweis, Arbeit und Freizeit, Recht und Freiheit. Selbst wenn wir das alles hätten, wären wir arm, wenn wir ohne Hoffnung leben müssten. Wir brauchen **Zeichen der Hoffnung**. Aber es ist nicht immer einfach, in unserer Welt Zeichen der Hoffnung zu finden.
Unendlich viele Menschen finden im christlichen Glauben verlässliche Zeichen der Hoffnung. Das war früher so. Das ist heute so.

L **Hoffnung** ist auf die **Zukunft** bezogen. Sie durchbricht unsere Gegenwart und macht uns offen für das, was noch nicht ist. In der Hoffnung träumen wir nach vorwärts. Wenn wir hoffen, erwarten wir, dass das, was auf uns zukommt, für uns gut ist. Hoffnung kann glücklich machen.

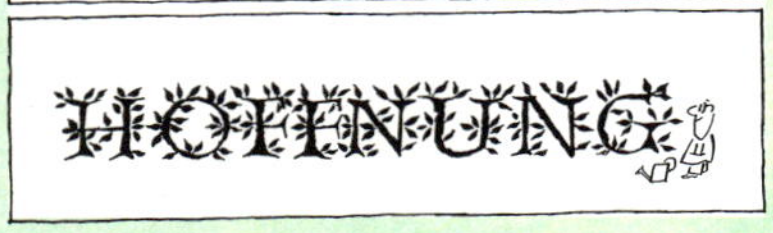

A

1 Warum kann das **Lächeln** des Clowns das traurige Mädchen zum Lächeln bringen?

2 Was haltet ihr von dem Sprichwort: **„Lachen ist gesund"**?

3 Welche verschiedenen **Arten des Lachens** kennt ihr? Welche sind Zeichen der Hoffnung, welche nicht?

4 Erfindet eine **Geschichte** zu dem Thema: Einer, der auszog, das Hoffen zu lernen.

5 Sucht Beispiele dafür, wann eine Hoffnung **vernünftig** und wann sie **unvernünftig** ist.

1. Quelle des Lebens

Die Hoffnung stirbt zuletzt – Sprichwörter

- Das größte Glück der Sterblichen bleibt immer Hoffnung.
- Solange ich atme, hoffe ich.
- Wer hofft, ist sich selbst immer um ein paar Schritte voraus.
- Hoffentlich wird es nicht so schlimm, wie es ist.
- Hoffnungen gleichen den Wolken: einige ziehen vorüber, andere geben Regen.

Für die Hoffnung lächeln

Es waren einmal ein schönes Mädchen, ein Clown und ein Lächeln. Dem Mädchen war eine letzte große Hoffnung zerronnen; vielleicht hatte ein lieber Mensch es für immer verlassen. So saßen sie nebeneinander. Das Mädchen weinte, und der Clown dachte nach. Auf einmal nahm der Clown den Kopf des Mädchens in seine Hände und drehte das verweinte Gesicht so, dass er ihm in die Augen schauen konnte. Dann ließ er los, legte seine zwei Zeigefinger an seine eigenen Mundwinkel und schob sie nach oben, so dass auf seinem Gesicht ein Lächeln entstand. Da lächelte das Mädchen ebenfalls. Wenn es auch sein Leid nicht vergessen konnte, so lag in seinem Lächeln doch eine Hoffnung, die stärker war als sein Schmerz. Ob der Clown seine Hände zu Hilfe nahm, weil auch er ohne ihre mechanische Hilfe nicht zu lächeln vermochte? Oder ob er mit dieser Geste sagen wollte: „Wenn du keinen Grund zum Lächeln hast, dann gibt es doch noch einen – das Lächeln selbst!"? Wir wissen es nicht. Wir wissen nur: Dieses Lächeln glich der Sonne, die nach tagelangem Regen zum ersten Male wieder durch die Wolken dringt. Es war das schönste Lächeln eines großen Clowns. Er hieß Charlie Chaplin.

Eduard Dietl

Hoffnung wächst in mir

seit ich spüre, dass ich leiden kann,
ohne daran zu zerbrechen ...
seit ich nicht mehr wegschauen muss,
wenn ich Trauriges und Schwaches in mir entdecke,
sondern annehmen kann, dass ich das bin ...
seit ich die Kraft in mir zulasse,
die sich oft in Wut äußert,
aber auch schon im Vertrauen zum Leben ...
seit ich erfahren habe,
dass ich nicht große Pläne machen muss,
sondern einfach hinhören und spüren, was jetzt ist ...
seit ich Gott nicht mehr außen suche,
sondern in mir,
in meinem Herzen,
seit ich entdecke,
wie viele mit mir auf dem Weg sind.

Christa Straub

Marc Chagall (1887–1985), Über der Stadt, 1914–1918.

Die Bibel – ein Buch das Hoffnung macht

- Gott, du bist der Retter der Hoffnungslosen. *Jdt 9, 11*
- Herr, mein Gott, du bist meine Zuversicht, meine Hoffnung von Jugend auf. *Ps 71, 5*
- Hingehaltene Hoffnung macht das Herz krank. *Spr 134, 12*
- Hoffe auf Gottes Licht. *Sir 11, 21*
- Ich will euch Zukunft und Hoffnung geben. *Jer 29, 11*
- Bewahre die Liebe und das Recht, und hoffe immer auf deinen Gott. *Hos 12, 7*
- Die Schöpfung ist der Vergänglichkeit unterworfen, nicht aus eigenem Willen, sondern durch den, der sie unterworfen hat; aber zugleich gab er ihr Hoffnung. *Röm 8, 20*
- Hoffnung, die man schon erfüllt sieht, ist keine Hoffnung. *Röm 8, 24*
- Seid fröhlich in der Hoffnung. *Röm 12, 12*
- Die Liebe erträgt alles, glaubt alles, hofft alles. *1 Kor 13, 7*
- Für jetzt bleiben Glaube, Hoffnung, Liebe, diese drei. Doch am größten unter ihnen ist die Liebe. *1 Kor 13, 13*
- Christus ist unter euch, er ist die Hoffnung auf Herrlichkeit. *Kol 1, 27*
- Seid stets bereit, jedem Rede und Antwort zu geben, der nach der Hoffnung fragt, die euch erfüllt. *1 Petr 3, 15*

A

1 Gestaltet ein biblisches Hoffnungswort in schöner Schrift und mit einem passenden Symbol auf einem **Schmuckblatt** und schenkt es jemandem, der wenig Hoffnung hat.

2 Macht eine Aufstellung darüber, was **ihr** (1) für euch persönlich, (2) für andere und (3) für die Welt

... von der Zukunft erhofft

... von der Zukunft befürchtet.

Was überwiegt da: Hoffnung oder Befürchtung?

3 Mit der **Zukunft** beschäftigen sich die Zukunftsforscher, die Politiker, die Wirtschaftsplaner, die Esoteriker, Science-Fiction-Autoren, die Wahrsager (→ WdG S. 192 ff). Was wollen sie alle? Wie unterscheiden sie sich?

4 Was würdet ihr einer Freundin, einem Freund schreiben, die/der der **Verzweiflung** nahe ist? Welche Hilfe könntet ihr anbieten?

2. Utopien – Bilder einer besseren Welt

L **„Utopien“** sind Zukunftsbilder einer besseren menschlichen Gesellschaft.

Das Wort **Utopie** (von griech.: „ou topos“) bedeutet „nicht Ort“, „kein Ort“, „Nirgendland“. Es meint das Bild einer Welt, die noch nirgends einen Ort hat, die aber in Zukunft einen Ort haben sollte.

Utopien weisen in eine doppelte Richtung. Sie sind (1) **Kritik** an den bestehenden Verhältnissen und (2) **Perspektiven** für eine bessere Welt. Sie wollen zeigen, wohin die Menschheit eigentlich gehen müsste.

Der ideale Staat

Eine der ältesten Utopien stammt von dem griechischen Philosophen **Platon** (427–347 vC). In seinem Werk „Politeia“ (griech.: „Der Staat“) dachte er über einen idealen Staat nach, der anders sein sollte als die realen Staaten, die er kannte. Hier sollten **vier Tugenden** lebendig sein:

1. die **Mäßigung**, damit nicht durch Gier und Habsucht alles zerstört wird
2. die **Tapferkeit**, die sich kraftvoll für das Gute gegen das Böse einsetzt
3. die **Klugheit**, die bedächtig und besonnen handelt
4. die **Gerechtigkeit**, die jedem das Seine zukommen lässt.

Berühmt ist Platons These, dass es in der Politik kein Ende des Unglücks gebe, wenn nicht die **Philosophen** in einem Staat die **Könige** würden. Er meint damit, dass Leute, die ein hohes Amt innehaben, sich bemühen müssen, Einsicht in das Gute zu finden und das Gute in die Wirklichkeit umzusetzen. Sie dürfen in der Politik nicht die eigenen Interessen verfolgen.

Ein irdisches Paradies anzustreben
ist entweder Dummheit –
oder Sünde.

Wolf Biermann

A

1 Sucht je ein Beispiel und Gegenbeispiel für die vier Tugenden **Platons** in der Politik. Zu den sieben Todsünden: → S. 48.

2 Diskutiert die Vor- und Nachteile einer Gütergemeinschaft in Utopia des **Thomas Morus**. In welchen christlichen Gemeinschaften wird sie seit Jahrhunderten praktiziert? Lest dazu auch Apg 4, 32–37.

3 Was müsste heute geschehen, um **Kants** ewigen Frieden zu sichern? Warum ist das Problem trotz schrecklicher Kriegserfahrungen bis heute nicht zufriedenstellend gelöst? → S. 148 f.

4 Was haben die Voraussagen von **Karl Marx** bewirkt? Warum haben sie sich nicht erfüllt?

Das Land Utopia

Thomas Morus (1477/78–1535; → WdG S. 136), christlicher Staatsmann in England, ist der Verfasser einer Schrift, die **„Utopia“** heißt. Das Wort wurde von ihm geprägt. Es hat bei ihm einen Bezug zum Weihnachtsevangelium, wo davon die Rede ist, dass für Maria und Josef in der Herberge „kein Platz“ war (Lk 2, 7). Seine Schrift spielt im Land Utopia („Nirgendland“), wo König Ademos (von griech.: = „Ohnevolk“) herrscht. Sie kann als Appell an das christliche Gewissen gedeutet werden. Thomas Morus kritisiert nicht einzelne Zustände bei den Herrschern, Bauern oder Familien, sondern die Ordnung des Staates selbst, die sich vor allem in den Eigentumsverhältnissen zeigt. In seinem Staat soll die Neigung der Menschen, nur für den eigenen Nutzen zu sorgen, keinen Platz mehr haben. Er tritt für **Gütergemeinschaft** ein. Alle sollen das Gleiche besitzen. Dann gibt es **keine Armen und Bettler** mehr, und obwohl keiner etwas besitzt, sind doch alle reich. Jeder kann frohen Herzens leben und braucht sich nicht um sein tägliches Brot zu kümmern. Die Eheleute streiten sich nicht mehr ums Geld, und Eltern brauchen sich nicht um den Beruf des Sohnes oder die Aussteuer der Tochter zu sorgen. Selbst für die Arbeitsunfähigen wird das Leben besser sein.

Zum ewigen Frieden

Der Philosoph **Immanuel Kant** (1724–1804) hat 1795 die Schrift „Zum ewigen Frieden" veröffentlicht. Er ist davon überzeugt, dass der Frieden unter den Menschen durch ihre **radikale Bösartigkeit** gefährdet ist. Nur Grundsätze des Rechts und der Moral könnten den Frieden auf Dauer sichern. Wenn man sich unter den Staaten an das Recht hält, das allerdings nie ganz zu verwirklichen ist, bleibt der Friede keine leere Idee, sondern wird zu einer Aufgabe, die allmählich lösbar wird. Kants Utopie vom **friedenssichernden Rechtsstaat** hat die moderne Demokratie stark beeinflusst.

Das Paradies auf Erden

Karl Marx (1818–1883) sah in der bisherigen Geschichte eine Abfolge von Klassenkämpfen. Schon immer hätten Sklaven gegen ihre Herren gekämpft. Er meinte, dass die Spannung zwischen den ausbeutenden **Kapitalisten** und den ausgebeuteten **Proletariern** unweigerlich zu einem letzten Klassenkampf führe. Am Ende werde der Sieg der Proletarier zu einer **kommunistischen** (lat. „gemeinsam", „gemeinschaftlich") **Gesellschaft** führen. Dann werde die Geschichte in ihre letzte Phase eintreten. Die wichtigsten Produktionsmittel wie Fabriken und Rohstoffe sollten nicht Privateigentum – die Wurzel alles Bösen –, sondern Gesellschaftseigentum sein. Marx erwartete auch, dass die **Religion** bald absterben werde. Die Religion vertröste die Armen auf das Jenseits und mache sie für das Diesseits lebensunfähig. Sie ermögliche es den Kapitalisten, ungehindert zu schalten und zu walten. Es sei für die Ausgebeuteten an der Zeit, sich von der Religion zu befreien, die Hoffnung auf ein Jenseits aufzugeben und alle Kräfte für ein **Paradies auf Erden** zu mobilisieren.

A Utopien – nützlich oder schädlich?

1 Erarbeitet in Gruppen die vier **Zukunftsentwürfe** an diesen oder ähnlichen Fragen:

- Was sind die **Hauptthesen**? Wie denken sie vom Einzelnen, wie von der Gesellschaft? Was ist für sie „das Böse" und „das Gute"? Was muss sich ändern? Was ist das Ziel der Entwicklung?
- Warum sind sie bis heute **nicht realisiert**?
- **Prüft** die folgenden Auffassungen an den vorgegebenen Beispielen:

  ... Utopien sind **nützlich**, um die bestehenden Verhältnisse zu verbessern.

  ... Utopien sind **gefährlich**, da sie zu Gewaltanwendung und Totalitarismus tendieren. Ihre Anhänger sind allzu oft geneigt, das, was sie für gut halten, mit allen Mitteln durchzusetzen.

2 Bruchstücke zu einer **Utopie von der Kirche**: → S. 145.

3 Entwerft selber Grundzüge einer **Utopie für eine bessere Welt**.

Pablo Picasso (1881–1973), Die vier Weltteile, 1952.

Man kann auch das Christentum als eine große **Utopie** bezeichnen, weil es auf eine gute Zukunft hofft, die Gott herbeiführen wird. **Gott** ist der feste Grund dieser Hoffnung. Darin stützt es sich auf **Jesus**, der selbst eine unvergleichliche Gestalt der Hoffnung ist. Viele Menschen haben dieser Botschaft seit 2000 Jahren vertraut.

Die **Bibel** (→ S. 9) spricht von ihrer großen **Hoffnung** in vielen Bildern. Manche sind heute nicht einfach zu verstehen, weil sie nicht aus unserer Alltagswelt kommen. Jesus spricht vom **„Reich Gottes"** (→ WdG S. 93), von der **„Auferweckung von den Toten"** (→ WdG S. 124 ff), vom **„Ewigen Leben"** (→ WdG S. 126 f). Am besten lässt sich die christliche Hoffnung in einem einzigen Wort zusammenfassen: **„Gott"**.

3. Botschaft der Hoffnung

Über die christliche Hoffnung

Die Hoffnung der Christen hat – ähnlich wie die Hoffnung der Juden – eine **dreifache Dimension**:

- Die **„persönliche" Hoffnung** der Christen bezieht sich auf ihren Alltag. Wie andere Menschen hoffen sie, dass sie satt und glücklich werden, lernen können, Erfolg im Leben haben und Liebe erfahren.
- Die **„gesellschaftliche" Hoffnung** bezieht sich auf die Welt. Christen hoffen auf Frieden, Gerechtigkeit, Bewahrung der Schöpfung.
- Die **„religiöse" Hoffnung** der Christen reicht über die Welt und Zeit hinaus. Christen hoffen, dass Gott letztlich dafür sorgen wird, dass alle Tränen getrocknet und alle Menschen heil sein werden (→ S. 44 f).

Über die Utopien

Wo die großen Utopien mit der christlichen Hoffnung übereinkommen, sind sie Verbündete der Christen. Wo Utopien aber alles Glück allein von menschlicher Anstrengung erwarten, erheben Christen Einspruch. Sie glauben, dass Menschen nicht das Paradies auf Erden schaffen, leidfreies Glück und dauerndes Heil bewirken können. Die Erfüllung all unserer Hoffnungen ist nicht schon in diesem Leben möglich, sondern wird von Gott bewirkt.

Marc Chagall (1887–1985), Noach unter dem Regenbogen, nicht datiert.

Giotto di Bondone (1267–1337), Auferweckung des Lazarus, 1302–1305.

Hoffnung über den Tod hinaus

Das Johannesevangelium erzählt in einer ausführlichen Bildgeschichte, dass Lazarus, ein Freund Jesu, in dem Dorf Betanien gestorben und schon drei Tage im Grab ist, als Jesus in den Ort kommt. Seine beiden Schwestern Maria und Marta sprechen voll Trauer über seinen Tod und führen ihn an das Grab ihres Bruders.

39 Jesus sagte: Nehmt den Stein weg! Marta, die Schwester des Verstorbenen entgegnete ihm: Herr, er riecht aber schon, denn es ist bereits der vierte Tag.
40 Jesus sagte zu ihr: Habe ich dir nicht gesagt: Wenn du glaubst, wirst du die Herrlichkeit Gottes sehen?
41 Da nahmen sie den Stein weg. Jesus aber erhob seine Augen und sprach: Vater, ich danke dir, dass du mich erhört hast.
42 Ich wusste, dass du mich immer erhörst, aber wegen der Menge, die um mich herum steht, habe ich es gesagt; denn sie sollen glauben, dass du mich gesandt hast.
43 Nachdem er dies gesagt hatte, rief er mit lauter Stimme: Lazarus, komm heraus!
44 Da kam der Verstorbene heraus; seine Füße und Hände waren mit Binden umwickelt, und sein Gesicht war mit einem Schweißtuch umhüllt. Jesus sagte zu ihnen: Löst ihm die Binden und lasst ihn weggehen!

aus dem Evangelium nach Johannes 11, 39–44

A Die christliche Hoffnung übersteigt alle Hoffnungen

1. Zur Arbeit mit dem **Text**: → **M4**; zum Verständnis der Wunder Jesu: → WdG S. 90 ff.
2. Warum und wie kann man die Erzählung von der **Auferweckung des Lazarus** als eine Geschichte vom Hoffnungsweg jedes Christen lesen?
3. Zeigt an einem **Gleichnis oder Wunder** eurer Wahl, wie die Reich-Gottes-Botschaft Jesu den Menschen Hoffnung machen kann. Zu Einzelheiten: → ZdF S. 126 ff und WdG S. 90 ff.
4. Überlegt, wie **ihr selber** Schülerinnen und Schülern eurer Klasse oder anderen Menschen Hoffnung schenken könnt.
5. Warum fällt es vielen Menschen schwer, im **Christentum** ein Angebot der Hoffnung zu sehen?

> **L** **Martin Luther King** hat sich für die Gleichberechtigung der farbigen Bevölkerung in den USA eingesetzt. Er las die Bibel als Hoffnungsbotschaft für die Armen, Unterdrückten und Unterprivilegierten. Tief beeindruckt war er auch von Gandhi (→ S. 208), der den Kampf um die Befreiung Indiens mit der Methode der Gewaltlosigkeit (→ S. 154) geführt hatte. Er sagte einmal: „Christus schuf mir den Geist und die Motivierung, Gandhi gab mir die Methode." Gewaltlosigkeit war für ihn nicht Schwäche, sondern die stärkste Waffe.

Wir sind alle Kinder Gottes.
Weiße und Schwarze, Katholiken, Protestanten, Juden, Ungläubige, Heiden.

Inschrift auf dem Grabstein von Martin Luther King

4. Ein hoffnungsvoller Christ

Martin Luther King

Ein Christ, der aus der Hoffnungsbotschaft der Bibel lebte, war der farbige amerikanische Baptistenpfarrer **Martin Luther King** (1929–1968). Er kam aus dem amerikanischen Süden, war zugleich gemütvoll, leidenschaftlich und hochintelligent, sang voller Inbrunst die Spirituals der Farbigen, tanzte ebenso gern wie er philosophische Bücher las. Zudem war er auf unkomplizierte Art fromm. In Coretta Scott fand er eine hochgebildete und zugleich mutige Ehefrau, die ihn tatkräftig unterstützte.

Martin Luther King, 1963 auf einer Demonstration in Washington.

In den 50er Jahren trat er der Bürgerrechtsbewegung bei, die für die Gleichstellung der Farbigen in den USA kämpfte. Mit viel Phantasie setzte er sich zuerst dafür ein, dass die Farbigen in städtischen Autobussen mitfahren und in Restaurants sitzen durften. Dabei unterlief er gezielt damals noch gültige Gesetze, indem er die Farbigen dazu bewog, für sie verbotene Busplätze einzunehmen und sich in Gasthäusern einfach an einen nur für Weiße reservierten Tisch zu setzen. Für diesen zivilen Ungehorsam kam er mehrfach ins Gefängnis. Schließlich führte er seinen Kampf dafür, dass die Farbigen auch an den Wahlen teilnehmen konnten. Er organisierte Massendemonstrationen gegen ihre Diskriminierung. Dabei hielt er hinreißende Reden, die im Fernsehen weltweit übertragen wurden und auch Präsident Kennedy beeindruckten. Die Verabschiedung der Bürgerrechtsgesetze von 1964 und 1965 wäre ohne ihn nicht zustande gekommen.

Astrid Klein (geb. 1951), I had a dream, 2001.

Martin Luther King hatte viele Gegner. Von radikalen Gruppen der Farbigen („Black Panther") wurde er bekämpft, weil er keine Gewalt anwenden wollte. Viele Weiße hassten ihn, weil sie fürchteten, alte Vorrechte zu verlieren. Für sein Wirken erhielt er 1964 den Friedensnobelpreis. 1968 wurde er in Memphis von einem Weißen erschossen. Manche bejubelten seinen Tod, doch die Trauer war größer.

Ich träume davon

Ich träume davon, dass eines Tages die Menschen sich erheben und einsehen werden, dass sie geschaffen sind, um als Brüder miteinander zu leben. ... Ich träume davon, dass eines Tages alle Schwarzen in diesem Land und alle Farbigen in der ganzen Welt aufgrund ihres Charakters und nicht ihrer Hautfarbe beurteilt werden und dass jeder Mensch die Würde und den Wert der menschlichen Persönlichkeit achten wird. ... Ich träume davon, dass eines Tages die Söhne früherer Sklaven und die Söhne früherer Sklavenhalter zusammen an einem Tisch sitzen können. ... Ich träume davon, dass Brüderlichkeit mehr sein wird als ein paar Worte am Ende eines Gebets, vielmehr das vordringliche Anliegen im Handeln jedes Gesetzgebers. ... Ich träume auch heute noch davon, dass in all unsere Parlamentsgebäude und Rathäuser Männer gewählt und einziehen werden, die Gerechtigkeit und Gnade üben und demütig sind vor ihrem Gott. ... Ich träume auch heute noch davon, dass eines Tages der Krieg ein Ende nehmen wird. ... Ich träume auch heute davon, dass eines Tages die Herrlichkeit des Herrn offenbar werden wird und alle Menschen sie schauen werden.

Martin Luther King

Die letzte Ansprache

In der letzten Ansprache, die Martin Luther King 1968 vor der Gemeinde der Farbigen in Memphis hielt, heißt es:

Nun, ich weiß nicht, was jetzt geschehen wird. Wir haben einige schwierige Tage vor uns, aber das kümmert mich jetzt nicht mehr. Ich bin auf dem Berggipfel gewesen. Wie jeder andere möchte ich ein langes Leben leben. Es ist schon etwas dran an einem langen Leben. Aber ich sorge mich nicht mehr darüber. Ich möchte nur Gottes Willen ausführen. Der Herr hat mir erlaubt den Berg zu besteigen. Ich habe hinuntergesehen und ich sah das Gelobte Land. Vielleicht komme ich nicht mehr mit euch dorthin.
Aber ich möchte, dass ihr heute Nacht wisst, dass wir als Volk das Gelobte Land erreichen werden. Deswegen bin ich heute Abend glücklich. Ich mache mir über nichts Sorgen. Ich fürchte niemanden. Meine Augen haben die Glorie der Ankunft des Herrn gesehen.

A

1 Stellt die Inhalte des **Traums** zusammen, von denen Martin Luther King spricht. Welche sind noch heute nur Traum?

2 Was müsste geschehen, um aus allen Träumen Kings **Realität** werden zu lassen?

3 Schreibt auch **selbst einen Text**: „Ich habe einen Traum, dass ... und dass ... Gestaltet daraus ein Schmuckblatt.

4 Welche **Einstellung** spricht aus der letzten Ansprache Kings?

5 Mit wem vergleicht King sich, wenn er sagt, er sei auf dem **„Berggipfel"** gewesen (Ex 19, 20)? Was meint er hier mit „gelobtem Land"?

6 Was **hofft** Martin Luther King? Worauf gründet er seine Hoffnung?

7 Warum ist Martin Luther King auch heute **aktuell**?

Ines Doujak (geb. 1959), A.C.A.B.
Die Künstlerin lebt und arbeitet in Wien. Mit ihren Fotos stellt sie Fragen wie diese: Was ist männlich? Was ist weiblich? Was ist alt? Was ist jung?

Unsichtbar unter einem Regenschirm

1 Zur **Arbeit** mit dem Bild: → **M5**.

2 Sprecht über die **Umgebung**, den Baum, den Schirm, die Person und auch über die Farben auf dem Bild.

3 Lasst die **Person** unter dem Schirm von sich erzählen. Oder sprecht mit ihr.

4 Wer kann eine **kleine Geschichte** zu diesem Bild erzählen?

5 Was hat das Bild mit der **Jugend** zu tun?

Vorschau

Ansichten einer Jugend – das können die Meinungen und Auffassungen **der** jungen Leute sein – **Innenansichten**. Wie denken und reden sie? Was halten sie für richtig, wichtig und nichtig, was nicht?
Ansichten einer Jugend – das können auch die Meinungen **über die** Jugend sein – **Außenansichten**. Was halten andere Leute von den Mädchen und Jungen?

Heute und morgen

Heute
bin ich groß
stark
und
unbesiegbar.

Ich kann
Wunder sehen
und
Träume leben.

Heute
bin ich schön
kostbar
und einzigartig.

Ich kann
Liebe spüren
und Freude feiern.

Doch schon morgen
bin ich wieder
klein
unbedeutend
und illusionslos.

Ich kann nur
Tränen säen
Sorgen ernten
und auf ein neues
Heute hoffen.

Jana

Ansichten und Aussichten

Lesen | Fragen | Denken | Interviewen | Suchen | Gestalten | Präsentieren

1 Zur Vorbereitung auf das Thema könnt ihr das Kapitel „Kein Kind mehr – noch nicht erwachsen wiederholen: → WdG S. 22 ff.

2 Stellt in Sprechblasen oder in einem Tafelanschrieb/auf einer Pinnwand einige **„Innenansichten“** und **„Außenansichten“** der Jugend zusammen.

3 Sammelt **Bilder** von Jugendlichen aus unserer Zeit in verschiedenen Situationen und Stimmungen (Fotos, Illustrierte, Bücher, eigene Zeichnungen usw.). Bearbeitet sie und macht eine Ausstellung zum Thema „Ansichten einer Jugend“.

L Weil unsere Gesellschaft **unübersichtlich, vielfältig und widersprüchlich** ist, ist auch das **Bild der Jugend** unübersichtlich, vielfältig und widersprüchlich. Wer sich auch nur flüchtig in einer 9. oder 10. Schulklasse umsieht, hat **kaum einen einigermaßen einheitlichen Typ von Mädchen oder Jungen** vor sich. Gemeinsamkeiten, die auf alle oder wenigstens die meisten zutreffen, lassen sich nicht so leicht ausmachen.

1. Verwirrend, widersprüchlich, uneinheitlich

Ein Vorwurf an die Jugendlichen

Weicheier seid ihr. Schlafmützen. Langweiler. Ihr macht euch doch überhaupt keine Gedanken. Ihr hockt da im gemachten Bett von uns Eltern, gebt das Geld aus, das ihr nicht verdient, und kümmert euch einen Teufel darum, wo das alles herkommt. Ihr wollt teure Modeartikel, Fitness, Genießen und Konsumieren. Jeder will ständig mit seinem Handy auf unsere Kosten telefonieren und sich teure Reisen von uns bezahlen lassen. Inzwischen sind wir Eltern jugendlicher als ihr selbst. Macht doch mal die Augen auf und seht, was so vorgeht in der Welt. ... Ihr seid eine Generation konfliktscheuer Anpasser. Ihr habt Angst, euer Leben selbst in die Hand zu nehmen. Ihr wollt Spaß, den andere bezahlen.

A **Was ist da typisch?**

1 Sammelt **Fingerabdrücke** eurer Mitschüler/innen und vergrößert sie (Kopierer!) auf einem Poster. Beschriftet sie z. B so: „Das ist Sven, einzigartig an ihm sind ...

2 Erstellt auf der Tafel oder auf einem großen Blatt Papier eine **Mindmap** zum Thema: Die gegenwärtige junge Generation.

3 Zu den **Texten**: → **M4**, zu den Bildern: → **M5**.

Ein Vorwurf an die Alten

Ihr Alten habt ganz auf unsere Kosten gelebt. Wie sollen wir die vielen hundert Milliarden Euroschulden, die ihr gemacht habt, später einmal bezahlen? Und dabei haben wir keine Aussicht auf eine sichere Rente! Was ist das für ein Leben, wenn die Hoffnung fehlt! Mag sein, dass ihr vor 30 Jahren eine Jugend ohne DVD, ohne Handy und Laptop hattet! Aber es war eine Jugend ohne Angst vor der Zukunft. Und wir?

Ich von der Stange

Es gibt zwei Möglichkeiten im Leben: Entweder schafft man sich seine eigene Biographie, oder man leiht sich eine. Dann trete ich in eine Partei ein, in einen Konzern, in die Gewerkschaft. Das gibt so ein „Ich von der Stange", ein Leih-Ich – das Fertighaus-Ich. Dieses Modell ist heute sehr unpopulär. Das kriegen Parteien und Gewerkschaften zu spüren – und die Kirche auch. – Man steht heute doch mehr auf der eigenen Architektur.

Christoph Clermont

Zweite Wahl sein

Ich laufe so schnell wie nie zuvor in meinem Leben.
Doch ist es nicht schnell genug.
Einer war besser, besser als ich.
Ich mache mich schön, für ihn.
Doch eine ist schöner als ich
und gewinnt seine Aufmerksamkeit.
Ich singe, so gut ich kann.
Doch jemand kann es noch besser.
Ich erzähle einen Witz.
Aber über den Witz eines anderen lacht man mehr.
All meine Anstrengungen nutzen nichts.
Es gibt immer wieder jemanden, der besser ist.
Wozu leben, wenn nur die Besten Anerkennung finden?
Bin ich etwa jemand, der zu nichts nützt?
Gibt es etwas, worin mich niemand schlagen kann?
Ich weiß es nicht.
Doch immer wieder gibt es einen, der über mir stehen wird.
Wie wichtig doch Anerkennung im Leben ist.

Anett Schmalz

Ergebnisse der neueren Jugendforschung sagen: Kennzeichnend für junge Leute sind Einstellungen wie **Offenheit, Lebensfreude, soziale Verantwortung, Hilfsbereitschaft, Leistungsbereitschaft und Neugierde.** Die Jugend ist weithin **optimistisch, distanziert und kritisch.**

Viele Beobachter stellen fest: Mädchen und Jungen begnügen sich nicht mit materiellen Dingen wie Essen und Trinken, Vergnügen und Konsum. Sie wollen größere und wichtigere Dinge erfahren und tun.

Mario A., The World is Beautiful #9, 2005.

1 Ergänzt die Sätze und diskutiert dann darüber:
- „Alle Mädchen in unserer Zeit sind ..."
- „Die heutigen Jungen haben ...".

2 Unter den **Werten**, die Jugendliche heute besonders hoch schätzen, rangieren auf den beiden ersten Plätzen weit vor den anderen Humor und Ehrlichkeit. Was haltet ihr von diesem Befund?

3 Nehmt zu den folgenden **Behauptungen** gruppenweise in kurzen Statements mit drei bis vier Sätzen Stellung:
- Junge Leute suchen heute Profil, nicht Profillosigkeit, Entschiedenheit, nicht Beliebigkeit.
- Junge Leute von heute sind hilfsbereite Egoisten.
- Die heutige Jugend ist eine „Ich-Generation".
- Jungen und Mädchen sind nicht angepasst. Man passt sich ihnen an.

4 Es gibt heute viele **Gruppierungen**, denen Jugendliche angehören, z. B. Computer-Freaks, Sportclub, Funkenmariechen, Pfadfinder, Ökos, Schickies, Rechtsradikale, Messdiener, Ballett, Vegetarier usw. Ergänzt die Reihe und versucht zu erklären, was damit gemeint ist. Warum ist es für Jungen und Mädchen wichtig, einer Gruppe anzugehören?

Ich

Ich habe viele Vornamen
Alle enden auf „l"
Männl
Menschl
Unerträgl
Unmögl
Ängstl
Lästerl
Eigentl
Wesentl
Sterbl
Hoffentl
Vergebl

Erich Fried

Einmalig

Niemand hat deine Fingerabdrücke
Niemand hat deine Stimme.
Niemand sagt so „ich liebe dich" wie du.
Niemand glaubt wie du.
Niemand denkt so ans Sterben wie du.
Niemand hat deine Geschichte.
Niemand spürt die gleiche Trauer,
das gleiche Glück
wie du.

Niemand ist wie du.
Niemand in deinem Land,
auf deinem Kontinent,
auf dem dritten Planeten dieses Sonnensystems,
in der Galaxie,
die wir die Milchstraße nennen.
Niemand,
weil du einmalig bist.

unbekannter Verfasser

2. Rhythmen und Sound

L ♦ **Musik** ermöglicht Jugendlichen Erfahrungen, die es ähnlich auch in der Religion gibt. Sie versetzt Mädchen und Jungen in eine andere Welt, in der sie ihre **Sehnsüchte** leben und ihre **Ängste** hinter sich lassen können. Die Musik bringt sie in **Begeisterung** und nicht selten auch in **Ekstase**. Sie bewirkt ein starkes **Körpergefühl** und ruft **Stimmungen** hervor, die sie im Alltag häufig vermissen. Wenn sie die Begeisterung für ihre Musik auch noch mit anderen Jugendlichen teilen können, entsteht ein **Wir-Gefühl**, das es sonst nicht so oft für sie gibt.

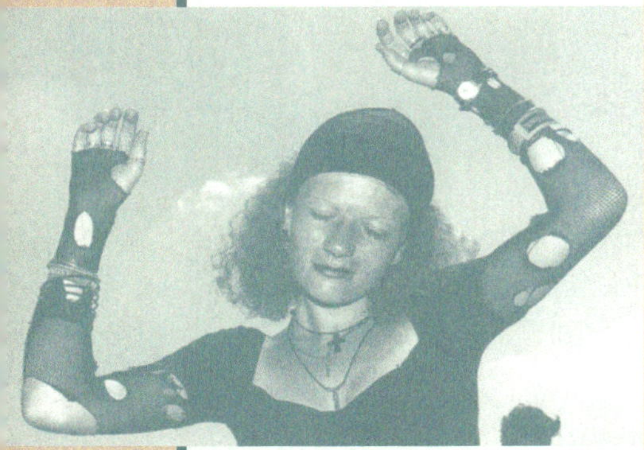

♦ In fast jedem menschlichen **Leben** spielt **Musik** eine große Rolle. Sie begegnet uns in vielen Formen und an vielen Orten: als Wiegenlied der Mutter und Kindergesang, in Hausmusik und Musikunterricht, bei Festen und Feiern, in den Medien, auf dem Sportplatz, in der Disko, im Gottesdienst, im Konzertsaal, im Musical. Weil Musik sehr vielfältig ist, spricht sie uns auf unterschiedliche Weise an.

Lulu

Ich liebe getragene Melodien,
Zarte Zwischentöne, klare Harmonien.
Lulu liebt Rock und Lulu liebt Roll,
Lulu schert sich gar nicht ums Protokoll.
Lulu mag es laut und ich eher leis,
Ich mag es cool, und sie eher heiß.
Lulu liebt's wild, und Lulu liebt's schrill.
Also mag ich es halt so, wie Lulu es will.

Lulu liebt Bässe, die knacken und knarr'n,
Lulu liebt 2-stimmige Booster Gitarr'n
Und ein gut abgehangenes Saxophon,
Lulu liebt die Schießbudenexplosion.
Lulu Taifun und Lulu Vesuv,
Lulu liebt Drive und den guten Groove.
Und ich liebe Lulu,
Und wenn sie mich liebt,
Liebe ich alles das, was Lulu liebt!

Ich bin ein ruhiges, gutmüt'ges Schaf.
Ich liebe des Nachts meine acht Stunden Schlaf.
Lulu schläft nie, und beim 12. Schlag
Macht sie mich munter und die Nacht zum Tag.
Lulu macht mich fertig, Lulu macht mich fix,
Lulu macht den Bär'n los, Lulu kennt nix.
Lulu will Action, ob es dämmert oder tagt,
Und wenn Lulu Action will, dann ist Action angesagt!

Lulu liebt Bässe, die knacken und knarr'n, ...

Ich tanz' wie eine Bratwurst, das ist wahr,
Und nur bei Strafandrohung oder Lebensgefahr.
Lulu tanzt wie ein Ball, Lulu treibt's bunt.
Lulu tanzt auf dem Tisch mit einer Rose im Mund.
Lulu tanzt ohne Schuh und mit Leidenschaft,
Lulu setzt das Schwerkraftgesetz außer Kraft.
Lulu tanzt mit mir und es rieselt der Rost,
Und dann schwanken die Planken, und ab geht die Post!

Lulu liebt Bässe, die knacken und knarr'n, ...

Reinhard Mey

TRÄUMEN
EINTAUCHEN –
ANDERE WELT –
DIE REALITÄT VERGESSEN –
SICH FALLEN LASSEN –
(DOCH) SEIFENBLASEN –
ZERPLATZEN
Nora Kertész, Schülerin, 9. Klasse

Etwas Größeres als ich selbst

Wenn ich lange in der Disco tanze, fühl´ ich mich plötzlich wie in einer anderen Welt. Es ist etwas Größeres in mir als ich selbst. Ich fühle eine tiefe Verbundenheit mit den anderen Menschen.

Schülerin

Gib mir Musik

In der zugigen Markthalle, die auf meinem Schulweg lag,
War ein kleiner Plattenladen, bei dem lief den ganzen Tag
Ein Zehn-Schellack-Plattenwechsler, und dabei war auch ein Lied,
So ein Lied, wo es dich packt, dass du nicht weißt, wie dir geschieht.
Und da stand ich starr und hörte und mir blieb gar keine Wahl:
Ich musst' es wieder hör'n und wieder und nochmal und noch einmal.
Aber dafür hieß es warten: Zehn Lieder hin und zehn zurück,
Jedesmal 'ne knappe Stunde für knapp drei Minuten Glück.
Das gab Ärger in der Schule, doch ich hab' mich nicht beschwert,
Die Musik war all die Nerverei und alle Schläge wert!

Gib mir Musik! Alles Gemeine ist verklungen,
All die Hänselei'n, die Misserfolge, die Demütigungen.
Die bitt're Niederlage ist in Wirklichkeit ein Sieg.
Gib mir Musik!
...

Reinhard Mey

A **Ein Thema für den Religionsunterricht?**

1 Bringt **Beispiele heutiger Musik** mit in den Unterricht, die euch wichtig sind. Beschreibt die Kennzeichen und sucht Gründe für die Beliebtheit. Manche von euch wissen dazu wahrscheinlich mehr als eure Religionslehrerin oder eurer Religionslehrer. Was kann sie/er von euch erfahren?

2 Charakterisiert das **„Ich"** und die **Lulu** im Text von R. Mey. Wie stehen sie zur Musik, wie zueinander?

3 Welche **religiösen Themen** findet ihr in den Texten? Ein Beispiel „Die toten Hosen": → S. 33.

4 Welche **Erfahrungen** macht ihr, wenn ihr eure Lieblingsmusik in der Disko, auf dem CD-Player, mit dem Kopfhörer, im Internet, Radio oder Fernsehen hört?

5 Welche **Stars** sind zur Zeit aktuell? Was erzählt man von ihnen? Wie denkt ihr über sie?

6 Was haltet ihr von dem Satz: „Sag mir, was du **hörst**, und ich sag dir, wer du **bist**"?

Die Frage, ob die Jugend heute einen eigenen **Lebensstil** hat, lässt sich nicht mit einem eindeutigen „Ja" oder „Nein" beantworten.

- Manche Jugendliche wollen nicht auffallen, haben **wenig Phantasie** für eine auffällige Inszenierung ihres Lebens und suchen sich schon früh an die Welt der Erwachsenen anzupassen.
- Viele junge Leute haben Freude an einem **eigenen Lebensstil**. Die Art, wie sie leben, soll ihren Vorstellungen entsprechen. Sie wollen sich von der Welt der Erwachsenen absetzen und neue Erfahrungen machen.

3. Lifestyle

Von A bis Z – Was ist im Leben junger Leute wichtig?

A Arbeit, action
B Bio, Beat
C Computer
D DVD
E E-Mails
F Frisur
...
...
Z Zimmer, Zoff

Der lebende Google

Im Grunde genommen ist der Mensch ein lebender Google. Immer auf der Suche. Er sucht und sucht und sucht und bestenfalls findet er den Anfang, das Stichwort, das weiterhilft und oft genug nicht das Ende. Manchmal sucht er den Sinn des Lebens, manchmal auch nur sich selbst. Er ist auf der Suche nach dem Glück, nach der verlorenen Zeit, nach dem Mann fürs Leben, wahlweise auch der Frau. Aber meistens suchen wir nur die Brille.

Marianne Antwerpen

Moden und modern?

1 Was ist heute **Mode**? Überlegt, wie Moden/Trends zustande kommen und wie ihr selbst darauf reagiert („Trendsetter"). Diskutiert in der Klasse darüber, ob man mit der Mode gehen oder sie nicht beachten soll, ob man Trends verstärken oder bremsen soll.

2 Bringt eine **Jugendzeitschrift** mit in den Unterricht und sprecht miteinander über ihre Themen, Bilder, Angebote und Absichten.

3 Was bringt das **„Googeln"**?

Dana Schutz, Google, 2006.

Trends

Die **Piercing-Mode** kommt aus den USA. Manche finden es chic, sich die Zunge, die Nase, die Ohren, die Augenbrauen, den Bauchnabel oder die Brust durchstechen zu lassen und an diesen Stellen kleine Metallstecker, Kugeln oder Ringe anzubringen. Der Schmuck verschafft vielen den Kick schlechthin. Wer gepierct sein will, muss leiden. Geschwollene Zungen und andere Körperstellen sind fast normal. Sie können sich leicht entzünden, eitrig werden und Schmerzen verursachen. Die Eltern sind meist dagegen. Da die Stiche rechtlich als Körperverletzung gelten, brauchen nicht volljährige Personen das Einverständnis der Eltern.

Die bunten **Tattoos** zeigen Drachen, Kobras oder Fruchtbarkeitsgöttinnen auf dem Körper. Oft wissen die Tätowierten kaum, was die Zeichen bedeuten. Es genügt das Gefühl des Fremden. Da sie dafür körperlichen Schmerz, hohe Kosten und lebenslange Prägung in Kauf nehmen, sieht es so aus, als ob es dabei um Unterwerfung unter etwas Größeres geht.

Manche junge Leute haben am **Bungee-Jumping** Spaß und sind bereit, dafür viel Geld zu bezahlen. Dabei springen sie von einem hohen Kran in die Tiefe. Ein langes Seil sorgt dafür, dass sie unmittelbar über dem Boden abgefangen und wieder hochgezogen werden. Am Ende bekommt man ein T-Shirt und eine Urkunde. Für die einen ist es eine Mutprobe, für andere ein Nervenkitzel.

Unzufriedenheit mit dem eigenen Körper

Mehr als die Hälfte aller Mädchen (60%) zwischen 14 und 20 Jahren ist laut Umfragen mit ihrem Körper nicht zufrieden, weil sie sich ständig mit Models und Moden vergleichen. Manche unterziehen sich teuren Schönheitsoperationen, um gängigen Schönheitsvorstellungen zu entsprechen. Damit folgen sie Beispielen, die sie aus den Medien kennen. So machen sie ihre eigene Identität von der Außenwelt abhängig.

L

♦ In unserer **komplizierten Welt** gibt es viele **Regeln und Gesetzmäßigkeiten** zu Hause und in der Schule, im Straßenverkehr und im Berufsleben, für die Bedienung des Internet, im Umgang mit der Technik und beim Sprechen fremder Sprachen. Es ist schwierig, sich in diesem Netzwerk von Regeln ein Stück **Freiheit** zu bewahren.

♦ Die **Freiheit**, die jedem in diesem komplizierten Netzwerk bleibt, hat **Auswirkungen, die das Leben mühsam machen.** Allzu viele Angebote in der Warenwelt machen die Auswahl schwer. Allzu viele Auffassungen in der Ideenwelt machen die Stellungnahme schwer. Allzu viele oder allzu wenige Möglichkeiten in der Arbeitswelt machen die Berufswahl schwer.

♦ Ständig stehen Jugendliche vor Situationen, die eine freie Entscheidung herausfordern. Sie suchen **Orientierung**, um sich da zurecht zu finden.

4. Orientierung für das Leben

Woran haltet ihr euch?

Das muss jeder für sich selbst entscheiden

No future

Das Wichtigste: Geld

Jeder ist sich selbst der Nächste

Ich lasse mir von niemandem etwas sagen

Hauptsache, es macht Spaß

Der Ehrliche ist der Dumme

Die Fabel vom Seepferdchen

Es war einmal ein Seepferdchen, das eines Tages seine sieben Taler nahm und in die Ferne galoppierte, sein Glück suchen. Es war noch gar nicht weit gekommen, da traf es einen Aal, der zu ihm sagte:
„Psst. Hallo, Kumpel. Wo willst du hin?"
„Ich bin unterwegs, mein Glück zu suchen", antwortete das Seepferdchen stolz.
„Da hast du's ja gut getroffen", sagte der Aal, „für vier Taler kannst du diese schnelle Flosse haben, damit kannst du viel schneller vorwärts kommen."
„Ei, das ist ja prima", sagte das Seepferdchen, bezahlte, zog die Flosse an und glitt mit doppelter Geschwindigkeit von dannen. Bald kam es zu einem Schwamm, der es ansprach:
„Psst. Hallo, Kumpel. Wo willst du hin?"
„Ich bin unterwegs, mein Glück zu suchen", antwortete das Seepferdchen.
„Da hast du's ja gut getroffen", sagte der Schwamm, „für ein kleines Trinkgeld überlasse ich dir dieses Boot mit Düsenantrieb; damit könntest du viel schneller reisen."
Da kaufte das Seepferdchen das Boot mit seinem letzten Geld und sauste mit fünffacher Geschwindigkeit durch das Meer.
Bald traf es auf einen Haifisch, der zu ihm sagte:
„Psst. Hallo, Kumpel. Wo willst du hin?"
„Ich bin unterwegs, mein Glück zu suchen", antwortete das Seepferdchen.
„Da hast du's ja gut getroffen. Wenn du diese kleine Abkürzung machen willst", sagte der Haifisch und zeigte auf seinen geöffneten Rachen, „sparst du eine Menge Zeit."
„Ei, vielen Dank", sagte das Seepferdchen und sauste in das Innere des Haifisches und wurde dort verschlungen.
Die Moral dieser Geschichte: Wenn man nicht genau weiß, wohin man will, landet man leicht da, wo man gar nicht hin wollte.

Robert F. Mager

Woran sollte man sich halten?

Ich boxe mich schon durch

Geiz ist geil

Sei du selbst und tu, wozu du Lust hast

Das ist nicht mein Problem

Hau drauf, wenn´s sein muss!

Et iss, wie et iss. Et kütt, wie et kütt

Alle denken nur an sich, nur ich denke an mich

A **„Und dann ..."**

1 Zum Verständnis der **Texte**: → **M4**.

2 Beschreibt den Weg und die Absichten des **Seepferdchen**. Warum findet es ein böses Ende?

3 Diskutiert die im **letzten Satz** formulierte Moral dieser Geschichte.

4 Wie würdet ihr das letzte **„Und dann ..."** beantworten?

5 Könnt ihr euch ähnliche **„Und dann ... ?-Fragen"** stellen?

6 Macht aus dem Dialog ein **Rollenspiel**: → **M8**.

„Und dann ... ?"

Ein junger Mann begegnet in Rom dem Ordensmann Philipp Neri (1515–1595), der ein Spaßmacher war und zum Heiligen wurde. Von ihm wird folgende Erzählung überliefert, die nicht so spaßig ist.

Junger Mann: Pater Neri! Also doch. Fast hätte ich sie nicht erkannt. Wie lange ist es her, seit wir uns zum letzten Male sahen?

Pater Neri: Eine lange Zeit. Als kleiner Junge waren Sie häufig bei mir. Was machen Sie jetzt?

JM: Denken Sie nur, Pater Neri! Mein Vater – erinnern Sie sich noch an ihn? –, war ganz und gar nicht mit meinen Berufswünschen einverstanden. Nun hat er endlich erlaubt, dass ich die Universität besuchen darf. Endlich, endlich kann ich studieren.

PN: Und was dann?

JM: Ich begreife Ihre Frage nicht, Pater Neri. Was dann? – Hm, mein Ziel ist es, Rechtsanwalt zu werden.

PN: Und was dann?

JM: Dann, will ich berühmt werden und viele Prozesse führen.

PN: Und dann?

JM: Ach, Pater Neri! Dann? Was soll das? Ich werde viel Geld besitzen, mir alles kaufen, was ich wünsche, eine schöne Frau heiraten. Kurz: Ich werde ein herrliches und vergnügtes Leben haben!

PN: Und dann?

JM: (schaut verlegen drein, wiederholt langsam und bestürzt, allmählich begreifend): Dann ... ?

Alfred Müller-Felsenburg

L

Wir wollen nicht gedankenlos dahinleben, sondern wissen, warum wir da sind, was unser Leben bedeutet und ob das menschliche Leben sinnvoll ist. Wir fragen uns, was sich lohnt, was richtig ist, was uns zufrieden oder glücklich macht, was unserem Leben Richtung gibt. Diese Frage können Steine, Pflanzen und Tiere nicht stellen. Sie ist typisch für uns Menschen. Gerade auch Jugendliche stellen sich immer wieder diese **„Sinnfrage"**.

5. Auf der Suche nach Sinn

Ein Psychologe spricht über „Sinn"

Es gibt einen **kleinen Sinn**, der sich auf einzelne Handlungen und Ereignisse bezieht. Er ist eher unauffällig, aber für das konkrete Leben außerordentlich wichtig. Unsere alltäglichen Arbeiten, Mühen und Erfahrungen können sinnvoll und sinnlos sein. Sinnvoll ist es, mit Freunden zu sprechen, jemandem einen guten Rat zu geben, einen Beruf auszuüben, auf die Gesundheit zu achten. Sinnlos wäre es, die Nummern eines Telefonbuches auswendig zu lernen, einen Acker zu bemalen, einen Tauben zu einem Konzert einzuladen.

Der **große Sinn** bezieht sich auf das ganze Leben. Die letzte Sinnfrage, die wir uns stellen, will wissen: Gibt es einen Sinn meines Lebens? Und worin besteht er?

A

Auf der Suche nach Sinn

1 Der **Sinn des Lebens** – worin besteht er für euch? Schreibt eure Antworten auf die Tafel oder ein Plakat und unterzieht sie gemeinsam einer Prüfung. Vergleicht eure Antworten auf die Sinnfrage mit den Antworten der Bibel. Wo gibt es Gegensätze, wo Entsprechungen?

2 **Ergänzt** die Sätze
- Sinnvoll ist ...
- Sinnlos ist ...

3 Damit ihr nicht nur diskutiert: Bereitet eine **sinnvolle Handlung** vor, die euch selbst, eurer Klasse, eurer Schule oder ... zugute kommt.

4 Schreibt jemandem einen **Brief**, der davon überzeugt ist, dass es für ihn **keinen Lebenssinn** gibt.

René Magritte (1898–1967), Die Kunst der Konversation, um 1963.

A **Ein ungewöhnlicher Brief**

Schreibt einen Liebesbrief an das Leben. Versucht das Leben wie einen liebenswerten Partner zu begreifen, der euch viel bedeutet.

- Was gefällt euch daran? Was nicht?
- Was möchtet ihr nie missen?
- Worüber macht ihr euch Sorgen?
- Wo und wann könntet ihr mit ihm Kompromisse eingehen?

Sinnsuche und Glauben

Jana, 19, kommt ins Nachdenken über ihre Generation. Spaß im Leben muss sein, meint sie, aber Spaß ohne einen Sinn mache weder Spaß noch Sinn. Jana spürt, dass ihre eigene Sinnsuche und Glaubenstiefe sie trennt von ihren „unchristlichen" Altersgenossen. Ihren individuellen Lebensentscheidungen legt sie zugrunde, „was in der Bibel steht".

Mein Lebenstraum ist es, den Sinn des Lebens zu finden.

Wort eines Schülers

Sinn-Bilder der Bibel

Ein Leben nach den **Geboten Gottes** (→ S. 52), die Wege zum Leben und zur Freiheit sind, während das Leben ohne die Gebote zu Unfreiheit und zum Tod führt (Dtn 30, 15–20):

Ein Leben, das die Ordnung der **Schöpfung** (→ S. 38 ff) wahrt, die ein Gegenbegriff zum Chaos ist und für alle Menschen Haus und Heimat sein soll.

Ein Leben, das die Welt **nicht passiv** den bösen Mächten und Gewalten überlässt, sondern sich **aktiv** für mehr Liebe, Freiheit, Gerechtigkeit und Versöhnung einsetzt.

Ein Leben in der **Nachfolge Jesu** (→ WdG S. 84 ff; 128 ff), der in seinen Worten und Taten, in seinem Leben, Sterben und in der Auferstehung gezeigt hat, was der Wille Gottes ist, was für Menschen gut ist und worauf sie hoffen dürfen:

Ein Leben im Vertrauen auf **Gott** (→ S. 78 ff), der die Menschen unabhängig von ihren persönlichen Stärken und Schwächen, unabhängig von Erfolg oder Misserfolg **unbedingt liebt**.

L Die **Bibel** kennt die Erfahrung des **Sinnlosen**, des Chaotischen, des Ungerechten in unserer Welt. Vom Anfang bis zum Ende entwirft sie in großartigen **Sinn-Bildern** ein Kontrastprogramm zu diesen Negativ-Erfahrungen. Ihre Bilder kommen aus dem Glauben an Gott, der das Chaotische ordnet, das Leben und die Würde aller Geschöpfe will, die Ungerechtigkeit verwirft und sich selbst mit den Leidenden solidarisiert.

Die Sinn-Bilder der Bibel sind für unzählige Christen die wichtigste Orientierung für ihr Leben.

6. Einstellung zur Kirche

Freddy (15): Für mich ist die Kirche total veraltet. Ihre Bibel ist schon Jahrtausende alt. Und ihre Ansichten ebenfalls, z. B. zu Sex oder Genforschung. Man höre sich nur die verstaubten Lieder an, die die immer in der Kirche singen. **Total out.**

Sabine (15): Ich finde es gut, dass die Kirche sagt, das Hauptgebot sei die Liebe. **Darauf kommt es allein an.** Wer sagt das sonst noch?

Leonie (16): Die Kirche ist unglaubwürdig. Sie hält sich nicht an das, was sie selbst predigt. Und sie hat **viel auf dem Kerbholz**: Inquisition, Kreuzzüge, Hexenverbrennung, Judenverfolgung, Frauenfeindlichkeit und Intoleranz. So was soll für uns Vorbild sein?

Sebastian (15): Wenn es die Kirche nicht gäbe, würde ich kaum einmal an Gott denken. **Es ist doch nicht genug**, zu essen, zu trinken und zu konsumieren. Geld, Sex, Fernsehen und Sport – das ist zu wenig.

Rolf (15): Die Kirche sagt **immer nur dasselbe**: Du musst …, du sollst … Da kann ich mich nicht immer danach richten.

Ulrike (15): **Ich weiß kaum etwas** von der Kirche. Ich gehe nicht in die Kirche, und zu Hause sprechen wir nie über Religion.

Frauke (16): Die sammeln in unserer Gemeinde zwar oft Geld ein, aber **nur für gute Zwecke**: Hilfe für Aidskranke, Unterstützung von allein erziehenden Müttern, neue Spiele im Jugendheim, Spenden für Straßenkinder in Südamerika usw.

Pit (15): Die Kirche – das sind doch alles alte Leute, die Angst vor dem Leben und Sterben haben. Guckt euch doch den Gottesdienst an. **Lauter Grufties**! Was soll ich da?

Steffen (13): In unserer Gemeinde ist **echt was los**: eine coole Jugendgruppe, tolle Feten und ein witziger Diakon. Und auch die Gottesdienste bringen uns meistens etwas. Da spürt man die Gemeinschaft. Da singen wir die tollen Lieder aus Taizé (→ S. 140).

Ute (15): Ich finde die Kirche **unbarmherzig**. Meine Mutter darf ihren jetzigen Lebenspartner nicht kirchlich heiraten, obwohl sich mein Vater vor vier Jahren mit einer anderen abgesetzt und uns beide allein gelassen hat.

L

- Viele Mädchen und Jungen haben gegenwärtig eine stärkere **Distanz zur Kirche** als je zuvor. Kirchenkritik und Desinteresse sind weit verbreitet. Diese Einstellung hat viele Gründe, die teils bei der Kirche, teils bei den Jugendlichen liegen. Oft beruht sie auch auf dem Umstand, dass Religion und Kirche im heutigen Leben der jungen Leute vielfach nicht vorkommen (→ S. 132 ff).
- Viele Jugendliche sind heute **religiös ansprechbar** und beteiligen sich am kirchlichen Leben, ohne dass sie sich immer mit allen kirchlichen Bestimmungen identifizieren. Sie ahnen, dass sie hier etwas finden, das ihrem Leben Sinn geben kann. Besonders kirchliche **Großereignisse** (Katholikentage, Weltjugendtage, Taizé) finden starken Zulauf der Jugend.

Auf zwei Ebenen

Meine Einstellung zur katholischen Kirche spielt sich auf zwei Ebenen ab. Einerseits ist die Kirche für mich eine hierarchische, frauenfeindliche, unmoderne Organisation, an deren Spitze der Papst, dessen Meinung ich meist nicht befürworten kann, steht. Aber andrerseits bedeutet die Kirche für mich unsere Gemeinde, in der ich als Messdienerin, Gruppenleiterin und in einem Singkreis aktiv bin. Für mich ist dort der beste Ort, um mich selbst zu verwirklichen. Außerdem habe ich in der Gemeinde viele Leute kennen gelernt, die genau auf meiner Wellenlänge stehen und zu meinen besten Freunden geworden sind. In den Gruppenstunden erlebt man ein starkes Gemeinschaftsgefühl.

Angelika aus Andernach

Bernhard Prinz, Ohne Titel, 2002.

A

1 Schreibt dem einen oder anderen Jugendlichen einen kleinen **Brief**. Sagt darin, was ihr für berechtigt und unberechtigt, für ein verbreitetes Vorurteil oder ein billiges Klischee haltet.

2 Schreibt selbst zwei oder drei Sätze über **eure Einstellung** zur Kirche auf. Sammelt die Texte und unterzieht sie einer ähnlichen Prüfung. Welche Sätze kommen aus Kenntnis oder Unkenntnis, Enttäuschung oder Begeisterung, Vertrauen oder Misstrauen, Identifikation oder Distanz?

3 Wie sieht eure **Traum-Kirche** aus?

4 Die **Distanz** der Jugend zur Kirche bedeutet nicht auch eine Distanz der Jugend zur Religion. Wie sieht die Religion vieler Jugendlichen aus? Zum heutigen religiösen Markt: → WdG S. 192 ff.

5 Es gibt **vergleichbare Dinge**, die Mädchen und Jungen aus ihrem Alltag und aus der Kirche kennen: Fanschal und Stola, Pokal und Kelch, ... Sammelt weitere Beispiele und stellt daraus eine Ausstellung in der Klasse zusammen. (→ **M6**)

6 Auf **Katholiken- und Kirchentagen**, auf **Weltjugendtagen**, aber auch im **Alltag** begeistern sich auch heute zahlreiche Mädchen und Jungen für die Sache des Christentums. Was wisst ihr darüber? Wie erklärt ihr euch diese Tatsache?

Die Botschaft an die Jugend:

- Jede Generation muss ihren Glauben neu finden und leben.
- Habt keine Angst.
- Lasst Christus bei euch ein.
- Die Kirche ist jung. Die Kirche lebt.

Papst Benedikt XVI.

Welt und Mensch –

Als die amerikanischen Astronauten Borman, Lovell und Anders 1969 den Mond umkreisten, sprachen sie beim Anblick der Erde: IM ANFANG SCHUF GOTT HIMMEL UND ERDE.

Was meint ihr – ist der Glaube an den Schöpfergott in unserem Weltbild leichter oder schwerer als in vergangenen Zeiten?

Anfang, Gegenwart und Ende

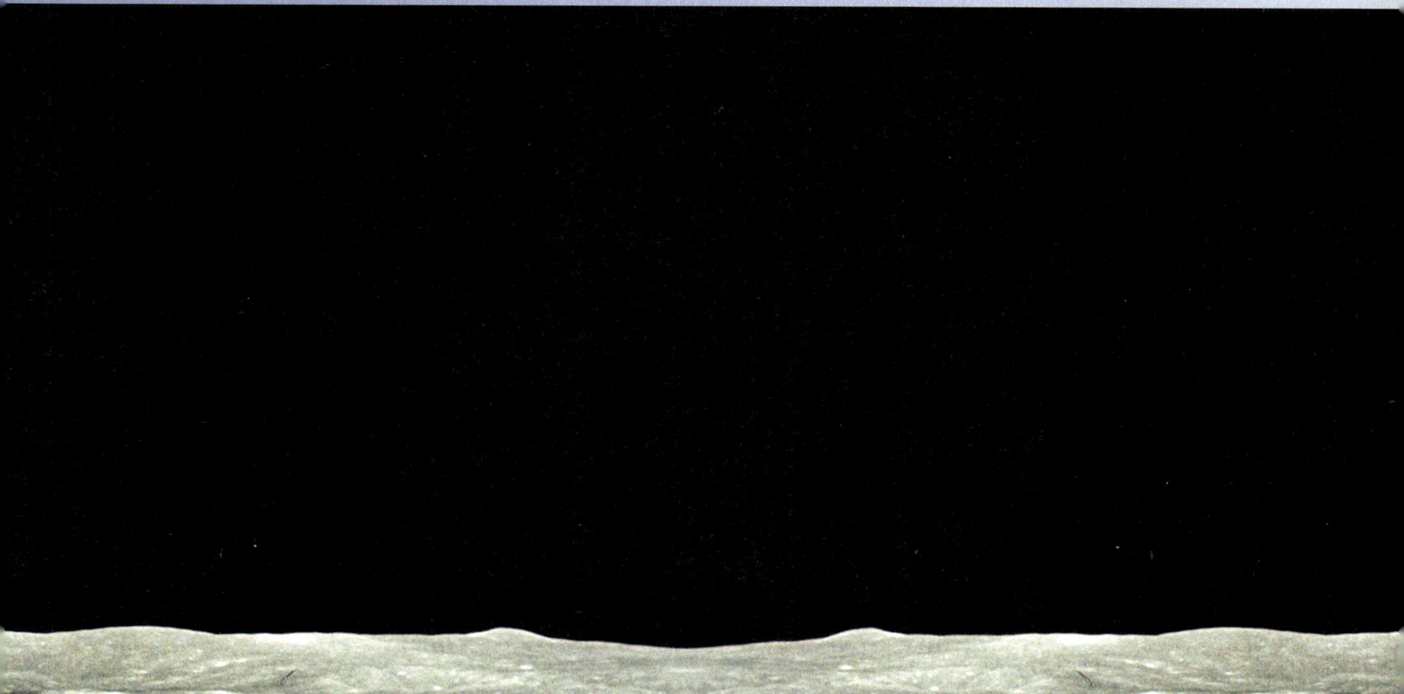

Der erste sowjetrussische Astronaut Jurij Gagarin soll nach seinem Raumflug im April 1961 gesagt haben: GOTT HABE ICH NICHT GESEHEN. DER HIMMEL WAR DUNKEL, GENOSSEN.

Ein unerschöpfliches Thema für nachdenkliche Köpfe

Lesen | Fragen | Denken | Interviewen | Suchen | Gestalten | Präsentieren

1 Um dieses Kapitel besser zu verstehen, ist es gut, das Kapitel **„Gottes wunderbare Schöpfung"** zu wiederholen: → WdG S.102 ff.

2 Stellt **euer Wissen** vom Anfang und Ende der Welt zusammen. Was sagen eure anderen Schulbücher dazu? Wer erstellt ein kleines Referat zu diesem Thema? Anregungen: → **M2**.

3 Wo und wie spricht das christliche **Glaubensbekenntnis** („Credo"→ WdG S. 18) vom Anfang und Ende der Welt?

4 Welche **biblischen** Texte zum Thema kennt ihr?

Vorschau

Unsere **Welt** verändert sich jeden Tag. Alles ist heute anders, als es gestern war. Vor einer Woche und einem Monat sah alles anders aus als heute. Man kann fragen: Wie war die Welt vor zehn Jahren? Wie vor tausend und vor einer Million Jahren? Wann und wie hat es mit ihr angefangen?
Genauso fragen wir: Was wird morgen mit der Welt sein, was in einem Monat, in einem Jahr, in zehn und in tausend Jahren. Wie wird sie enden?
Damit verwandt sind viele Fragen, die uns selbst betreffen.

1. Woher kommen wir? Wohin gehen wir?

L ♦ Die **Zeit** ist wie ein Fluss in steter Bewegung. Sie hat keinen Haltepunkt. Wir können an ihr drei Dimensionen unterscheiden: Vergangenheit, Gegenwart und Zukunft. Die **Gegenwart** ist immer der kurze Moment bzw. der Übergang zwischen der **Vergangenheit**, an der sich nichts mehr ändern lässt, und der **Zukunft**, die für zahlreiche Möglichkeiten offen ist. Über die Zeit haben wir keine Macht.

♦ Jeder Mensch hat die Gewissheit: Ich habe nicht immer gelebt. Darum fragen viele: Wo liegt mein **Anfang**? Was bedeuten meine Eltern, Großeltern und Vorfahren für mich? **Woher komme ich?**

♦ Jeder Mensch hat die Gewissheit: Ich werde nicht immer leben. Darum fragen viele: Was wird aus mir werden? Welches **Ende** wird mein Leben haben? Und dann – mein Tod: **Wohin gehe ich?**

Menschliches Leben

Welche sonderbaren Wesen sind die Menschen! Wie sonderbar ist ihr Leben! Wie tragisch ihr ganzes Schicksal! Sie lieben sich und dürfen es meistens nicht sagen, und dürfen sie es einmal sagen, so können sie doch einander selten verstehen! Und dabei leben sie nicht ewig, ... sie sind sterblich. Nur eine kurze Spanne Zeit ist ihnen vergönnt das Glück zu suchen, sie müssen es rasch erhaschen, hastig ans Herz drücken, ehe es entflieht. ... Der Gedanke des Todes wirft einen Schatten über ihre glücklichsten Stunden und tröstet sie im Unglück. Sie können weinen. Welche Poesie in so einer Menschenträne.

Heinrich Heine

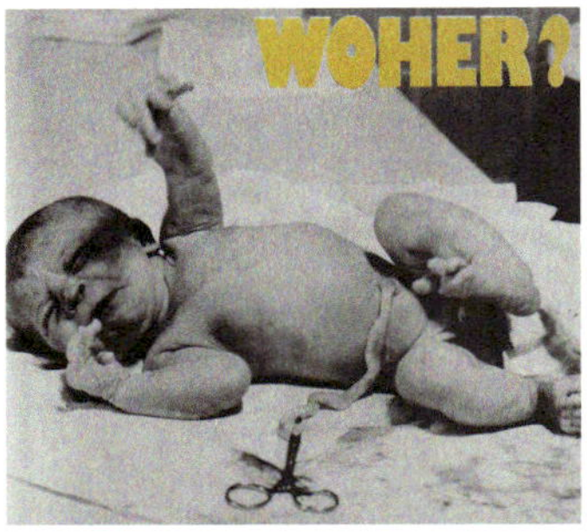

Edvard Munch (1863–1944),
Der Tanz des Lebens, 1899/1900.

Von der Freundlichkeit der Welt

1
Auf die Erde voller kaltem Wind
Kamt ihr alle als ein nacktes Kind.
Frierend lagt ihr ohne alle Hab
Als ein Weib euch eine Windel gab.
2
Keiner schrie euch, ihr wart nicht begehrt
Und man holte euch nicht im Gefährt.
Hier auf Erden wart ihr unbekannt
Als ein Mann euch einst nahm an der Hand.
3
Von der Erde voller kaltem Wind
Geht ihr alle bedeckt mit Schorf und Grind.
Fast ein jeder hat die Welt geliebt
Wenn man ihm zwei Hände Erde gibt.

Bertolt Brecht

A. R. Penck (geb. 1939), Der Übergang, 1963.

Wohin geht meine Reise?

Manchmal wache ich aus meinem Alltagstrott auf und stelle mir Fragen, die ich mir nicht beantworten kann. Was war vor meiner Geburt mit mir? Gab es mich da schon oder nicht? Jetzt merke ich schon, dass ich superschnell älter werde. Was wird sein, wenn ich 50 Jahre bin? Was, wenn ich tot bin, wie mein Opa, der im vorigen Monat gestorben ist? Wird es mich dann noch geben? Wohin fährt der Zug, aus dem ich nicht aussteigen kann? Wohin geht meine Reise?

Tom (15), Schüler in B.

Nichts bleibt für die Ewigkeit

Du beeilst dich,
doch du weißt nicht wohin
die Frage danach
ist dir zu unbequem
du klammerst dich
an Terminen fest
weil du ohne sie in Panik bist
Manchmal,
da glaubst du wieder an Gott
du hörst, wie er leise mit dir spricht
er sagt zu dir:
mein Freund das wars dann wohl
doch du hältst dir nur die Ohren zu
Nichts bleibt für die Ewigkeit.

Die Toten Hosen

Joseph Beuys (1921–1986), Mensch, 1968–1972. Schultafel, Kreide, Bräter, Telefon.

A Jetzt könnt ihr einen Blick zurück und einen nach vorn tun

1 Wiederholt die beiden ersten Abschnitte des Kapitels **„Geheimnis Leben"**: → WdG S. 118 ff.
2 Zeichnet **euer Leben** als einen **Weg** in Farben auf einer **Treppe** („Kurz-Biografie"). Schreibt auf den Jahresstufen auf, was euch an eurer Vergangenheit wichtig ist. Was wisst ihr noch von der Zeit, als ihr 3, 6, 10 und 14 Jahre alt wart? Tragt die „Highlights" und „Downs" ein. Ergänzt die Stufen auch mit Fotos oder Bildern. Versucht die bewegendsten bzw. eindrucksvollsten Momente zu erzählen.
3 Wie denkt ihr über eure **Zukunft**? Schreibt eure Wünsche, Ängste und Erwartungen für die nächste Woche, das nächste halbe Jahr, für die nächsten drei, zehn und fünfzig Jahre auf. Verwendet dabei wieder das Bild einer **Treppe**.
4 Zu den Texten und Bildern: → **M4** und **M5**. Lest auch den **Psalm 90**.

L Schon immer haben die Menschen danach gefragt, woher die Welt und die Menschen kommen und wohin sie gehen. Die frühesten Zeugnisse dieses Fragens, die etwa 5000 Jahren alt sind, nennen wir **„Mythen“** (Sg. „Mythos“, von griech.: „Wort“). Sie erzählen, woher die Erde, Berge, Flüsse und Bäume kommen, wozu Sonne, Mond und Sterne da sind, was es mit den Tieren, Menschen und Göttern auf sich hat. Mythen waren eine Hilfe, das geheimnisvolle Leben besser zu verstehen.

2. Mythen vom Ursprung

Eine heutige Ägypterin informiert

Unsere Vorfahren stellten sich manchmal die Welt vor der Schöpfung als eine grenzenlose Wasserfläche (**„Ursuppe“**) vor, aus der irgendwann ein Urhügel auftauchte oder eine Lotosblume herauswuchs. Diese Vorstellungen entwickelten sie aus ihrer Beobachtung des Nils und seiner jährlichen Überschwemmungen. Von dem Urhügel aus konnte ein Gott zuerst die Sonne und dann viele andere Dinge erschaffen. Oft galt den Ägyptern **Atum** als Schöpfergott, der entweder durch Atmen oder Ausspucken, aus seinem Schweiß oder aus seinen Tränen andere Götter hervorbrachte.
Andere Schöpfungsmythen erzählten von der **Göttin Neith**, die mit einem siebenfachen Lachen die Welt ins Dasein rief.

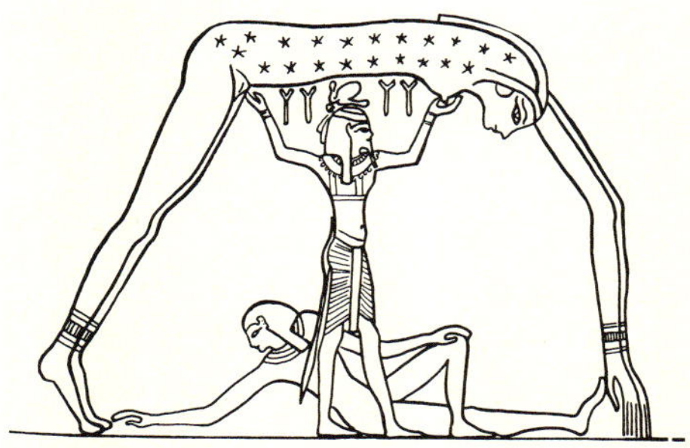

*Im Bild links beugt sich die Himmelsgöttin **Nut** über die Welt. Ihr Leib ist mit Sternen bedeckt. Dazwischen steht der Luftgott **Schu**. Unten liegt der Erdgott **Geb**.*
*Rechts formt der göttliche **Chnum** auf einer Töpferscheibe Menschen.*

*Zeichnung nach einem Relief aus Babylon. Das Bild zeigt **Marduk** mit einem der besiegten Drachen Tiamats. Der Gott steht auf dem Ozean des Himmels. Er trägt eine Federkrone und ein mit Medaillons besetztes Gewand. In seiner Linken hält er als Zeichen seiner Würde Ring und Herrscherstab, in seiner Rechten die Keule, mit der er Tiamat erschlug.*

Ein Babylonier erzählt vor 2500 Jahren

Wir Babylonier glauben, dass es am Anfang der Zeiten nur das Chaos gab. Alles war wüst und leer. Irgendwann teilte sich das Chaos in ein Oben, den männlichen Himmel, und in ein Unten, die weibliche Erde. Alles war nun schöpferisch. Der Himmel befruchtete die Erde mit dem Regen, so dass sie das Grün der Pflanzen gebären konnte. Die Erde schuf die Ströme, die Ströme die Bäche, die Bäche den Schlamm und der Schlamm die Würmer. Auch unsere babylonischen Götter sind irgendwann entstanden. Ihre Eltern waren gewaltige Paare. Das erste Paar bestand aus Tiamat, der Göttin des unendlichen Salzmeers, das Himmel und Unterwelt voneinander trennt, und Apsu, dem Gott des Süßwasserozeans. Sie zeugten zusammen viele Götter, die sich alsbald gegen ihre Eltern auflehnten. So kam es zu einem furchtbaren Götter-Kampf zwischen Tiamat, die von einem Chaosdrachen unterstützt wurde und Marduk, einem ihrer Söhne. Dem großartigen Marduk, dem wichtigsten Gott Babylons, gelang es, Tiamat zu töten, weil sie ihre eigenen Nachkommen vernichten wollte. Aus ihren Augen machte er die beiden großen Ströme Euphrat und Tigris, aus ihren Brüsten das Gebirge, aus dem Blut Tiamats und anderer Götter die Menschen. Welt und Mensch sind also aus dem Blut böser Götter entstanden. Darum haben sie bis heute einige böse Eigenschaften.

Ein Grieche weiß vor 2500 Jahren zu sagen

Teil eines römischen Sarkophags um 220 nC. Der den Göttern ungehorsame ***Prometheus*** *erschafft den Menschen aus Lehm und gibt ihm Atem, die Seele. Die griechische Göttin* ***Athene*** *hinter ihm verleiht dem Neuerschaffenen den Geist.*

Wir Griechen erzählen uns, die Welt und ihre Gottheiten seien aus dem Chaos entstanden. Dieser leere Raum hat von jeher existiert, ähnlich wie die weibliche Erde („Gaia"), die schattenhafte Unterwelt („Tartaros") und der Liebesgott („Eros"), der Macht über die Götter und die Menschen hat. Aus dem Chaos ist die Finsternis, aus der Erde sind die Berge und das Meer entstanden. Der Titan Prometheus, der sich immer wieder gegen die Götter aufgelehnt hatte, formte zuerst Menschen aus Lehm. So lange sie noch leblos waren, gab er ihnen Eigenschaften von Tieren, z. B. den Fleiß der Pferde und die Klugheit der Hunde. Die Göttin Athene schenkte ihnen den Geist. Prometheus selbst gab ihnen den Atem, sodass sie leben konnten. Den Menschen ist es bestimmt nach ihrem Tod entweder in das schöne Reich der Seligen oder in die trostlose Unterwelt einzugehen.

Eine Germanin sagt vor 2000 Jahren

Schon immer haben bei uns die Eltern ihren Kindern erzählt, wie die Welt und wie die Götter und Menschen entstanden sind. Wir glauben, dass am Anfang das gähnende Nichts war, aus dem der Allvater die Welt hervorgebracht hat. Dann entstanden allmählich urtümliche Riesen, unter ihnen der furchtbare Ymir, und die Götter Odin, Wili und We. Diese erschlugen den Riesen Ymir. Aus seinem Blut entstand das Wasser, aus seinem Fleisch die Erde. Seine Haare wurden zu Bäumen, seine Zähne und Knochen zu Bergen und Felsen. Sein Schädel bildete das Himmelsgewölbe, die Wolken entstanden aus seinem Gehirn. Aus einer alten Esche erschuf Odin den Mann, aus einer Ulme die Frau.

Gotischer Stein, um 700 nC. Der germanische Gott Odin reitet jeden Morgen auf seinem achtbeinigen Ross über den Himmel und erkundet seine Welt.

L

♦ Der Wissensstand der Mythen ist überholt. Aber auch heute sind sie als Zeugnisse ernsten **Suchens**, tiefer **Weisheit**, schöpferischer **Phantasie** und elementarer **Religiosität** wertvoll. In der **Bibel** finden wir auch Spuren von Mythen.

♦ **Mythen** sind nicht Sachtexte oder Reportagen, sondern **Sinngeschichten**, die nach dem Sinn des Lebens fragen und Antworten darauf versuchen. Sie erzählen in der **Sprache der Bilder und Symbole** von ungewöhnlichen Geschehnissen, die sich in **Urzeiten** zugetragen haben. Sie verkünden mit den Vorstellungen ihrer Zeit anschaulich, woher das Leben und der Tod, die Liebe und das Leiden, das Gute und das Böse kommen. Fast immer sind Götter im Spiel.

A **Nun begebt ihr euch in eine fremde Welt**

1 Was sagen die einzelnen **Mythen** jeweils über den Anfang, die Entstehung der Welt, die Götter und die Entstehung der Menschen?

2 **Sucht** in der Schülerbücherei oder in einer Bibliothek **einen Mythos**, z. B. von der Entstehung der Sonne oder der Erde. Erzählt ihn lebendig in der Klasse und versucht, seine Bilder und seinen Sinn zu deuten. Arbeitet das heraus, was uns auch heute einleuchtet, und das, was uns unverständlich ist.

3 **Malt** – evtl. in Gruppenarbeit – einzelne Szenen aus den ägyptischen. babylonischen, griechischen oder germanischen Mythen, so dass ihr am Ende eine zusammenhängende Bildgeschichte vorstellen könnt. (→ **M6**)

L Viele herausragende **Physiker, Mathematiker, Astronomen und Biologen sind davon überzeugt**, dass wir die Welt und die Menschen nicht ohne Gott verstehen können. Für sie sind die **Erkenntnisse der modernen Naturwissenschaften** über die Entstehung der Welt und des Menschen mit dem **Glauben** an Gott, den Schöpfer aller Dinge, gut vereinbar.

3. Das Zeugnis großer Naturwissenschaftler

Nikolaus Kopernikus (1473–1543)

Astronom, Domherr in Frauenburg (Ostpreußen); Begründer des modernen Weltbildes (→ S. 37)

Wer sollte nicht durch die Beobachtung und den Umgang mit der … herrlichen Ordnung des Weltgebäudes zur Bewunderung des allwirkenden Baumeisters geführt werden!

Johannes Kepler (1541–1630)

Deutscher Mathematiker und Astronom; Entdecker der Bewegungsgesetze der Himmelskörper

Die Erhabenheit Deiner Schöpfung wollte ich den Menschen verkünden, soweit mein beschränkter Verstand Deine Unendlichkeit begreifen konnte.

Isaak Newton (1643–1727)

Englischer Mathematiker, Physiker und Astronom; Begründer der klassischen theoretischen Physik; Entdecker der Gravitationsgesetze

Die wunderbare Einrichtung und Harmonie des Weltalls kann nur nach dem Plane eines allwissenden und allmächtigen Wesens zustande gekommen sein. Das ist und bleibt meine höchste Erkenntnis.

Karl von Linné (1707–1778)

Schwedischer Naturforscher; Begründer der modernen Botanik und der systematischen Ordnung der Pflanzen

Den ewigen, unendlichen, allwissenden und allmächtigen Gott habe ich vorüberziehen sehen und ich bin vor Ehrfurcht in die Knie gesunken.

A **Auf die verschiedenen Weltbilder achten**

Vergleicht die **vier Weltbilder** miteinander. Welche Bedeutung haben jeweils die Erde, die Welt und der Mensch?

Das Weltbild Babylons und der Bibel

(1. Jahrtausend vC)

Es umfasst wie in drei Stockwerken Himmel, Erde und Unterwelt. Die Erde ist eine flache Scheibe, die auf dem Weltmeer ruht und vom Himmel überwölbt wird. Am Firmament hängen die Gestirne, darüber ist in einem Feuerhimmel der Wohnsitz der Götter. Die Unterwelt ist das Reich des Todes, in dem die Verstorbenen weilen. Die Juden haben ähnliche Vorstellungen von den Babyloniern übernommen. Sie finden sich daher auch in der Bibel.

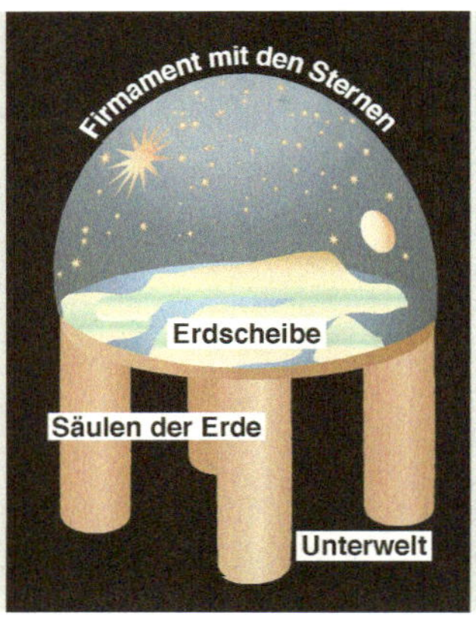

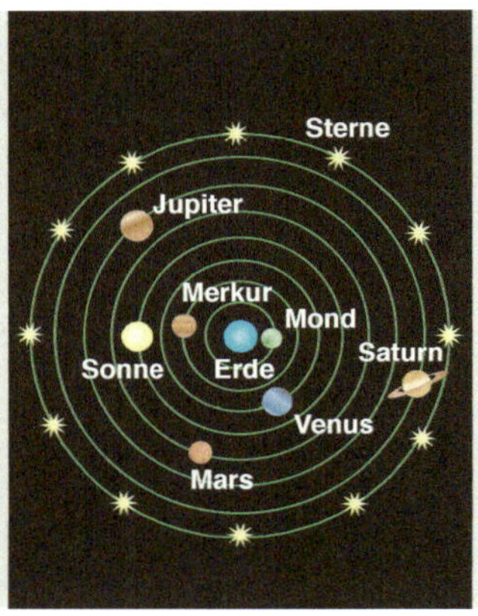

Das ptolemäische Weltbild

(um 140 nC)

Ptolemäus (70-147 nC in Alexandrien), der berühmteste Astronom des Altertums, stellte in den Mittelpunkt seines Weltsystems die Erdkugel, um die der Mond, die Sonne und die Planeten kreisen. Dieses Weltbild wurde vom Mittelalter übernommen. Hier ist der Mensch und die von ihm bewohnte Erde Mittelpunkt der Schöpfung.

Charles Darwin (1809–1895)

Englischer Biologe, Schöpfer der Abstammungslehre.

Ich habe niemals die Existenz Gottes verneint. Ich glaube, dass die Entwicklungstheorie absolut vereinbar ist mit dem Glauben an Gott. Man kann nicht beweisen und begreifen, dass das großartige, über alle Maßen herrliche Weltall ebenso wie der Mensch zufällig geworden ist. Das – so scheint mir – ist das Hauptargument für die Existenz Gottes.

(An anderen Stellen hat sich Darwin auch ablehnend über den christlichen Glauben geäußert.)

Albert Einstein (1879–1955)

Deutscher Physiker; Begründer der Relativitätstheorie; Nobelpreisträger 1921; als Jude von den Nazis zur Auswanderung in die USA gezwungen

Jedem tiefen Naturforscher muss eine Art religiösen Gefühls nahe liegen, weil er sich nicht vorzustellen vermag, dass die ungemein feinen Zusammenhänge, die er erschaut, von ihm zum ersten Mal erdacht werden. Im unbegreiflichen Weltall offenbart sich eine grenzenlos überlegene Vernunft. …

Meine Religion besteht in meiner demütigen Bewunderung einer unbegrenzten geistigen Macht, die sich selbst in den kleinsten Dingen zeigt, die wir mit unserem gebrechlichen und schwachen Verstand erfassen können. Diese tiefe, emotionelle Überzeugung von der Anwesenheit einer geistigen Intelligenz, die sich im unbegreiflichen Universum eröffnet, bildet meine Vorstellung von Gott.

Werner Heisenberg (1901–1976)

Deutscher Physiker, Nobelpreis 1932

Der erste Trunk aus dem Becher der Naturwissenschaft macht atheistisch (→ S. 74); aber auf dem Grund des Bechers wartet Gott.

A Viele der größten Naturforscher haben groß von Gott gedacht

1 Zu den modernen naturwissenschaftlichen Lehren von der **Entstehung der Welt** („Urknall") und des **Menschen** („Evolution", d. h. „Entwicklung"): → WdG S. 104 ff.

2 Arbeitet in kleinen Gruppen heraus, warum die hier genannten **Naturwissenschaftler** weltberühmt sind. Wie haben sie unser Wissen vermehrt? (→ **M2**)

3 Welcher **Äußerung** fühlt ihr euch besonders nahe, welche sagt euch nicht zu? Begründet euer Urteil. Erstellt in einer Kleingruppe ein Meinungsbild der Klasse!

4 Stellt euch vor, **Gott selbst** würde sich über das Thema „Schöpfung" äußern. Wie könntet ihr seine Position formulieren ?

5 Sind die Aussagen der Forscher eher **Glaubensbekenntnis, Gottesbeweis** oder **wissenschaftliches Ergebnis**?

6 **Andere Naturwissenschaftler** sind durch ihre Wissenschaft nicht zum Glauben an Gott gekommen oder lehnen ihn auch ab. Wen kennt ihr? Wie erklärt ihr euch das?

Das kopernikanische Weltbild
(um 1600 nC)

1513 entdeckte der Domherr Kopernikus, dass nicht die Erde, sondern die Sonne im Mittelpunkt des Weltalls steht. Diese Auffassung wurde durch Johannes Kepler (1571-1630) und von Galilei (1564-1642) und Newton (1643-1727) bestätigt.
Dieses Weltbild wurde zunächst von der Kirche heftig angegriffen, da es mit der zentralen Stellung, die der christliche Glaube der Erde und dem Menschen zuweist, nicht vereinbar zu sein schien.

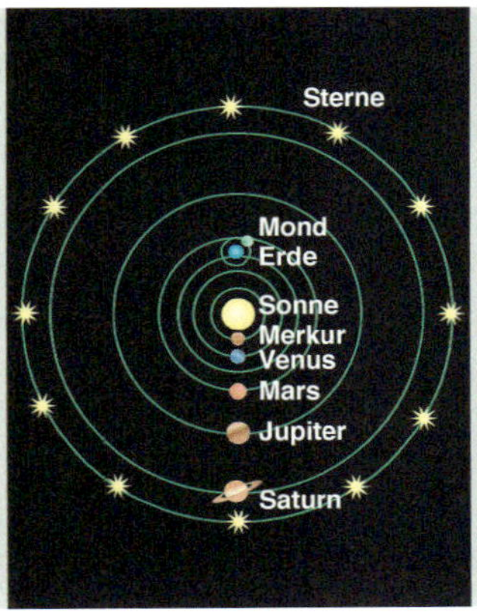

Das heutige Weltbild

In unserem heutigen Weltbild ist die Erde einer von mehreren Planeten, die sich in elliptischen Bahnen um die Sonne bewegen. Die Sonne ihrerseits bildet zusammen mit über 200 Mrd. anderen Sonnen, die auch z.T. mit Planeten umgeben sind, unser Milchstraßensystem. Dieses hat einen Durchmesser von 100 000 Lichtjahren. Außer unserer Milchstraße gibt es viele Milliarden anderer Welteninseln.

4. Schöpfungsbilder der Bibel

L Die biblische **Erzählung von Adam und Eva und vom Paradies** ist nicht eine Reportage vom Anfang, die berichten will, wie die Welt und die Menschen entstanden sind. Sie ist vielmehr eine **Sinngeschichte**, die in **Bildern** des Glaubens von Gott, der Erde und den Menschen spricht. Darum gilt das, was der Text erzählt, nicht so sehr für die ersten Menschen, sondern für alle Menschen. Das zeigen schon die Namen, die Definitionen des Menschen sind. Adam heißt **„der aus dem Boden Genommene“** oder „Erdwesen“. Eva heißt **„Mutter der Lebendigen“**.

Eine Schulstunde über Adam und Eva

Zuerst lesen die Schülerinnen und Schüler den Text Gen 2, 4b-3, 24. Danach dürfen sie dem Religionslehrer (RL) dazu Fragen stellen, die hier übersichtlich geordnet sind:

Ein zweiter Schöpfungstext

Judit: Wir haben früher schon den ganz **anderen Schöpfungstext** Gen 1, 1–2, 4a gelesen, in dem die Priester von Jerusalem in einem großen Lied die Schöpfung der Welt in sieben Tagen preisen. Hier ist nun von der Erschaffung der Welt an einem Tag die Rede, und auch die Menschen, die nun Adam und Eva heißen, werden noch einmal geschaffen, aber diesmal nicht durch Gottes Wort, sondern durch das Werk seiner Hände. Wie kommt das?

RL: Das hast du sehr gut beobachtet. Ich versuche euch das zu erklären. Wir haben am Anfang der Bibel **zwei verschiedene Schöpfungstexte**. Heute will ich nur von dem zweiten sprechen, da ihr von dem ersten schon früher gehört habt (→ WdG S. 108 ff). Beide sagen Wichtiges von Gott, Welt und Mensch – aber sie sagen es anders. Die Rabbinen haben beide Texte vor über 2400 Jahren an den Anfang der Bibel gestellt. Da stehen sie bis heute.

Viele Bilder: Garten und Bäume, Schlange und Engel usw.

Jona: Ich finde, dass dieser Text viel **anschaulicher** erzählt als der erste. Da ist ein Garten mit merkwürdigen Bäumen, da gibt Adam den Tieren Namen, da wird Eva aus der Seite des Adam geschaffen, da kommt eine Schlange vor, die die Menschen verführt, da werden die Menschen von Gott bestraft und aus dem Garten vertrieben, da bewachen Engel den Garten.

RL: Gut beobachtet, Jona. Wahrscheinlich haben die alten Israeliten die **Mythen** (→ S. 34) der Ägypter und Babylonier gekannt, in denen es auch einen Garten und einen Baum gibt, der Leben spendet. Böse Schlangen kommen da ebenso vor, wie Menschen, die von einem Gott auf einer Töpferscheibe geformt werden. Diese Mythen waren für die Israeliten nicht akzeptabel, weil in ihnen viele Götter vorkommen und die Menschen nicht eine so große Würde haben, wie es dem Glauben der Israeliten entspricht. Sie haben deshalb die alte Bilderwelt frei benutzt und in einen neuen Zusammenhang gestellt, der zu ihrem Glauben an den einen Gott passt.

Natürlich galten alle diese Aussagen schon damals **nicht im Wortsinn der Alltagssprache**. Die Israeliten wussten, dass sie sich von Gott kein Bild machen durften (→ WdG S. 78 f). Auch für uns müssen diese Bilder neu erschlossen werden.

A **Ein oft verkannter Text**

1. Malt ein paar Szenen des Textes und sammelt eure **Bilder** in einer Ausstellung zum Thema: Unsere Bilder von einem biblischen Schöpfungstext.
2. Zeichnet eine Tür mit der Aufschrift: **„Willkommen im Paradies“** und beschreibt/malt, was sich dahinter verbergen könnte.
3. Vergleicht in kleinen Gruppen und/oder in Partnerarbeit die **beiden Schöpfungstexte** Gen 1, 1-2,4a und 2, 4b-3,16 miteinander. Stichworte: Gott – Welt – Erde – Mensch - Mann und Frau – Leid – Arbeit – Sabbat usw. Schreibt Gemeinsamkeiten und Unterschiede in eurer Religionsheft: → **M1**. Wie erklärt ihr euch eure Ergebnisse?
4. Fertigt zu den Begriffen Gott – Welt – Erde – Mensch je ein **„Elfchen“** und/oder eine **Mindmap** an. Erstellt eine Wandzeitung mit euren Ergebnissen.
5. Vergleicht das Schöpfungsbild mit dem Bild von Klee: → S. 62. Zur Bildbetrachtung: → **M5**.

Mittelalterliche Buchmalerei um 840, Adam und Eva, Szenen von der Erschaffung bis zur Vertreibung aus dem Paradies nach Gen 2, 4b–3, 24,

L Der **zweite Schöpfungstext der Bibel** (Gen 2, 4b–3, 24) ist wohl schon im 10. oder 9. Jh vC als eine Erzählung entstanden. Später bildete er den Anfang eines Geschichtswerks, das kurz nach 700 vC in Jerusalem zusammen gestellt wurde. Man nennt diese Schrift heute **„Jerusalemer Geschichtswerk"** (Abkürzung „JG"). Das ganze Geschichtswerk fand wohl um 400 vC Eingang in die Endgestalt der Thora (→ WdG S. 210). Damals wurde es auch dem priesterlichen Schöpfungstext (Gen 1, 1–2,4a; → WdG S. 108 f) angefügt, so dass seitdem zwei unterschiedliche Schöpfungserzählungen am Anfang der Bibel stehen.

A
1 Erklärt, warum der Text den Aussagen im **Biologiebuch** über die Entstehung des Menschen keine Konkurrenz macht. Was sagt er, das man mit naturwissenschaftlichen Forschungen nicht herausfinden kann?
2 Zum **„Paradies auf Erden"**: → S. 11.
3 Versucht auch selbst, eine **Schöpfungsgeschichte** zu schreiben, die unserem heutigen Wissen entspricht und den alten Glauben berücksichtigt.

Der Glaubenssinn der alten Bilder

Karola: Können Sie uns ein paar dieser Bilder erklären?

RL: Ja. Ich gehe gern auf ein paar Beispiele ein:

1 Natürlich hat Gott den **Menschen** nicht mit seinen Händen aus dem **Ackerboden** geformt und dann seinen Lebensodem eingeblasen. Aber das Bild zeigt, wie der Mensch von den Gesetzen der Natur bestimmt wird und doch letztlich sein Leben Gott verdankt.

2 In der Szene vom **Schlaf Adams** ist angedeutet, dass der Mensch nicht sehen kann, wie Gott schafft. Dass die **Frau aus der Seite des Mannes** geschaffen wird und somit dem Herzen nahe ist, erklärt die fortwährende Sehnsucht beider zueinander. Ihre unterschiedliche Sexualität (→ S. 98 ff) führt sie zusammen. Sie ist den Menschen von Gott gegeben. Die **Frau** ist dem Mann völlig **gleichwertig**. Manche Theologinnen unserer Tage sehen sie sogar überlegen, da Adam nur aus der Erde, die Frau aber vom Menschen stammt (→ S. 110).

3 Wenn stets von einem **Garten, von Bäumen und Früchten** die Rede ist, so war das für die damaligen Nomaden (→ ZdF S. 51), die den Text hörten, das Schönste, was es gibt – ein Bild der Großzügigkeit Gottes von Anfang an. Vom „Baum der Erkenntnis von Gut und Böse" – von einem Apfelbaum ist nirgends die Rede – dürfen die Menschen nicht essen. „Gut und Böse" meint in der Sprache des Mythos gottgleiches Wissen. Wenn der Mensch sich dieses Wissen anmaßt, verstößt er gegen die ihm gesetzten Grenzen. Das Gebot setzt voraus, dass der Mensch Freiheit (→ S. 48 ff) hat.

4 Am schwierigsten ist die Sache mit dem **Sündenfall**. Der biblische Text geht hier auf eine Frage ein, die die Menschen schon immer bewegt hat: Woher kommt das Leid in Gottes guter Schöpfung (→ S. 82 f)? Die **Männer** müssen oft ihr ganzes Leben hart und ohne großen Erfolg arbeiten. Das tägliche Brot bleibt knapp. Die **Frauen** werden oft von den Männern schlecht behandelt. Die Geburt eines Kindes ist für sie schmerzhaft, obwohl sie doch einem Geschöpf Gottes das Leben schenken. **Warum das Leid?** Der Text versucht eine Antwort, die weitere Fragen nicht ausschließt. Er sagt: Gott darf für das Leid nicht verantwortlich gemacht werden. Die Menschen haben sich **aus freien Stücken** gegen Gottes Gebot versündigt und so ihr Leid selbst verschuldet. Als sie wie Gott sein wollten und seinen Geboten nicht gehorchten, haben sie ihr Glück zerstört.

Fernand Léger (1881–1955), Adam und Eva, 1935–1939.

Tobias Trutwin (geb. 1964), Skyline, 2001.

P **„Die Herkunft und Zukunft von Welt und Mensch“** könnt ihr mit dem Physik- und Biologieunterricht sowie dem evangelischen Religionsunterricht gemeinsam erarbeiten.

Als **Produkt** könnt ihr dazu einen **Reader** mit wichtigen Texten anlegen und mit Fotos ergänzen.

Zur Projektarbeit: → **M 9**.

Mögliche Aufgaben, die ihr selbst abändern oder ergänzen könnt:

1 Was sagt die **Physik** heute über den Anfang und das Ende des Kosmos/Universums und der Erde? (Alter, Prozess, Ausdehnung, weitere Entwicklungen usw.).

2 Wie sieht die **Biologie/Genetik** heute die Entstehung des Lebens? Seit wann kann man von Menschen sprechen? Worin gleichen sich – biologisch gesehen – Tier und Mensch, worin sind sie verschieden?

3 Welche **Methoden** führen zu den Erkenntnissen der Naturwissenschaften? Welche Gewissheit vermitteln sie?

4 Was sagt die Bibel/der **christliche Glaube** vom Ursprung (Anfang) und von der Vollendung (Ende) der Welt? Wie spricht die Bibel? Exemplarische Texte: Gen 1, 1–2, 4a (→ WdG S. 108 f) und Gen 2, 4b–3, 24; die Psalmen 8 und 104 (→ WdG S. 113) , die Kapitel 6, 12 oder 20 aus der Offenbarung des Johannes. Wie sind diese Aussagen richtig zu verstehen? Wie wären sie missverstanden?

5 Welche Unterschiede macht unsere **Sprache** zwischen den Begriffen „Welt“, „Universum“, „Erde“, „Schöpfung“, „Lebewesen“, „Mensch“, „Geschöpf“, „Ende“ und „Vollendung“?

6 Inszeniert zum Thema „Schöpfung“ eine **Talkshow** (Moderator, Gäste), zu der ein Biologe, ein Physiker, ein Theologe, ein Künstler, ein Schauspieler, ein Politiker eingeladen sind. Befragt das Publikum abschließend nach der persönlichen Position.

L Der Schöpfungsglaube stellt die Menschen heute vor eine dreifache Aufgabe:

1 **Bewahrung der Schöpfung**: Die Erde – ihr Boden, ihre Luft, ihr Wasser, ihre Pflanzen und Tiere – darf nicht ausgebeutet und zerstört werden. Sie muss als das Lebenshaus der Menschen und Tiere auch für die nachkommenden Generationen erhalten bleiben. (→ S. 42)

2 **Gerechtigkeit**: Die Güter der Erde sollen so verteilt sein, dass alle Menschen leben können. Die tiefe Kluft zwischen einer Überflussgesellschaft und einer Gesellschaft in Elend und Not ist ein Skandal. Sie darf nicht fortbestehen. (→ S. 182)

3 **Frieden**: Die Menschen sind Geschöpfe Gottes. Sie dürfen sich nicht durch Krieg, Massenvernichtung, Fremdenhass, Rassismus, Mord und Terrorismus gegenseitig umbringen oder beleidigen. (→ S. 184)

A **Was fällt euch dazu ein?**
- Zerstörung der Umwelt
- Die Qualen der Tiere
- Die große Verschwendung
- Die ungerechte Verteilung der Lebensmittel
- ...

Ergänzt das Umwelt ABC

A Abfall
B Bodenverschmutzung
C Chemikalien
...
Z Zwischenlager

5. Unser Umgang mit der Schöpfung

Sätze zum Nachdenken

- Die Erde ist die Mutter und das Grab aller Menschen.
- Du bist Erde, du isst Erde, du wirst Erde.
- Die Erde gibt und nimmt alles.
- Naturschutz ist Menschenschutz. Die Natur schützt sich selber.
- Unsere Generation geht mit der Umwelt verantwortungslos um. Die jungen Leute von heute sind die Leidtragenden von morgen.
- Wer den Armen etwas zu essen gibt, ist ein Heiliger. Wer aber fragt, warum die Armen nichts zu essen haben, gilt als Unruhestifter.

Sie sägten die Äste ab

Sie sägten die Äste ab, auf denen sie saßen
Sie schrien sich zu ihre Erfahrungen
Wie man schneller sägen könnte, und sie fuhren
Mit Krachen in die Tiefe. Und die ihnen zusahen,
Schüttelten die Köpfe beim Sägen und
Sägten weiter.

Bertolt Brecht

Pierre Brauchli, Babel heute, nach dem Gemälde von Pieter Brueghel (um 1525–1569), Der Turmbau zu Babel, 1563.

Die Wolke

Im Jahr 1986 kam es zu einer Explosion im Atomkraftwerk Tschernobyl in der Ukraine, durch die radioaktive Strahlungen unkontrolliert freigesetzt wurden, die sich über weite Teile Europas verbreiteten.

Es ist eine Wolke übers Land gegangen,
da ließen die Blumen die Köpfe hangen.

Es hat gelber Regen in den Bäumen gesessen,
da haben die Vögel ihr Lied vergessen.

Es wehte ein Windstoß auf Kräutern und Steinen,
da wollte die Sonne nicht mehr scheinen.

Es wurde das Waldlaub wie Staub so trocken,
da sind die Menschen zu Tode erschrocken.

Rudolf Otto Wiemer

A Unsere Verantwortung für die Schöpfung

1 Wenn ihr das früher (→ WdG S. 114) vorgeschlagene **Projekt** zum verantwortungsvollen Umgang mit der Schöpfung noch nicht durchgeführt habt, dann überlegt, ob es jetzt besser in die Unterrichtssituation passt.

2 Stellt **Bilder** zum Thema „Unser Umgang mit der Schöpfung" zusammen. Ihr könnt für diese Ausstellung Fotos suchen und auch selbst Bilder anfertigen. Welcher Bibeltext könnte jeweils dazu passen?

3 Stellt in Gruppenarbeit in eurem Religionsheft (→ **M1**) zusammen, was ihr im **Erdkunde- und Biologieunterricht** oder in den Medien über Umweltverschmutzung, Müllberge, Klimakatastrophe, Ozonloch, Entsorgung, Grundwassergefährdung, Energieverschwendung, Hunger, Krankheiten usw. erfahren habt.

4 Warum fällt es einzelnen Menschen und der Menschheit im Ganzen so schwer, auf Taten zu verzichten, die für sie so **gefährlich und zerstörerisch** sind? Warum lassen wir nicht davon, obwohl wir die Probleme genau kennen?

L Die biblischen Aussagen von der **Endzeit** sind von der **Hoffnung** erfüllt, dass Gott auch das Ende der Zeit bestimmt. Wie er das Leben am Anfang geschaffen hat, so wird er es in der Gegenwart erhalten und in der Zukunft vollenden. Für diese Hoffnung auf Gott hat die biblische Eschatologie viele **Bilder** entworfen, z. B. **Auferweckung, Ewiges Leben, Unsterblichkeit, Himmel, in Gottes Hand sein, Gott schauen** u. a.

A

1 Heute boomt die **Zukunftsbranche** in Zeitungen, Illustrierten, Büchern, Liedern, auf dem religiösen Markt der Esoterik. Was wisst ihr über Wahrsagerinnen, Hellseher und Astrologen (→ WdG S. 192 ff)? Was haltet ihr davon?

2 Die **Gen-Forschung** erweckt die Hoffnung, demnächst Krankheiten heilen und den Tod des Menschen verzögern oder ganz beseitigen („Immortality-Projekte" in den USA) zu können. Wer hält dazu ein kleines Referat? (→ **M2**)

3 In alten Zeiten haben **Mythen** (→ S. 34) poetische Bilder für die Endzeit entworfen, wenn sie z. B. von einem guten goldenen Zeitalters oder einem schlechten eisernen Zeitalters sprachen. Sie kündeten von dem Einsturz des Weltgebäudes und von einer Götterdämmerung. Sucht dafür Beispiele: → **M2**. Wo wird das Thema in Filmen und Fernsehsendungen aufgegriffen?

4 Schreibt **eure Zukunftserwartungen** auf ein Plakat und diskutiert sie in der Klasse. Verfasst dazu einen kleinen Text (Gedicht, Erzählung) oder ein Bild.

5 Zu den endzeitlichen Vorstellungen im **Judentum** (Messias): → WdG S. 212 f; **Islam** (Paradies): → ZdF S. 212 f; **Hinduismus** (Wiedergeburt): → S. 202; **Buddhismus** (Nirwana): → S. 217.

6. Visionen der Vollendung

Eine Physikerin: Das Ende der Erde

Wir Naturwissenschaftler diskutieren zur Zeit manche Theorien über das Ende der Erde, die alle noch nicht endgültig bewiesen sind:

- In etwa fünf Milliarden Jahren wird sich die **Sonne**, während sie ihre Energie verströmt, zu einem „roten Riesen" aufblähen und dabei alle ihre Planeten, auch die Erde, verschlucken. Am Ende wird sie selbst im Kosmos nur noch ein „weißer Zwerg" von der Größe eines Planeten sein.
- Denkbar ist auch, dass die **Zentrifugalkraft der Erde** schon vorher allmählich schwächer wird als die Anziehungskraft der Sonne, so dass sich dann die Erde aus ihrer bisherigen Bahn löst und auf die Sonne zubewegt. Dann werden die Temperaturen erheblich steigen, die Ozeane verdampfen, das Leben vergehen, die Erde verschmoren. Am Ende wird die Erde ein großes Massengrab sein. Diese Entwicklung, die in drei Milliarden Jahren möglich sein könnte, gilt nicht für das Universum, sondern nur für das Sonnensystem und damit auch für die Erde
- Das Weltall insgesamt könnte einen **Kältetod** erleben. Wenn alle Energien verbraucht sind, könnte die Entwicklung umgekehrt verlaufen wie am Anfang des Universums nach dem Urknall (→ WdG S. 104). Am Ende gibt es nur noch kleinste Mengen von Energie in einem sehr großen Raum.
- Zum ersten Mal in der Geschichte ist die **Menschheit in der Lage, sich selbst zu vernichten**, z. B. durch den Einsatz von Atombomben oder biologischen Waffen, durch Zerstörung der Lebensgrundlagen wie Klima, Boden, Wasser und Luft („Ozonloch"), durch genetische Manipulationen (→ S. 156). Zur Bannung der Gefahren wird u. a. vorgeschlagen: eine gezielte Erziehung, ein Welteinheitsstaat mit besseren Kontroll- und Strafmöglichkeiten, eine gerechte soziale Ordnung.

Was menschliches Begreifen übersteigt

Kein Auge sah und kein Ohr vernahm
und in keines Menschen Herz drang,
was Gott denen bereitet hat, die ihn lieben.

aus dem 1. Brief des Paulus an die Korinther 2, 9

Ein Theologe: Die Hoffnung des Glaubens

- Was der christliche Glaube über das Ende der Welt sagt, ist **nicht Berichterstattung/Reportage** von den letzten Ereignissen, Phantasie oder Ergebnis von Hellseherei. Es ist die Vision einer Hoffnung (→ S. 12). An beiden Eckpunkten der Zeit – an ihrem Anfang und ihrem Ende – ist Gott am Werk. Am Ende steht nicht ein unerwarteter Zufall oder eine totale Katastrophe, sondern die Vollendung der Welt und das Ewige Leben für die Menschen.
- Die Aussagen der Bibel über die Endzeit sind oft von den **Vorstellungen ihrer Zeit** geprägt, so dass sie in unsere Sprache übersetzt werden müssen, damit sie heute verstanden werden.
- Das **antike Weltbild** (→ S. 36) findet sich z. B. da, wo es heißt, dass sich am Ende der Tage die Sonne und die Sternbilder verfinstern, der Mond sein Licht nicht mehr glänzen lässt (Jes 13, 10), die Sterne vom Himmel fallen und die Kräfte des Himmels erschüttert werden (Mk 13, 25).
- Die **Kultur der damaligen Zeit** wird erkennbar, wenn die neue Welt als „das neue Jerusalem" (Jes 52, 1; Offb 21, 10) beschrieben wird und der Himmel als ein Ort, in dem Gott prächtiger herrscht als der römische Kaiser in seinem Thronsaal (Offb 4, 1–5).
- **Schreckensbilder** der damaligen Zeit, z. B. Krieg, Hunger, Feuersbrunst und Untiere (Drachen) wurden in der Geheimen Offenbarung, dem letzen Buch des Neuen Testaments zu Mahn- und Warnbildern des endzeitlichen Schreckens (Offb 6, 1–8; 12, 3f), bevor Gott endgültig eingreift.
- Umgekehrt wurde das, was die Menschen damals mit Begeisterung erfüllte, z. B. ein Wasserstrom, ein fruchtbarer Baum (Offb 22, 1–3) oder ein Festmahl (Mt 22, 1–14) zu **Hoffnungsbildern** der endzeitlichen Freude.

Johannes Schreiter (geb. 1930), Physikfenster Heiliggeistkirche in Heidelberg, 1983. Auf dem Feuerball (unten) liest man das Datum der Zerstörung von Hiroshima durch die Atombombe, darüber die physikalische Formel, die Einstein (→ S. 37) gefunden hat. Oben die Schrifttexte 2 Petr 3,10 und Jes 54,10. (→ S. 235)

L

- Das **Gericht** – das ist der Mensch, der sich endgültig richtig einschätzt. Das Gericht – das ist der gerechte und barmherzige Gott.
- Die **Hölle** – das ist ein Mensch in totalem, selbst verschuldetem Unglück. Die Hölle – das ist der endgültig verlorene Gott. Der christliche Glaube beansprucht nicht zu wissen, ob überhaupt ein Mensch in der Hölle ist.
- Das **Fegefeuer** – das ist der Mensch in Anerkennung seiner Schuld. Das Fegefeuer – das ist der verzeihende Gott.
- Der **Himmel** – das ist der Mensch in endgültiger Freiheit und Liebe. Der Himmel – das ist der endgültig gefundene Gott.

Gericht

- **Das Gericht ist nicht** ein willkürlicher Urteilsspruch Gottes, der den Menschen völlig überrascht, wo plötzlich böse Taten aufgedeckt werden, an die er sich kaum mehr erinnert. Es ist nicht wie ein weltlicher Schauprozess, dem man wehrlos ausgeliefert ist.
- **Das Gericht ist** der Prozess, in dem sich der Mensch am Ende seines Lebens in der Begegnung mit Gott selbst klar erkennt. Dabei wird ihm endgültig bewusst, wie er gehandelt und wozu er sich gemacht hat. Hier ist sowohl der Mensch selber wie auch Gott der Richter. Hier wird ihm äußerste Gerechtigkeit und größte Barmherzigkeit zugleich zuteil.
- **Erfahrungen**, die zu Bildern von „Gericht" werden können: ein verständnisvoller Richter, der nicht nur nach seinen Paragrafen urteilt, sondern auch den Menschen kennt und seine ganze Situation bei seinem Richterspruch mit einbezieht; eine Mutter, die mit einem Kind verständnisvoll über dessen Verhalten spricht; ein Arzt, der heilen will.

Hölle

- **Die Hölle ist nicht** ein geografischer Ort, wo es brennt, an dem furchtbare Finsternis besteht, wo die Menschen auf immer von Teufeln oder Feuerflammen grausam gequält werden.

Stefan Lochner (um 1410–1451), Weltgericht, 1435–1439.

- **Die Hölle ist** die verzweifelte Erfahrung eines Menschen in der Begegnung mit Gott, dass er sein Leben endgültig verfehlt hat, weil er aus freien Stücken Böses getan hat. Sie ist das Gericht des Menschen über sich selbst, bei dem er erkennt, dass er sich klar und unwiderruflich gegen sein Gewissen, gegen die Gebote Gottes, insbesondere gegen das Liebesgebot entschieden hat.
- **Erfahrungen**, die zu Bildern der Hölle werden können: endgültige Verzweiflung, blinder Hass, Sinnlosigkeit, Isolation, Ausweglosigkeit, Unfähigkeit zu Liebe und Geliebtwerden.

Raimund Girke (geb. 1930), „Steigendes Licht" Nr. 6, 2001.

Fegefeuer

- **Das Fegefeuer („fegen", „Feuer") ist nicht** ein geografischer Ort, an dem es etwas weniger brennt als in der Hölle und wo die Qualen der Menschen zeitlich begrenzt sind.
- **Das Fegefeuer ist** die leidvolle Erfahrung des Menschen in der Begegnung mit Gott, dass er aufgrund freiwilliger Entscheidungen nicht immer das Böse gemieden und das ihm mögliche Gute getan hat. Diese Selbsterkenntnis ist schmerzlich, aber zugleich hoffnungsvoll. Sie bejaht, dass er das Böse in sich abarbeiten muss, gibt ihm aber auch die Gewissheit, dass er endgültig an Gottes Leben Anteil hat.
- **Erfahrungen**, die zu Bildern von „Fegefeuer" werden können: Schmerz im Prozess der Heilung, abklingende Angst, hoffnungsvolle Sehnsucht nach Liebe und Geliebtwerden.

Himmel

- **Der Himmel ist nicht** das Firmament, das sich über die Erde wölbt (antikes Weltbild; → S. 36). Er ist auch nicht ein lieblicher Saal, in dem Gott auf einem goldenen Thron sitzt, wo sich vorwiegend weiß gewandete Engel aufhalten und die Seelen ständig Halleluja singen.
- **Der Himmel ist** die beglückende Erfahrung des Menschen in der Begegnung mit Gott, dass er trotz seiner Schwächen einen guten Weg gegangen ist und dass sein Leben endgültig in der Liebe Gottes bleibt. Dabei begegnet er auch anderen Menschen, die ihr Leben bei Gott vollendet haben.
- **Erfahrungen**, die zu Bildern von „Himmel" werden können: Hochzeit, Glück, Freude, Friede, Freiheit, Gemeinschaft, Liebe und Geliebtwerden.

A

1 Zum Glauben an die **Auferweckung der Toten**: → WdG S. 124 ff. Zu den **Bildern**: → **M5**.

2 Führt ein **Interview** zum Thema „Himmel" und „Hölle" durch: → **M7**.

3 Was meint ihr: Ist der christliche Glaube an das Endgericht Gottes dazu da, den Menschen **Angst** einzujagen? Wie passt er zur **„Frohen Botschaft"** Jesu?

4 Warum ist die christliche Lehre von Himmel und Hölle heute in eine **Krise** geraten?

5 Ein Bild von **Hieronymus Bosch** mit dem Thema „Aufstieg zum Licht": → WdG S. 72.

Otto Dix (1891–1969), Die sieben Todsünden, 1933.

*Schon immer haben Künstler die Fehler und Schwächen (**„Laster“**) und die guten Taten (**„Tugenden“**) der Menschen **„personifiziert“**, d. h. als Personen dargestellt. So wurde z. B. aus der Gerechtigkeit eine Frau mit einer Waage, auf der die Taten der Menschen gewogen werden (→ S. 182).*

Informationen zum Bild: Otto Dix, ein Maler des deutschen Expressionismus, hat 1933 im Jahr von Hitlers Machtergreifung die sieben Todsünden („Hauptsünden“) personifiziert. Diese Sünden stören empfindlich das Verhältnis des Menschen zu Gott, dem Nächsten und sich selbst und sind die Wurzel vieler anderer böser Taten. Sie verhindern, dass sich der Mensch frei entfalten kann und machen ein menschenwürdiges Leben unmöglich.

I Eine **alte Hexe** verkörpert den **Geiz**.

II Die **zwergenhafte Gestalt** ist der **Neid**. Nach dem Zweiten Weltkrieg hat der Maler der Gestalt ein Hitler-Bärtchen gegeben.

III Der **Tod** mit der Sense in der schwarzen Uniform von Hitlers SS bezeichnet die **Trägheit des Herzens**, d. h. eine innere Stumpfheit gegenüber allem Guten und Schönen. Die Gliedmaßen deuten ein Hakenkreuz an, das das Symbol der Hitlerpartei war. In der Herzgegend ist der Stoff aufgerissen und zeigt eine leere Grube.

IV Der **Teufel** mit Hitlergruß verkörpert den **Zorn**.

V Die **Gestalt mit erhobener Nase** ist der Stolz oder der **Hochmut**.

VI Der **Kopf mit dem übergestülpten Topf** stellt die Fresssucht oder Maßlosigkeit dar.

VII Die **gelb gekleidete Frau** ist die **Unkeuschheit**, die körperliche Reize offen zeigt und verkauft.

1 Zur **Bildinterpretation**: → **M5**.

2 In welcher **Landschaft** (links oben) steht das Bild? An welchen **Details** kann man erkennen, um welche Hauptsünde es sich jeweils auf dem Bild handelt. Bezieht auch die **Farben** in eure Betrachtung ein.

3 Zeichnet das Bild so gut ihr könnt nach und schreibt die **Todsünden** entweder in das Bild oder an den Rand des Bildes, evtl. mit Pfeil auf die jeweilige Gestalt.

4 Wie würdet ihr diese sieben Hauptsünden **heute** ins Bild bringen?

5 Was kann uns das Bild heute sagen?

6 Schreibt neben die sieben Todsünden **entgegengesetzte gute Haltungen** und Taten, z. B. Geiz – Großzügigkeit; Neid – … usw.

7 Vier wichtige **Tugenden**: → S. 10.

Eine schwierige Aufgabe

Lesen | Fragen | Denken | Interviewen | Suchen | Gestalten | Präsentieren

1 Zum Problem der **Freiheit**, ihrer Chancen und Grenzen: → WdG S. 28, zur Frage nach dem Sinn des Lebens: → S. 26.

2 Macht einen **Plan** für einen ganzen Tag und tragt darin alle Gesetze und Vorschriften ein, denen ihr in allen Stunden folgen müsst. Unterscheidet dabei Gesetze, denen wir durch die Natur unterworfen sind (z. B. atmen), und Gesetze, die ihr frei befolgt (z. B. beim Fußballspiel).

3 Erzählt **Beispiele** von Situationen, in denen ihr eure Freiheit sinnvoll und sinnlos benutzt habt.

4 Legt eine **Mindmap** zum Thema „Freiheit“ an.

Vorschau

Der Mensch ist u.a. deshalb einzigartig, weil er **frei** ist. Die **Freiheit** befähigt uns in bestimmten Grenzen, uns selbst zu bestimmen und nach eigenen Vorstellungen und Wünschen zu handeln. Aus der Freiheit kann **Böses und Gutes** entstehen. Sie kann unser Leben ruinieren und unserem Leben **Sinn** geben. Darum lautet eine Grundfrage: Was sollen wir mit unserer Freiheit tun? Wie geben wir ihr Sinn?

1. Was man mit der Freiheit machen kann

Das Fernsehen berichtet von einer großen Überschwemmung in Asien. Hunderte Menschen sind dabei ums Leben gekommen. Unzählige Familien haben ihre kleinen Wohnungen verloren. **Tabea (15)** ist von den Bildern erschüttert. Sie überlegt, ob sie etwas tun kann. Schließlich hat sie eine Idee. Sie veranstaltet einen Flohmarkt, wo CD´s, Bücher, Hefte, Marmeladen, Videos, Bilder usw. günstig angeboten werden. Bei den Eltern und Freunden sammelt sie Geld. Mit Hilfe der Lehrer veranstaltet sie ein kleines Schulkonzert. So kommt eine ganz schöne Summe zusammen. Die Caritas (→ WdG S. 169), garantiert, dass das Geld bei den Notleidenden ankommt.

Adolf (21) und Hermann (20) sind Fußballfans von der besonderen Sorte. Die Spiele der Nationalmannschaft verpassen sie so gut wie nie. Mit einer größeren Gruppe Gleichgesinnter fahren sie immer hin. Alle zeigen sich dabei in schwarzer Lederkleidung mit buntem Stirnband, Springerstiefeln und Messer im Gürtel. Für sie steht fest: Deutschland muss gewinnen. Neulich verlor Deutschland ein wichtiges Spiel. Da zogen sie nachher brüllend und schreiend durch die Stadt. In der Hand hielten sie schwarz-weiß-rote Fahnen. Schließlich warfen sie Flaschen und Steine in Geschäfte. Sie verletzten dabei einen Fußgänger.

L

- Wir definieren häufig **Freiheit** so, dass **wir beliebig tun können**, was wir wollen. Diese Definition ist problematisch. Sie übersieht, dass es **Grenzen der Freiheit** gibt. Sie liegen da, wo wir anderen Schaden zufügen oder uns selbst zerstören.
- Auch wenn wir uns frei entscheiden, entstehen neue **Bindungen**. Wer seinen Beruf frei wählt, muss seinen Arbeitsvertrag erfüllen. Wer in Freiheit heiratet, geht Verpflichtungen gegenüber dem Ehepartner ein usw.
- Das **Christentum** hat auf die Frage, was wir tun sollen, grundsätzlich und für viele Einzelbereiche klare Antworten. Christen stützen sich dabei auf die Bibel. Die beiden Grunddokumente für diesen Bereich sind im Alten/Ersten Testament die **Zehn Gebote**, im Neuen/Zweiten Testament die **Rede Jesu auf dem Berg** („Bergpredigt“). Alle biblischen Weisungen hat Jesus im dreifachen **Liebesgebot** zusammengefasst.
- Wer diese Weisungen zur Richtschnur seines Handelns macht, findet nicht nur eine **Orientierung** für einzelne Lebenssituationen. Ihm eröffnet sich ein Weg, auf dem das ganze Leben **sinnvoll** wird.

Müssen – Sollen – Nicht-Dürfen. Und trotzdem frei?

Wir müssen essen, um zu leben.

Wer eine Freundin anrufen will, muss eine bestimmte Telefonnummer wählen.

Hausmüll darf nicht in den Fluss gekippt werden.

Für gekaufte Ware müssen wir Mehrwertsteuer bezahlen.

Ein Fußballspieler darf den Ball nicht mit der Hand berühren.

Dominik (16) kann gut Tischtennis spielen. Er möchte in diesem Jahr Jugendmeister seines Heimatvereins werden. Er weiß, dass er dafür länger trainieren muss, als er es bisher getan hat. Darum entschließt er sich mehrere Stunden in der Woche zu spielen. So macht er gute Fortschritte. In den Vorrunden kann er sich qualifizieren. Als das entscheidende Spiel kommt, ist er ganz aufgeregt. Er verliert gegen Markus nur knapp. Aber immerhin ist er Vizemeister geworden. Er hofft auf seine Chance im nächsten Jahr und will das Training noch um einiges intensivieren.

Robin (18) ist arbeitslos. Er findet keinen Job. Zuerst hat er noch intensiv nach einer Stelle gesucht, seine Suche aber dann aufgegeben. Nun ist er für politische Parolen anfällig, die ihm sagen, dass die Ausländer den Deutschen die Arbeitsplätze wegnehmen. So wächst in ihm langsam ein dumpfer Hass auf die Türken, die in seinem Wohnviertel leben. Eines abends trifft er in der Dämmerung auf Mehmet (16), der gerade nach Hause geht. Ohne lange zu überlegen greift er Mehmet an, reißt ihn zu Boden und versetzen ihm Tritte. „Scher dich mit deiner ganzen Familie in die Türkei!“, ruft er. Keiner kommt Mehmet zu Hilfe.

A Wann sind wir frei, wann nicht?

1 Was machen **Tabea, Adolf und die anderen** jeweils mit ihrer Freiheit?

2 Deutet das Wort eines Schülers: **„Jetzt habe ich meine Freiheit, aber was fange ich damit an?“**

3 Nennt **Beispiele**, wo wir uns ganz nach Belieben entscheiden können.

4 Untersucht an einem aktuellen **Konfliktfall** eurer Klasse, wo die Freiheit eines Schülers oder einer Schülerin auf die Freiheitsansprüche eines anderen Schülers oder einer anderen Schülerin stößt. Welche Möglichkeiten seht ihr, diesen Konflikt zu lösen?

5 **Was soll ich tun, ...**

- wenn ich die CD oder das Motorrad eines anderen gut gebrauchen kann?
- wenn ich mich in den Freund meiner Freundin verliebe?
- wenn mir in einer schwierigen Situation Drogen angeboten werden?
- wenn ich mir durch eine Lüge einen Vorteil verschaffen kann?
- wenn ich eine wichtige Prüfung für eine Lehrstelle bestehen muss, aber zum Arbeiten keine Lust habe?

Wer hat das jeweils festgelegt?

Bei einem Verkehrsunfall sollen wir den Verletzten erste Hilfe leisten.

Du sollst nicht töten.

Um acht Uhr sollen wir pünktlich in der Schule sein.

Alle Menschen müssen sterben

Wir müssen das nächste Spiel gewinnen.

L Die Zehn Gebote – der **„Dekalog"** (griech.: „Zehn Worte") – sind dem Volk **Israel** von Gott als An-Gebote zur Freiheit und als Weisungen zu einem menschenwürdigen Leben gegeben worden. Wer sie befolgt, benutzt seine Freiheit sinnvoll und achtet die Freiheit anderer.

- **Jesus** hat nach diesen Geboten gelebt, er hat sie bejaht und bekräftigt. Durch ihn sind sie auch zum Grundprogramm der **Christenheit** geworden.
- In der Verfassung vieler **Staaten** spielen die Gebote des Dekalogs eine wichtige Rolle. Heute finden sie als ein früher Grundkatalog der Menschenrechte überall auf der Welt Aufmerksamkeit.

A **Den Dekalog sollte jeder gut kennen**

1 In diesem Band findet ihr **Ausführungen** zum 1. Gebot: → S. 69, 76; zum 3. Gebot: → S. 180; zum 5. Gebot: → S. 152; zum 6. Gebot: → S. 110; zum 7. Gebot: → S. 171.

2 Würdet ihr, wenn ihr könntet, alle Zehn Gebote beibehalten oder andere hinzufügen oder die Reihenfolge des Dekalogs ändern? Macht eine **eigene Aufstellung** und besprecht eure Vorschläge.

3 Diskutiert darüber, ob der Gott des Dekalogs ein **strenger Gesetzgeber** oder ein **verständnisvoller Menschenfreund** ist.

4 Wenn ihr den Dekalog noch nicht im Gedächtnis habt, lernt ihn **auswendig** (oder besser: „inwendig"; „by heart"). Es macht Freude und Sinn, ihn zu kennen.

2. Die Zehn Gebote vom Sinai

Der Dekalog

Ich bin der Herr, dein Gott,
der dich aus dem Ägypterland geführt hat,
aus dem Haus der Knechtschaft:

1. Du sollst keine fremden Götter neben mir haben. Du sollst dir kein Gottesbild machen.
2. Du sollst den Namen des Herrn, deines Gottes, nicht unnütz aussprechen.
3. Halte den Tag des Sabbats!
   Heilig sollst du ihn halten.
   Sechs Tage lang sollst du arbeiten;
   aber der siebte Tag ist ein Ruhetag.
4. Ehre deinen Vater und deine Mutter,
   damit du lange lebst
   und es dir wohl ergehe in dem Land,
   das der Herr, dein Gott, dir gibt.
5. Du sollst nicht morden.
6. Du sollst nicht die Ehe brechen.
7. Du sollst nicht stehlen.
8. Du sollst gegen deinen Nächsten nicht als falscher Zeuge aussagen.
9. Du sollst nicht die Frau deines Nächsten begehren.
10. Du sollst nicht das Haus deines Nächsten begehren oder irgendetwas, was deinem Nächsten gehört.

Kurzfassung nach Ex 20, 2–17 und Dtn 5, 6–21

Marc Chagall (1887–1985), Mose empfängt die Gesetzestafeln, 1956.

Im Hintergrund: Sinai, Moseberg

Schüleräußerungen

Petra (15): Ich brauche die Zehn Gebote nicht, ich weiß auch so, was ich zu tun habe.

Ben (15): Ich weiß nicht, wie die Zehn Gebote lauten. Interessiert mich auch nicht.

Janine (16): Ich kann das nicht mehr hören: Du sollst ... du sollst nicht ... Immer nur Vorschriften.

Ramona (14): Ich würde gern mehr über die 10 Gebote wissen.

David (15): Gibt es nicht ein wichtigeres Thema für uns?

Wer hat recht?

- Die Zehn Gebote sind längst veraltete Lebensregeln der Juden.
- Die Zehn Gebote sind Grundlage der modernen Menschenrechte.
- Die Zehn Gebote schränken die Freiheit der Menschen unnötig ein.
- Die Zehn Gebote schützen die Freiheit der Menschen.
- Die Zehn Gebote sind menschliche Satzungen.
- Die Zehn Gebote sind Gottes gute Weisung.

Ein Kontrastprogramm für Leute von heute?

9 Spanne anderen den Freund/die Freundin aus.

6 Sorge für dauernde Abwechslung in deinem Liebesleben, wie du es aus Sexfilmen und Pornos kennst.

4 Kümmere dich nicht um deine Eltern und um die Alten. Zeige ihnen, wie rückständig sie sind.

5 Genieße Mord und Totschlag in Comics und Computerspielen und sieh weg, wenn andere in deiner Nähe gequält werden.

10 Leiste dir alles, worauf du Lust hast.

2 Setze den Namen Gottes für deine Interessen gezielt dort ein, wo das Eindruck macht und es dir etwas bringt.

3 Nutze den Sonntag, um Spaß zu haben und Geld zu verdienen. Du sollst entweder nie zur Ruhe kommen oder möglichst viel gammeln.

1 Mache Geld, Erfolg und dein Ich zu deinen Göttern, neben denen nichts anderes Platz hat.

8 Erfinde immer faule Ausreden für dich und, wo es dir nützt, falsche Beschuldigungen gegen andere.

7 Lasse fremdes Eigentum unbezahlt mitgehen, wenn es dir gefällt und du dabei nicht auffällst.

Ein Bibelwissenschaftler spricht über den Dekalog

- Die alles überragende Gestalt im Alten Testament war **Mose** (→ ZdF S. 58 ff). Kein anderer war so berufen, die Gebote zu empfangen wie er.
- Heute nimmt man an, dass der Dekalog zwischen dem **8. und 6. Jh. vC** erstmals zusammengestellt wurde.
- Die biblische Erzählung von der Übergabe der Zehn Gebote an das Volk Israel am Berg Sinai (Ex 19) ist keine Reportage über ein vergangenes Ereignis. Was hier überliefert ist, hätte nicht durch Mikrofon oder Kamera festgehalten werden können. Wir haben hier eine **Symbolerzählung** von äußerster Dramatik vor uns. Die ganze Natur wird in die Erzählung einbezogen und verweist in vielen Einzelheiten auf die Majestät Gottes. Das Szenario umfasst die Wüste – ein gewaltiges Bergmassiv – den dritten Tag – das Morgengrauen – Donner und Blitz – Wolken – Rauch und Feuer – das Beben des Berges. Auch die Personen sind wichtig. Mose zieht eine Grenze um den Berg. Die Israeliten selbst lagern am Fuß des Berges und müssen sich reinigen. So werden sie auf ein wichtiges Geschehen vorbereitet. Gott selbst spricht mit einer mächtigen Stimme, aber niemand kann ihn sehen.
- Der Text steht in einem größeren **Erzählzusammenhang**. Voraus geht die Befreiung der Israeliten aus der Sklaverei Ägyptens (→ WdG S. 16), ihre Wanderung durch die Wüste und der Abschluss eines Bundes zwischen dem Volk und Gott. Dem Sinai-Ereignis folgt erneut eine Wanderung der Israeliten durch die Wüste, bis sie endlich in das Land der Verheißung gelangen. So steht die Erzählung in der Mitte zwischen der Vergangenheit in Ägypten und der Zukunft im eigenen Land.
- Die Erzählung steht erst recht am **Übergang von der Sklaverei zur Freiheit.** Dazu stellt sich Gott in einem Vorspann zu den Geboten als der vor, der sein Volk aus dem Sklavenhaus Ägyptens herausgeführt hat. Wir wissen, dass es in dem kulturell so hochstehenden Ägypten nicht einmal ein Wort für Freiheit gab. Nur durch das Verlassen Ägyptens konnte das Volk Israel endlich ein Leben in Freiheit finden. Alle Gebote sollen Israel davor bewahren, wieder in die Sklaverei zu verfallen. Sie sind Wegweiser zur Freiheit für die, die Unfreiheit erlebt haben. Sie schützen die Freiheit des Einzelnen und die Freiheit aller.
- Die Zehn Gebote regeln nicht alle unsere Lebenssituationen. Sie machen **weiteres Nachdenken** über unser Handeln nicht überflüssig, sondern fordern dazu auf, neue Erfahrungen im Licht des Dekalogs zu deuten.

A Sich mit den Zehn Geboten befassen

1 Wie erklärt ihr euch die Tatsache, dass jeder fast alles, was die Zehn Gebote fordern, auch in seinem **Gewissen** (→ WdG S. 178 ff) hören kann?

2 Uns sind **heute viele Gebote** wichtig, weil sie für unser Leben und Überleben notwendig sind, z. B. Krieg zu vermeiden, die Umwelt zu bewahren, sich für die Gleichberechtigung aller Menschen einzusetzen, mehr Gerechtigkeit zu schaffen, Menschen nicht verhungern zu lassen. Warum steht davon nichts im Dekalog? Oder findet ihr dafür doch Hinweise?

3 Vergleicht den biblischen Dekalog mit den Geboten im **Islam**: → ZdF S. 208 f und im **Buddhismus**: → S. 218.

4 Fertigt auch selbst 10 Karten mit einem **Kontrastprogramm** an und schreibt auf die Rückseite den Text des Dekalogs.

5 Was wollt ihr zu den **Schüleräußerungen** sagen?

Keith Haring (1958–1990), The Ten Commandments – Die Zehn Gebote (Auswahl), 1985.

Jesus entwirft in der **Rede auf dem Berg** (Mt 5–7) sein Programm vom **Reich Gottes** (→ ZdF S. 128 ff und WdG S. 93). Er zeigt hier, wie es in der Welt aussehen könnte, wenn Menschen im Glauben an Gott leben würden. Sie würden die Gesellschaft und sich selbst zum Besseren verändern.

Bis heute findet die Rede Jesu auf dem Berg scharfe **Kritik** und begeisterte **Zustimmung**.

- In der modernen **Leistungsgesellschaft** wird sie als Zumutung angesehen. Sie steht quer zu einem Denken, das vor allem auf Geld, Erfolg, Gewalt und Lust konzentriert ist.
- Für **Christen** ist sie eine Herausforderung. Sie macht Hoffnung auf eine bessere Menschheit und zeigt eindrucksvoll, was Gott will.
- Wie kaum ein anderer Text der Bibel findet diese Rede Jesu auch in **anderen Religionen** Interesse und Bewunderung: → S. 208.

3. Die Rede Jesu auf dem Berg

Wozu Jesus in der Rede auf dem Berg (Mt 5–7) auffordert

- Salz der Erde und Licht der Welt sein. *(5, 13–16)*
- Nicht töten und andere nicht beleidigen. *(5, 21–26)*
- Keinen Ehebruch begehen und nichts tun, was dazu führt. *(5, 27–32)*
- Die Wahrheit sagen und verlässlich sein. *(5, 33–37)*
- Auf Gewalt und Rache verzichten. *(5, 38–42)*
- Nicht nur den Nächsten, sondern auch den Feind lieben. *(5, 43–47)*
- Nicht damit prahlen, gerecht zu sein. *(6, 1)*
- Mit anderen teilen, ohne damit anzugeben. *(6, 2)*
- Sich beim Beten nicht öffentlich zur Schau stellen. *(6, 5f)*
- Beim Beten nicht plappern und viele Worte machen. *(6, 7f)*
- Fröhlich fasten und auf etwas verzichten. *(6, 16–18)*
- Keine Schätze auf Erden sammeln. *(6, 19–21)*
- Für Gott und nicht für das Geld leben. *(6, 24)*
- Sich keine überflüssigen Sorgen um die Zukunft machen. *(6, 25–34)*
- Andere nicht verurteilen. *(7, 1–5)*
- Vertrauensvoll beten. *(7, 7–11)*
- Die goldene Regel beachten. *(7, 12)*

Wer diese meine Worte hört
und danach handelt,
ist wie ein kluger Mann,
der sein Haus nicht auf Sand,
sondern auf Fels baute.
Mt 7, 24

Jesus und seine Jünger, Perikopenbuch Heinrich II., Reichenau, um 1010.

Ein Bibelwissenschaftler: Die Rede Jesu auf dem Berg

- Jesus hat die Rede auf dem Berg kaum so gehalten, wie sie in der Bibel aufgeschrieben ist. So konzentriert wie hier hat er nie vor einer größeren Volksmenge gesprochen. Die ungewöhnliche **Form dieser Rede** geht wohl auf den Evangelisten Matthäus (→ WdG S. 66) zurück. Er griff für seine **Komposition** auf mehrere Worte und Reden zurück, die Jesus an verschiedenen Orten und zu verschiedenen Zeiten seinen Zuhörern vorgetragen hat.
- Es gibt viele Entsprechungen zwischen dem **Dekalog** (AT) und der Rede Jesu auf dem Berg (NT).
- Beide Male spielt das Geschehen auf einem **Berg**, einmal auf dem majestätischen Sinai, ein andermal im freundlichen Galiläa (→ ZdF S. 98). Allerdings ist bei der Verkündigung der Zehn Gebote die ganze Natur beteiligt. Die Israeliten selber müssen sich reinigen und dürfen sich dem Berg nicht nahen. Bei der Rede Jesu auf dem Berg ist von Naturerscheinungen nicht die Rede.
- Jesus erscheint hier wie **Mose** als der Gesetzgeber, der seinem Volk die neue Thora (→ WdG S. 210) gibt.
- Jesus zieht in seiner Rede auf dem Berg die Gültigkeit der **Zehn Gebote** nie in Zweifel, aber er deutet, erweitert und vertieft sie.
- Die Rede beginnt nicht mit Forderungen und Geboten. An ihrem Anfang steht eine **„Frohe Botschaft"**. Da werden Menschen „selig" („glücklich") genannt. Es sind nicht Leute, die bewundert werden, weil sie es zu etwas gebracht haben, sondern solche, die es in der Welt schwer haben und sonst bedauert oder belächelt werden.
- In der Mitte der Bergpredigt steht das **Vaterunser** (→ ZdF S. 85), das zum wichtigsten Gebet der Christenheit geworden ist. Es fasst betend die Botschaft Jesu zusammen (6, 9–13).

A

1 Schreibt die **Sätze** aus der Rede Jesu auf dem Berg heraus, denen ihr (1) voll oder (2) nicht zustimmt und (3) anderer Sätze, die euch unverständlich sind.

2 Schreibt den Satz aus der Rede Jesu auf dem Berg auf eine **Schmuckkarte**, der euch am meisten an- oder aufregt. Vergleicht eure Karten.

3 Welches Wort dieser Rede Jesu möchtet ihr eurer Freundin/eurem Freund oder einer Politikerin/einem Politiker **schreiben**?

4 Formuliert – ähnlich wie beim Dekalog S. 54 – zu drei Weisungen einen **Gegensatz** und fragt euch, ob sich damit besser leben lässt.

5 Diskutiert die Frage, was **Gewaltlosigkeit** (Mt 5, 39–45) von einem Menschen fordert, ob sie für alle Fälle richtig ist oder ob es Ausnahmen geben darf: → S. 14, 154, 208.

Christian Rohlfs (1849–1938), Die Bergpredigt, 1917.

Wolf Vostell (geb. 1933), „Miss America", 1968.
Der untere Teil zitiert ein Foto aus dem Vietnamkrieg, auf dem ein Polizeioffizier einen Vietnamesen erschießt.

Arm dran sind,
die nichts haben,
denn Geld regiert die Welt.

Arm dran sind
die Leidtragenden,
denn sie haben Pech gehabt.

Arm dran sind,
die auf Gewalt verzichten,
denn sie werden überrollt.

Arm dran sind,
die hungern und dürsten
nach der Gerechtigkeit,
denn Macht und Erfolg machen allein satt.

Arm dran sind
die Barmherzigen,
denn sie geraten unter die Räder.

Arm dran sind,
die reinen Herzens sind,
denn sie werden verlacht.

Arm dran sind
die Friedfertigen,
denn sie sitzen
zwischen allen Stühlen.

Arm dran sind,
die um der Gerechtigkeit
willen verfolgt werden,
denn am Ende gehören sie zu den Verlierern.

aus unserer Gesellschaft

Die Vision Jesu – Die neue Wirklichkeit

3 Selig,
die arm sind vor Gott;
denn ihnen gehört das Himmelreich.

4 Selig
die Trauernden;
denn sie werden getröstet werden.

5 Selig
die keine Gewalt anwenden;
denn sie werden die Erde besitzen.

6 Selig,
die hungern und dürsten
nach der Gerechtigkeit;
denn sie werden satt werden.

7 Selig
die Barmherzigen;
denn sie werden Erbarmen finden.

8 Selig,
die ein reines Herz haben;
denn sie werden Gott schauen.

9 Selig,
die Frieden stiften;
denn sie werden
Söhne Gottes genannt werden.

10 Selig,
die um der Gerechtigkeit
willen verfolgt werden;
denn ihnen gehört das Himmelreich.

aus dem Evangelium nach Matthäus 5, 3–10

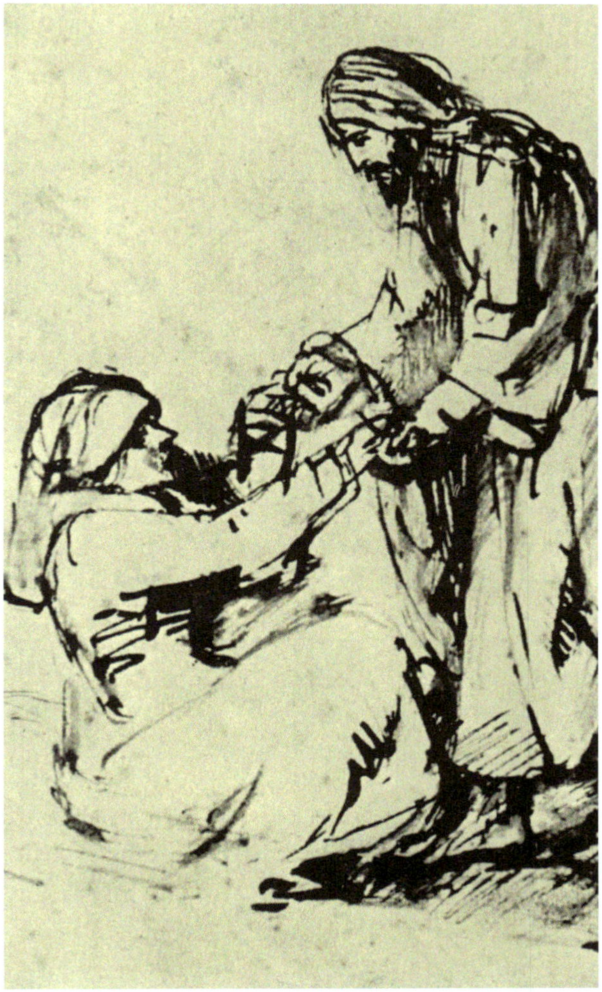

Rembrandt (1606–1669), Heilung einer kranken Frau, um 1659.

L Das wichtigste Gebot Jesu lautet: Die Menschen sollen in allem, was sie tun, **Gott und den Nächsten wie sich selbst lieben**. Was die Zehn Gebote und die Bergpredigt im Einzelnen fordern, ist in diesem einen Gebot mit seiner dreifachen Richtung auf Gott, den Nächsten und die eigene Person zusammengefasst. Diese **dreifache Liebe** ist für Jesus der letztgültige Maßstab für alles Handeln.

4. Die dreifache Liebe

Das erste Gebot von allen

28 Ein Schriftgelehrter ging zu Jesus hin und fragte ihn:
Welches Gebot ist das erste von allen?
29 Jesus antwortete: Das erste ist: Höre, Israel,
der Herr, unser Gott, ist der einzige Herr.
30 Darum sollst du den Herrn, deinen Gott, lieben mit ganzem Herzen
und ganzer Seele, mit all deinen Gedanken
und all deiner Kraft. *Dtn 6, 4 f**
31 Als zweites kommt hinzu: Du sollst deinen Nächsten lieben wie
dich selbst. *Lev 19, 18*
Kein anderes Gebot ist größer als diese beiden.

aus dem Evangelium nach Markus 12, 28–31

* Das ist der Text des Sch´ma Israel:
→ WdG S. 207.

Georges Rouault (1870–1958), Es wäre so gut zu lieben, 1923.

Das Hohelied der Liebe

1 Wenn ich in den Sprachen der Menschen
und Engel redete,
hätte aber die Liebe nicht,
wäre ich dröhnendes Erz
oder eine lärmende Pauke.
2 Und wenn ich prophetisch reden könnte
und alle Geheimnisse wüsste
und alle Erkenntnisse hätte;
wenn ich alle Glaubenskraft besäße
und Berge damit versetzen könnte,
hätte aber die Liebe nicht,
wäre ich nichts.
3 Und wenn ich meine ganze Habe verschenkte
und wenn ich meinen Leib
dem Feuer übergäbe,
hätte aber die Liebe nicht,
nützte es mir nichts.
4 Die Liebe ist langmütig, die Liebe ist gütig,
sie ereifert sich nicht, sie prahlt nicht,
sie bläht sich nicht auf.

aus dem 1. Brief des Paulus an die Korinther 13, 1–4

Was Lieben heißt

Rabbi Mosche Löb erzählte: Wie man die Menschen lieben soll, habe ich von einem Bauern gelernt. Der saß mit anderen Bauern in einer Schänke und trank. Als sein Herz vom Wein bewegt war, sprach er zu seinem Nachbarn: „Sag du, liebst du mich oder nicht?" Jener antwortete: „Ich liebe dich sehr." Da fragte er weiter: „Weißt du, was mir fehlt?" Er bekam die Antwort: „Wie kann ich wissen, was dir weh tut?" Da schwieg der Bauer eine Weile nachdenklich und sagte dann: „Wie kannst du mich lieben, wenn du nicht weißt, was mir weh tut?" Seit damals – sagte der Rabbi – weiß ich: Das ist die Liebe zwischen den Menschen: ihr Bedürfen zu spüren und ihr Leiden zu kennen.

Rabbi Mosche Löb von Sasow

Ein Theologe spricht über das Liebesgebot

(1) Das Gebot der **Liebe zu Gott** ist kein einzelnes Gebot neben anderen, sondern das wichtigste aller Gebote. Es ist auch im Judentum das höchste Gebot (Dtn 6, 4). Jesus hat es von hier übernommen.

(2) Auch von der **Liebe zum Nächsten** ist im Ersten Testament die Rede (Lev 19, 18). Sie ist ebenfalls ein Grundthema im Judentum. Jesus hat beide Weisungen zusammengefasst und für gleichwertig erklärt. In dieser Verbindung ist das Liebesgebot neu.

Naturwissenschaftler weisen heute darauf hin, dass Vorformen der Nächstenliebe schon in der Evolution wirksam gewesen sind. Da habe es nicht nur den „Kampf ums Dasein" gegeben, bei dem sich die Aggressionen entwickelt haben, sondern auch die Liebe, die im Nahbereich („Nächster") der Lebewesen eine große Rolle gespielt hat. Die meisten Lebewesen hätten ohne die fürsorgliche Liebe ihrer Eltern nicht existieren können. Nur die Liebe konnte und kann die lebendige Welt der Paare, Gruppen und Gemeinschaften zusammenhalten. Der Mensch ist darüber hinaus in der Lage, diese Nächstenliebe über den engsten Familienkreis hinaus auf andere Menschen zu übertragen.

Jeder kann zum „Nächsten" werden (Lk 10, 30-37).

(3) Auch von der **Liebe zu sich selbst** ist im Hauptgebot Jesu die Rede, wenn es heißt: „... wie dich selbst." Jesus ist davon überzeugt: Jeder darf sich selbst lieben, weil er von Gott wunderbar erschaffen ist und von Gott geliebt wird. Die Liebe zu Gott und dem Nächsten wäre nicht vollständig, wenn man sich selbst davon ausschließen würde. Diese Liebe wird im Hauptgebot vielleicht auch deshalb erwähnt, weil es manchen Leuten schwer fällt, sich selbst zu lieben, wenn sie an sich Züge entdecken, mit denen sie nicht einverstanden sind.

A Das wichtigste christliche Gebot

1 Schreibt das **Liebesgebot** Jesu in schöner Schrift auf. Fügt ein paar Bilder oder Fotos hinzu, die zeigen, was das Liebesgebot meint.

2 Macht eine Aufstellung darüber, was wir als **„Liebe"** bezeichnen. z. B. die sexuelle Liebe oder die Mutter- und Kindesliebe. Sprecht über die Bedeutung der einzelnen „Lieben" und fragt euch, ob sie alle miteinander zu tun haben oder ob es da auch Unvereinbares gibt.

3 Prüft, ob die sieben **Todsünden** (→ S. 48) etwas mit den einzelnen Geboten des Dekalogs oder mit dem Hauptgebot der Liebe zu tun haben.

4 Nennt Beispiele (1) für die **Selbstliebe**, von der Jesus spricht, und (2) für die egoistische Selbstliebe, die Jesus nicht meint.

4 Weitere **Fragestellungen** zum Liebesgebot: → WdG S. 34 ff und 182 ff und → S. 108 ff.

Gott – Das wichtigste Thema

Paul Klee (1879–1940), Kosmische Komposition, 1919.
Der Künstler (→ WdG S. 6, 11) hat sein Bild „Kosmische Komposition“, d. h. die „Zusammenfügung des Kosmos/der Welt“ genannt. Der schwierige Titel meint also nichts anderes als „Schöpfung“. Zu seinem Bild hat er gesagt, dass er hier „Formeln für Tier, Mensch, Gestein und Erde, für Wasser Luft und andere Kräfte“ zeigt. Die Einzelheiten sehen so aus, als wären sie von Kindern in ihrem ursprünglichen Zustand gemalt. Diese Schöpfung ist noch nicht fertig. Sie ist im Werden.

Mit einem Schöpfungsbild schöpferisch umgehen

1 Welche **Einzelheiten** erkennt ihr? In welchem Zusammenhang stehen sie?

2 Wo und wie kommt **Gott** im Bild vor?

3 Vergleicht das Bild mit anderen **Schöpfungsbildern** (z. B. → S. 39). Was fällt euch dabei auf?

4 **Entwerft** selbst ein Schöpfungsbild in Farben (Ölkreiden, Wachsmalstifte, Fingerfarben) und beachtet dabei das Bilderverbot. Es ist nicht so wichtig, dass konkrete Dinge zu erkennen sind. Lasst Formen und Farben sprechen.

Vorschau

Gott ist **das wichtigste Thema des Religionsunterrichts**. Alle anderen Themen handeln direkt oder indirekt von ihm.

Bei diesem Thema stellen sich viele **Fragen**. Wer nach Gott fragt, muss wissen, dass Gott nicht etwas ist wie alles, das wir kennen. Er ist das große **Geheimnis**, das sich nie auch nur annähernd wie andere Dinge, Situationen und Menschen verstehen lässt.

Das Thema ist nicht neu und doch immer wieder neu

Lesen | Fragen | Denken | Interviewen | Suchen | Gestalten | Präsentieren

1 In manchen Kapiteln der früheren Religionsbücher stand Gott im Mittelpunkt. Es wäre gut, das ein oder andere Kapitel zu **wiederholen**, z. B.: „Mit Geschichten leben – Gestalten aus dem Alten Testament“; „Himmel und Erde bewegen – Vom Beten“ (→ ZdF S. 78 ff); „Unbequeme Leute – Die Propheten“; „Du sollst dir kein Bild machen“, „Jesus – Brücke zwischen Gott und den Menschen“ (→ WdG S. 84 ff).

2 Sucht ein paar Seiten **in diesem Buch**, auf denen von Gott die Rede ist.

3 Habt ihr schon einmal im **Religionsunterricht** Themen behandelt, die mit Gott überhaupt nichts zu tun hatten?

4 Führt eine **Befragung** in eurer Klasse durch: → **M7**

(1) Glaubst du, dass es Gott gibt?

(2) Angenommen, Gott existiert. Was erwartest du von ihm?

(3) Was denkst du von Gott?

(4) Wie stellst du dir Gott vor?

(5) Welche Gründe zum Glauben kennst du?

(6) Welche Gründe zum Zweifeln kennst du?

(7) Was ist dir im Leben am wichtigsten? Hier kannst du drei Antworten geben.

Sammelt die Antworten auf einer Pinnwand und sprecht über die Gemeinsamkeiten und Unterschiede. Überlegt, welche Antworten der christliche Glaube gibt.

In unserer Zeit stellen sich viele Mädchen und Jungen zwei Grundfragen.

- **Gibt es Gott überhaupt?** Ist er eine Realität?
- Gesetzt den Fall, diese Frage wird mit Ja beantwortet: **Wie ist Gott zu erfahren?**

1. Fragen über Fragen

Beten

Ich hab nie richtig gelernt zu beten,
war mir keiner Schuld bewusst,
war als Kind nie gern in der Kirche,
freiwillig hab ich dich selten besucht.

Schon so oft bitter geweint
auf diesen harten Bänken aus Holz.
Bin wieder da, um dir nah zu sein,
weiß nicht, wo ich dich sonst suchen soll.

Wir müssen

Ich bin hier, um mit dir zu reden,
hörst du mir zu?
Wer bestimmt die Zeit des Sterbens
und wie viel Schuld trägst du?

Du musst mir keine Gnade schenken,
ich brauch auch keinen neuen Freund.
Nur eine Frage brennt in mir:
Was hast du mit Erlösung gemeint?

Ich bin hier, um mit dir zu reden,
hörst du mir zu?
Hast du die Bibel je selbst gelesen?
Bist du nur ein Versuch?

Und jeder Tod treibt mich hierher ...
Warum erwarte ich Trost von dir?

Ich bin hier, um mit dir zu reden,
hörst du mir zu?
Wenn du in mir und ich in dir bin:
Wer ist Ich und wer ist Du?
Es ist als habe ich keinen Namen,
ich bin nur ein Versuch.
Ich bin ein Kompass ohne Nadel,
ich bin genau wie Du.

Die Toten Hosen

1 Schreibt einem der Briefeschreiber/innen einen **Antwortbrief**.
2 Schreibt auch selbst in einer Gruppe A die **Fragen zu Gott** auf, die ihr euch nicht selbst beantworten könnt: „Lieber Gott, ...". Eine Gruppe B versucht, sich in Gott hinein zu versetzen und diese Briefe zu beantworten
3 Gott ist für mich **wie** ...
4 Welche Unterschiede in der Einstellung zu Gott könnt ihr zwischen euren **Großeltern**, euren **Eltern** und euch **selbst** feststellen?
5 Wie erklärt ihr euch, dass „Gott" im **Internet** einer der am meisten angeklickten Suchbegriffe ist?
6 Sucht euch einen oder zwei Verse aus dem Song der **Toten Hosen** heraus, nehmt Stellung dazu und gestaltet sie als Bild!

www.gott.net

Warum, warum, warum?

Uwe (15): Hallo, lieber Gott! Melde dich, wenn es dich gibt. Ich habe so viele Fragen und bin gespannt, ob ich darauf jemals eine Antwort bekomme. Ich möchte dir schreiben, dass ich Angst habe, z. B. Angst vor einem Krieg; Angst, dass die Welt einmal von uns kaputtgemacht wird. Angst vor einer unheilbaren Krankheit. Und warum werde ich nicht geliebt? Warum schaffe ich den Abschluss in dieser Schule nicht? Warum habe ich so viel Pech? Warum ist das Leben so trostlos? Warum, warum, warum?

Wäre Informatik nicht besser?

Pit (16): Warum sollen wir über Gott reden? Das ist ein Thema für Oma und Opa. Ich kann mir unter dem Thema nichts vorstellen und interessiere mich auch nicht dafür. Es wäre besser, wir hätten in derselben Zeit eine Stunde Informatik. Da weiß ich wenigstens, warum ich mich anstrenge.

miteinander reden. – Gott

Wo bist du im Alltag?

Annkatrin (16): Mein Gott, ob du mich hörst? Ich hab mich versteckt, schau her! Ich bin verloren, gehst du mir nach? Ich bin im Finstern, hast du ein Licht für mich? Mir ist kalt, ist dein Mantel warm? In meinem Herzen rührt sich nichts mehr. Weißt du noch, wie es freudig schlug, von Leben übervoll, ehedem? Wirst du wieder der Funke sein, der aus meinen Augen leuchtet? Ohne dich bin ich trübe, doch in der Freude bist du.

Wie sieht Gott aus?

Vera (14): Ich kann mir Gott nicht vorstellen. Wenn ich ihn mir vorstelle, dann sehe ich einen alten Mann mit Bart, der über den Wolken schwebt. Natürlich weiß ich, dass das Unsinn ist. Aber auch die anderen Bilder, die in der Bibel oder in frommen Büchern von Gott zu sehen sind, zeigen mir nur Menschen, nicht aber Gott.

Wozu soll Gott gut sein?

Margit (15): Warum soll ich an Gott glauben? Ich weiß, dass es nichts nützt. Früher habe ich manchmal gebetet. Aber es hat mir nichts gebracht. Wenn ich für Gott Luft bin, ist Gott Luft für mich. Ich kann auch ohne ihn leben.

Wer kann beweisen, dass es Gott gibt?

Kai (16): Es ist längst bewiesen, dass es keinen Gott gibt. Wir können uns heute alles ganz gut ohne ihn erklären. Noch niemand hat bewiesen, dass es Gott gibt. Im Übrigen glaube ich nur das, was ich sehen, fühlen oder begreifen kann. Alles andere ist Unsinn oder Nebel. Für mich jedenfalls.

2. Alles nur subjektiv?

Übliche Ansichten

Ob Gott existiert, das muss jeder für sich selbst entscheiden.

Jeder muss sich selber seine Vorstellungen von Gott machen.

Was man heute so von Gott sagt

Viele heutige Gottesbilder (→ WdG S. 76 ff) spiegeln die Sehnsüchte, Wünsche und Ängste der Menschen wider. Da wird das, was ersehnt wird oder großen Eindruck macht oder in Angst versetzt, zum Göttlichen. Gott/das Göttliche kann dabei persönlich oder unpersönlich, konkret oder abstrakt sein.

GOTT ...

die universale Energie.

ein wunderbares Gefühl der Harmonie.

eine einmalige Stimmung.

nicht fertig, sondern ein werdendes Wesen.

ein Feeling, das „irgendwie" ins Spirituelle geht.

ein kybernetisches Megahirn

ein Supercomputer für alle Computer.

der Supermann, der alles kann.

kein weißer alter Mann, sondern eine schwarze junge Frau.

L

- **Der Einzelne (das Subjekt, das Individuum)** macht sich heute vielfach zum **Maßstab aller Dinge**. Er möchte spontan entscheiden, was gut und böse, sinnvoll und sinnlos, wertvoll und wertlos ist. Meist überprüft er seine Einstellungen nicht, indem er sich mit anderen Überzeugungen (Religion, Familie, Staat) auseinander setzt. Er kombiniert sie willkürlich aus dem, was er in seiner Gesellschaft, in den Medien und bei den Mitmenschen vorfindet.
- Die Antwort auf die **Gottesfrage** ist für viele Zeitgenossen etwas **Subjektives**, eine **Privatsache**, oft auch etwas **Beliebiges**, das rasch anders aussehen kann. Der Einzelne möchte allein für sich darüber entscheiden, was von Gott zu halten ist.
- Mit dem **christlichen Glauben** ist die Einstellung, die Gott völlig dem Subjektiven unterordnet, **unvereinbar**.

René Magritte (1898–1967), Le Rossignol, 1962. „Rossignol" ist doppeldeutig übersetzbar. Es kann „Nachtigall" und „Ladenhüter" bedeuten.

Mit Gott etwas machen – Der Missbrauch Gottes

Einerseits kommt Gott in unserer Gesellschaft kaum mehr vor. Andererseits wird er für vielerlei Interessen eingespannt.

- Auf dem blühenden Markt der **Esoterik** (→ WdG S. 192 ff) werden überall göttliche Energien angeboten.
- Ein **Politiker** erwähnt Gott in seinen Reden vor einem gläubigen Publikum, damit er von seinen Zuhörern gewählt wird.
- Ein **Massenblatt** benutzt Gott in fetten Überschriften als Lückenbüßer zur Erklärung von Dingen, die nicht so leicht zu verstehen sind. Da hat z. B. Gott zwei Stars zusammengeführt oder einzelnen Überlebenden bei einer Katastrophe geholfen.
- Ein **Sektenmitglied oder Guru** beansprucht Gott allein für sich oder seine Gruppe, um sich Einfluss zu verschaffen.
- **Fundamentalisten** morden und brandschatzen in vielen Teilen der Welt, führen im Namen Gottes „heilige Kriege", schreiben auf Soldatenuniformen „Gott mit uns".
- Ein **Talkmaster oder Entertainer** kommt sich geistvoll vor, wenn er in seinen Shows Gott lächerlich macht.
- **Werbung und Kino** bringen Gott so ins Spiel, dass Skandale zu erwarten sind. So können sie mit Aufmerksamkeit und Zulauf rechnen.

A Gegen den Zeitgeist denken

1 Warum können Christen nicht nachvollziehen, dass der Glaube an Gott eine völlig beliebige oder rein **subjektive Sache** sein soll?

2 Wie denkt ihr über diese **Vorstellungen von Gott**:
- Der **alte Mann** mit Bart, der über den Wolken schwebt
- Der oberste **Polizist**, der die Weltordnung überwacht
- Der ewige **Rentner**, der sich um nichts kümmert
- Die **Versicherung**, die alle Wünsche erfüllen muss
- Der **Kuschelbär**, bei dem man sich immer wärmen kann
- Das **Auge**, das alles sieht
- Der **Herrscher**, der nur Huldigungen erwartet
- ...

3 Sucht Beispiele für den **Missbrauch Gottes**. Kennt ihr Gründe, warum Menschen Gott missbrauchen? Greift einen Punkt heraus und malt dazu ein Plakat und ein Gegenplakat.

4 Sammelt Beispiele **moderner Songs**, in denen Gott vorkommt.

5 Stellt euch vor, ihr könntet Gott treffen. An welchem **Ort** sollte das sein? Was würdet ihr mit ihm besprechen? Überlegt euch einige Fragen dazu.

6 Eine **Welt ohne Gott** – wäre sie für euch vorstellbar ? „Was wäre, wenn es Gott nicht gäbe?" – schreibt eure Gedanken hierzu auf.

3. Götter statt Gott?

Falsche Götter:
Klasse – Rasse – Masse – Kasse

♦ **Gott** verschwindet nicht, wenn er geleugnet, verfälscht oder verharmlost wird. An seine Stelle treten andere Größen, die das ganze Leben in Anspruch nehmen und es oft auch manipulieren. Die Bibel nennt solche Mächte **„Götzen"**, d. h. „andere, selbst verfertigte Götter". Auch heute gibt es viele Götzen. Der Götzendienst ist der eigentliche Gegner des christlichen Glaubens.

♦ Der Glaube an Gott schützt die Menschen davor, sich von irgendeiner weltlichen Macht („Götzen") völlig vereinnahmen zu lassen. Er lässt eine **Manipulation des Menschen durch Götzen** nicht zu.

Elektronische Hirne

Noch sind sie unsere Knechte
Noch führen sie aus
Was wir ihnen vorschreiben
Dumm, stur, emsig

Aber schon sind die Resultate
Die sie liefern
Nicht mehr zu kontrollieren
Nur durch ihresgleichen

Doch bald
Werden sie weiter rechnen
Ohne uns
Formeln finden,
die nicht mehr zu interpretieren sind

Bis sie endlich Gott erkennen,
Ohne ihn zu verstehen
Schuld- und erbarmungslos
Straf- und rostfrei
Gefallene Engel

Friedrich Dürrenmatt

Andere Götter – Ein zentrales Thema der Bibel

Das erste Gebot des Dekalogs (→ S. 53) lautet:

Du sollst neben mir keine anderen Götter haben. …
Du sollst dich nicht vor anderen Göttern niederwerfen
und dich nicht verpflichten ihnen zu dienen.

aus dem Buch Exodus 20, 3. 5

Wer nicht an Gott glaubt,
glaubt an Götzen.

F. M. Dostojewski

A Im Kampf mit den Götzen

1 Wieso sind Götzen nicht altertümliche Götterbilder, sondern **Realitäten unserer Zeit**?

2 Nehmt Stellung zu den **Bildern**.

3 Sucht und entwerft ein paar **moderne Götzenbilder** und stellt sie in einer Ausstellung zusammen. Beschreibt unter den Bildern, wie und wo sie verehrt werden und was sie bewirken.

L ♦ Der **Glaube an Gott** war früher für die meisten Menschen eine **Selbstverständlichkeit.** Heute ist er in eine **Krise** geraten. Man sagt: „Gott ist tot". Das zeigt sich daran, dass sich viele Leute nicht mehr für Gott interessieren. Sie bleiben **gleichgültig** („indifferent"), wenn sie mit dieser Frage zu tun bekommen. Gott spielt für sie keine Rolle.

- ♦ Auch viele **Mädchen und Jungen** haben diese Einstellung (→ WdG S. 40; → S. 65). Wer in Familien ohne jedes religiöse Leben aufwächst, findet in der Regel auch selbst keinen Zugang zu Gott.
- ♦ Im **Osten Deutschlands** teilen die meisten den Glauben an Gott nicht. Bei ihnen wirken die radikalen Schikanen gegen die Religion, die der sozialistische SED-Staat bis 1989 verfügte, bis heute nach. Das Christentum galt als rückständig, bevormundend und verdummend.
- ♦ Auch im **Westen Deutschlands** verflüchtigt sich der Glaube an Gott immer mehr. Mit rasanter Geschwindigkeit breitet sich auch hier eine religiöse Wüste aus.

4. Ist Gott tot?

Ein Theologe fragt: Warum ist Gott für viele Menschen tot?

Für die **Verdrängung Gottes** in unserer Zeit werden vor allem drei Gründe genannt.

1 Manche machen die verbreitete Genusssucht („Hedonismus") und eine **materialistische Grundeinstellung** dafür verantwortlich. Wo nur noch Shopping, Events, Geld und Lustbefriedigung gesucht wird, gerät Gott aus dem Blick.

2 Andere verweisen auf unseren **Alltag, in dem Gott kaum noch vorkommt**. Die heutige Geschäftswelt und Vergnügungsindustrie, die moderne Technik und Wissenschaft, unsere Computer und Medien brauchen zu ihrem Funktionieren Gott nicht. In der Erziehung ist von ihm oft nicht mehr die Rede. So ist eine Dimension der Gottlosigkeit entstanden, der sich viele Menschen nicht entziehen können.

3 Oft sieht man auch in den **Kirchen** die Schuldigen für diese religiöse Krise. Man sagt ihnen nach, sie hätten es nicht verstanden, den Gottesglauben in der modernen Welt so zu verkündigen, dass ihn die heutigen Menschen verstehen können.

Unikum

Im Zug redet
einer von Gott.
Die Leute schauen Löcher
in den Mann.
Dann lächeln sie
verständnisvoll
und frösteln.

Hans Brechbühl

Gott vermissen?

Ob ein Kind, das in einer schon komplett atheistischen Familie aufwächst, noch erschrickt, wenn es 15 oder 19 wird und selber erlebt, dass Gott fehlt? Oder vermisst so jemand überhaupt nichts?

Martin Walser

Ich glaub nix. Mir fehlt nix!

Ein flotter Spruch heutiger Jugendlicher

Eine Gleichung
Gottlos sein = Gott los sein

A

1 Diskutiert den Satz **„Gott ist tot"**. Was spricht dafür, was dagegen?

2 Wie denkt ihr über das Wort: **„Nietzsche ist tot – Gott lebt"**.

3 Im ersten Jahrzehnt des 3. Jahrtausends glauben **weltweit** etwa 90 Prozent aller Menschen an Gott, in **Deutschland** sind es 65 Prozent. Auf die Frage, welche Werte für die Deutschen „von sehr großer Bedeutung" seien, entschied sich die mit Abstand kleinste Gruppe für „Glaube an Gott", und zwar 27 Prozent in West- und 9 Prozent in Ostdeutschland. Was sagen diese Zahlen?

4 Haltet ihr es für wichtig, dass **Kinder und Jugendliche** mit Gott groß werden?

5 Ergänzt in Sprechblasen: **Gott ist für** den Promi – einen Armen – ein Kind – ein Liebespaar – einen Dunkelhäutigen – die Eltern – Jugendliche – den Papst usw.

Herbert Falken (geb. 1932), Trommler, 1969.

Francisco Goya (1746–1828), Du wirst ihn nicht finden, um 1803–1824.

Der tolle Mensch

Für den Philosoph Nietzsche ist „der Tod Gottes" das größte Ereignis der neueren Geschichte. Er zeigt an, dass der Glaube an den christlichen Gott unglaubwürdig geworden ist. In einer berühmt gewordenen Marktszene verkündet ein toller Mensch den Tod Gottes.

Habt ihr nicht von jenem tollen Menschen gehört, der am hellen Vormittag eine Laterne anzündete, auf den Markt lief und unaufhörlich schrie: „Ich suche Gott! Ich suche Gott!" – Da dort gerade viele von denen zusammen standen, die nicht an Gott glaubten, so erregte er ein großes Gelächter. Ist er denn verloren gegangen? sagte der eine: Hat er sich verlaufen wie ein Kind? sagte der andere. Oder hält er sich versteckt? Fürchtet er sich vor uns? Ist er zu Schiff gegangen, ausgewandert? – so schrien und lachten sie durcheinander. Der tolle Mensch sprang mitten unter sie und durchbohrte sie mit seinen Blicken. „Wohin ist Gott?", rief er, „ich will es euch sagen! Wir haben ihn getötet – ihr und ich. Wir alle sind seine Mörder."

Friedrich Nietzsche

5. Das bleibende Geheimnis

Vincent van Gogh (1853–1890), Sternennacht über der Rhône, 1888.

Wozu der Glaube an Gott …

… nicht (unbedingt) gut ist

- Der Glaube an Gott macht die Menschen oft, aber nicht in jedem Fall glücklich.
- Er bewahrt sie nicht vor Leid und Unglück.
- Er ist keine Unfall- und keine Lebensversicherung.
- Er garantiert nicht die Erfüllung aller Wünsche und Sehnsüchte.
- Er gibt nicht einmal auf alle Fragen eine Antwort.
- Er ist nicht immer bequem.
- …

… gut ist

- Der Glaube an Gott zeigt, dass die Alltagswelt nicht alles ist.
- Er eröffnet ein neues Verständnis der Welt, des Lebens und des Menschen (→ S. 38 ff).
- Er bietet eine Antwort auf die Frage nach dem Sinn des Lebens (→ S. 26 f).
- Er zeigt Grundregeln für das Zusammenleben (→ S. 52 ff).
- Er gibt Kraft zum Widerstand gegen die Mächte des Bösen.
- Er schenkt Hoffnung auf ewiges Heil (→ S. 44).

Gott weniger verstehen

Fynn, ein irischer Mathematiker, ist erstaunt, wie Anna von „Mister Gott" spricht (→ ZdF S. 80 und WdG S. 177). Vor allem hält er ihren Satz für verrückt, dass wir nicht in die Kirche gehen, um Mister Gott besser zu verstehen, sondern um ihn weniger zu verstehen. Sie erklärt das so:

„Wenn du ein Kind bist, dann verstehst du alles. Mister Gott sitzt auf einem goldenen Thron; er hat einen langen weißen Bart und einen Schnurrbart, und eine Krone hat er auf dem Kopf. Und alle um ihn rum singen die ganze Zeit wie die Verrückten. Immerzu Hymnen und so Zeug. Kein Mensch kann das aushalten.

Und Mister Gott macht einfach alles, wenn man bloß nett genug darum bittet. Er kann Willy nebenan eine Warze auf die Nase machen zur Strafe, weil er Millie verhaut, wenn sie nicht genug Geld abliefert. All so was macht er ganz fabelhaft und darum ist er so wichtig und man benützt ihn die ganze Zeit. Und 'n bisschen später dann denkt man ganz was anderes, und Mister Gott ist immer schwieriger zu verstehen. Aber es geht noch gerade. Dann kommt einem plötzlich vor, als wenn er uns nicht mehr verstehen will. Jetzt hört er einfach nicht mehr zu. Er sieht es plötzlich nicht ein, dass man unbedingt ein neues Fahrrad braucht. Und dann kriegt man auch keins. Und dann versteht man ihn schon viel weniger. Und wenn man noch älter wird, so wie ich oder wie du, Fynn, dann ist es schon wieder schwieriger. Und dabei wird er irgendwie kleiner. Und man versteht ihn nur noch so viel wie viele andere Sachen, die auch schwierig sind. Die ganze Zeit in deinem Leben bröckeln da Stücke von ihm ab. Und dann kommt der Punkt, da sagst du, du verstehst ihn überhaupt nicht mehr: Siehst du, und dann ist er wieder ganz ganz groß. So groß wie er in Wirklichkeit ist. Und wumm, da lacht er dich aus, weil du so blöd warst."

Fynn

L Anders als ein **Rätsel**, für das es immer eine Lösung gibt, ist Gott ein immerwährendes **Geheimnis**, das sich nie endgültig erschließt. Kein Mensch kann ihn verstehen, wie er ist. Alles, was Menschen über ihn sagen, ist nur wie eine Annäherung an einen unerreichbaren Horizont. Wer glaubt, weiß nicht mehr von Gott als andere, sondern macht sich das Geheimnis Gottes mehr und mehr bewusst.

Der Glaube an Gott
ist nicht beweisbar,
wohl aber überzeugend.
Er ist einfach
und zugleich geheimnisvoll.

Wo Gott wohnt

Es fällt oft nicht leicht, an ihn zu glauben.
Aber dann spüre ich wieder ziemlich genau,
wo Gott wohnt:
Drinnen.
Draußen.
Oben.
Unten.

Wolfgang Abendschön

Gott suchen – Wir sind von seiner Art

Paulus (→ ZdF S. 148 ff) hat in seiner berühmten Rede auf dem Areopag in Athen den Griechen, die viele Götter verehrten, den Einen Gott nahe zu bringen versucht:

27 Die Menschen sollen Gott suchen, ob sie ihn ertasten
und finden könnten. Denn keinem von uns ist er fern.
28 Denn in ihm leben wir, bewegen wir uns und sind wir …
Wir sind von seiner Art.

aus der Apostelgeschichte 17, 27 f

A

1 Sammelt in eurer Klasse **Schüleräußerungen** über Gott. Welche Sprachbilder und Begriffe tauchen da auf? Welche haltet ihr für gut, welche nicht?
2 Zum Verständnis des **Textes**: → **M4**. Was haltet ihr von Annes verrückten Satz: Gott weniger verstehen heißt Gott mehr verstehen.
3 Wenn ihr schon eine **Homepage** für Gott entworfen habt (→ WdG S. 76), so bringt sie jetzt auf den neuesten Stand. Sonst entwerft eine neue.
4 **„Bei Gott hat jeder seine eigene Homepage"**. Wie stellt ihr euch eure eigene vor?
5 Überlegt, wie der Glaube an Gott das **Leben verändern** kann.

- Der **Atheismus** (von griech.: „nicht“ und „Gott“) leugnet, dass Gott existiert. Es gibt **verschiedene Formen** des Atheismus.
- Der **theoretische** Atheismus lehnt die Existenz Gottes aufgrund rationaler Beweise ab.
- Der **praktische** Atheismus liegt da vor, wo Menschen so leben, als ob es keinen Gott gäbe.
- **Gott ist kein Ding**, das sich wie ein chemisches Element oder wie eine Primzahl nachweisen und untersuchen lässt. Darum sind Gottesbeweise nicht genau so wie experimentelle Beweise oder mathematische Berechnungen, mit denen man nur einzelnen Dingen oder Gesetzen in unserer Welt auf die Spur kommt. Sie sind eher vernünftige Hinweise auf Gott – bedenkenswert und umstritten, wie alle Überlegungen, die sich mit Gott befassen.

6. An der Grenze des Denkens

Ein Philosoph fragt:

Kann man Gott im Denken erfassen?

Die Philosophen haben seit mehr als 2500 Jahren die Frage nach Gott gestellt. Sie wollen wissen, wie weit wir kommen, wenn wir über Gott nachdenken. Dabei sind sie zu ganz unterschiedlichen Ergebnissen gekommen. Manche haben gemeint, man könne die Existenz Gottes beweisen. Andere halten das Gegenteil für richtig. Die meisten sind der Ansicht, dass bei der Gottesfrage das menschliche Denken an seine Grenzen stößt und keine unbestreitbar sicheren Einsichten gewinnen kann.

Die Philosophen setzen bei ihrem Fragen nach Gott keinen religiösen Glauben voraus, sondern stützen sich auf die Vernunft.

Auguste Rodin (1840–1917), Der Denker, 1880–1917.

Eine Diskussion über den Atheismus

PRO

Bert (15) findet auf dem Flohmarkt ein altes Buch, das die Rätsel der Welt zu lösen verspricht. Er blättert neugierig herum und stößt auf folgende Stelle:

Immer noch gibt es Menschen, die an Gott glauben. Dabei hat die Wissenschaft längst bewiesen, dass alles, was in der Welt existiert, letztlich Materie oder Energie ist und sich daraus entwickelt hat. Für Gott bleibt da kein Platz mehr. Er ist ein Hirngespinst der Vergangenheit. In Zukunft wird keiner mehr an Gott glauben. Der fortschrittliche Mensch ist schon heute Materialist und Atheist.

CONTRA

Bert ist durch diese Zeilen beunruhigt. Er schreibt seinem Onkel, der Physik studiert hat, und fragt, was von dieser Ansicht zu halten ist. Hier die Antwort:

Auch heute gibt es viele nachdenkliche Menschen, darunter auch zahlreiche Naturwissenschaftler, die an Gott glauben. Sie wissen, dass nicht alles, was in der Welt existiert, Materie ist oder auf Materie zurückgeführt werden kann, z. B. Zahlen, Ideen, Glück, Recht, Frieden, Freiheit. Darum ist der Materialismus primitiv, einseitig und erst recht nicht fortschrittlich. Er hat keine Chance, zur alleinigen Philosophie der Menschheit zu werden. Er ist kein Hirngespinst. Für Gott bleibt Platz. Ohne ihn gäbe es keine Welt.

Alles verkehrt?

Wenn dir der Gedanke kommt, dass alles, was du über Gott gedacht hast, verkehrt ist und dass es keinen Gott gibt, so gerate darüber nicht in Bestürzung. Es geht allen so. Glaube nicht, dass deine Unruhe daher rührt, dass es keinen Gott gibt. ... Wenn einer an seinen hölzernen Gott zu glauben aufhört, so heißt das nicht, dass es keinen Gott gibt, sondern nur, dass er nicht aus Holz ist.

Leo Tolstoi

A Da sind helle Köpfe gefragt

1 Führt in eurer Klasse eine **Diskussion** in zwei Gruppen, die sich mit **Pro und Contra** (lat.: „dafür" und „dagegen") der Frage stellen: Kann die Existenz Gottes bewiesen werden? Kann die Existenz Gottes widerlegt werden? Dazu können sich einige Schülerinnen und Schüler als erste Diskussionsredner gründlich vorbereiten. Wer macht die Moderation?

2 Macht an Beispielen klar, wann jemand ein (1) **theoretischer** und (2) ein **praktischer** Atheist ist. Diskutiert die Unterschiede.

3 Wie bedeutende **Naturwissenschaftler** über Gott denken: → S. 36 f.

4 Zwei **jüdische Texte** zum Atheismus: → WdG S. 211.

Gäbe es dich

Gäbe es dich
Gott der Liebe
wir lebten noch heute
im Eden
Volk an Volk
du an du

Gäbe es dich nicht
Liebesgott
wir wären nicht

nichts wäre

Rose Ausländer

Eine Diskussion über einen Gottesbeweis

PRO

In einer Volkshochschule trägt ein Philosoph ein Argument für die Existenz Gottes vor. Er sagt:

Viele der größten Philosophen aller Zeiten haben Gottesbeweise geführt. Einer ihrer Gottesbeweise geht von der Frage aus: Woher kommt die Welt? Der Gedankengang macht folgende Schritte: Alle Dinge, die wir kennen, haben eine Ursache. Sie sind nicht von selbst da und nicht immer da gewesen. Ein Baum ist aus einem Samen oder Ableger entstanden. Man kann nun weiter zurückfragen, woher der Same oder der Ableger kommen. Stets stößt man auf andere Ursachen, die alle einmal entstanden und wieder vergangen sind. Zuletzt muss man aber auf eine erste Ur-Sache stoßen, die nicht mehr entstanden ist. Diese erste Ur-Sache nennen wir „Gott".

CONTRA

Ein Teilnehmer des Gesprächs geht auf die Überlegungen ein und antwortet:

Der Gottesbeweis scheint logisch zwingend zu sein. Man kann ihn so, wie er vorgetragen wurde, nicht kritisieren. Er ist entfernt mit der Redensart verwandt: „Von nix kommt nix."
Aber er wirft eine grundsätzliche Frage auf. Können wir mit unserem Denken die Grenzen unserer Welt zu einer ersten Ur-Sache hin überschreiten?
Oder muss der menschliche Verstand da Halt machen, wo er die Grenzen unserer Erfahrung überschreitet, weil wir nicht wissen, ob seine Regeln jenseits dieser Grenzen noch gelten?

7. Bilder des Unsichtbaren

1 *Mittelalterliches Mosaik, Hand Gottes,*
2 *Giorgio de Chirico (1888–1978), Der große Turm, 1913.*
3 *Arnulf Rainer (geb. 1929), Ausschüttung des Heiligen Geistes, 1952.*
4 *Robert Delaunay (1885–1945), Endloser Rhythmus, 1934.*
5 *Herbert Falken (geb. 1932), Jakobs Kampf (Gen 32, 23–33), 1985.*
6 *Johann Georg Rudolphi (1633–1693), Gottvater, um 1665.*

DTN 5,8 **DUSOLLSTDIR**

A Gottesbilder – ein schwieriges Problem

1 Zur **Deutung** der Bilder: → **M5**; **Bilder von Gott**: → ZdF S. 82 f.

2 **Das erste Gebot** lautet: „Du sollst dir kein Gottesbild machen." Was ist der Sinn des Gebotes? Warum können und brauchen wir trotzdem auf Symbole von Gott nicht zu verzichten? Zum Bilderverbot: → WdG S. 78 f.

3 Welches Bild entspricht **am ehesten** dem **christlichen Glauben**? Welches hat **am wenigsten** damit zu tun?

4 Warum gibt es so viele **unterschiedliche Bilder von Gott**? Diskutiert darüber, ob es besser wäre, nur ein Bild von ihm zu haben.

5 Zeigt **ein Bild** von Gott, das euch viel **sagt** und eines, das euch **missfällt**.

6 Wählt zu einer **Meditation** über Gott ein Bild aus: → **M 10**.

4

5

KEINBILDMACHEN

6

7 Macht eine **Ausstellung** zum Thema: „Unsere Gottesbilder". Klebt dazu ein Gottesbild, auf ein größeres Blatt Papier oder einen Karton. Eine Vorlage lässt sich sicher kopieren. Bearbeitet es so, bis es eurer Vorstellung entspricht. Ihr könnt es z. B. mit Filzstiften übermalen, in eine neue Umgebung stellen, ihm in einer Collage einen Platz geben usw.

L ♦ **Gott** ist sowohl im **Alten** wie im **Neuen Testament** das durchgängige Thema. Beide Testamente handeln von **demselben Gott**. Doch zeigt er sich auch auf unterschiedliche Weise.

♦ Im **Alten Testament** hat sich Gott im Lauf der Geschichte zuerst als der Gott eines Stammes gezeigt, als der **„Gott Abrahams, Isaaks und Jakobs“** (→ ZdF S. 48 ff). In der Zeit des Mose zeigte er sich als der Gott des **Volkes Israel** (→ S. 58 ff). Die Propheten (→ WdG S. 42 ff) entdeckten, dass dieser Gott der **einzige Gott der ganzen Menschheit**, der Schöpfer des Himmels und der Erde, ist.

8. Altes Testament – „Ich bin für euch da“

Worte des Ersten Testaments von und über Gott

- ♦ Im Anfang schuf Gott Himmel und Erde. *Gen 1, 1*
- ♦ Gott schuf den Menschen als „Bild Gottes“. *Gen 1, 26*
- ♦ Du sollst neben mir keine anderen Götter haben. *Ex 20, 3*
- ♦ Der Ewige, unser Gott, der Ewige ist einzig. Darum sollst du den Herrn, deinen Gott, lieben mit ganzem Herzen, mit ganzer Seele und mit ganzer Kraft. *Dtn 6, 4f*
- ♦ Ihr sollt auf die (Zehn) Gebote achten, auf die ich euch heute verpflichte. Dtn 4, 2
- ♦ Gott ist ein barmherziger und gnädiger Gott. *Ex 34, 6*
- ♦ Gott setzt den Kriegen ein Ende. *Jdt 16, 2*
- ♦ Gott ist groß, nicht zu begreifen. *Ijob 36, 26*
- ♦ Gott ist ein gerechter Richter, ein Gott, der täglich strafen kann. *Ps 7, 12*

Mose und der brennende Dornbusch (Ex 3, 1.6), Mosaik aus dem Katharinenkloster am Berg Sinai, 6. Jh.

- Mein Gott, mein Gott, warum hast du mich verlassen? *Ps 22, 2*
- Ein Vater der Waisen, ein Anwalt der Witwen ist Gott. *Ps 68, 6*
- Bei dir ist die Quelle des Lebens. *Ps 36, 3*
- Herr, mein Gott, du bist meine Zuversicht, meine Hoffnung von Jugend auf. *Ps 71, 5*
- Gott nahe zu sein ist mein Glück. *Ps 73, 28*
- Gott hat den Tod nicht gemacht und keine Freude am Untergang der Lebenden. *Weish 1, 13*
- Himmel und Erde sind von Gottes Herrlichkeit erfüllt. *Jes 6, 3; Ps 104*
- Gott, der Herr, wischt die Tränen ab von jedem Gesicht. *Jes 25, 8*
- Ich bin der Erste und der Letzte. *Jes 44, 6*
- Ich schaffe einen neuen Himmel und eine neue Erde. *Jes 65, 17*

L Gott hat Israel seinen **Namen** genannt: **JHWH**, d. h.: „Ich bin der, der für euch da ist" (Ex 3, 13-15; → ZdF S. 62). Dieser Name besagt, dass Gott nicht in einem fernen Jenseits nur für sich lebt, sondern dass er seinem Volk nahe ist.

A **Alles andere als veraltet**

1 Wiederholt, was ihr zum **Alten Testament** gelernt habt: → ZdF S. 34 ff und WdG S. 46 ff. Von welchen Frauen und Männern könnt ihr etwas erzählen?

2 Zur **Arbeit mit der Bibel**: → **M3** und **M4**.

3 Welches **Bild von Gott** gewinnt ihr, wenn ihr die alttestamentlichen Worte lest?

4 Schreibt ein Wort des Alten Testaments, das euch gut gefällt, in schöner Schrift auf eine **Karte** und schenkt sie jemandem, den ihr mögt.

5 Ihr könnt auch über ein Bibelwort **meditieren**: → **M10**.

Arnulf Rainer (geb. 1929), Der brennende Dornbusch.

9. Neues Testament – Der Vater Jesu

L ♦ Frauen und Mädchen nehmen heute Anstoß daran, dass **Gott** vornehmlich als **„Vater“** und nicht als **„Mutter“** bezeichnet wird. Sie wenden sich zu Recht dagegen, von Gott nur „männliche“ Bilder zu gebrauchen.

♦ So kommen heute **„weibliche“** Bilder von Gott in Gebrauch, z. B. liebende Frau, Freundin, Schwester, Gebärende, Stillende, Weisheit („Sophia“).

♦ Auch in der **Bibel** kommen solche Bilder vor, z. B. „Denn Gott bin ich, nicht Mann“ (Hos 11, 9); „Wie eine Mutter ihren Sohn tröstet, so tröste ich euch“ (Jes 66, 13).

Der Glaube Jesu – Der Glaube an Jesus

Jesus hat nichts von dem, was die heiligen Schriften Israels von Gott sagen, in Frage gestellt oder abgelehnt. **Der Gott Israels ist auch sein Gott.** Aber er setzt auch neue Akzente, die vor ihm so nicht immer betont wurden.

♦ Jesus nennt Gott unbekümmert und liebevoll in der Sprache der Kinder **„Abba“, d. h. „guter Vater“** („Papa“). In diesem Wort leuchtet sein großes Vertrauen zu Gott auf. Als seine Jünger ihn fragen, wie sie beten sollen, lehrt er sie Gott so anzusprechen: „Unser Vater im Himmel“ (→ ZdF S. 85). Er betont: Gott sorgt für die Menschen (Mt 6, 25-34).

♦ Jesus verkündet entschieden, dass das **Reich Gottes** (→ ZdF S. 127 ff; WdG S. 93) mit ihm nahegekommen ist. Er ist davon überzeugt: Gott will die Welt neu machen und sie zu ihrem Heil führen. In vielen Gleichnissen (→ ZdF S. 126 ff; WdG S. 97 ff) und in der Rede auf dem Berg (→ S. 56 ff) hat Jesus eindringlich vom Reich Gottes gesprochen.

♦ Eine Definition von Gott hat Jesus nie versucht. Er sagt nicht in klugen Begriffen, wer Gott ist, sondern erzählt in lebendigen **Gleichnissen**, wie Gott handelt.

- Für ihn ist Gott wie ein **guter Vater**, der seinen davongelaufenen Sohn ohne Vorwurf, ohne Vorbehalt, mit Liebe wieder zu Hause aufnimmt (Gleichnis vom gütigen Vater; Lk 15,11-32; → WdG S. 99).
- Gott ist da, wo ein Mensch das **Leid eines anderen** wahrnimmt und ihm hilft, auch wenn er davon keinen Nutzen hat (Gleichnis vom barmherzigen Samariter; Lk 10, 25-37; → WdG S. 97).
- Bei Gott gilt auch derjenige viel, der **nicht so viel leisten kann** wie andere (Gleichnis von den Arbeitern im Weinberg; Mt 20,1-16).

A **Über den Vater Jesu nachdenken**

1 Macht in eurer Klasse einen **Lesewettbewerb**, bei dem ihr **Gleichnisse** Jesu (→ ZdF S. 126 ff; WdG S. 97 ff) vortragt, die von Gott handeln. Die nicht leichte Aufgabe muss gut vorbereitet sein. Versucht im Anschluss an die Lesung auch eine Deutung.

2 Sucht ein paar **Wundererzählungen** (→ ZdF S. 130 ff; WdG S. 90 ff) aus dem Neuen Testament und arbeitet heraus, was sie von Gott, Jesus und vom Menschen sagen.

3 Schreibt ein **Jesuswort** über Gott auf, das für euch oder für einen Menschen, den ihr mögt, wichtig sein kann.

4 Ein Christ kann sagen: **Ich glaube an Gott.** Er kann auch sagen: **Gott glaubt an mich.** Wo liegt der Unterschied?

5 Deutet das Wort von Papst Johannes Paul I. (1978): **„Gott ist Vater – noch mehr ist er Mutter.“**

Rembrandt (1606–1669), Die Heimkehr des verlorenen Sohnes (Lk 15, 11–32), um 1642.

- Die **Wunder** Jesu (→ ZdF S. 130 ff; WdG S. 90 ff) sind Hinweise auf Gott. Sie zeigen:
  - Gott bringt **Licht** in die Dunkelheit des Lebens (Blindenheilung; Mk 10,46-52; → WdG S. 92).
  - Gott hilft durch Jesus die Angst im Leben und vor dem Tod zu überwinden (Sturm auf dem See; Mt 8, 23–27; → ZdF S. 15).
- Vor allem steht Gott **auf Seiten der Armen und Benachteiligten**. Wer das Leiden anderer wahrnimmt und ihnen im Unglück hilft, zeigt den Menschen mehr von Gott als jeder Schriftgelehrte oder Priester mit seinen Worten. Am Tag des Gerichts wird Gott die Menschen danach beurteilen, ob sie den Hungrigen zu essen gegeben, Freunde und Obdachlose aufgenommen, Nackte bekleidet, Kranke und Gefangene besucht haben (Mt 25, 31-46).
- Die **dunklen Seiten Gottes** sind Jesus nicht verborgen geblieben. In seinem Leiden am Ölberg fleht er Gott an, den bitteren Kelch von ihm zu nehmen, den er trinken soll. Am Kreuz hat er in der Stunde seines Todes den 22. Psalm schreiend gebetet: „Mein Gott, mein Gott, warum hast du mich verlassen?" (Mk 15, 34; → S. 83).
- **Mit seinem Vater weiß er sich eins** (Joh 10, 30). Gott hat ihn als seinen Sohn in die Welt gesandt, damit alle, die an ihn glauben, das ewige Leben haben (Joh 3, 16). Darum kann er sagen: Niemand kommt zum Vater außer durch mich (Joh 14, 6).
- Letztlich ist **Gott die Liebe**. In diesem kurzen Wort fasst das Neue Testament das ganze Gottesverständnis Jesu zusammen (1 Joh 4,16). Alle anderen Aussagen über Gott sind Interpretationen dieses Satzes.

L

Christen glauben an den einen Gott, den **Vater** und den **Sohn** und den **Heiligen Geist**.

Das Geheimnis des **dreifaltigen Gottes** (lat. „Trinität“) lässt sich so beschreiben:

Gott ist als **Vater** über uns.
Gott ist in **Jesus Christus** bei uns.
Gott ist im **Heiligen Geist** in uns.

Die Heilige Dreifaltigkeit (auch: Der Gnadenstuhl), Landgrafenpsalter, 1211/13.

A

Geheimnis des Glaubens

1 In welchen Gebeten kommt der Glaube an den **dreifaltigen Gott** vor?

2 Zeichnet/sucht ein paar **Symbole** der Dreifaltigkeit, z. B. ein Dreieck – drei Seiten; drei Kerzen – eine Flamme; Schöpferkraft, Liebe, Freiheit – ein Mensch; ... Diskutiert, ob diese Symbole zutreffend sind.

3 In Jesus ist **Gott Mensch** geworden. Zur Menschwerdung Gottes: → S. 94 f.

♦ Nachdenkliche Menschen stellen sich die Frage: **Warum gibt es das furchtbare Leid in der Welt?** Wie kann ein liebender und zugleich allmächtiger Vater das Unglück seiner Kinder zulassen?

♦ **Viele Antworten** sind auf diese Frage versucht worden. Manche Antworten sind in bestimmten Situationen hilfreich. Aber was den einen tröstet, lässt den anderen untröstlich. **Keine Antwort ist für alle gültig.**

♦ Viele Christen, denen keine Antwort genügt, wollen lieber **auf eine Antwort Gottes hoffen**, als die Welt in sinnlose Trostlosigkeit versinken lassen.

10. … und das Leid?

Die eine schwierige Frage

Lisa (16)	Warum hat es Gott so gefügt, dass ich Krebs habe und darum nicht so leben kann wie meine Freundinnen?
Iris (16)	Warum hat Gott nicht verhindert, dass ich meinen Freund, den ich sehr liebe, an eine andere verloren habe?
Alex (14)	Warum lässt Gott zu, dass ganze Landstriche in Afrika vertrocknen, so dass Tiere und Menschen verhungern?
Sara (22)	Warum ist unser Baby krank zur Welt gekommen und nach ein paar Tagen gestorben. Warum ist Gott so gefühllos?
Tom (16)	Macht Gott auch die Bakterien und Viren, die Erdbeben, Lawinen und Wirbelstürme, die immer wieder das Leben unzählig vieler Menschen vernichten?
David (16)	Wo war Gott in Auschwitz? (→ WdG S. 216)

Versuche einer Antwort

♦ Manches Leid ist unvermeidbar, weil es sich aus den **Gesetzen der Natur** ergibt. Meist sind Geburt und Tod schmerzhaft. Wie Lust, Gesundheit und Wohlbefinden zum Leben gehören, so auch Schmerz, Krankheit und Kummer. Katastrophen wie Erdbeben, Trockenheit, Missernten oder Lawinen ergeben sich oft aus natürlichen Ursachen unserer Welt. – **Aber:** Warum hat Gott die Welt so katastrophenanfällig geschaffen, dass sie die Menschen so oft quält und zerstört?

Bernhard Heisig (geb. 1925), Rabbiner im NS-Lager: Aber Gott sieht zu, Herr Offizier, 1995.

♦ Viele Leiden werden von Menschen verursacht. Die **Freiheit** (→ S. 48 ff) gibt ihnen die Möglichkeit, sich für Gutes oder Böses zu entscheiden. Aus der freien Entscheidung der Menschen kommen Verbrechen und Krieg, Ungerechtigkeit und Hunger, manchmal auch Einsamkeit und Angst. Dafür sind Menschen verantwortlich. – **Aber:** Warum hat Gott den Menschen eine Freiheit gegeben, die sie so verheerend missbrauchen können? Hätte er nicht eine Freiheit schaffen können, die nur Gutes bewirkt?

♦ Oft hört man, Gott wolle das Leiden nicht von sich aus, **er lasse es nur zu.** – **Aber:** Kann und darf Gott wirklich etwas zulassen, was er nicht will?

- Andere nehmen an, dass Gott die Menschen durch das Leiden **strafen** wolle. So vergelte er ihre Bosheit. –
  Aber: Wie steht es mit dem Leiden der vielen Unschuldigen, z. B. der Kinder oder der Behinderten? Wird Gott so nicht zum grausamen Rächer?
- Manche wollen Gott entlasten, indem sie sagen, Gott wolle die Menschen durch das Leiden **prüfen und erziehen**. Er gebe ihnen so die Möglichkeit sich zu bewähren und zu bessern. –
  Aber: Oft zerstören die Leiden den Betroffenen und geben ihm keine Möglichkeit mehr sich zu bessern. Was hielten wir von einem menschlichen Vater, der seine Kinder so grausam „erzieht"?
- Verwandt damit ist die Annahme: Gott will, dass Menschen **durch Leiden lernen**. Tatsächlich erweist sich oft das, was sie zunächst bedrückt, später als sinnvoll. Ein Misserfolg kann zum Nachdenken anregen, ein Unglück kann dem Leben eine neue Richtung geben, eine harte Arbeit führt oft zu einem guten Ziel, eine Krankheit kann gütiger machen und Verständnis für andere wecken. –
  Aber: Warum können Menschen nicht ohne Leiden lernen? Was ist mit den Menschen, die an ihrem Leiden zerbrechen, ohne zu lernen?

Herbert Falken (geb. 1932), Schrifttext (Röm 8, 18) und Clown, aus dem Zyklus „Scandalum crucis" (d.h. „Der Skandal des Kreuzes"), 1968/69 (→ S. 68).

Die Hoffnung der Christen

Als **Jesus** am Kreuz starb, blieb auch ihm Gottes Macht und Liebe verborgen, so dass er sterbend rief: „Mein Gott, mein Gott, warum hast du mich verlassen?" (→ WdG S. 122 f). Aber in seiner Todesangst und Gottverlassenheit war Jesus nicht ohne Hoffnung. Seinen Glauben an Gott hat er auch am Kreuz nicht verloren. Er konnte am Kreuz auch sprechen: „Vater, in deine Hände lege ich meinen Geist." Am Ende wurde Jesus von Gott aus der Macht des Todes befreit. Weil das Leiden Jesu in unvergängliches Leben bei Gott verwandelt wurde, hat die Hoffnung der Christen einen festen Grund (→ WdG S. 124 ff).

Es gibt **praktische Aufgaben**, denen Christen im Angesicht des Leids nicht ausweichen dürfen. Ihr Kennzeichen sollte es sein, für das Leiden anderer empfindsam zu sein. Einfühlsam sollen sie nach Möglichkeiten suchen, Leidende zu trösten. Wie Jesus müssen sie gegen Armut und Hunger, gegen soziale Ächtung und Lieblosigkeit, gegen Krankheit und Tod angehen, auch wenn die eigenen Kräfte nicht ausreichen, das Leiden aus der Welt zu schaffen. Tröstung und Mitgefühl, Hilfe und Kampf gegen Ungerechtigkeit, Leidempfindlichkeit und Nächstenliebe können mehr als jedes Argument den Glauben an Gott bestärken.

A **Die schwierigste Frage**

1. Was könnt ihr einer Freundin/einem Freund bei einem Todesfall, einer schweren Krankheit oder einem anderen Unglück sagen? Wie könnt ihr sie/ihn **trösten**? Was solltet ihr für sie/ihn tun?
2. Welche Gedanken, Überlegungen und Taten könnten euch selber in einem schweren Leid **helfen**?
3. Sucht einen **biblischen Text**, der im Leiden Trost schenken kann. (→ S. 12)

11. Lebendige Erfahrungen

L Die wichtigsten Gotteserfahrungen machen Menschen im **Gebet**. Da sprechen sie nicht **über** Gott. Da sprechen sie **mit** Gott. Dieses Sprechen kann unendlich vielfältig sein: Loben und Preisen, Bitten und Flehen, Klagen und Anklagen, Dichten und Stammeln. Alles, was Menschen empfinden, kann zur Sprache des Gebets werden (→ ZdF S. 79, 93), selbst das Schweigen.

A **Gotteserfahrungen nachgehen**

1 Versucht auch selbst ein Gebet, einen **Psalm** (→ ZdF S. 84) ein **Gedicht** oder einen **Brief** an Gott zu formulieren.

2 Zur Arbeit mit dem **Text**: → **M4**.

3 Auch in den **anderen Religionen** gibt es lebendige Gotteserfahrungen, z. B. Judentum: → WdG S. 207; Islam: → ZdF S. 206; Hinduismus; → S. 204; Buddhismus: → S. 219.

„Die vierte Dimension"

In Sokolniki, einem Vorort von Moskau, lebt in einem Hinterhof mitten im 2. Weltkrieg, als die Deutschen 1942 Moskau belagerten, der etwa acht-, neunjährige Wlad Samsonow. Er unterhält eine „schweigsame Freundschaft" mit dem Theaterstatisten Lolja. Eines Abends führen die beiden folgendes Gespräch.

„Du bist klein und dumm", stellte Lolja etwas verächtlich fest. „Du lebst in deiner kläglichen dreidimensionalen Welt und bist zufrieden. Es gibt zum Glück noch eine vierte Dimension, doch es ist dir nicht gegeben sie zu begreifen." „Und was ist das – die vierte Dimension?" „Gott." Das Wort flog fast lautlos von seinen Lippen und fiel langsam in die Nacht herab. „Aber das ist nichts für dich."
„Und was ist das – Gott?" Wlad ließ sich nicht entmutigen. – „Ist Gott ein Mensch oder nicht?" „Du stellst Fragen, Samsonow, das kann dir im Leben noch mal schaden. In unserer Zeit ist Neugierde eine Eigenschaft, die als kriminell geahndet wird, hüte dich vor allzu viel Wissen, Wlad!" „Ich will wissen, was das ist – Gott." „Es nimmt ein schlechtes Ende mit dir Wlad! Aber verfluche mich dann später nicht; du betrittst einen gefährlichen Weg."
„Also?" „Gott ist die Liebe."
„Und weiter?" „Gott ist die Freiheit."
„Was für eine Freiheit?" „Die Freiheit, zu lieben."
„Wen?" „Gott, und das heißt, alles und alle." „Auch die Faschisten?"
„Gott weiß nicht, was das ist. Er kennt nur Menschen und die sind für ihn alle gleich."
„Und Er selbst – ist Er ein Mensch?"
„Für heute ist das schon zu viel für dich", erwiderte er müde und bissig. „Jetzt hast du etwas, worüber du dir Gedanken machen kannst, und nun sei still ..." Er verstummte und zog – wie eine Schnecke in ihr Haus – seinen Kopf in die Decke zurück.
Ich weiß nicht, Lolja, ob Wlad dieses Gespräch von Nutzen gewesen wäre, wenn nicht deine Mittagsration in der Schauspielerkantine im „Eremitage"-Garten im Hungerjahr Zweiundvierzig gewesen wäre, die du brüderlich mit ihm teiltest ... Wahrscheinlich sind gerade sie, diese Mittagessen, seine Erste Kommunion gewesen. Er muss streben und streben, um zu seinem Glauben zu gelangen, ihn suchen und suchen, aber ein Stück Brot, das einmal zwei genährt hat, das wird nie mehr vergessen ...

Wladimir Maximow

Arnulf Rainer (geb. 1929),
Ich brenne und ich strahle, um 1970.

Worte des Glaubens

Gott, du hast uns geschaffen zu dir, und unruhig ist unser Herz, bis es seine Ruhe in dir findet.

Augustinus (354–430), Bischof von Hippo in Nordafrika, Kirchenlehrer (→ ZdF S. 42)

Gott ist ein glühender Backofen voll Liebe.

Martin Luther (1483–1546), Reformator (→ WdG S. 147ff)

Es ist das Herz, das Gott fühlt und nicht der Verstand.

Blaise Pascal (1623–1662), französischer Mathematiker und Philosoph

links: Albrecht Dürer (1471–1528), Betende Hände, 1508.
rechts: Klaus Staeck (geb. 1938), Ohne Titel, 1970.

Rabbi: „Ich gebe dir einen Gulden, wenn du mir sagst, wo Gott wohnt."
Schüler. „Und ich gebe dir zwei Gulden, wenn du mir sagst, wo er nicht wohnt."

aus den Erzählungen der Chassidim (→ WdG S. 210 f)

Ich glaube an die Sonne, auch wenn sie nicht scheint.
Ich glaube an die Liebe, auch wenn ich sie nicht spüre.
Ich glaube an Gott, auch wenn ich ihn nicht sehe.

Aufschrift auf der Mauer des Warschauer Gettos, in dem zu Beginn des Winters 1941 eine halbe Million Juden eingepfercht waren

Gott und Alice (36, Personalchefin)

A.: Und wie ist deine Anschrift?
G.: Gott im Himmel und auf Erden.
A.: Sehr schön. – Zwei Wohnsitze oder Pendler?
G.: Zwei permanente Wohnsitze.
A.: Aha. Und deine Telefonnummer?
G.: Ich habe keine Nummer. Zu mir hat jeder einen direkten Draht.
A.: Klar doch. – Bist du schon versichert?
G.: Nein, aber sehr sicher.
A.: Sehr sicher?
G.: Ja. Sehr.
A.: Wie wünschst du den Lohn ausbezahlt?
G.: Persönlich und menschlich.
A.: Ich meine, auf welches Konto?
G : Du kannst auf jedes Herz einzahlen.

Paul Dominik Hasler

A Zum Schluss des Kapitels

1 Dieses **Gotteskapitel** ist recht **lang geraten**, obwohl wir doch im Grund von Gott wenig wissen und über ihn wenig sagen können. Wie erklärt ihr euch das?

2 Dieses Gotteskapitel hat euch **viele Auffassungen von Gott** vorgestellt. Welche bedeutet euch am meisten? Mit welcher könnt ihr am wenigsten anfangen?

3 Dieses Gotteskapitel hat versucht, einige **Möglichkeiten** aufzuzeigen, **heute an Gott zu glauben** und die eigene Lebenspraxis von ihm bestimmen zu lassen. Wie denkt ihr darüber? Welche Möglichkeiten seht ihr, die hier nicht bedacht sind?

Krippenkind und Gottessohn

Emil Scheibe (geb. 1914), Weihnachten, 1954.
Der Künstler versetzt die Geburt Jesu in unsere Welt, wie es Künstler zu allen Zeiten getan haben. Hier findet die Geburt Jesu auf einer Baustelle im Jahr 1954 oder heute statt.
Rechts: Meister Francke (um 1380–1430), Die Geburt Christi, nach 1424.
Die lateinischen Inschriften auf beiden Bändern: „Mein Herr und mein Gott“ (Maria) und „Ehre sei Gott in der Höhe“ (Engel, links oben).

Zwei ungewöhnliche Weihnachtsbilder

1 Zur **Bildbetrachtung**: → **M5**.

2 Betrachtet die **Einzelheiten auf Scheibes Bild.** Welchen Eindruck vermittelt der Bagger, der Himmel, das Licht, der Stall mit Krippe, die Personen? Ist dieses Weihnachten noch eine frohe Botschaft? Soll Weihnachten heute „weggebaggert“ werden? Worin entspricht dieses Weihnachtsbild den biblischen Erzählungen mehr als viele verbreitete Bilder? Warum wirkt dieses Bild wie ein **Schock**?

3 Vergleicht dieses Weihnachtsbild mit **Meister Franckes Bild.** Welche Einzelheiten zeigen, dass diese Geburt ein ungewöhnliches Ereignis ist?

4 Was sagen diese Weihnachtsbilder über **euer Verständnis** von Weihnachten? Welches Bild sagt euch mehr?

5 Versucht auch selber ein **Weihnachtsbild** zu malen.

Vorschau

Zu den bekanntesten Erzählungen der Bibel gehören die Geschichten von der Geburt Jesu in Betlehem, von den Hirten und den drei Weisen aus dem Morgenland. Oft erwecken diese Geschichten nur sentimentale Stimmungen und sind nur oberflächlich bekannt. Was erzählen sie wirklich? Wie tun sie es? Was wollen sie bewirken?
Antwort auf diese Fragen geben die beiden **Kindheitsevangelien**. Wer sie genauer betrachtet, findet einen wichtigen Zugang zu **Jesus** und damit zum **Mittelpunkt des christlichen Glaubens**.

Ungewöhnliche Gedanken zu Weihnachten

Lesen | Fragen | Denken | Interviewen | Suchen | Gestalten | Präsentieren

1 Wie wird bei uns **Weihnachten** gefeiert? Was würdet ihr am liebsten ändern oder abschaffen? Was sollte so bleiben?

2 Welche **Einstellung** zum Weihnachtsfest vermutet ihr bei Mutter und Vater, bei Kindern, Jugendlichen, Großeltern, Verkäuferinnen, Pfarrern, Bettlern, Spielzeugfabrikanten und Briefträgern usw.?

4 Stellt in der Klasse eine **Erzählung**, ein **Gedicht** oder **Lied** zum Weihnachtsfest vor, das euch gefällt.

5 Sammelt **Aussagen**, die man Weihnachten oft hören kann, z. B.

- Dieses Jahr gibt es Puter, schön mager.
- Was ist Heiligabend im Fernsehen?
- Papa muss die Eisenbahn noch aufbauen.
- Sollen wir in die Christmette gehen?
- Wo geht die coolste Weihnachtsdisko ab?

Die Frage nach der **Geburt und Kindheit Jesu** stand nicht von Anfang an im Mittelpunkt des Interesses der ersten Christen. Nur **Matthäus** und **Lukas** haben ein „Kindheitsevangelium" (Mt 1, 18–2, 23 und Lk 1, 5–2, 52). Diese beiden Evangelien erzählen ganz unterschiedliche Geschichten. Sie gehören zum **„Sondergut"** (→ WdG S. 68) dieser Evangelisten.

1. Das Evangelium vom Lebensanfang Jesu …

Ein kluger Brief

Schülerinnen und Schüler, die sich die beiden Kindheitsevangelien genau angesehen hatten, stellten sich viele Fragen zu den Texten. Die Mädchen und Jungen kamen auf die Idee, ihre Fragen den Evangelisten in einem Brief vorzutragen.

Hallo Matthäus, hallo Lukas!

Wir stehen kurz vor Weihnachten und behandeln im Religionsunterricht die Frage, was das Neue Testament dazu sagt. Als wir uns genauer in der Bibel umsahen, ist uns etwas aufgefallen, was wir früher nicht bemerkt haben. Nur Sie beide bringen etwas zu diesem Thema. Bei den beiden anderen Evangelisten – also bei Markus und Johannes – findet sich nichts dazu. Noch mehr hat uns überrascht, dass Sie beide sehr verschiedene Dinge erzählen. Sie, lieber Matthäus, haben z. B. die Geschichten von den Zweifeln des Josef, den drei Magiern, vom Kindermord des Herodes und der Flucht nach Ägypten. Bei Ihnen, verehrter Lukas, finden wir neben einigen Texten zu Johannes dem Täufer die Erzählungen von der Ankündigung der Geburt Jesu durch den Engel Gabriel, vom Befehl des Kaisers Augustus, von der Krippe, den Engeln und Hirten in Betlehem, von der Darstellung Jesu im Tempel usw. Nur in **ganz wenigen Punkten stimmen Sie beide überein**, nämlich:

- Die Mutter Jesu heißt **Maria**, ihr Verlobter ist **Josef**, der aus dem Königsgeschlecht des David stammt.
- Maria und Josef wohnen in **Nazaret**, einem kleinen Nest in Galiläa. Der Geburtsort Jesu ist **Betlehem**.
- Josef ist nicht der leibliche Vater Jesu. Das Kind hat seinen wunderbaren Ursprung im **Heiligen Geist**. Darum ist es Gottes Sohn.

Alles andere ist bei Ihnen verschieden.

Das hat eine Menge Fragen in uns aufgeworfen, vor allem diese:

1 Warum sagen **die beiden anderen Evangelisten** nichts zu diesem Thema?
2 **Woher wissen Sie**, was Sie geschrieben haben?
3 **Für wen** haben Sie Ihr Weihnachtsevangelium geschrieben?
4 Was war Ihnen bei Ihrer Darstellung **besonders wichtig**?

Wir wären Ihnen sehr dankbar, wenn Sie uns diese Fragen kurz beantworten könnten. Schließlich sind Ihre Texte in diesen Tagen in aller Munde. Da möchten wir gern Bescheid wissen.

Mit freundlichen Grüßen
Ihre Klasse 10 a/b

Im Hintergrund: Die heutige Stadt Betlehem.
Hirten und Schafe auf dem Feld in Betlehem.
Grotte unter der Geburtskirche in Betlehem. Hier soll Jesus geboren worden sein.
Der römische Kaiser Augustus (31 vC–14 nC), der zur Zeit der Geburt Jesu der mächtigste Mann der Welt war.

A **Eine erste Beobachtung**

Schreibt die **Überschriften** der beiden ersten Kapitel des Matthäus- und Lukasevangeliums aus der Bibel in euer Religionsheft (→ **M1**) und vergleicht sie miteinander. Was fällt euch da auf?

2. … nach Matthäus

Eine informative Antwort

Wenn Matthäus der Klasse 10 a/b antworten könnte, müsste er den Zeitunterschied von zwei Jahrtausenden überspringen. Sein Brief könnte so lauten:

Matthäus grüßt die Klasse 10 a/b

Vielen Dank für euren Brief. Ich finde es gut, dass ihr euch so genau in der Bibel umseht. Auf eure Fragen möchte ich nun im Einzelnen eingehen.

(1) Warum sagen die anderen Evangelisten nichts über die Kindheit Jesu?

Die ältesten Christengemeinden hatten von Jesus so viele staunenswerte Dinge zu erzählen, dass sie schon genug damit zu tun hatten, das Wichtigste weiterzugeben, z. B.: Jesu Ankündigung des Reiches Gottes, das Hauptgebot der Liebe, die Aufnahme in die Kirche durch die Taufe, die neue Gemeinschaft der Eucharistie, sein Tod am Kreuz und seine Auferweckung. Darauf kommt es ja zuerst an. Allmählich wollte man in den Gemeinden aber auch wissen, was sich bei Jesu Geburt und in seiner Kindheit zugetragen hatte und was dies für den Glauben bedeutet. Das ist ja immer so bei berühmten Leuten und Stars, z. B. bei Politikern, Sportlern oder Künstlern. Zuerst staunt man über ihre großen Werke und Taten. Erst später interessiert man sich auch für ihre Kindheit und Jugend.

(2) Woher weiß ich das, was ich geschrieben habe?

Ich habe mich damals in verschiedenen Gemeinden umgehört und das gesammelt, was dort über die Herkunft Jesu erzählt wurde. Das war nicht viel, und darum sind meine Darlegungen dazu auch viel kürzer als mir selbst lieb ist. Selbst die Geburt Jesu erwähne ich nur kurz mit einem Satz. Ich vermute, dass das, was ich gefunden habe, auf Kreise zurückgeht, die Josef nahe standen. In meinen Texten ist auffällig viel von ihm die Rede. Allein dreimal erscheint ihm ein Engel, Maria aber keinmal.

links: Anbetung der Könige, Köln, um 1450.
rechts: Meister Gislebertus, Der Traum der Könige, Autun (Frankreich), 1120–1130.
Kindermord in Betlehem, Egbert-Codex, Reichenau, um 980.

Ein Einschub zum besseren Verständnis

Wir Juden erzählen anders, als es bei euch heute üblich ist. Ihr fragt immer nur: „Ist das alles so geschehen, wie es da steht?" Am liebsten hättet ihr von allem Bildreportagen oder Fernsehberichte. Uns war es damals wichtig, in den Erzählungen unseren Glauben zum Ausdruck zu bringen. Mit meinem Kindheitsevangelium will ich anschaulich zeigen, wer Jesus ist, nicht so sehr, wer er war. Was bedeutet er für den Glauben? So frage ich nicht, woher genau die drei Sterndeuter (Könige?) aus dem Osten kamen, was sie Jesus sagten und wie sie hießen. Später hat man ihnen die Namen Caspar, Melchior und Balthasar gegeben. Aber man soll aus meiner Erzählung hören, dass Gelehrte aus fremden Völkern nichts Besseres tun konnten, als sich zu Jesus auf den Weg zu machen. Das heißt: Schon als Kind ist Jesus der Herr, der über den Großen der Welt steht.

(3) Für wen habe ich geschrieben?

Ich habe für Judenchristen geschrieben, also für solche Christen, die nach dem jüdischen Religionsgesetz („Thora"; → ZdF S. 102) gelebt haben. Darum benutze ich so oft die Hebräische Bibel. Ich sage dann: „Wie geschrieben steht bei dem Propheten ..." oder „damit die Schrift erfüllt werde ..." Das verstanden unsere Leute, weil sie das Alte Testament von Kindheit an kannten. Sie wussten dann sofort, wer Jesus ist: der von den Propheten angekündigte Messias (→ ZdF S. 76, 121).

(4) Was war mir bei meiner Darstellung besonders wichtig?

Vielleicht ist euch schon aufgefallen, dass bemerkenswerte Ähnlichkeiten zwischen der Kindheitserzählung Jesu und der des Mose bestehen: Befehl des Herodes/Pharao zur Tötung der Kinder – Verfolgung und Mord – wunderbare Rettung.

Damit will ich sagen: Jesus ist mit der wichtigsten Gestalt der Geschichte Israels vergleichbar. Er ist so bedeutsam wie Mose, der die Kinder Israels aus der ägyptischen Knechtschaft befreit, den Gottesbund mit dem Volk geschlossen und von Gott die Zehn Gebote am Sinai erhalten hat.

Im Übrigen möchte ich zeigen, dass das Leben Jesu, unseres Herrn, von Anfang an gefährdet war. Darin hat sich bis zu seinem Tod am Kreuz nicht viel geändert. Darum ist mein Kindheitsevangelium so dunkel und schwermütig. Eine Ausnahme bildet nur die Erzählung von den Sterndeutern.

Ich hoffe, dass Ihr mit meinen Ausführungen zufrieden seid. Vielleicht versteht Ihr Weihnachten nun besser.

Ich wünsche Euch gesegnete Feiertage.

A Das Kindheitsevangelium des Matthäus besser verstehen

1 Zur **Wiederholung**: Altes Testament: → ZdF S. 36 ff; Mose: → ZdF S. 58 ff; die Propheten: → WdG S. 42; Matthäus: → WdG S. 66.

2 Zum **Text** und den **Bildern**: → **M4** und **M5**.

3 Wie viele **Zitate** aus dem Alten Testament findet ihr bei Matthäus? Warum sind sie wichtig?

4 Lasst folgende **Personen erzählen**, wie sie die Kindheit Jesu erlebt haben: Josef, der erste Sterndeuter, Herodes, eine Mutter aus Betlehem.

3. ... nach Lukas

Lukas,
Verfasser eines Evangeliums
grüßt die Klasse 10 a/b

Euer Brief hat mich sehr erfreut. Vielen Dank dafür. Ich gehe gern auf eure Fragen ein.

(1) Warum sagen die anderen biblischen Schriftsteller nichts über die Kindheit Jesu?
Den Brief des Matthäus kenne ich. Seinen Ausführungen zu eurer ersten Frage kann ich voll zustimmen. Dem habe ich nichts hinzuzufügen.

Goslarer Evangeliar, Menschwerdung Christi, um 1230.

(2) Woher weiß ich das, was ich geschrieben habe?
Auch ich bin dem nachgegangen, was in den ältesten Gemeinden über den Lebensanfang Jesu erzählt wurde. Dabei habe ich hochinteressante Dinge erfahren, die aus Kreisen stammen, die Maria, die Mutter unseres Herrn, kennen. So erklärt sich, dass ihr bei mir – anders als bei meinem Kollegen Matthäus – so viel über Maria findet: Verheißung der Geburt durch den Engel Gabriel – ihr Besuch bei Elisabeth – ihr wunderbarer Lobpreis Gottes („Magnificat") – die Geburt Jesu – die Beschneidung Jesu – die Darbietung im Tempel – Pesach in Jerusalem. Ich habe schon damals erwartet, dass gerade diese Kapitel eine große Zukunft haben. Damit habe ich mich ja auch nicht getäuscht.

Eine Zwischenbemerkung
Allerdings muss auch ich betonen, dass meine Texte keine Reportagen sind, die in jeder Einzelheit sagen, was damals geschehen ist. Die Texte wollen etwas anderes. Sie kommen aus unserem Glauben und wollen Glauben erwecken. In ihrem Mittelpunkt steht Jesus, den Gott zu uns gesandt hat. Seinem wunderbaren Ende entspricht sein wunderbarer Anfang. Schon in der Krippe zeigt

Rembrandt (1606–1669), Der zwölfjährige Jesus im Tempel, (Lk 2, 41–52), 1652.

sich etwas vom Glanz seiner Herrlichkeit. Kein Mensch kann das in Worten ausdrücken. So sind es denn auch Engel, die das wahre Geschehen aufdecken. Wunderbare Ereignisse machen darauf aufmerksam. Wenn ihr z. B. lest, dass Maria das Kind vom Heiligen Geist empfangen hat, so weist das darauf hin, dass Jesus ein Geschenk Gottes ist, das in seiner Größe unbegreifbar ist. Deshalb wird Jesus auch „Sohn Gottes" genannt.

(3) Für wen habe ich geschrieben?

Ich habe mein Evangelium für Christen geschrieben, die in Griechenland und Italien lebten. Unter ihnen waren viel Arme, Verachtete und Sklaven, die nirgendwo etwas galten. Gerade für sie war meine Weihnachtserzählung eine frohe Botschaft. In ihr sind kleine Leute so wichtig: Maria, ein unbedeutendes Mädchen – Josef, ihr Verlobter, ein Handwerker – die Hirten, die damals zu den Ärmsten der Armen gehörten – von Jesus und seiner Geburt in einer Notunterkunft ganz zu schweigen. Hier stellt Gott die Machtverhältnisse der Zeit auf den Kopf.

(4) Was war mir bei meiner Darstellung besonders wichtig?

Zwei Punkte möchte ich hervorheben.

Viele hielten damals den Täufer Johannes für den Messias, weil auch er große Dinge getan und viel Zuspruch gefunden hat. Das konnte ich aber nicht akzeptieren. Dass Jesus mehr ist als der Täufer, habe ich in meinem Evangelium deutlich gesagt. Ihr solltet einmal die Szenen von der Verkündigung und Geburt beider Personen miteinander vergleichen. Dort werdet ihr meine Absicht leicht erkennen.

Ich wollte ferner den Lebensanfang Jesu nicht so dunkel darstellen wie Matthäus. Mir ist seine Geburt ein Freudenereignis. Deshalb ist die Nacht hell, und Engel sagen uns, was die Geburt Jesu bedeutet: „Verherrlicht ist Gott in der Höhe, und auf Erden ist Frieden bei den Menschen seiner Gnade." Das ist ein großartiges Programm – ein besseres kenne ich nicht. Wenn ihr das verstanden habt, habt ihr alles verstanden.

A Das Kindheitsevangelium des Lukas besser verstehen

1 Zu **Lukas** und seinem Evangelium: → ZdF S. 118; zu zwei Texten seines Kindheitsevangeliums: → ZdF S. 120 ff.

2 Lasst folgende **Personen erzählen**, wie sie die Kindheit Jesu erlebt haben: Maria – Elisabet – ein Hirt – Simeon und Anna.

3 Vergleicht die **Briefe** des Matthäus und Lukas miteinander und stellt in einer Tabelle zusammen, was sie über ihre Quellen, ihre Leser und ihre Absichten schreiben.

4 Warum wären die frühen Christen sehr erstaunt gewesen, wenn sie sehen könnten, wie wir **Weihnachten feiern**? Warum müssten sich viele Leute heute über ihre Art, Weihnachten zu feiern, sehr wundern, wenn sie wüssten, was die Bibel über den Ursprung des Festes, die Geburt Jesu, erzählt?

5 Wie müsste ein **christliches Weihnachtsfest** aussehen, das den beiden Kindheitsevangelien entspricht?

L Die Kindheitsevangelien führen die Christenheit zum **wichtigsten Geheimnis** ihres Glaubens hin: Jesus ist Gottes Sohn. In ihm ist **Gott selber Mensch geworden**. Seitdem ist Gott in der Gestalt eines Menschen mitten unter uns. Das Wort des Alten Testaments, dass der Mensch Gottes Bild ist (Gen 1, 26; → WdG S. 109), ist in Jesus unendlich vertieft worden.

Er sagte:

ich wurde nicht gefragt
bei meiner geburt
und die mich gebar
wurde auch nicht gefragt
bei ihrer geburt
niemand wurde gefragt
außer dem Einen
und der sagte: JA

Kurt Marti

A 1 Zum Bild: → **M5**. Das Bild stellt keine einzelne biblische Szene dar, stützt sich aber mit Paradies, Engelkonzert usw. auf die Bibel. An welchen Einzelheiten könnt ihr die **Mensch**werdung Gottes und die Menschwerdung **Gottes** erkennen.

2 Warum und wie stellt das Bild das zentrale **Geheimnis des christlichen Glaubens** dar?

3 Was sagt das Bild über **die Würde des Menschen**? Wie kann man die Würde anderer Menschen achten? Wodurch wird die Würde der Menschen heute so oft beschädigt?

4. Gott wird Mensch

Matthias Grünewald (um 1480–1528), Engelkonzert; Die Geburt Jesu – Maria mit dem Kind im Garten, Isenheimer Altar, um 1512.

Der Glaube an die **Menschwerdung Gottes** ist nicht ohne praktische Konsequenzen für das alltägliche Leben der Christen. Wenn Gott selbst Mensch geworden ist, muss das Menschsein vor Gott etwas Einmaliges sein. Dann hat jeder Mensch eine Würde, die nicht größer gedacht werden kann. Darum leben Christen nur dann den Glauben an die Menschwerdung Gottes überzeugend, wenn sie die **Würde aller Menschen** achten.

Enttäuschung

Noch immer erwarten

die Priester den Priester
den großen Gelehrten

die Krieger den Krieger
den mächtigen Herrscher

die Fans ihren Star
die Reichen Profit

aber Gott wird Mensch

Siegfried Macht

5. … damit der Mensch Mensch werde

Der vierte König

Der Auftrag des Sterns: Vor 2000 Jahren lebte in Anatolien (Türkei) ein junger König, der ein kleines Reich erben sollte. Eines Nachts sah er in einem Traum in einer dunklen Landschaft viele elende Gestalten: Bettler und Krüppel, Gefangene und Hungernde, Einsame und Kranke. Alle klagten und weinten über ihr Los. Plötzlich erschien über dieser Welt des Jammers ein heller Stern, zu dessen Licht alle flehentlich emporblickten. Von dem Stern vernahm er die Stimme: „Nur wer den Elenden dieser Welt hilft, wird ein König sein."

Der junge König befragte seinen Hofastrologen, was der Traum zu bedeuten habe. Dieser wurde ganz nachdenklich. Nach einer Weile sagte er: „Du hast von einem großen Geheimnis geträumt. In den ältesten Büchern ist von diesem Stern die Rede. Wenn er erscheint, wird allem Volk großes Heil zuteil. Denn er kündigt die Geburt eines Königs an, der anders ist als alle anderen Könige. Er wird die Welt nicht mit Gewalt beherrschen, sondern durch Liebe verändern." „Und warum habe gerade ich von diesem Stern geträumt?", wollte der König weiter wissen. „Der künftige Herrscher wird nun bald geboren. Du sollst dich aufmachen und ihn suchen. Er braucht dich, damit die Freude, die er bringen will, durch dich zu vielen Menschen kommen kann." Der junge König war sehr erschrocken und wollte noch wissen, was die Worte bedeuteten, die er von dem Stern gehört hatte. Aber das konnte ihm der Sterndeuter nicht mehr erklären.

Drei Könige auf dem Weg: Alsbald machte sich der König auf den Weg. Er nahm die drei kostbarsten Edelsteine seines Thronschatzes mit, um ein würdiges Geschenk für den neuen Herrscher zu haben. Der Stern, den er im Traum gesehen hatte, leuchtete ihm auf dem Weg.

Es dauerte nicht lange, da traf er unterwegs drei andere Könige, die auch den Stern gesehen hatten und nun den neugeborenen König suchten. Sie hießen Caspar, Melchior und Balthasar und wollten dem königlichen Kind Gold, Weihrauch und Myrrhe schenken. Der junge König fragte sie, ob sie mehr von dem Königskind wüssten. Kaspar antwortete ihm als Erster: „Ich glaube, dass er den Menschen Reichtum bringen wird. Er wird dafür sorgen, dass alle genug zu essen und zu trinken haben. Sie werden endlich in festen Häusern wohnen. Alle haben dann Zeit zu Spiel und Spaß." Melchior fuhr ihm ins Wort und sagte: „Nein, er wird der größte Herrscher sein. Alle Reiche wird er erobern und alle Macht über die ganze Welt haben." Balthasar wollte auch das nicht gelten lassen. „Der neue König ist größer als ihr denkt. Sein göttlicher Geist wird der ganzen Menschheit Weisheit schenken. Dann werden alle erleuchtet sein und nichts höher schätzen als die Wahrheit, die er bringt." – Der junge König staunte über die drei Antworten, aber zufrieden war er damit nicht. Er stellte sich den neuen Herrscher ganz anders vor. Darum schloss er sich den Königen nicht an. Der Stern leuchtete ihm weiter und wies ihm den Weg.

Drei nützliche Edelsteine: Da geschah etwas, das ihn in große Verwirrung stürzte. Im Staub der Straße sah er ein kleines Kind liegen, das jämmerlich weinte. Es hatte kaum Windeln am Leib und blutete aus vielen Wunden. Erschrocken nahm er das Kind auf und nahm es mit. Im nächsten Dorf kannte niemand den Säugling. Er fand dort aber eine gute Frau, die bereit war das Kind aufzuziehen. Aus seiner Tasche holte der König einen Edelstein und schenkte ihn dem Kind, damit es für sein Leben ein Auskommen habe.

Nach einem herzlichen Abschied machte er sich wieder auf. Eines Tages kam er zu einer Töpferei, aus der er Klagen und Schreien vernahm. Er trat ein und fand eine verzweifelte Familie mit acht Kindern. Der Vater hatte schon lange keine Töpfe und Teller verkaufen können. Darum fehlte ihm das Geld, um seine Familie zu ernähren. Er hatte sogar Schulden machen müssen, die er nun nicht zurückzahlen konnte. Sein Gläubiger wollte ihn zwingen, die drei ältesten Kinder in die Sklaverei zu verkaufen. Als der König das hörte, schenkte er dem Vater den zweiten Edelstein. Er dachte bei sich, dass der neue König eher darauf verzichten

könne als diese arme Familie. Der Vater aber konnte sein Glück nicht fassen. Ehe er dem König richtig danken konnte, war dieser schon weg. Der Stern sagte ihm, dass er weiterziehen müsse. Wohin der junge König kam, fand er große Not. Manchmal dachte er daran, dass die Menschen den Gestalten ähnlich waren, die er im Traum gesehen hatte. Er half ihnen, so viel er nur konnte. Aber dann fürchtete er doch zur Geburt des großen Herrschers zu spät zu kommen.
Den dritten und letzten Stein schenkte er einer alten Frau, die gerade ihren Mann verloren hatte. Die Dankbarkeit dieser Frau erfüllte sein Herz. Sie brauchte sich nun für den Rest ihres Lebens keine Sorgen mehr zu machen. Aber er machte sich Gedanken, dass er nun mit leeren Händen zum neugeborenen König kommen würde.

Dreißig Jahre auf der Galeere: Dann geschah etwas, das ihm alle Hoffnung raubte den neuen Herrscher je zu sehen. In einer Hafenstadt geriet er in einen Menschenauflauf. Er erfuhr, dass ein alter Galeerensklave die qualvolle Arbeit nicht ausgehalten hatte und gestorben war. Der Galeerenbesitzer versuchte nun, den Sohn des Toten anstelle des Vaters auf die Galeere zu zwingen. Der Sohn wehrte sich mit allen Kräften, aber der Schiffsbesitzer verwies auf einen Vertrag und blieb hart. Da flehte der junge König inständig für den Armen. Als das nichts nützte, bot er sich selbst als Ersatz an. Das war dem Galeerenbesitzer recht – und so kam der junge König auf die Galeere. Die Qualen, die er hier erlitt, waren schlimmer, als er sich vorgestellt hatte. Er wurde an Leib und Seele krank. Da er auch den Stern nur noch selten sah, verlor er fast alle Hoffnung.

Endlich am Ziel: Erst nach dreißig Jahren wurde er befreit. Da endlich erschien ihm auch der Stern wieder und führte ihn nach Jerusalem. Als er durch das Stadttor getreten war, sah er, wie sich eine grölende Menschenmenge durch eine enge Straße fortbewegte. In ihrer Mitte ging jemand, der ein schweres Kreuz trug. Er war mit einer Dornenkrone bekränzt und mit einem Purpurmantel bekleidet. Für einen Augenblick konnte er dem Mann, der das Kreuz trug, in die Augen sehen. Der Blick, der ihn traf, war wie das Licht des Sterns, dem er so lange gefolgt war. Da wusste er: dies ist der König, den er gesucht hatte. Er begriff, dass dieser König nicht Gold und Edelsteine brauchte, sondern brüderliche Hilfe. Darum bahnte er sich einen Weg zu ihm und half ihm das Kreuz zu tragen. Nach einer Weile kamen sie zu einem Hügel. Dort wurde der Gefangene gekreuzigt. Während dies geschah, schwanden dem König die Kräfte. Noch einmal sah er die Bilder des Traumes, den er vor mehr als dreißig Jahren gehabt hatte. Jetzt verstand er das Wort: „Nur wer den Elenden dieser Welt hilft, wird König sein." Eine wunderbare Ruhe erfüllte ihn. Sterbend war er dankbar für sein Leben, das ihn zum König gemacht hatte.

Legende aus Russland, frei nacherzählt von W.T.

A

1 Zur **Arbeit mit dem Text:** → **M4**.
2 **„... damit der Mensch Mensch werde"** – Was bedeutet die Überschrift dieses Abschnitts?
3 Wie unterscheidet sich diese Erzählung von der Erzählung des **Matthäus 2, 1–12**?
4 **Lest** diese Geschichte zu Weihnachten in der Schule, Familie oder Jugendgruppe vor und deutet sie kurz.

Mit Leib, Lust und Liebe

Ein hohes Lied auf die Liebe

1 Zur **Bildbetrachtung**: → **M5**; zum **Hohen Lied**: → WdG S. 37.

2 Versucht den **Aufbau** des Bildes nachzuzeichnen und schreibt hinein, was sich an der Stelle jeweils befindet, evtl. mit Zahlen, die ihr unter dem Bild erklärt.

3 Geht **im Einzelnen** auf die Farben, Flächen und Personen des Bildes ein.

4 Welche **Details** zeigen die Schönheit der Liebe, welche weisen auf Gefährdungen der Liebe hin?

5 Beschreibt in kurzen Sätzen, wie ihr die **Atmosphäre** und die ganze Darstellung empfindet.

Marc Chagall (1887–1985) Das Hohe Lied III, 1960.

Chagalls Paradies der Liebe

*Das Bild gehört zu dem Bildzyklus **„Die biblische Botschaft"**, der seit 1973 in einem modernen Museum in Nizza zu sehen ist. Chagall hat die Bilder in Jahrzehnte langer Arbeit geschaffen.*

*Das Bild zeigt Chagalls große Sympathie für die Liebe und für das biblische „Hohe Lied" (→ WdG S. 37), das er in vielen Variationen dargestellt hat. Oben links bringt sich **der Maler** selbst mit Pinsel und Palette ins Bild. Unter ihm **seine geliebte Frau Bella** mit seinen drei Kindern, die wie in einer Gondel schweben. Die kleine Gruppe darunter am linken Bildrand stellt vielleicht dieselben Personen nochmals dar. Daneben die beiden wichtigsten Gestalten, das langgezogene **Brautpaar**, das unter einem rechteckigen Brautbaldachin steht, der von zwei göttlichen Boten rechts und links gehalten wird. Unter einem solchen Baldachin feiern Juden ihre Hochzeit. Rechts unten ruht **dasselbe Paar**, diesmal anders gekleidet. Rechts davon blüht ein **Baum**, an dem eine **junge Frau** sitzt. Über dem Paar tummelt sich ein **phantastisches Tier**, das auf einen seltsamen **Doppelbaum** zurückblickt. Darüber erhebt sich im Zentrum des Bildes das Doppelbild einer **Stadt**, in deren unterem Teil die **Dächer auf dem Kopf** stehen. Ein **Jude** mit Rucksack und Stock, vielleicht ein Rabbiner, bewegt sich wie ein heimatloser Flüchtling ebenso wie ein kleines Tier auf einer seltsam leeren Fläche in dieser umgedrehten Welt. Während der untere Teil die Stadt **Witebsk**, die russische Geburtsstadt Chagalls, darstellt, können wir in dem oberen Teil **Vence**, den französischem Wohnort Chagalls, erkennen. Ganz oben links wieder drei heitere Gruppen: ein **junger Mann**, der auf einer Henne einen Handstand ausführt, daneben in einem kleinen Kreis ein **Schofarbläser** (Widderhorn) und ein Liebesvogel, links darüber ein **Engel** mit zwei großen Flügeln und einem Kerzenleuchter.*

Vorschau

Wir alle möchten **lieben und geliebt werden**. Oft kommt die Liebe mit einer solchen Gewalt über uns, dass wir meinen, nicht mehr derselbe Mensch zu sein wie vorher. Sie betrifft Leib und Seele, Kopf und Herz. Man spürt sie körperlich, sie macht Lust, beherrscht das Gefühl, weckt Wünsche und bestimmt die Gedanken. Sie drückt sich in Worten, Gesten und Handlungen aus. Verliebte können kaum etwas tun, ohne an ihre Liebe zu denken. Für Mädchen und Jungen ist die Liebe oft das **Thema Nummer 1**.

Ein erster Zugang

Lesen | Fragen | Denken | Interviewen | Suchen | Gestalten | Präsentieren

1 Welche **Erwartungen und Bedenken** habt ihr bei diesem Thema im Religionsunterricht?

2 Wie stellen sich bei euch die Mädchen ihren **Traummann** und die Jungen ihre **Traumfrau** vor? Schreibt eure Gedanken, evtl. anonym, auf einen Zettel, sammelt die Zettel ein und diskutiert über die unterschiedlichen Wünsche.

3 Beschreibt **Gesten und Handlungen**, die mit Liebe und Verliebtheit zu tun haben, z. B. jemanden anlachen, schmusen, sich schön machen usw. Und: Sehnsucht, Abenteuer, Geheimnis usw. Stellt dazu eine Werteskala auf, indem ihr in einer Reihenfolge aufschreibt, was für eine Liebe (1) wichtig, (2) gleichgültig und (3) schädlich ist.

4 Fertigt eine **Mindmap** zum Thema Liebe an.

5 Zur **Wiederholung**: → WdG S. 34 ff.

1. Das heiße Thema

René Magritte (1898–1967), Die Liebenden, 1928.

In der Bücherei

Verliebt nochmal: Der Körper spielt verrückt. Was ein übergesprungener Funke im Hirn und anderswo anrichtet, stellt selbst Experten noch vor Rätsel.

Die 17-jährige Carmen sucht seit mehr als zehn Minuten in der Bücherei nach einem Lexikon. Erst jetzt bemerkt sie in der Leseecke Holger, 18. Sie mustert ihn aus den Augenwinkeln und findet ihn auf Anhieb sympathisch.

Ja, ja, die Augen, sagt man, sind der Liebe Tür. Typisch Frau, diese Carmen, denn die Verhaltensforscher sind sich einig, dass der erste Blick meist von IHR ausgeht.

Holger bemerkt Carmens Interesse und lächelt in seine Zeitschrift.

Moooment, junger Mann, Augen zu und Nase auf. Experten behaupten, dass die unbewusst wahrgenommenen Sexualduftstoffe einer Frau viel entscheidender für das männliche Anbandel-Bedürfnis sind als beispielsweise Haarfarbe oder Figur. Auch die Weiblichkeit fällt angeblich oft – wie Schmetterlinge – auf männliche Duftmarken herein. Das will man mit Schnüffelexpertisen bewiesen haben.

Zum ersten Mal treffen sich die Blicke der potenziellen Turtel-Täubchen. Beide grinsen.

Jetzt kann das Topf-sucht-Deckelchen-Spielchen beginnen. Jeder Mensch hat – dem Unbewussten sei Dank – eine Art Schattengeliebte(n), bestehend aus Wunschvorstellungen. Das innere Bild des Traumpartners ist geprägt durch Eltern, Vorurteile und die erste große Liebe. Ein „Tauglichkeitstest" checkt blitzschnell, ob das Gegenüber dem Bild entspricht.

Holger steht auf und kommt selbstsicher auf Carmen zu. Sie bekommt Herzklopfen ...

Alarmstufe 1 für die Hirnanhangdrüse, auch Hypophyse genannt. Die erbsengroße Chefdrüse regelt die Tätigkeit aller „Hormonspender". In solchen Fällen befiehlt sie dem Nebennierenmark erstmal eine Runde Adrenalin auszugeben. Der Blutdruck steigt sofort, der Puls wird schneller.

Carmen merkt, wie sie tomatenrot anläuft. „Warum muss mir das jetzt passieren ...?"

Da frag mal deine Nebennierenrinde. Die hat dir diesen Reflex eingebrockt. „Na, was für ein Buch suchst du denn?", fragt der Sonnyboy. „Schule ... Für die Schule! Ich meine ... äh ... Geschichte", hört Carmen sich stottern. War das wirklich ihre Stimme? Was redete sie da für einen Unsinn?

Da haben wir den Salat. Carmen gehört offenbar zu der – statistisch gesehen – recht großen Gruppe von „Schnellspannern", die schon nach weniger als 30 Sekunden Feuer und Flamme sind. Sie verliert die Gabe klarer Formulierungskunst, die Alltagslogik geht baden.

L Unsere Sprache unterscheidet **drei Seiten der Liebe**:

- **Sex, Sexualität** (von lat.: „Geschlecht"): die körperliche, geschlechtliche Liebe, die Lust mit sich bringt und der Fortpflanzung dient.
- **Eros, Erotik** (griech., → S. 103): die sinnliche, seelische und emotionale Liebe, durch die sich jemand zu einem anderen Menschen hingezogen fühlt.
- **Agape** (griech.) oder **Caritas** (lat.): die uneigennützige geistige Liebe zum Nächsten (→ S. 60 f).

Auf einer Parkbank

Szenenwechsel: Die beiden haben schon den ganzen Nachmittag zusammen verbracht und sitzen jetzt auf einer Parkbank. Sie hat ihre Sprache längst wiedergefunden. Sie könnte sogar schreien vor Glück, als sie sich das erste Mal küssen.

Euphorie (griech. „gesteigertes Hochgefühl") gehört zur Liebe wie Max zu Moritz und Dick zu Doof. Das Zeug, das den chemischen Kick auslöst, gelangt in Bruchteilen von Sekunden über Nerven und Blutbahnen in den ganzen Körper. Ist es mit der Verliebtheit vorbei, versiegt die Hormonquelle.

Obwohl Carmen den ganzen Tag noch nichts gegessen hat, verspürt sie keinen Hunger.

Logisch: Ein Teil des Zwischenhirns macht durch ein Hormon dem Magen klar, dass es im Moment wichtigere Dinge zu tun gibt als Sandwiches einzuschieben.

Carmen fühlt sich in Holgers Armen sicher, obwohl es bereits dunkel geworden ist.

Jetzt sprudeln auch noch die Endorphine, die beruhigend wirken.

Zu Hause

Carmen kommt nach Hause und strahlt. Ihre Eltern fragen, was los ist. Sie schwärmt: „Seine Augen, sein Mund, sein Lächeln!"

Klar, dass sie nicht sagt: „Meine Hormone". Vielleicht ist das aber auch gut so. Man kann sich nun ernsthaft fragen: Ist sie dem Mann ihres Lebens begegnet oder ist sie ein Opfer ihrer Hormone? Wenigstens in der Beurteilung des Ergebnisses sind sich Carmen, ihre Eltern, wir und alle Biochemiker der Welt einig: Carmen ist verliebt.

Ein Annäherungsversuch von Albert Link

A Ist das alles Liebe?

1 Sammelt aus dem **Fernsehprogramm** der letzten Woche Titel und Hinweise auf Sendungen, in denen Liebe eine Rolle spielt. Kommentiert eure Beobachtungen. Oder erzählt von einem Film über die Liebe, den ihr besonders mögt.

2 Vielleicht seid ihr Leser von **„Bravo"**, **„Yam"** oder anderer Jugendzeitschriften, die regelmäßig über die Liebe schreiben. Über welchen Text wollt ihr im Unterricht sprechen?

3 Plant ein **Rollenspiel** (→ **M8**) über eine Love-Story aus eurer Umgebung, die euch zu denken gibt?

4 Ergänzt jeden **Buchstaben des Wortes Liebe** mit einem Wort, das mit Liebe zu tun hat, also L ust, I ..., E ... , B ... und E ...

5 **Früher** sagte man: „jemanden anbeten" oder „anhimmeln" oder „im siebten Himmel sein". **Heute** heißt es manchmal: „jemanden anmachen", „anbaggern", „antörnen", „auf Wolke sieben gehen", „auf einem anderen abfahren" „einen verladen". Man hat eine „Beziehungskiste" und sagt: „Es läuft nichts mehr". Kennt ihr andere Ausdrücke? Aus welchen Bereichen kommen sie? Wie wirken sie auf euch? Wie beschreibt ihr eure Beziehung?

- ◆ Es gibt in der Liebe die Erfahrung des ganz normalen **Chaos**, wenn das bisherige Leben in Unordnung gerät. Alles, was bisher galt, erscheint anders, z. B. die Familie, die Freundinnen und Freunde, die Schule. In der neuen Situation weiß man nicht, wohin die Reise geht. Manche Leute schütteln den Kopf über die Verliebten.
- ◆ Es gibt in der Liebe die Erfahrung des umfassenden **Glücks** (→ WdG S. 38). Die ganze Innen- und Außenwelt des Ich ist wie verwandelt. Die Verliebten möchten dauernd mit dem anderen zusammen sein und sich gegenseitig von ihrem Zustand erzählen. Sie haben den Eindruck, dass immer die Sonne scheint.

2. Zwischen Chaos, Angst, Glück und Gnade

MEINST DU ES EHRLICH

Der erste Kuss

Mein erster Kuss wurde von mir im Geiste bestimmt tausendmal geküsst. Meine größte Angst war, dass es dabei zu einer Kollision der Nasen kommen würde. Meine Schwester bot sich als Trainingspartner an. Ich übte mit ihr, bis ich mich gut vorbereitet fühlte. Kopf langsam nach rechts auf die Schulter fallen lassen. Augen zu und los. Als es dann passierte, vergaß ich das ganze Training. Der Kuss war wunderschön und dauerte ewig. Mein Herz strömte dabei fast über – der beste Junge auf dieser Erde küsste mich. Zwei Tage wusch ich mir nicht das Gesicht und war glücklich.

Carola

Du verstehst mich

Du bist nicht wie die Mädchen auf den Illustrierten, aber für mich bist du schöner. Du kannst nicht so gewählt reden wie die Frauen im Fernsehen, aber du redest mit mir. Du bist keine Prinzessin und kein Star. Du bist keine Modepuppe und kein Model. Du bist keine Superfrau für alle, wohl aber für mich, weil du dreierlei allen voraushast: Du passt zu mir, du verstehst mich, du magst mich.

ein heutiger Adam zu seiner Eva

Alles in mir schrie: Verräterin!

Hier lag ich nun in meinem Bett und konnte nicht schlafen. Meine Gedanken kreisten nur noch um die eine Sache. Sie versuchten tief in mein Herz einzudringen, dort Türen zu öffnen, die ich lieber verschlossen haben wollte. ... Ich hatte das Gefühl, gegen eines meiner größten Prinzipien verstoßen zu haben, und der Abgrund, der sich jetzt vor mir auftat und in den ich zu fallen glaubte, das geschah mir nur ganz zu Recht ... Ich liebte den Freund meiner besten Freundin!

Marsha

Gott ist in der Liebe

Gott ist für mich in der Liebe, die ich anderen Menschen gegenüber empfinde und auch in der Liebe, die mir entgegengebracht wird. Das ist mir erst in letzter Zeit klar geworden. Ich habe gelernt, Liebe, wirklich starke Liebe zu empfinden. Ich habe gemerkt, dass alles, was man so für Verliebtsein hält, in Wirklichkeit etwas ganz anderes, ein viel ärmeres Gefühl ist. Zu lernen, wirkliche Liebe zu empfinden, war und ist für mich sehr wichtig geworden. Liebe, die auch einer noch so großen Distanz standhält. In der Liebe ist für mich Gott.

Eine Sechzehnjährige

Edvard Munch (1863–1944), Der Kuss, 1894–1895.

Edvard Munch (1863–1944), Vampir, 1895/1902.

Der göttliche Eros

Die Griechen verehrten Eros (lat.: „Amor"; deutsch: „Liebe"), den Liebesgott, in zweierlei Gestalt. Einmal war er die alles verbindende Weltliebe, die am Anfang der Zeiten aus dem Urchaos hervorging. Zum anderen war er der Gott der Liebesleidenschaft. Man stellte ihn als schönen geflügelten Knaben dar. Er war mit Rosen bekränzt und hatte Pfeile in seinem Köcher. Wen er damit ins Herz traf, der war auf der Stelle in Liebe entbrannt. Jeder konnte sein Opfer werden. Er traf Junge und Alte, Bettler und Königinnen, Schöne und Hässliche, Priesterinnen und Krieger, Dummköpfe und Gelehrte. Selbst die Götter waren vor ihm nicht sicher. Noch heute übt Eros seine Tätigkeit erfolgreich aus.

Edvard Munch (1863–1944), Eifersucht, 1896.

L

- Es gibt in der Liebe die Erfahrung der **Angst**. Verliebte sind unsicher und wissen oft nicht, wie sie auf den anderen wirken, was sie tun sollen, wie weit sie gehen dürfen, ob sie die Liebe verheimlichen können, wer Verständnis für sie hat. Sie haben Angst, dem anderen nicht zu gefallen, ihn zu verlieren und wieder allein zu sein. Der Verlust des Liebespartners kann jemanden sogar in **Verzweiflung** stürzen.
- Es gibt in der Liebe die Erfahrung der **Gnade**. Liebende wissen, dass sie sich die Liebe eines anderen nicht erarbeiten und verdienen können, sondern dass sie ein Geschenk ist. Oft wird sie uns unverhofft zuteil. Religiöse Menschen glauben, dass die Liebe von **Gott** kommt und zu ihm hinführt. Sie danken Gott für ihre Liebe und die geliebte Person.

A

Man kann viel für die Liebe tun, und sie ist doch ein Geschenk

1. Zu den **Texten** und **Bildern**: → **M4** und **M5**.
2. Stellt in eurem Religionsheft (→ **M1**) oder auf der Tafel **gegensätzliche Erfahrungen** mit der Liebe zusammen, z. B. Lebensfreude – Verzweiflung, Treue – Untreue. Vergleicht eure Arbeiten und ergänzt sie.
3. Überlegt, ob sich **Mädchen und Jungen** anders verhalten, wenn sie verliebt sind, und ob es stimmt, dass der Liebeskummer von Mädchen anders ist als der von Jungen.
4. Was wäre für euch ein Grund, eine Liebesbeziehung **nicht anzufangen** oder zu **beenden**?
5. Soll man aus seiner Liebe ein **Geheimnis** machen oder sie in aller Öffentlichkeit zeigen?

3. Sex ist komplex

Experten informieren über Sexualität

Eine Biologin

Die Sexualität von Mann und Frau ist aufeinander zugeordnet, aber doch auch deutlich unterschieden. Frauen und Männer haben nicht nur andere Geschlechtsmerkmale, sondern unterscheiden sich auch in ihrem Sexualverhalten, das von ihrem Großhirn gesteuert wird. Das zeigt sich z. B. in Tempo und Häufigkeit des Sexualaktes. Männer finden die sexuelle Befriedigung oft rascher und suchen sie auch häufiger als Frauen. Frauen empfinden sie oft nachhaltiger und tiefer als Männer.

Der Mensch kann seine Sexualität in vorgegebenen Grenzen frei entfalten. In seinem persönlichen Stil, seiner Kultur und Religion findet er Muster für sein Sexualverhalten. Im Gegensatz zum Tier bekleidet er sich und kennt Scham vor Nacktheit. Im Unterschied zu den Säugetieren, die jährlich eine oder mehrere Brunstzeiten haben, treten bei der Frau monatliche Menstruationszyklen auf.

Sexualität ist nicht ein Trieb wie Hunger und Durst, der regelmäßig befriedigt werden muss. Sie ist eher ein Antrieb, der Befriedigung sucht, auf dessen Betätigung der Mensch aber auch verzichten kann, ohne dabei Schaden zu nehmen.

Ein Historiker

In der **Antike** war den römischen Männern ein Seitensprung erlaubt, den Frauen nicht. Als die Christen die eheliche Treue von Mann und Frau verlangten und eine Ehescheidung nicht zuließen, war dies für die Frauen eine entscheidende Verbesserung ihrer Lage.

Im **19. und 20. Jahrhundert** (1. Hälfte) herrschte eine heute kaum mehr vorstellbare Prüderie. Man hielt die Keuschheit, d. h. die sexuelle Enthaltsamkeit, für einen der höchsten Werte. Die meisten Eltern erzählten ihren Kindern lieber, die Babys würden vom Klapperstorch gebracht, statt mit ihnen über ihre Sexualität zu sprechen.

Seit der **sexuellen Revolution** der 68er Jahre des 20. Jahrhunderts wurden diese alten Verhältnisse geradezu auf den Kopf gestellt. Damals war gerade die Pille (→ S. 114) erfunden worden, die freizügigeren Sex möglich machte. Nun wurde überall Sex gesucht. Die jungen Leute praktizierten schon früh eine Sexualität, wie sie für ihre Eltern völlig unvorstellbar war.

In den letzten Jahren hat man gemerkt, dass Freizügigkeit zu einem neuen Sexualzwang führen kann. Jetzt musste man ständig zur Sexualität bereit sein, auch wenn man keine Lust dazu hatte. Vor allem Frauen haben darin eine neue Form der Unterdrückung gesehen.

Heute sind viele Menschen auf neuer Suche nach einer menschenwürdigen und lustvollen Sexualität.

L

- ♦ **Sexualität** ist **komplex**.
  - Die **Biologie** untersucht ihre körperlichen Merkmale und Funktionen.
  - In der **Soziologie** wird gefragt, wie die Gesellschaft die Sexualität beeinflusst.
  - Die **Psychologie** erforscht das seelische Erleben.
  - Für die **Geschichtswissenschaften** ist der geschichtliche Wandel der erlebten Sexualität von Interesse.
- ♦ Wichtige **Funktionen** der Sexualität:
  - Sexualität zielt auf körperliche Lust des **Einzelnen**.
  - Sie bindet die **Partner** liebevoll aneinander.
  - Sie garantiert die Fortpflanzung der **Art**.

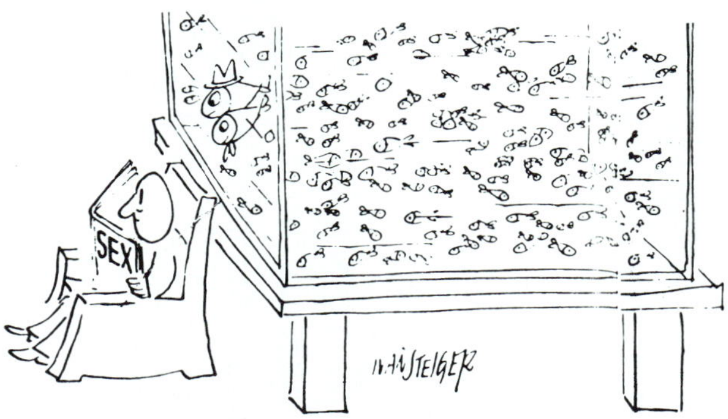

Ein Psychologe

Die Sexualität hat erheblichen Einfluss auf die Psyche (griech.: „Seele"). In jeder Altersstufe spielt sie eine Rolle.

Schon die **Babys** lutschen zufrieden an der mütterlichen Brust. Die Kleinkinder schmusen gern und betätigen sich lustvoll an ihren Genitalien.

Die **4- bis 6-jährigen** Mädchen möchten ihren Vater und die gleichaltrigen Jungen ihre Mutter heiraten.

In den **folgenden Jahren** zeigen die Kinder nicht mehr so unbefangen ihre Nacktheit wie früher.

In der **Pubertät/Adoleszenz** (→ WdG S. 26) wird die Sexualität erstmals als starke Kraft erfahren.

Es ist ein Unterschied, ob junge Leute dann die Sexualität als das höchste Gut ihres Lebens überschätzen oder als einen zu verachtenden Trieb ablehnen. Es ist ein Unterschied, ob Sexualität für sie eine beliebige und austauschbare Ware ist oder ob sie ihre Angst vor ihr nicht überwinden können. Nur wo die Sexualität nicht isoliert ist, sondern in das ganze Leben integriert wird, kann der Mensch zu dauerhafter Liebe und Bindung fähig werden.

Eine Soziologin

Das Sexualverhalten wird von der Gesellschaft, in der der Einzelne lebt, mitbestimmt. Die **Familien, Stämme, Völker und Religionen** haben schon immer das Sexualverhalten ihrer Mitglieder beeinflusst. Sie haben vielfältige Normen (→ S. 52) entwickelt, die auf eine Prägung der Sexualität zielen. Die meisten Kulturen verlangen für die Ausübung der Sexualität eine gewisse Intimsphäre. Frauen dürfen sich in manchen Regionen Afrikas „oben ohne" zeigen, während sie in arabischen Ländern auch noch das Gesicht mit einem Schleier verdecken müssen.

Heute bestimmen die **Medien** weitgehend unser Bild von der Liebe. Das Fernsehen zeigt in seinen Liebesfilmen oft schöne junge Frauen und phantasievolle Männer, die sich auf romantische Weise finden, alle Schwierigkeiten leicht überwinden und dann im siebten Himmel des Glücks schweben. Solche Filme bringen gute Quoten, weil viele Zuschauer von einer großen Liebe träumen. Diese weit verbreitete Vorstellung von der Liebe ist aber gefährlich, weil sie im wirklichen Leben eher selten ist und zu Enttäuschungen führen kann. Dort geht es meist weniger romantisch zu, auch wenn es sich um eine gute Liebesbeziehung handelt.

Junge Frauen in unterschiedlichen Kulturen

A Perspektiven zur Sexualität

1 Macht kurze Statements darüber, was ihr im **Biologie- und Sexualkundeunterricht** über die Sexualität erfahren habt. Was habt ihr darüber sonst in den Schulbüchern gelesen?

2 Beschreibt die Auswirkungen, die Verliebtsein und Liebe auf die **Psyche** (griech.: „Seele") haben können.

3 Kann die Liebe die Menschen **verändern**?

4 Die Liebe – das **Allerpersönlichste** im Leben? Oder: Wie prägt unsere **Gesellschaft** – das Fernsehen, die Illustrierten, die Freunde und Freundinnen – die Sexualität und die gegenseitige Liebe der Menschen mit?

4. Die Ware Liebe

Keine wahre Liebe

Heute blüht in unserer Öffentlichkeit das **Geschäft mit Sex**. Der Dauerberieselung mit Sex kann sich niemand entziehen. So ist eine **Sexualisierung** unserer Lebenswelt entstanden, wie sie früher undenkbar war. Dabei wird die Sexualität aus ihrem Lebenszusammenhang gerissen und in ihrer personalen Würde zerstört. **Wo die Liebe zur Ware wird, da ist keine wahre Liebe.**

Sex sells.

Auf unseren Artikel über Sexualität vom vorigen Donnerstag, gingen folgende ***Leserbriefe*** *ein:*

Alles muss heute sexy sein: Kleidung, Wäsche, Motorrad, Frisur, Brille, Kino. In jedem Kiosk findet man zahlreiche Illustrierte, auf deren Titelseiten kaum bekleidete Frauen verführerische Posen einnehmen oder Paare miteinander schmusen, als würde ihnen gerade keiner zusehen. In den Städten bieten eigene Sex-Shops allerlei Zubehör für sexuelle Betätigungen an.
Die Werbung – so scheint es – wäre völlig hilflos, könnte sie nicht mit erotisch aufgeladenen Szenen auf sich aufmerksam machen. Da verlocken barbusige Mädchen zum Kauf von Autos oder alkoholischen Getränken. Die Prospekte der Tourismus-Industrie geben auch dem langweiligsten Ort noch einen paradiesischen Reiz, indem sie zeigen, wie freizügig dort die Liebe gelebt wird.

P. T., Köln (Name ist der Redaktion bekannt)

Im Fernsehen gibt es Sender, die zu bestimmten Zeiten vorwiegend Erotik-Filme zeigen, zu deren Beginn es mit Signalwirkung heißt: „Für Jugendliche unter 16 Jahren ungeeignet". Da ziehen sich die Darsteller und Darstellerinnen ständig an und aus, zeigen, was sie haben, und stöhnen, was das Zeug hält. Zoten bringen Quoten. Damit diese stimmen, überbieten sich die Herren in manchen Shows im Erzählen ordinärer Witze, deren Pointe meist unterhalb der Gürtellinie liegt oder zu Lasten der Frauen geht.
An Damen, die am Telefon gegen saftige Gebühren verbale sexuelle Vergnügungen verheißen, gibt es keinen Mangel. Man weiß, dass da oft biedere Hausfrauen an der Strippe sind, die sich etwas Taschengeld verdienen wollen. Niemand hat heute einen Überblick über die Pornofilme, die im Internet leicht abrufbar sind. Wenn nicht alles täuscht, hat Cyber-Sex eine große Zukunft.

U. W., Ulm (Name ist der Redaktion bekannt)

— KOMMENTAR —

Lust und Frust

*Ein **Kommentar** unseres Chefredakteurs zu unserer neu entfachten Diskussion über die Sexualität:*

SN Die Kritik am kommerziellen Sex hat heute oft den Beigeschmack des Prüden oder Rückständigen. Dass sie die Freude an der Sexualität schützen und erhalten will, wird oft nicht gesehen. Ein paar Kritikpunkte seien hier genannt.

1. Wo Sexualität zur alltägliche Ware gemacht und zum Dauerkonsum preiswert angeboten wird, tritt bald eine **Übersättigung** ein. Sexualität verliert ihre starke Faszination und ihren geheimnisvollen Reiz.
2. Je stärker die Schamgrenzen fallen, um so stärkere Reize müssen her, damit man überhaupt noch etwas empfindet. Was die Großväter noch erregte, lässt die Enkel völlig kalt. Was gestern noch tabu war, ist heute schon langweilig. Man ist immer auf der Jagd nach neuen erregenderen Erlebnissen. Sex wird eine **Sucht**, die stets nach mehr verlangt. Dabei geht die Freude an der Sexualität zugrunde.
3. Die öffentlichen Angebote wirken wie Normen, die befolgt werden müssen. Wer nicht mitmacht, erscheint verklemmt oder bedauernswert. Das führt zu einem erheblichen **sexuellen Leistungsdruck**, der die Schönheit der Sexualität zerstört.
4. Wenn man sich mit dem vergleicht, was die Fernsehsendungen oder Illustrierten zeigen, ist man mit sich selbst, seinem Aussehen, seinen Fähigkeiten unzufrieden. Oder man vermisst an seinem Partner die Qualitäten, die man dort bewundert. Das verursacht häufig **Minderwertigkeitskomplexe** und **Beziehungsprobleme**. Die öffentlich so perfekt präsentierte Lust führt oft zum persönlichen Frust.

Edvard Munch (1863–1944), Die Hände, um 1893.

A **Ware Liebe und wahre Liebe – was ist das heute?**

1 Zählt **Schönheitsideale** unserer Zeit auf. Warum haben sie so oft mit Sex zu tun?

2 Wo seid ihr in den letzten Tagen in der Öffentlichkeit auf **sexuelle Angebote und Anreize** gestoßen?

3 Untersucht die Vorstellungen von Liebe und Sexualität in **Annoncen**, in denen Partner und Partnerinnen gesucht werden.

5. Spielregeln für Verliebte

Zehn Gebote für die Liebe

Wenn Liebende versuchen den anderen glücklich und zufrieden zu machen, sollen sie Folgendes bedenken:

1. **Liebende können voneinander Treue, Hilfsbereitschaft, Geschenke, Geduld, Offenheit, Ehrlichkeit und Zeit erwarten.**
2. **Wer liebt, macht sich kein Bild vom anderen, sondern nimmt ihn mit all seinen Stärken und Schwächen, wie er ist.**
3. **Nur wo Gleichberechtigung selbstverständlich ist, kann sich Liebe entfalten.**
4. **Liebe achtet die Freiheit des anderen. Sie lässt ihm die Spielräume, die er für sich braucht.**
5. **Liebe und Gewalt sind unvereinbar. Liebe übt keinen Druck aus, erpresst nicht und verlangt von dem anderen nichts, was er nicht geben kann.**
6. **Liebe zielt nicht allein auf Sexualität. Sie sucht voller Zärtlichkeit den ganzen Menschen mit Körper, Seele, Gefühl, Herz und Verstand.**
7. **Keiner darf die Zeugung eines unerwünschten Kindes riskieren.**
8. **Liebe schließt Kritik am anderen nicht aus. Sie darf aber nie nörglerisch oder verletzend sein. Sie muss hilfreich sein. Liebende können sich gegenseitig verzeihen.**
9. **Liebende tragen nicht nur für die Gegenwart, sondern auch für die Zukunft des anderen Verantwortung.**
10. **Liebende werden, wenn sie religiöse Menschen sind, füreinander beten.**

Morgens und abends zu lesen

Der, den ich liebe
Hat mir gesagt
Daß er mich braucht.

Darum
Gebe ich auf mich acht
Sehe auf meinen Weg und
Fürchte
von jedem Regentropfen
Daß er mich erschlagen
könnte.

Bertolt Brecht

L Der Kirchenvater Augustinus (354–430; → ZdF S. 42) hat einmal gesagt: **„Liebe und tu dann, was du willst“.** Das sollte kein Freibrief für Egoisten sein, wohl aber eine Ermunterung an alle Liebenden, sich selbst zu fragen, wie man die Liebe so leben kann, dass sie gelingt. Wer liebt, weiß in der Regel, was zu tun ist.

René Magritte (1898–1967), Die Liebenden, 1928.

Ein Mädchen –

Ein Mädchen fragte einen Jungen:
„Magst du mich?"
Er sagte: „NEIN!"
Sie fragte: „Findest du mich hübsch?"
Er sagte: „NEIN!"
Sie fragte: „Bin ich in deinem Herzen?"
Er sagte: „NEIN!"
Als Letztes fragte sie: „Wenn ich weggehen würde, würdest du um mich weinen?"
Er sagte als Letztes: „NEIN!"

... sie geht traurig von dannen

ein Junge

... er packt sie beim Arm und sagt:

„Ich mag dich nicht,
ich liebe dich!"
„Ich finde dich nicht hübsch,
ich finde dich wunderschön!"
„Du bist nicht in meinem Herz,
du bist mein Herz!"
„Ich würde nicht für dich weinen,
ich würde für dich sterben!"

Jaulschke (Internet)

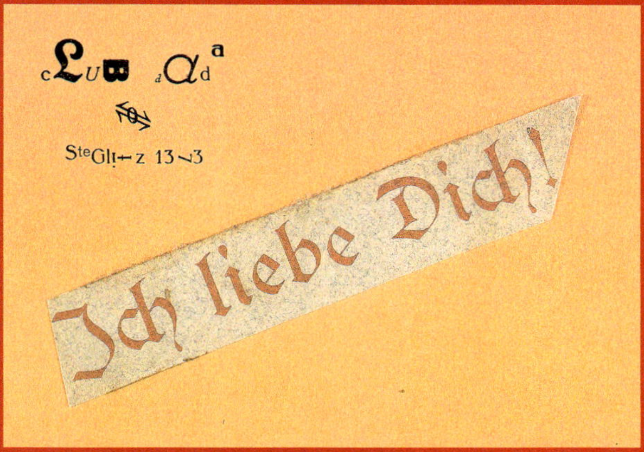

Raoul Hausmann (1886–1971), Ich liebe dich!, 1918.

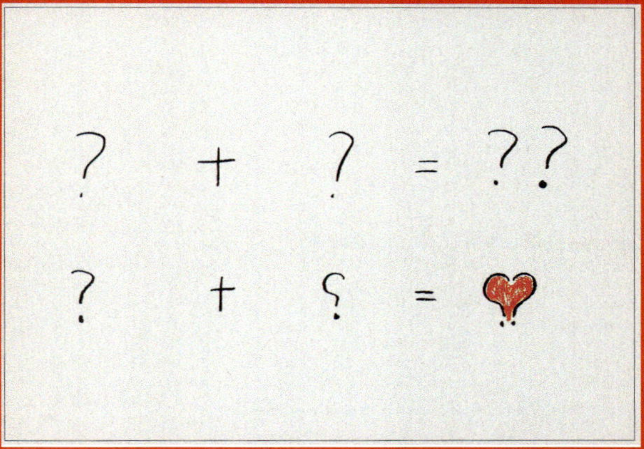

Nam Jun Paik (geb. 1932) Ohne Titel, 1974/1982.

Lüge

Du sprachst von Liebe und meintest Sex.
Du sprachst von Glück und meintest Befriedigung.
Du sprachst von immer und meintest nie.
Du sprachst von mir und meintest dich.

Irene (19)

Oft lässt der Junge das Mädchen im Stich

Ich finde, Jugendliche sollten keine Kinder bekommen, weil dann häufig der Junge das Mädchen im Stich lässt. Die gesamte Verantwortung liegt dann auf der jungen Mutter, wenn sie keine Unterstützung von ihren Verwandten oder Freunden bekommt. Sie muss, wenn sie keine Hilfe bekommt, dann meistens die Schule abbrechen oder kann sich nicht gut auf sie vorbereiten. Somit hat sie keine Chancen auf einen aussichtsreichen und gut bezahlten Job.

David (17)

A

1 Formuliert die **Gegen-Sätze** zu den zehn Regeln der Liebe und diskutiert darüber.
2 Stellt selbst einen **Katalog** mit Regeln für die Liebe auf. Welche drei wären euch am wichtigsten?
3 Veranstaltet eine **Lesung** zum Thema „Liebes-Worte", in der ihr Gedichte (→ S. 118), Liedtexte und Erzählungen über die Liebe vortragt.
4 Oder macht eine **Ausstellung**, in der ihr „Bilder der Liebe" zeigt.
5 Fachleute behaupten, bei der heutigen Jugend sei **Treue** ein hoher Wert und sexuelle **Bindungslosigkeit** out. Was haltet ihr von dieser These?

6. Die besten Liebesgeschichten

L Für die Bibel ist die **Liebe zwischen Frau und Mann** den Menschen von Gott gegeben. Die Liebe lässt die Menschen an Gottes Liebe und Schöpfung teilnehmen. Im Übrigen erzählt die Bibel viele unterschiedliche **Liebesgeschichten.** Dabei schlägt sie einen **Mittelweg** zwischen zwei extremen Auffassungen von der Liebe ein, die auch heute weit verbreitet sind:

- Einerseits verwirft sie jede **Abwertung** der Sexualität und des Leibes, wie es sie in der alten Welt gab.
- Andererseits lehnt die Bibel eine **Vergötzung** (→ S. 68) der Sexualität und des Leibes entschieden ab, die es z. B. in den Kulten Kanaans gab.

Die Liebe zwischen Mann und Frau – von Gott gewollt

Die bekannte Erzählung von Adam und Eva erschließt in der Bildersprache der Mythen (→ S. 34 f, 38 ff) wesentliche Grundzüge des Menschen.

18 Dann sprach Gott, der Herr:
Es ist nicht gut, dass der Mensch allein
bleibt. Ich will ihm eine Hilfe
machen, die ihm entspricht. …
21 Da ließ Gott, der Herr, einen
tiefen Schlaf auf den Menschen
fallen, so dass er einschlief, nahm
eine seiner Rippen und verschloss
ihre Stelle mit Fleisch.
22 Gott, der Herr, baute aus der
Rippe, die er vom Menschen genommen hatte, eine Frau und führte sie
dem Menschen zu.
23 Und der Mensch sprach: Das endlich ist Bein von meinem Bein und
Fleisch von meinem Fleisch. Frau
soll sie heißen, denn vom Mann
ist sie genommen.
24 Darum verlässt der Mann Vater
und Mutter und bindet sich an
seine Frau, und sie werden ein
Fleisch.
25 Beide, Adam und seine Frau, waren
nackt, aber sie schämten sich nicht voreinander.

aus dem Buch Genesis 2, 18. 21-25

Adam und Eva, Bibelillustrationen, 13. Jh.

Das sechste Gebot

Das Gebot (→ S. 52) will die Liebe zwischen Mann und Frau schützen.

Du sollst nicht die Ehe brechen.

aus dem Buch Exodus 20, 14

A

1 Vergleicht den Text mit der **Schöpfungserzählung Gen 1, 24–31** (→ WdG S. 108 ff). Wo liegen Unterschiede und Gemeinsamkeiten? Deutet die einzelnen mythischen Bilder. (→ **M4**)

2 Lest Mk 10, 2–9. Manche Christen meinen, das **Ehescheidungsverbot Jesu** sei heute in vielen Fällen nicht einzuhalten. Welche Gründe können sie dafür haben? Überlegt, warum die Kirche trotz aller Bedenken daran festhält.

3 Wie verhielt sich Jesus gegenüber einer **Ehebrecherin**: Joh 8, 1–11?

Marc Chagall (1887–1985), Die Hochzeit, 1918.

Das hohe Lied der Liebe

Für Paulus (→ ZdF S. 148 ff) ist in der neuen Gemeinschaft Jesu Christi die Liebe am wichtigsten. In seinem ersten Brief an die Korinther (Griechenland) hat er ein Lied auf die Liebe verfasst, das zu seinen bekanntesten und schönsten Texten zählt.

1 Wenn ich in den Sprachen der Menschen und Engel redete,
hätte aber die Liebe nicht,
wäre ich dröhnendes Erz oder eine lärmende Pauke.
3 Und wenn ich meine ganze Habe verschenkte
und wenn ich meinen Leib dem Feuer übergäbe,
hätte aber die Liebe nicht,
nützte es mir nichts.
4 Die Liebe ist langmütig, die Liebe ist gütig.
Sie ereifert sich nicht, sie prahlt nicht, sie bläht sich nicht auf.
5 Sie handelt nicht ungehörig, sucht nicht ihren Vorteil,
lässt sich nicht zum Zorn reizen, trägt das Böse nicht nach.
6 Sie freut sich nicht über das Unrecht,
sondern freut sich an der Wahrheit.
7 Sie erträgt alles, glaubt alles, hofft alles, hält allem stand.
8 Die Liebe hört niemals auf.
13 Für jetzt bleiben Glaube, Hoffnung, Liebe, diese drei;
doch am größten unter ihnen ist die Liebe.

aus dem 1. Korintherbrief des Paulus 15, 1.3–8.13

L

- Wo in der **Bibel** die Frau eine untergeordnete Rolle spielt und dem Mann eine deutliche Überlegenheit zugesprochen wird (**„Patriarchalismus“**), sind die biblischen Autoren noch in alten Vorstellungen des Orients befangen. Darum dürfen solche Aussagen heute nicht mehr maßgeblich sein (→ S. 80), sondern nur die, die die Gleichberechtigung von Frau und Mann voraussetzen.
- **Jesus** hat über Sexualität wenig gesagt. Aber er hat die **Ehescheidung** abgelehnt (Mk 10, 9), weil er die Ehe in der Schöpfung Gottes grundgelegt wusste. Dieses Verbot war in der Antike unerhört. Es nahm den verheirateten Männern Rechte, die es für die Frauen nicht gab. Sie durften sich nun keine Nebenfrauen mehr halten und sich auch nicht von ihrer Frau scheiden lassen, wenn sie eine attraktivere Partnerin gefunden hatten oder der männliche Nachwuchs ausblieb. Das neue Verbot Jesu hat die Stellung der Frau wesentlich verbessert.

A **Biblische Erzählungen von der Liebe**

1 Das **Alte Testament** erzählt von unterschiedlichen **Liebesbeziehungen**, z. B. von Abraham und Sara, Isaak und Rebekka, Jakob und Lea sowie Rahel, Josef und der Frau des Potifar, Rut und Boas, David und Michal sowie Batseba, Ester und Artaxerxes. Sucht in Partner- oder Gruppenarbeit die entsprechenden Texte aus dem Alten Testament. Erstellt dann kleine Skizzen dieser verschiedenartigen Beziehungen und charakterisiert sie kurz. Achtet dabei besonders auf die Rolle der Frauen. (→ **M3** und **M4**)

2 Einzigartige Liebeslieder finden sich im alttestamentlichen Buch **„Das Hohe Lied“**: → WdG S. 37 und S. 98 f.

L Die **Kirche** vertritt nicht mehr die verhängnisvolle Leibfeindlichkeit und die enge Sexualmoral wie in vergangenen Zeiten. Christen sahen früher in der Sexualität eher eine Gefahr für die Liebe, heute sehen sie darin eine **Chance**. Sie haben verstanden, dass der Leib mit seiner Sexualität ein **Schöpfungswerk Gottes** ist und dass die Lust daran zum menschlichen Leben gehört.

Diese positive Wertschätzung macht sie nicht blind für die **Gefahren**, die mit der Sexualität und der zunehmenden Sexualisierung unseres Lebens (→ S. 106 f) verbunden sind.

7. Normen der Kirche

Die Bischöfe sprechen zur Sexualität junger Leute

Im September 1999 erschien ein „Brief der Jugendkommission der Deutschen Bischofskonferenz an die Verantwortlichen der kirchlichen Jugendarbeit zu einigen Fragen der Sexualität und der Sexualpädagogik". Er bezieht heutige psychologische, soziologische und ethische Fragestellungen ein. Daraus ein paar Auszüge:

Die Grundlage des Bischofswortes

Wenn wir zum Thema Sexualität schreiben, tun wir dies nicht von einem neutralen Standpunkt aus. Wir stehen auf dem Grund unseres Glaubens. Die große geheimnisvoll-unheimliche, schöne Macht der Sexualität ist uns Menschen geschenkt, als Gabe anvertraut.

Partnerbeziehungen und ethische Werte

Wir nehmen wahr, dass Partnerbeziehungen von der großen Mehrheit der Jugendlichen mit personal-orientierten Wertvorstellungen wie Treue, Vertrauen, Ehrlichkeit, gegenseitiger Akzeptanz, Zärtlichkeit und Wahrhaftigkeit verbunden sind. Eingebettet sind diese Haltungen in die Hochschätzung von Freundschaft und Kommunikation. Beziehungsabbrüche werden als Scheitern wahrgenommen, das nicht einfach „weggesteckt" wird. Das Misslingen von Beziehungen verursacht Leiden. Diese Beobachtung steht dem Vorurteil der Leichtfertigkeit des Umgangs Jugendlicher miteinander entgegen.

Voreheliche sexuelle Kontakte und Partnerschaften

Wir nehmen wahr, dass Jugendliche frühzeitige sexuelle Kontakte auch deshalb eingehen, weil sie fehlende Zuwendung in der Familie und im sozialen Umfeld durch Freundschaft ergänzen wollen. Ihre Sehnsucht nach Wärme und Geborgenheit findet eine vorläufige Erfüllung.
Wir nehmen wahr, dass es nicht mehr einfach gelingt, das Jugendalter klar vom Erwachsenenalter zu trennen. ... Diese Situation begünstigt vor-

A In kirchlichen Kreisen, auch in katholischen Jugendgruppen, hat das **Wort der Jugendkommission der deutschen Bischöfe** sowohl Zustimmung wie auch Kritik erfahren. Besorgt euch den ganzen Text. Stellt eure Meinungen zusammen und teilt sie der Deutschen Bischofskonferenz mit.

Die Postadresse:
53113 Bonn, Kaiserstr. 163.
Die Internet-Adresse: www.dbk.de

eheliche Lebensgemeinschaften, die sexuelle Partnerschaften einschließen, ohne dass die Bedingungen für eine Elternschaft schon gegeben sind. Voreheliche Lebensgemeinschaften werden als selbstverständlich angesehen. Die Partnervorstellungen decken sich durchaus mit traditionellen Vorstellungen. So ist die Verlässlichkeit des Partners ebenso wichtig wie gute Kommunikation, Verständnis, gegenseitige Akzeptanz und Treue. Die Partnerschaften sind relativ stabil, die Fluktuation (lat.: ständiger Wechsel) ist gering.

Der Graben zwischen Kirche und Jugendlichen

Zwischen den kirchlichen Normen zum Sexualverhalten und dem tatsächlichen Verhalten Jugendlicher und Erwachsener besteht vielfach ein Graben. Die Kirche hat als orientierende Institution einen Glaubwürdigkeits- und Vertrauensverlust zu verzeichnen. Besonders Jugendliche sehen sich im Prozess der Individualisierung vor die Aufgabe gestellt, in eigener Verantwortung die Gestaltung ihres Lebens und damit auch die Bildung eines subjektiven Sinnhorizonts zu übernehmen. Die alltäglichen Lebenserfahrungen und kirchliche Normen scheinen nur schwer vereinbar.

Ein breites Spektrum sexueller Beziehungen

„Im Vorraum der vollen sexuellen Gemeinschaft gibt es ein breites Spektrum sexueller ... Beziehungen unterschiedlicher Intensität und Ausdrucksformen, auch eine Stufenleiter der Zärtlichkeiten. Diese Beziehungen können als gut und richtig gelten, solange sie Ausdruck der Vorläufigkeit sind und nicht intensiver gestaltet werden, als es dem Grad der zwischen den Partnern bestehenden personalen Bindung und der daraus resultierenden Vertrautheit entspricht. Volle sexuelle Beziehungen freilich haben ihren Ort in der Ehe" (Würzburger Synode 1971–1975).

L **Sexualnormen der Kirche:**

- Volle **sexuelle Gemeinschaft** soll es **nur in der Ehe** geben. Vor und außerhalb der Ehe soll sie keinen Platz haben.
- Die Ehe ist ein **Sakrament** (→ ZdF S. 182 f). Sie ist unauflöslich. Solange der eine Ehepartner lebt, darf der andere nicht wieder heiraten.
- Frauen und Männer können sich in der Nachfolge Jesu für den Verzicht auf sexuelle Partnerschaft entscheiden. Man nennt die lebenslange Ehelosigkeit der Priester, Ordensleute und Laien **„Zölibat"**.

A **Darüber streiten junge Leute oft**

1 Diskutiert die **kirchlichen Normen** und Auffassungen zur Sexualität. Versucht zu verstehen, was für sie spricht. Begründet eure eigene Beurteilung und Einstellung.

3 Sind die **„Zehn Regeln für die Liebe"** (→ S. 108) mit den kirchlichen Auffassungen vereinbar?

4 **„Just say no!"** – Ein neuer Trend?

5 Ladet eine **Ordensfrau** oder einen **Priester** in den Unterricht ein und sprecht mit ihr/ihm darüber, was freiwilliger Verzicht auf sexuelle Partnerschaft („Zölibat") für sie bedeutet.

„Just say no!"

Als Christ schaue ich, was in der Bibel steht, was Gott will. Für mich ist eben die Bibel Gottes Wort. Wenn jemand das nicht anerkennen kann, kann er das natürlich nicht verstehen. Ist ja klar. Wenn ich sehe, dass Leute eine bestimmte Verhaltensweise haben, und in der Bibel steht etwas anderes, dann würde ich mich eher nach dem richten, was in der Bibel steht. Ein Beispiel ist die Sache mit dem Sex vor der Ehe. In Amerika heißt das: „Just say no!", von wegen, vor der Ehe keinen Sex und so Geschichten. Ich muss es nicht unbedingt haben. Ich kann mit meinem Freund auch ganz gut ohne. Aber es gibt natürlich wenige Leute in meinem Freundeskreis, die das verstehen. Eigentlich überhaupt keine. Weil es keine Christen sind.

Jana (19), Christin aus München

8. Problemfeld Pille

Girls & Boys

Wir haben unsere Ärztin, Frau Dr. Hildwin, gebeten für unsere Leserinnen und Leser aus ihrer Sicht etwas über die „Pille" zu schreiben.

Ein altes Menschheitsproblem

Seit Jahrtausenden suchen die Menschen ungewollte Schwangerschaften zu vermeiden. In der Antike entwickelten schon die Ägypter **Kondome** aus Tierdärmen. Bei vielen Völkern gab es **biologisch-chemische** „Hausmittel" wie Öle oder Salben, die eine Empfängnis verhindern sollten. In der Neuzeit wurden **mechanische** Mittel wie Ring und Spirale entwickelt. Es gibt auch Formen der **natürlichen Geburtenregelung**: die Berechnung der fruchtbaren Tage der Frau vom etwa 7. bis 19. Zyklustag und Temperaturmessungen der Frau. Abtreibung (→ S. 160 ff) ist kein legitimes Mittel der Geburtenregelung, weil sie die Empfängnis nicht verhindert, sondern abbricht.

Die Erfindung der Pille

In den zwanziger Jahren des 20. Jahrhunderts entdeckte man, dass bei schwangeren Frauen ganz bestimmte **Hormone** („Progesteron") weitere Eisprünge unterdrücken und weitere Schwangerschaften verhindern. Das führte den Innsbrucker Arzt Ludwig Haberlandt zu der Annahme, dass eine Empfängnis vielleicht zu verhindern sei, wenn es möglich würde, einer Frau solche Hormone zuzuführen. So könnte der Eisprung unterdrückt und die Natur gleichsam durch eine vorgetäuschte Schwangerschaft überlistet werden, die zum Eisprung nötigen Hormone zu bilden. Damit war die Idee der „Antibabypille" erfunden. Bis zu ihrer Entwicklung vergingen aber noch Jahrzehnte. Das erste Präparat zur hormonellen Empfängnisverhütung wurde in den USA von dem Biochemiker **Gregory Pincus** entwickelt und 1960 dort erstmals zugelassen.

Der Siegeszug der Pille

Schon bald trat die „Pille" ihren Siegeslauf um die Welt an. Sie wurde in den sechziger Jahren zum **Symbol der sexuellen Befreiung**. Erstmals ermöglichte sie es vielen Frauen, Sexualität ohne Angst zu erleben. Nun wurde die freie Liebe als Zeichen des Protests gegen die bürgerliche und christliche Moral praktiziert. In Gruppen experimentierte man mit der Sexualität, um mit den sexuellen Freiheiten auch politische Veränderungen zu erzielen. Die **„Blumenkinder"** („Hippies") versuchten harmlos nach dem Motto zu leben: „Make love, not war". Seitdem hat sich das öffentliche Leben entscheidend geändert. Die Frauen gewannen ein neues Selbstbewusstsein. Mit dem Wort **„Pillenknick"** wird der neue Trend zu weniger Kindern bezeichnet, der uns heute Sorgen um die Sicherung der Renten in der Zukunft macht.

L

- Nach der Entwicklung der **Pille** setzte in der katholischen Kirche eine intensive Diskussion ein, an der sich Naturwissenschaftler, Ärzte, Philosophen, Politiker sowie engagierte Frauen und Männer beteiligten. Die meisten sprachen sich dafür aus, die Pille zu erlauben. Doch **Papst Paul VI.** entschied 1968 in der **Enzyklika „Humanae Vitae"** (lat.: „Über die rechte Weitergabe menschlichen Lebens") anders. Er befürchtet eine technische Manipulation des Menschen mit chemischen Mitteln. Die im Geschlechtsakt liegende natürliche Verbindung von Liebe und Fruchtbarkeit dürfe nicht aufgelöst werden. Darum sei die „Pille" als Mittel der Geburtenregelung nicht erlaubt.
- **„Natürliche" Methoden** zur Geburtenregelung werden durchaus empfohlen.

Der Papst

Indem die Kirche die Menschen zur Beobachtung des natürlichen Sittengesetzes anhält, lehrt sie nun, dass jeder eheliche Akt von sich aus auf die Erzeugung menschlichen Lebens hingeordnet bleiben muss. Diese Lehre gründet in einer von Gott bestimmten unlösbaren Verknüpfung der beiden Sinngehalte – liebende Vereinigung und Fortpflanzung –, die beide dem ehelichen Akt innewohnen. Diese Verknüpfung darf der Mensch nicht eigenmächtig auflösen. Unserer Meinung nach sind die Menschen unserer Zeit durchaus imstande, die Vernunftgemäßheit dieser Lehre zu erfassen.

aus der Enzyklika Pauls VI., „Humanae vitae" (1968)

Paul VI. (1897/1963–1978)

L ♦ Die päpstliche Entscheidung löste in weiten Teilen der Kirche große Enttäuschung aus. Die **deutschen Bischöfe** beruhigten noch im selben Jahr das aufgebrachte Kirchenvolk in der **„Königsteiner Erklärung"** damit, dass die Enzyklika keine unfehlbare Erklärung sei. Alle Eheleute sollten ihre Entscheidung nach ihrem Gewissen (→ WdG S. 178 ff) treffen, müssten allerdings die päpstlichen Argumente sorgfältig prüfen.

Die deutschen Bischöfe

Wir wissen, dass viele der Meinung sind, sie könnten die Aussage der Enzyklika nicht annehmen. ... Wer glaubt, so denken zu müssen, muss sich gewissenhaft prüfen, ob er – frei von Überheblichkeit und Besserwisserei – vor Gottes Gericht seinen Standpunkt verantworten kann.

aus der Königsteiner Erklärung der deutschen Bischöfe unter dem Vorsitz von Kardinal Döpfner (1968)

Julius Kardinal Döpfner (1913–1976)

Das Echo

Innerhalb und außerhalb der Kirche wurde die päpstliche Entscheidung **kritisiert**. Man warf dem Papst vor, sich mit seinem Pillenverbot
(1) gegen die **Selbstbestimmung der Frau** zu richten und
(2) an der **Bevölkerungsexplosion** mitschuldig zu werden, die zu großem Elend in vielen Teilen der Welt führe.

Seit einiger Zeit sieht man auch die **Gefahren** deutlicher, die mit der Pille verbunden sind. **Mediziner** weisen auf Thrombosegefahr, vermehrte Migräneanfälligkeit und erhöhtes Krebsrisiko hin. Durch die Pille verändert sich der Körper langsam und schmerzlos, aber nachhaltig. Zahlreiche **Frauen** sind von der Pille wenig begeistert, weil sie allein die Nachteile der Pille zu ertragen haben, solange es eine Pille für den Mann noch nicht gibt. Die Frau trägt nicht nur das gesundheitliche Risiko, sondern macht oft auch die Erfahrung, jederzeit für den Mann verfügbar sein zu müssen. Oft wird sie vom Mann veranlasst, ihren Kinderwunsch mit der Pille zu unterdrücken.

A **Über die Pille sprechen**

1 Was meint ihr: Denken **Mädchen und Jungen** über die Pille gleich oder verschieden?

2 Wenn ihr **Chancen und Risiken** der Pille gegenseitig abwägt, zu welchem Ergebnis kommt ihr dann? Was hat die Pille mit der Menschenwürde der Frau zu tun?

9. Tödliche Liebe

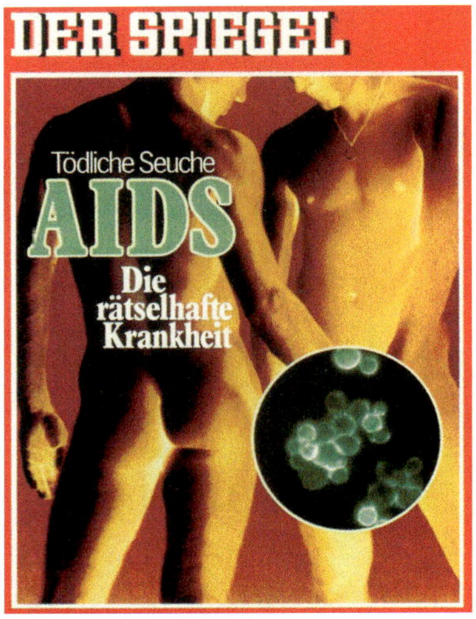

Eine tödliche Seuche

In unserer Zeit ist eine **tödliche Krankheit** auf dem Vormarsch, die in den meisten Fällen durch die Betätigung der Sexualität hervorgerufen wird. Da wird Sexualität, die ein Zeichen gegenseitiger Liebe sein soll, zum Todesurteil. Man nennt diese Krankheit **Aids**. Lange konnten man sich diese Krankheit nicht erklären.

Die Entdeckung des HIV-Virus

1983 wurde im Pasteur-Institut in Paris erstmals ein **HIV-Virus** entdeckt, das diese Krankheit verursacht, aber man wusste bald, dass das Virus in verschiedenen Formen auftritt, die sich auch noch ständig ändern und darum eine wirksame Bekämpfung so schwer machen. Die HIV-Viren werden durch infizierte Körperflüssigkeiten wie Sperma, Blut und Muttermilch übertragen. Vor allem beim Geschlechtsverkehr, aber auch durch wiederverwendete Injektionsnadeln besonders von Drogensüchtigen sowie durch unkontrollierte Blutspenden kann man sich anstecken. Die Zeit von der Ansteckung durch die HIV-Viren bis zum Ausbruch von Aids dauert im Durchschnitt ca. 10 Jahre, kann aber über 20 Jahre dauern, so dass man manchmal lange von der eigenen Ansteckung nichts weiß. Die Überlebenschancen bei Aids: fast null. Eine wirksame Therapie ist bis heute noch nicht gefunden, obwohl viel Geld in die Forschung gesteckt wird. Linderungen der Krankheit und lebensverlängernde Maßnahmen sind allerdings möglich geworden.

Eine verheerende vorläufige Bilanz

Bis zum Jahr 2007 sind an der Epidemie **weltweit** schon an die 30 Millionen Menschen gestorben. Ca. drei Millionen Menschen sterben jährlich an der Krankheit, fünf Millionen Neuansteckungen kommen hinzu. Um das Jahr 2006 zählt man etwa 40 Millionen Aids-Kranke. Knapp die Hälfte davon sind Frauen. An die 200 Millionen Menschen – Kranke, Kinder, Angehörige und Lebenspartner – sind von HIV/Aids direkt oder indirekt betroffen.

In **Afrika** hat sich Aids zu einer Katastrophe entwikkelt. Erhebliche Teile der Bevölkerung sind infiziert, wobei vor allem die Ärmsten betroffen sind. Sie können die Kosten für Medikamente nicht bezahlen. Viele Männer weigern sich, Kondome zu benutzen, weil sie eine Minderung ihrer männlichen Lust befürchten. Sie zwingen oft die Frauen, ungeschützt mit ihnen zu verkehren. Ein Viertel der afrikanischen Aidskranken wird von Katholiken betreut.

Frau Dr. Micha, Biologin am Pasteur-Institut in Paris, beschäftigt sich seit vielen Jahren mit Aids.

In **Osteuropa** und vor allem in **Asien** ist Aids stark auf dem Vormarsch. Bei uns ist die Zahl der Infizierten nicht rückläufig. Eine intensive Aufklärung in den Schulen und in den Medien hat eine gewisse positive Wirkung gehabt. Doch breitet sich die Infektion auch in Europa weiter aus.

L ♦ Das Wort **Aids** ist eine Abkürzung der englischen Wortfolge „**a**cquired **i**mmune **d**eficiency **s**yndrome". Ihre Erreger sind die HIV-Viren, wobei **HIV** eine Abkürzung für **h**uman **i**mmunodeficien**cy** **v**irus ist. Sie bewirken eine zelluläre Immunschwäche. Sie hat Infektanfälligkeit zur Folge und kann zu bösartigen Tumoren führen. Die Betroffenen ziehen sich leicht Durchfall, Verkrampfungen, Hautausschlag, Lungenentzündung u. a. zu. Am Ende steht meist der **Tod**.

A

1. Erkundigt euch, wo in eurer Nähe Stellen **Beratung und Betreuung** von HIV-Infizierten und deren Angehörige anbieten. Befragt sie über ihre Arbeit.
2. Informiert euch über Aids. Wie kann man sich **anstecken** und **schützen**? Haltet darüber ein Referat: → **M2**.
3. Übt ein **Rollenspiel** (→ **M8**) zum Thema ein: „So eine(n) mit Aids wollen wir nicht in der Klasse haben!" Welche Personen können dabei auftreten?

Die Folgen

Seit dem Auftreten der Krankheit hat sich das **Sexualverhalten in unserer Gesellschaft** verändert. Die Häufigkeit des Geschlechtsverkehrs mit wechselnden Partnern ist zuerst zurückgegangen, in letzter Zeit aber wieder gestiegen. Mehr Paare als früher suchen sich durch Kondome zu schützen.

Es ist nicht sinnvoll, Aids mit Angst zu bekämpfen. Wichtiger ist es, sich über die Krankheit zu informieren und sich keine Illusionen zu machen, zu einem verantwortungsvollen Umgang mit der Sexualität zu kommen und den Kranken jede nur mögliche Zuwendung zuteil werden zu lassen.

Ein Mädchen hat Aids

Ich habe eine Sendung angeschaut. Das Thema war Aids, und ein Mädchen hat mit dem Moderator gesprochen. Als sie geboren war, war sie schon an Aids erkrankt. Aber erst als sie älter wurde, haben die Eltern es ihr gesagt. Sie hat es niemandem erzählt, sogar ihrer besten Freundin nicht. Aber dann konnte sie es nicht mehr in sich behalten und hat es der ganzen Klasse erzählt, dass sie es verstehen. Aber niemand wollte mit ihr zu tun haben, selbst ihre beste Freundin nicht.

Natalia Koch, Berlin

Edvard Munch (1863–1944), Das kranke Kind, 1926–1927.

L

- Niemand darf seine eigene Gesundheit und die Gesundheit seiner Partnerin oder seines Partners leichtfertig aufs Spiel setzen. Jeder muss alle nur erdenkliche Vorsorge treffen, dass er andere und sich nicht gefährdet. **Enthaltsamkeit** vor einer Dauerbindung bietet Sicherheit. Aber auch **sexuelle Treue** und der Verzicht auf beliebig wechselnde Partnerschaften sind ein guter Schutz vor Aids.
- Es gibt Moralprediger, die in der Krankheit eine Rache der Natur und eine **Strafe Gottes** sehen, weil die Infizierten von ihrer Sexualität einen unerlaubten Gebrauch gemacht und sich gegen göttliche Gebote versündigt hätten. Wer das tut, hat ein grausames Gottesbild. Er verstößt auch gegen die **Anweisungen Jesu**, der in der Rede auf dem Berg verbietet, über andere zu urteilen oder sie zu richten (→ S. 56) Jesus hat es abgelehnt, einen Zusammenhang zwischen Krankheit und Schuld herzustellen (Joh 9, 3). Nie hat er Kranke diskriminiert. Er hat ihnen geholfen, wo er nur konnte.

A

1 Erstellt eine **Collage** zum Thema: Was Aids für einen Betroffenen bedeutet. Sammelt dazu Fotos, Zeitungsartikel, Äußerungen von Kranken, deren Angehörigen und Freunden usw.

2 Auf Plakaten und in den Medien, die manchmal pfiffige Spots zu Aids bringen, wird die Benutzung von **Kondomen** empfohlen, um eine Ansteckung zu vermeiden. Was haltet ihr davon, wenn ihr berücksichtigt, dass auch bei Kondomen ein Restrisiko bleibt (Abrutschen, Zerreißen usw.)?

3 Versucht euch auszudenken, wie sich das Leben des **aidskranken Mädchens** geändert hat, seitdem sie von ihrer Krankheit in der Klasse erzählt hat.

4 Wie sollten **Christen/innen** mit Aidskranken umgehen?

Nur noch ein einziges Mal

Was würde ich tun, um dich nur noch ein einziges Mal sehen zu können?
Um die ganze Welt reisen?
Zu wenig!
Was würde ich tun, um dir nur noch ein einziges Wort sagen zu können?
Alle Sprachen, die es gibt, die es gab, lernen?
Zu wenig!
Was würde ich tun, um nur noch ein einziges Mal deinen Duft riechen zu können?
Alle Parfüms der Welt kaufen?
Zu wenig!
Was würde ich geben, um zu dir kommen zu können?
Einen Planeten? Ein Universum? Ein Menschenleben? Mein Leben?
Zu wenig? Zu viel?

Jana Steinbach, Schülerin

Liebes

Du

Du siehst
mich an
und zufällig
berührt mich
deine Hand.
Jede Faser
meines Körpers
zum Zerreissen gespanrt
und zugleich
weich und willenlos
»Augenblicke
werden wie Ewigkeit«
und der Gedanke daran
zaubert noch immer
ein Lächeln
auf meine
Lippen

Jana, Schülerin

Du bist wie ein Puzzle

mit tausend Teilen
aber ich weiß nicht
wie man es zusammensetzt
die Teile passen nicht!

Ich fühle mich wie ein Puzzle
ich weiß manchmal selber nicht
wie man es zusammensetzt
denn mir fehlt ein Teil.
Jetzt weiß ich,
du bist das fehlende Stück
du allein bist fähig,
es zu vervollständigen.

Ivonne Koller, Schülerin

Jim Dine (geb. 1935), Winter Watercolor #3, 1995.

Wie es dir geht,

geht es mir auch.
Wenn du krank bist,
bin ich es auch.
Wenn du lachst,
lach ich auch.
Wenn du weinst,
tröste ich dich.
Wenn du etwas meinst,
überprüfe ich deine Meinung.
Frage dich jetzt:
Geht es dir genauso wie mir?

Jan Stephan Perrar, Schüler

Ich und Du

Ich bin die Sucht
Du bist die Droge

Ich bin die Uhr
Du bist die Zeit

Ich bin die Krankheit
Du bist das Virus

Ich bin nichts
ohne dich.

Sonnenanbeterin, Schülerin

gedichte

Was es ist

Es ist Unsinn
sagt die Vernunft
Es ist was es ist
sagt die Liebe

Es ist Unglück
sagt die Berechnung
Es ist nichts als Schmerz
sagt die Angst
Es ist aussichtslos
sagt die Einsicht
Es ist was es ist
sagt die Liebe

Es ist lächerlich
sagt der Stolz
Es ist leichtsinnig
sagt die Vorsicht
Es ist unmöglich
sagt die Erfahrung
Es ist was es ist
sagt die Liebe

Erich Fried (1921–1988)

Vergiss

das Märchen von dem
starken Mann,
der kommt
und dich auf
Händen trägt –
denn es ist einer da,
der dich versteht
und dir die Tränen trocknet
und in dir den Wandrer sieht,
der ewig sucht,
sich nie zufrieden gibt.
Er drückt dir warm die Hand
und geht des Wegs
und war doch alles,
was du auf der Welt begehrst.

Renate Rasp (geb. 1935)

Bildlich gesprochen

Wär ich ein Baum ich wüchse
dir in die hohle Hand
und wärst du das Meer ich baute
dir weiße Burgen aus Sand.

Wärst du eine Blume ich grübe
dich mit allen Wurzeln aus
wär ich ein Feuer ich legte
in sanfte Asche dein Haus.

Wär ich eine Nixe ich saugte
dich auf den Grund hinab
und wärst du ein Stern ich knallte
dich vom Himmel ab.

Ulla Hahn (geb. 1946)

Du bist wie eine Blume

Du bist wie eine Blume,
So hold und schön und rein;
Ich schau dich an, und Wehmut
Schleicht mir ins Herz hinein.

Mir ist, als ob ich die Hände
Aufs Haupt dir legen sollt,
Betend, dass Gott dich erhalte
So rein und schön und hold.

Heinrich Heine (1797–1856)

Gestern – Heute – Morgen

Gestern liebt ich,
Heute leid ich,
Morgen sterb ich –
Dennoch denk ich
Heut und morgen
Gern an gestern.

Gotthold Ephraim Lessing (1729–1781)

Freudvoll

Und leidvoll
Gedankenvoll sein,
Langen
Und bangen
In schwebender Pein,
Himmelhoch jauchzend,
Zum Tode betrübt –
Glücklich allein
Ist die Seele, die liebt.

Johann Wolfgang von Goethe (1749–1832)

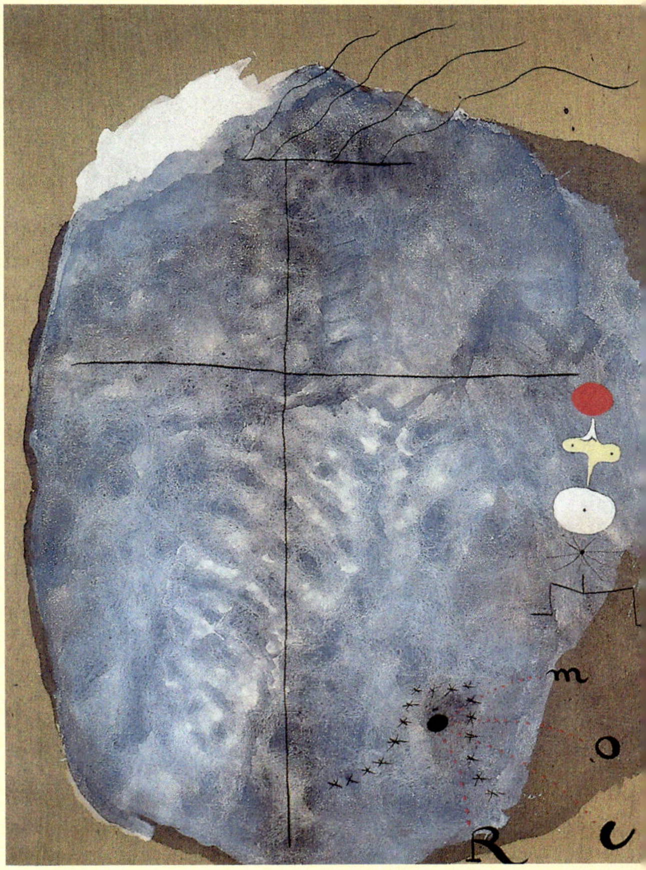

Joan Miro (1893–1983), Amour, 1926.

Als ich nachher von dir ging

An dem großen Heute
Sah ich, als ich sehn anfing
Lauter lustige Leute.

Und seit jener Abendstund
Weißt schon, die ich meine
Hab ich einen schönern Mund
Und geschicktere Beine.

Grüner ist, seit ich so fühl
Baum und Strauch und Wiese
Und das Wasser schöner kühl
Wenn ich's auf mich gieße.

Bertolt Brecht (1898–1956)

Liebende wissen, dass es kaum möglich ist, die Liebe in Worte zu fassen. Totzdem wird sie auf vielfältige Weise in den Medien, in der Wissenschaft, in Kunst und in Religion beschrieben. Was dort gesagt wird, kann oft nur von fern auf das Wunder der Liebe hinweisen. Vor allem sind es die **Dichter** und die Liebenden selbst, die die richtigen Worte für die Liebe finden.

Christen verändern die Welt

***Johann Sebastian Bach** (1685–1750), Komponist, Organist und Kirchenmusiker, dessen geistliche Choräle, Oratorien und Passionsmusiken zu den bedeutendsten Schöpfungen der Musik zählen.*

***Wilhelm Emmanuel Ketteler** (1811–1887), Bischof von Mainz, Mitbegründer der Zentrumspartei und Abgeordneter des Reichstags; entwickelte Grundzüge der katholischen Soziallehre.*

***Florence Nightingale** (1820–1910), kümmerte sich während des Krimkrieges um die sich selbst überlassenen Kranken und Verletzten, Pionierin der modernen Krankenpflege.*

Bilder bedeutender Christen

Die großen Gestalten der Christenheit sehen nicht so aus wie manche Heiligenfiguren in den Kirchen. Sie tragen keinen Heiligenschein und waren auch nicht immer sanft und fehlerlos.

***Henri Dumant** (1828–1910), gründete nach seinen schrecklichen Erfahrungen mit Kriegsverletzten bei der Schlacht von Solferino (1859) das Rote Kreuz.*

***Bernadette Soubirous** (1844–1879), hatte 15 Marienerscheinungen in Lourdes (Pyrenäen); der Ort wurde für Kranke wegen wunderbarer Heilungen zu einem der größten Wallfahrtsorte der Welt.*

***Maria Montessori** (1870–1952), italienische Ärztin, entwickelte die offene und experimentelle Montessoripädagogik, in deren Mittelpunkt das Kind steht, dem die Pädagog/innen helfen sollen, „es selbst zu tun".*

***Konrad Adenauer** (1876–1967), erster Bundeskanzler der Nachkriegszeit, bemühte sich um die Eingliederung vieler Millionen Heimatvertriebener in die Bundesrepublik und die Versöhnung Deutschlands mit Frankreich und Israel.*

***Albert Schweitzer** (1875–1965), Theologe, Bibelwissenschaftler, Orgelkünstler und Arzt; gründete in Lambarene (Gabun) ein Urwaldhospital; forderte als Philosoph „Ehrfurcht vor dem Leben"; 1952 Friedensnobelpreis.*

***Edith Stein** (1891–1942), deutsche Jüdin, die katholisch wurde und in den Karmeliterorden eintrat; Philosophin und Frauenrechtlerin; Tod in Auschwitz; 1998 heiliggesprochen.*

Die großen Gestalten der Christenheit haben sich in ihrem Leben mit ihren Fähigkeiten für die Sache Gottes eingesetzt. Darin sind sie ganz **unterschiedliche Wege** gegangen. Alle waren Menschen mit besonderer Ausstrahlung im Leben und über ihren Tod hinaus.

1 Sucht in kleinen Gruppen etwas über die abgebildeten **Personen** herausfinden und geht dabei der Frage nach, wie sie die Welt verändert haben: → **M2**.

2 Welche anderen **Frauen und Männer** passen auch in die Bildfolge?

3 Stellt Bilder von **Stars** zusammen. Schreibt kurz dazu auf, was euch an ihnen gefällt. Vergleicht sie mit den großen Gestalten der Christenheit. Welche Unterschiede fallen euch da auf?

4 Wen mögt ihr als **Vorbilder**?

Lichtzeichen in der Welt

Lesen | Fragen | Denken | Interviewen | Suchen | Gestalten | Präsentieren

1 Fertigt – evtl. in kleinen Gruppen – von etwa 12-16 Gestalten der Christenheit kleine **Spielkarten** an, auf denen ihr vorn ein (kopiertes) Bild oder Symbol der betreffenden Person anbringt und hinten ein paar Lebensdaten oder einen für sie typischen Satz dazu aufschreibt. Mit diesen Karten könnt ihr ein Quiz veranstalten, indem ihr eine Seite zeigt und die andere erraten lasst. Ihr könnt die Karten auch in einer Ausstellung zeigen.

2 Erzählt etwas über bedeutende **Frauen** in der Kirche der neueren Zeit: **Gertrud Luckner**: → WdG S. 218, **Mutter Teresa**: → WdG S. 168.

Vorschau

Christen sind nicht dazu da, sich an die Welt anzupassen, sondern sie sollen **die ganze Welt im Kleinen wie im Großen so verändern**, dass sie dem Willen Gottes entspricht. Sie soll eine Welt der Gerechtigkeit und des Friedens, der Schönheit und Gottesliebe werden. Diese Aufgabe verlangt Phantasie, Mut und Tatkraft, oft auch Protest, Widerstand vor allem aber Glauben, Hoffnung und Liebe.

Dem italienischen Jesuit **Matteo Ricci** (1571–1610) gelang es, den Kaiser von China und dessen Umgebung dadurch auf sich aufmerksam zu machen, dass er sie für seine mathematischen und astronomischen Geräte interessierte, die damals in China („Reich der Mitte") noch unbekannt waren. Als er so am Kaiserhof Vertrauen gefunden hatte, sprach er hier auch vom Evangelium Jesu Christi.

Dabei bezog er die chinesische Ahnenverehrung ein und respektierte stets die chinesische Kultur. Er stellte ihnen das Christentum als Vollendung des chinesischen Glaubens vor. Der „Herr des Himmels", den die Chinesen bisher schon verehrt hätten, das sei Christus. So konnte er führende **Chinesen für das Christentum** gewinnen.

1. Matteo Ricci – Respekt vor einer fremden Kultur

Peking

Von gewaltigen doppelten Mauern umgeben, erhob sich in Peking der Kaiserpalast Sin-ching. Der Kaiser trug den Titel „Sohn des Himmels", denn ihm hatten die Götter den Auftrag erteilt, die Welt in ihrem Sinne weise zu lenken und zu regieren. Niemand außer den Hofbeamten hatte Zutritt zu dem Palast.

Matteo Ricci verschenkt eine Uhr

Matteo Ricci aber hatte seit langem beschlossen, auch den Kaiser von China für Christus zu gewinnen. Nachdem er die Bekanntschaft eines hohen Beamten gemacht hatte, bat er diesen, ein Geschenk für den Kaiser in die Residenz zu tragen. Dieses Geschenk war eine kunstvolle und schön verzierte europäische Uhr.

Der Chinese brachte die Gabe des Missionars zu einem der Palasttore und gab sie dem dort diensttuenden Hofbeamten. Dieser zögerte erst lange, ob er das Geschenk weitergeben solle. Als er aber die Uhr näher betrachtete, erregte sie sein Staunen in solchem Maße, dass er seinen Vorgesetzten herbeiholte und diesen auf das fremdartige Wunderding aufmerksam machte. Von da an durchlief die Uhr Riccis alle Räume des Palastes, bis sie beim höchsten Minister und schließlich beim Kaiser selbst angelangt war.

Matteo Ricci (links) und ein chinesischer Mandarin, Darstellung des 17. Jh.

Probleme mit der Uhr

Auch der Sohn des Himmels hatte noch niemals eine Federuhr gesehen und geriet darüber in helles Entzücken. Am nächsten Morgen aber hörte das Uhrwerk plötzlich auf zu ticken. Der Kaiser berief einen seiner Beamten, damit dieser das Instrument wieder instand setze, doch der Mandarin bemühte sich vergebens. Der ganze Hofstaat versuchte der Reihe nach sein Glück, aber kein einziger konnte das Räderwerk in Gang bringen.

So kam es, dass eines Tages der weise Doktor Li in Begleitung zweier Hofmandarine das mächtige Tor des Kaiserpalastes durchschritt, über eine Marmortreppe emporstieg und an dem Ufer jenes Flüsschens entlang wandelte, das sich quer durch den ganzen Palast schlängelte. Auf einer Terrasse erhob sich eine weite Halle aus weißem Marmor, und hier war eine Anzahl der vornehmsten Mandarine in leuchtenden Seidengewändern versammelt.

Die Lösung des Problems

Diese Würdenträger umringten den Fremden, und dann hielt ihm einer die Uhr hin und befahl ihm, er solle sie wieder in Gang bringen. Doktor Li verneigte sich in geziemender Ehrfurcht, nahm die Uhr in die Hand, öffnete sie und

vollführte einige rasche Griffe in ihrem Inneren. Hierauf gab er sie dem Mandarin zurück, und siehe da, sie tickte wieder wie zuvor. Die Mandarine äußerten höfliche Bewunderung und dankten dem Doktor Li, worauf dieser wieder aus dem Palast hinausgeleitet wurde.
Am Morgen des folgenden Tages blieb jedoch zum größten Leidwesen des Kaisers die Uhr neuerdings stehen, und die Hofbeamten waren genötigt, den Doktor Li nochmals in den Palast zu berufen. Dies wiederholte sich ein drittes Mal.

Kaiserpalast in Peking

Lehrer der Naturwissenschaften und des Glaubens

Die engsten Vertrauten des Kaisers rieten nun, dem Fremden keinen Zutritt zu gewähren. Dem Kaiser aber beliebte es anders zu entscheiden, und als er den Pater nach der ersten Audienz entließ, wusste der Sohn des Himmels zwar bereits, wie die Uhr von neuem zum Ticken gebracht werden konnte, wenn sie abgelaufen war, dennoch aber befahl er dem Doktor Li, am nächsten Morgen wiederzukommen, und das nämliche wiederholte sich am darauf folgenden Tag.
Denn Ricci hatte an jenem ersten Morgen dem Kaiser von einem neuen astronomischen Instrument erzählt, das in Europa benützt werde und viel bessere Resultate liefere als die alten Messwerkzeuge. Nun wünschte der Kaiser nähere Erklärungen darüber, wie dieses europäische Messinstrument konstruiert sei. Nachdem Ricci dies am folgenden Tage ausführlich erläutert hatte, gab es wieder ein anderes Gebiet der Himmelskunde, dessen scheinbar zufällige Erwähnung durch den Doktor Li das Interesse des Kaisers hervorrief.
So verstand es Ricci meisterhaft, bei jeder Audienz eine Bemerkung fallen zu lassen, die den Herrscher veranlasste, den Missionar wiederum zu sich zu befehlen. Es dauerte nicht lange, bis der Fremde, der so viele erstaunliche Kenntnisse besaß, dem Kaiser unentbehrlich wurde. Schließlich wurde Ricci mit der Aufgabe betraut, dem Lieblingssohn des Kaisers Unterricht in den mathematischen Wissenschaften und in der Moral zu erteilen. Es konnte nicht ausbleiben, dass ihn jetzt auch die Minister zu sich baten und ihn ebenfalls um regelmäßige Unterweisungen in den mathematischen Wissenschaften und in der Moral ersuchten. Bald gab es am Hofe von Peking viele Taufen.
Als Ricci starb, gab es in Peking schon ca. 2000 Christen. Der Kaiser erklärte sich bereit, für Riccis Grabstätte zu sorgen.

René Fülöp-Miller

L Riccis Vorgehen wurde später in Rom beim Papst wegen zu großer Anpassung („Akkommodation") an eine andere Religion **angeklagt**. Seine Methoden wurden **verboten**. So wurde für das Christentum in China eine große Chance vertan. Heute versuchen Missionare wieder, an Riccis Weg anzuknüpfen. Seit 1939 besteht das Verbot, den Ahnenkult in die Liturgie einzubeziehen, nicht mehr.

A **Mit Uhr und astronomischen Geräten zum Evangelium**

1 Versucht eine **Szene** aus Riccis Leben zu spielen: → **M8**.
2 Wie hat Matteo Ricci bei den führenden Chinesen in Peking **Interesse für den christlichen Glauben** geweckt? Was haltet ihr von seiner Methode?
3 Ricci – ein typischer **Jesuit**? → WdG S. 150.
4 Welche Wege gehen die christlichen **Missionare heute**? → WdG S. 170 f.

Francisco de Goya (1746–1828), Eine feine Lehrmeisterin, 1797–98.

L Über die **Hexenverfolgung** waren und sind viele Vorurteile im Umlauf. Heute lässt sich sagen:

- Die **Zahl** der in Europa zu Tode gekommenen Hexen zwischen dem 15. und 18. Jahrhundert beträgt nicht 9 Millionen, wie lange behauptet wurde, sondern ca. 50000 bis 60000. Knapp die Hälfte davon, etwa 25000 wurden in Deutschland umgebracht.
- Die meisten Prozesse zwischen 1560 und 1700 waren nicht das Werk kirchlicher Gerichte („Inquisition"), sondern **weltlicher Richter**. Die Päpste und geistlichen Richter standen in dieser Zeit den Hexenverfolgungen eher zurückhaltend und ablehnend gegenüber. Allerdings waren auch die weltlichen Richter getaufte Christen.
- Die Hexenverfolgungen fanden in Deutschland in gleicher Weise in **katholischen wie evangelischen** Gegenden statt.
- Durch die Hexenverfolgungen hat die Christenheit vielen Frauen Unrecht angetan und sich selbst in Verruf gebracht. Papst Johannes Paul II. hat im Jahr 2000 die **Schuld der Christen** öffentlich bekannt und Gott um Vergebung gebeten.

2. Friedrich Spee – Im Kampf für die Hexen

Der Hexenglaube

Hexen – so meinte man früher – sind Frauen, die mit ihrem bösen Blick, mit Zaubersprüchen und Zaubergetränken Kinder töten, Missernten heraufbeschwören, Häuser in Brand setzen, Männer betören und Menschen und Tiere krank machen. Durch einen Pakt mit dem Teufel erhalten sie ihre gefährlichen Zauberkräfte. Dafür versprechen sie ihm ihre Seele auf ewig. Am Hexensabbat oder in der Walpurgisnacht reiben sie sich mit Salben ein, fliegen scharenweise – oft auf Besen oder Stöcken – in Begleitung von Ziegenböcken durch die Lüfte, treffen sich nachts in unheimlichen Gegenden mit dem Teufel, feiern dort wilde Orgien und beten ihn an. Dabei küssen sie ihn auf das Hinterteil und treiben Unzucht mit ihm. Dann feiern sie auch noch eine Messe, in der sie dem Teufel kleine Kinder zum Opfer anbieten.

Wer das alles liest, wird heute eher den Kopf schütteln oder gar lachen. Aber wer in vergangenen Zeiten als Hexe beschuldigt wurde, dem war nicht zum Lachen zumute. Im 16. und 17. Jahrhundert steigerte sich der Hexenwahn, an dem das Volk, die weltliche Obrigkeit, aber auch die katholische und evangelische Kirche maßgeblich beteiligt waren.

Wahrscheinlich boten Hexen Männern die Chance, an missliebigen Frauen Rache zu nehmen, Eifersucht abzureagieren und sich an ihrem Vermögen zu bereichern. Frauen konnten mit den Hexen Konkurrentinnen los werden.

Die Hexenprozesse

Eine Frau, die in den Verdacht geraten war, eine Hexe zu sein, wurde den Gerichten übergeben. Man machte ihr einen Prozess und versuchte, unter Anwendung grausiger Foltern (Daumenschrauben, Halseisen, Gliederziehen, Ertränken) ein Geständnis zu erpressen. Gestand sie ihren Pakt mit dem Teufel nicht, so war das ein Zeichen besonderer Verstockung, zugleich ein Beweis für ihre Schuld. Bekannte sie sich aber unter der fürchterlichen Tortur für schuldig, so hatte man erst Recht einen Grund für ihre Bestrafung. Sie kam auf den Scheiterhaufen und wurde verbrannt.

Friedrich Spee von Langenfeld

Nur wenigen nachdenklichen Christen kamen in dieser Zeit Zweifel, ob die Hexenverfolgung mit dem christlichen Glauben vereinbar sei. Unter ihnen ist Friedrich Spee von Langenfeld zu nennen, ein kluger und empfindsamer Mann, der aus einem alten Adelsgeschlecht stammte. Er wurde 1591 in Kaiserswerth bei Düsseldorf geboren, ging in Köln in die Schule und trat in den Jesuitenorden (→ S. 150) ein.

Als Beichtvater bekam Friedrich Spee mit vielen Frauen Kontakt, die wegen Hexerei verurteilt worden waren. Er begleitete sie auf ihrem letzten Gang zum Scheiterhaufen, sah ihre Verzweiflung und Wut, hörte ihre Schreie in der Todesnot. Er durchforschte ihre Gerichtsakten und sprach mit den Richtern, die sie verurteilt hatten. Dabei kam er zu der Überzeugung, dass die Prozesse gegen die Frauen unverantwortlich seien. Seine Bedenken legte er 1631 in einer Schrift nieder, die den Titel „Cautio criminalis" (d. h. „Vorsicht beim Strafprozess") trägt. Diese Schrift musste anonym erscheinen, weil sie Kritik an den mächtigen Fürsten und an der kirchlichen Inquisition enthielt. Im Orden sprach sich aber herum, wer der Verfasser war. Das hätte für ihn selbst lebensgefährlich werden können. Aber er wurde nur nach Trier versetzt und mit anderen Aufgaben betraut. Am 7. August 1635 starb er im Alter von nur 44 Jahren.
Friedrich Spee hat viele Gedichte geschrieben, die vertont wurden. Manche in den Kirchen weit verbreitete Liedtexte stammen von ihm, z. B. „O Heiland, reiß die Himmel auf", „Zu Betlehem geboren ...", „Es führt drei König' Gottes Hand ...", „O Traurigkeit, o Herzeleid ...", „Bei stiller Nacht, zur ersten Wacht, ein Stimm' begann zu klagen ...".

A

1 Mit welchen Argumenten wendet sich **Spee** gegen die Hexenprozesse?
2 Der Inquisition sind auch **Männer**, u. a. Priester und Ordensleute, als **„Zauberer"** zum Opfer gefallen. Aber die Zahl der Frauen war etwa dreimal so hoch. Sucht dafür Gründe.
3 Warum nennen sich manche **moderne Frauen** stolz „Hexen"?
4 Erklärt an einem Beispiel, welches Bild von Hexen die **Märchen** vermitteln.
5 Wo werden **heute** Frauen diskriminiert, unterdrückt und getötet? Was hat die Religion damit zu tun?

L

Friedrich Spee von Langenfeld (1591–1635) lebte in der dunklen Zeit, in der viele Frauen als Hexen diskriminiert, gefoltert und verbrannt wurden. Er erlebte die **Hexenprozesse** als Seelsorger dieser Angeklagten. Mit seinen Schriften deckte er den Wahnsinn dieser Prozesse auf. Während seines Lebens hatte er damit kaum Erfolg. Aber es ist wesentlich sein Verdienst, dass die Hexenprozesse im 18. Jahrhundert eingestellt wurden.

Hexen und Hexenprozesse

In seiner Schrift „Cautio criminalis" bezeugt Friedrich Spee unter Eid, dass er noch keine verurteilte Hexe zum Scheiterhaufen geleitet habe, von der er hätte sagen können, sie sei schuldig. Ein paar Sätze aus dieser Schrift:

- Der Glaube an eine Unmenge von Hexen wird aus zwei Quellen genährt. Deren erste heißt Unwissenheit und Aberglaube des Volkes. ... Die zweite Quelle heißt Neid und Missgunst des Volkes.
- Die Beamten (bei den Prozessen) schieben immer die Verantwortung auf die Fürsten, da sie nur auf deren Befehl tätig seien.
- Häufig sind die Richter schamlose, niederträchtige Menschen; die Folter wird oft übermäßig und grausam angewandt; viele Indizien (lat.: „Anhaltspunkte für die Schuld") sind unzuverlässig und gefährlich und das Verfahren nicht selten gegen Gesetz und Vernunft.
- Deshalb halte ich es mit einem Manne, der witzig und wahr zugleich zu sagen pflegt: „Auf, greift Kapuziner, Jesuiten, alle Ordenspersonen und foltert sie, sie werden gestehen. Leugnen welche, so foltert sie drei-, viermal, sie werden schon bekennen. ... So sind wir schließlich alle Zauberer."

Friedrich Spee

Folter und Hexenverbrennung, 1514.

3. Adolf Kolping – Auf der Seite der Benachteiligten

Der Schuster

Adolf Kolping wurde 1813 in Kerpen bei Köln als sechstes Kind einer katholischen Familie geboren. Seine Mutter war eine fromme Hausfrau, die ihm zeitlebens ein Vorbild war. Sein Vater verdiente als Schäfer im Dienst eines kleinen Gutsbesitzers nur das Allernötigste zum Leben der kinderreichen Familie. Zuerst besuchte Adolf die kleine Dorfschule in seinem Heimatort, wo er einen Lehrer fand, der ihn mit seinen Erzählungen von dem Leben großer Männer und Frauen faszinierte. Hier wurde seine Neugier geweckt. Aber die Eltern konnten den Wunsch des Jungen, studieren zu dürfen, nicht erfüllen, weil sie arm waren. Damals musste man für den Besuch einer weiterführenden Schule noch viel Geld bezahlen.

So wurde der Junge nach dem Besuch der Dorfschule zu einem Schuster in die Lehre gegeben, wo er solide ausgebildet wurde. Als er schließlich den Gesellenbrief erhalten hatte, machte er sich auf die Wanderschaft, wie es damals Brauch war. Er kam nicht allzu weit, weil ihm dazu das Geld fehlte. In mehreren Orten im Rheinland suchte er Schuster auf, um bei ihnen eine Zeit lang zu arbeiten. Auf diese Weise eignete er sich neue handwerkliche Fähigkeiten an.

Wichtiger aber wurde für ihn eine andere Erfahrung. Er konnte beobachten, wie es um seine Mitgesellen stand. Ihnen fehlte damals jede soziale Sicherung, so dass sie sich oft auf Wanderschaft begaben, um einen Job zu finden. Oft stiegen sie in billigen Quartieren ab, fanden keine Arbeit und wurden von ihrer Umgebung schamlos ausgebeutet. Ihr Leben geriet dabei völlig aus den Fugen. Viele fluchten und tranken, stahlen und schwindelten, erzählten sich schmutzige Witze und grölten wilde Lieder. Kaum ein Mädchen war vor ihnen sicher. Sie arbeiteten sonntags und faulenzten montags. Von allen wohlhabenden Bürgern wurden sie verachtet. Nicht so von Adolf Kolping, der schon früh über ihre Probleme nachdachte.

L

♦ **Adolf Kolping**, der **„Gesellenvater“**, setzte sich zu Beginn des industriellen Zeitalters im 19. Jahrhundert ideenreich, liebevoll und energisch für junge Arbeiter ein, die damals in großem Elend lebten. Er wollte, dass sie in Ehe und Familie, bei der Arbeit und in der Freizeit, in Politik, Gesellschaft und Kirche geachtet würden. Sie sollten vor allem in sozialer Sicherheit leben können.

♦ Heute ist das **Kolpingwerk** in über 50 Ländern überall in der Welt verbreitet. Es umfasst ca. 380 000 Männer, Frauen und Jugendliche. Sie führen das Werk Adolf Kolpings fort.

Nachtasyl, 1859.

Der Student

Damals fasste er den Entschluss, Priester zu werden. Er tat das zuerst noch nicht in der Absicht, den Gesellen zu helfen. Eher wollte er diesem Milieu entkommen und mehr aus sich machen. Sein Pfarrer, dem er von diesem Plan erzählte, war ziemlich ablehnend und meinte in Anspielung auf Adolfs erlernten Beruf: „Schuster, bleib bei deinem Leisten.“ Doch Adolf Kolping ließ sich nicht abschrecken und wurde mit 24 Jahren Schüler einer 9. Klasse in einem Kölner Gymnasium. Nur mühsam erlernte er die lateinische Sprache. Seine viel jüngeren Mitschüler verspotteten ihn oft. Unter starken Entbehrungen musste er das Lernpensum schaffen. Trotzdem half er ständig auch anderen Schülern. In den höheren Klassen quälte ihn ein hartnäckiger Bluthusten. Als er einmal einen an den Blattern erkrankten Schüler hingebungsvoll bis zu dessen Tod pflegte, zog er sich auch selbst diese gefährliche Krankheit zu. Eine wohlhabende Frau aus seinem Heimatort, die seine Hilfsbereitschaft bewunderte, ermöglichte ihm die Finanzierung seines Studiums der Theologie in München und in Bonn. So war er wie durch ein Wunder alle materiellen Sorgen los.

Der Gesellenvater

1845 wurde er in Köln zum Priester geweiht. Seine erste Kaplansstelle erhielt er in Elberfeld, einem industriellen Zentrum. Kurz danach wurde er wieder nach Köln versetzt, wo er einen Gesellenverein gründete. Dort sprachen die Gesellen miteinander über ihre Probleme, bildeten sich für ihren Beruf weiter fort, halfen sich gegenseitig in Notfällen und feierten fröhliche Feste. Weil ihnen diese Möglichkeiten durch Adolf Kolping eröffnet wurden, hörten sie sich auch gern seine Predigten an. Er zeigte ihnen, dass das Christentum für ihr Leben die beste Grundlage sein konnte.
Schon bald breiteten sich die Ideen Kolpings über ganz Deutschland und Österreich aus. An vielen Orten entstanden Gesellenvereine nach seinem Konzept. Die wandernden Gesellen waren die besten Förderer für sein Werk. Er selbst verstand es gut, überall für seine Leute Geld zu erbetteln. Nur bei den höheren Geistlichen stieß er auf Ablehnung, weil diese meinten, er kümmere sich zu viel um weltliche und zu wenig um religiöse Dinge. Als er nach einer schmerzhaften Krankheit 1865 schon mit 52 Jahren starb, war die Kolpingfamilie in über 400 Vereinen mit fast 25 000 Mitgliedern organisiert. Adolf Kolping ist in der Minoritenkirche in Köln bestattet. 1991 wurde er seliggesprochen.

A Auf Kolpings Spuren

1 Erkundigt euch, ob es in eurer Nähe ein **Kolpinghaus** gibt. Stellt Kontakte dazu her und sprecht mit den Leuten über ihre Tätigkeit und die heutige Arbeitswelt (→ S. 174 ff).

2 Fordert auch Informationen von der Zentrale an. Die **Adresse**:
Deutsche Kolpingfamilie,
Zentralverband des Kolpingwerks,
Kolpingplatz 5-10, 50667 Köln.
Internet: www.kolping.de

KOLPING

Adolph von Menzel (1815–1905), Eisenwalzwerk, 1875.

4. Sophie und Hans Scholl – Widerstand gegen Hitler

L **Hans Scholl** (1918–1943) und seine Schwester **Sophie** (1921–1943) gehörten in den Jahren der Hitler-Diktatur der Widerstandsgruppe **„Die weiße Rose"** an. Vom Sommer 1942 bis zum Frühjahr 1943 verbreiteten sie sechs Flugblätter, in denen sie zum **Widerstand gegen die nationalsozialistische Kriegstreiberei und Vernichtungspolitik** aufriefen. Dann wurden sie gefasst und hingerichtet. Sie fanden den Mut für ihr Handeln, weil sie die Freiheit liebten und auf ihr **Gewissen** (→ WdG S. 178 ff) hörten. Ihr christlicher **Glaube** gab ihnen die Kraft zum Widerstand gegen ein unmenschliches Regime.

Zuerst Mitläufer, dann Widerstandskämpfer

Die Geschwister Hans und Sophie Scholl haben in der ersten Zeit nach der Machtergreifung Hitlers 1933 – anders als ihre Eltern – den Nationalsozialismus begrüßt, weil sie von der neuen Jugendbewegung mit Fahnen und Fahrten, Liedern und Lagern fasziniert waren und sich vom „Führer" Adolf Hitler eine neue bessere Zeit für Deutschland erhofften. Sie machten daher gern in der Hitlerjugend mit. Doch als sie erkannten, wie die Nazis jede Freiheit unterdrückten und brutal gegen alle Gegner vorgingen, wurden sie zu Gegnern des Nationalsozialismus. Zu dieser Wende trug auch die Lektüre der Bibel bei.

Sophie liebte Jazzmusik, Tanz und vor allem ihre Freiheit. Sie war lebenslustig und zurückhaltend, heiter und ernst, manchmal sogar ausgelassen und immer voll Tatendrang.

Nach dem Abitur gingen die Geschwister zum Studium an die Universität München. Unter den Studentinnen, Studenten und Professoren fanden sie auch andere Gegner des Nationalsozialismus, mit denen sie die Widerstandsgruppe „Weiße Rose" gründeten. Auf sechs Flugblättern, die rasch überall in Deutschland verbreitet wurden, forderten sie ihre Mitstudenten und Professoren auf, zu den Verbrechen der Nazis und vor allem auch zu den Judenmorden nicht zu schweigen. Sie waren als Christen davon überzeugt, auf das schreckliche Geschehen aufmerksam machen zu müssen, auch wenn sie zunächst kaum auf Erfolg hoffen durften. Als sie 1943 in der Universität München ihre Flugblätter verteilten, wurden sie von einem Hausmeister entdeckt und verraten. Im ersten Verhör nach ihrer Verhaftung bestritt Sophie noch ihre Tat, im zweiten bekannte sie sich dazu und übernahm die alleinige Verantwortung dafür, um ihre Mitverschwörer zu retten. Nach einem kurzen Prozess, bei dem der berüchtigte Nazirichter Roland Freisler den Vorsitz hatte, wurden Sophie und Hans Scholl zusammen mit ihrem Freund Christoph Probst enthauptet.

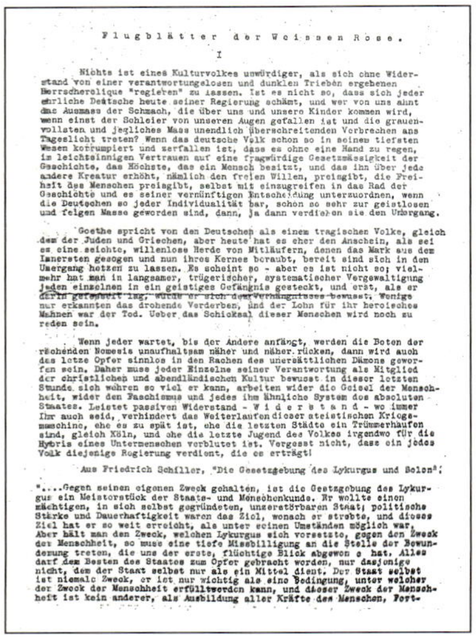

Flugblätter der Weissen Rose.

I

Nichts ist eines Kulturvolkes unwürdiger, als sich ohne Widerstand von einer verantwortungslosen und dunklen Trieben ergebenen Herrscherclique "regieren" zu lassen. Ist es nicht so, dass sich jeder ehrliche Deutsche heute seiner Regierung schämt, und wer von uns ahnt das Ausmass der Schmach, die über uns und unsere Kinder kommen wird, wenn einst der Schleier von unseren Augen gefallen ist und die grauenvollsten und jegliches Mass unendlich überschreitenden Verbrechen ans Tageslicht treten? Wenn das deutsche Volk schon so in seinem tiefsten Wesen korrumpiert und zerfallen ist, dass es ohne eine Hand zu regen, im leichtsinnigen Vertrauen auf eine fragwürdige Gesetzmässigkeit der Geschichte, das Höchste, das ein Mensch besitzt, und das ihn über jede andere Kreatur erhöht, nämlich den freien Willen, preisgibt, die Freiheit des Menschen preisgibt, selbst mit einzugreifen in das Rad der Geschichte und es seiner vernünftigen Entscheidung unterzuordnen, wenn die Deutschen so jeder Individualität bar, schon so sehr zur geistlosen und feigen Masse geworden sind, dann, ja dann verdienen sie den Untergang.

Goethe spricht von den Deutschen als einem tragischen Volke, gleich dem der Juden und Griechen, aber heute hat es eher den Anschein, als sei es eine seichte, willenlose Herde von Mitläufern, denen das Mark aus dem Innersten gesogen und nun ihres Kernes beraubt, bereit sind sich in den Untergang hetzen zu lassen. Es scheint so – aber es ist nicht so; vielmehr hat man in langsamer, trügerischer, systematischer Vergewaltigung jeden einzelnen in ein geistiges Gefängnis gesteckt, und erst, als er ~~darin gefesselt lag, wurde er sich des Verhängnisses bewusst.~~ Wenige nur erkannten das drohende Verderben, und der Lohn für ihr heroisches Mahnen war der Tod. Ueber das Schicksal dieser Menschen wird noch zu reden sein.

Wenn jeder wartet, bis der Andere anfängt, werden die Boten der rächenden Nemesis unaufhaltsam näher und näher rücken, dann wird auch das letzte Opfer sinnlos in den Rachen des unersättlichen Dämons geworfen sein. Daher muss jeder Einzelne seiner Verantwortung als Mitglied der christlichen und abendländischen Kultur bewusst in dieser letzten Stunde sich wehren so viel er kann, arbeiten wider die Geisel der Menschheit, wider den Faschismus und jedes ihm ähnliche System des absoluten Staates. Leistet passiven Widerstand – W i d e r s t a n d – wo immer Ihr auch seid, verhindert das Weiterlaufen dieser atheistischen Kriegsmaschine, ehe es zu spät ist, ehe die letzten Städte ein Trümmerhaufen sind, gleich Köln, und ehe die letzte Jugend des Volkes irgendwo für die Hybris eines Untermenschen verblutet ist. Vergesst nicht, dass ein jedes Volk diejenige Regierung verdient, die es erträgt!

Aus Friedrich Schiller, "Die Gesetzgebung des Lykurgus und Solon":

"....Gegen seinen eigenen Zweck gehalten, ist die Gesetzgebung des Lykurgus ein Meisterstück der Staats- und Menschenkunde. Er wollte einen mächtigen, in sich selbst gegründeten, unzerstörbaren Staat; politische Stärke und Dauerhaftigkeit waren das Ziel, wonach er strebte, und dieses Ziel hat er so weit erreicht, als unter seinen Umständen möglich war. Aber hält man den Zweck, welchen Lykurgus sich vorsetzte, gegen den Zweck der Menschheit, so muss eine tiefe Missbilligung an die Stelle der Bewunderung treten, die uns der erste, flüchtige Blick abgewonnen hat. Alles darf dem Besten des Staates zum Opfer gebracht werden, nur dasjenige nicht, dem der Staat selbst nur als ein Mittel dient. Der Staat selbst ist niemals Zweck, er ist nur wichtig als eine Bedingung, unter welcher der Zweck der Menschheit erfüllt werden kann, und dieser Zweck der Menschheit ist kein anderer, als Ausbildung aller Kräfte des Menschen, Fort-

Ein Flugblatt der weißen Rose

Nichts ist eines Kulturvolks unwürdiger, als sich ohne Widerstand von einer verantwortungslosen Herrscherclique „regieren" zu lassen. ... Nur als Beispiel wollen wir die Tatsache kurz anführen, dass seit der Eroberung Polens 300 000 Juden in diesem Land auf bestialische Weise ermordet worden sind. Hier sehen wir das fürchterlichste Verbrechen an der Würde des Menschen, dem sich kein ähnliches in der Geschichte der Menschheit an die Seite stellen kann. ... Ist euer Geist schon so sehr der Vergewaltigung unterlegen, dass ihr vergesst, dass es nicht nur euer Recht, sondern eure sittliche Pflicht ist, dieses System zu beseitigen? Verbergt nicht eure Feigheit unter dem Mantel der Klugheit. ... Wir schweigen nicht, wir sind euer böses Gewissen; die weiße Rose lässt euch keine Ruhe!

Geschwister Scholl, Studenten, Kämpfer gegen das NS-Regime

Die letzte Stunde vor der Hinrichtung

Zuerst wurde Hans den Eltern in dem Vollstreckungsgefängnis in München-Stadelheim zugeführt. Er trug Sträflingskleider. Aber sein Gang, war leicht und aufrecht, und nichts Äußeres konnte seinem Wesen Abbruch tun. Sein Gesicht war schmal und abgezehrt, wie nach einem schweren Kampf. Er neigte sich liebevoll über die trennende Schranke und gab jedem die Hand. „Ich habe keinen Hass, ich habe alles, alles unter mir."

Mein Vater schloss ihn in die Arme und sagte: „Ihr werdet in die Geschichte eingehen, es gibt noch eine Gerechtigkeit." Darauf trug Hans Grüße an alle seine Freunde auf. ... Dann ging er, ohne die leiseste Angst. Darauf wurde Sophie von einer Wachtmeisterin herbeigeführt. Sie trug ihre eigenen Kleider und ging langsam und gelassen und sehr aufrecht. (Nirgends lernt man so aufrecht gehen wie im Gefängnis.) Sie lächelte, als schaue sie in die Sonne. Bereitwillig und heiter nahm sie die Süßigkeiten, die Hans abgelehnt hatte: „Ach ja, gerne, ich habe ja noch gar nicht Mittag gegessen." Es war eine ungewöhnliche Lebensbejahung bis zum Schluss, bis zum letzten Augenblick.

Auch sie war um einen Schein schmaler geworden, aber ihre Haut war blühend und frisch – das fiel der Mutter auf wie noch nie –, und ihre Lippen waren tiefrot und leuchtend.

„Nun wirst du also gar nie mehr zur Tür hereinkommen", sagte die Mutter. „Ach, die paar Jährchen, Mutter", gab sie zur Antwort. Dann betonte auch sie, wie Hans, fest und überzeugt: „Wir haben alles, alles auf uns genommen"; und sie fügte hinzu: „Das wird Wellen schlagen."

Lichthof der Universität München, der Ort der letzten Flugblattaktion.

Das war in diesen Tagen ihr großer Kummer gewesen, ob die Mutter den Tod gleich zweier Kinder ertragen würde. Aber nun, da sie so tapfer und gut bei ihr stand, war Sophie wie erlöst. Noch einmal sagte die Mutter: „Gelt, Sophie: Jesus." Ernst, fest und fast befehlend gab Sophie zurück: „Ja, aber du auch." Dann ging auch sie – frei, furchtlos, gelassen. Mit einem unaufhörlichen Lächeln im Gesicht. ...

Dann wurden sie abgeführt, zuerst das Mädchen. Sie ging, ohne mit der Wimper zu zucken. Wir konnten alle nicht begreifen, dass so etwas möglich war. Der Scharfrichter sagte, so habe er noch niemanden sterben sehen. Und Hans, ehe er sein Haupt auf den Block legte, rief laut, dass es durch das ganze Gefängnis hallte: „Es lebe die Freiheit!"

Inge Aicher-Scholl, Schwester von Sophie und Hans Scholl

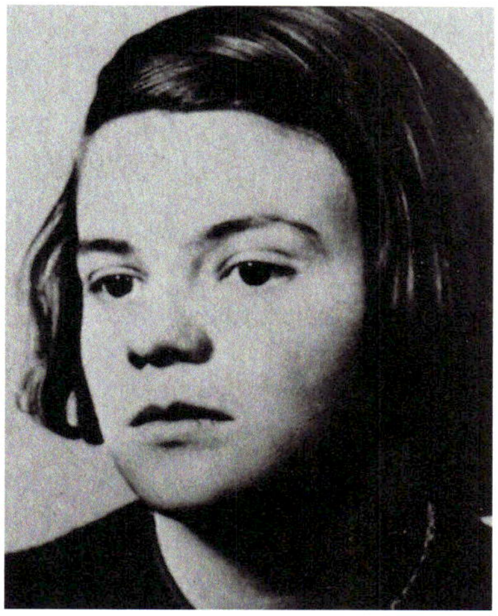

Protest und Glaube

Es muss ein sichtbares Zeichen des Widerstandes von Christen gesetzt werden. Sollten wir am Ende dieses Krieges mit leeren Händen vor der Frage stehen: Was habt ihr getan?

Wenn nicht Christus gelebt hätte und nicht gestorben wäre, gäbe es wirklich gar keinen Ausweg. Dann müsste alles Weinen grauenhaft sinnlos sein. Dann müsste man mit dem Kopf gegen die nächste Mauer rennen und sich den Schädel zertrümmern. So aber nicht.

Hans Scholl

A

1 Wiederholt kurz, was ihr von der Zeit des **Nationalsozialismus** wisst. Zur Judenvernichtung: → WdG S. 216 f.

2 Macht ein **Gedankenexperiment** und stellt euch die fast nicht zu beantwortende Frage, wie ihr euch gegenüber den Nazis verhalten hättet. Was ist „nachträglicher Mut"?

3 Wie leben Tendenzen der Nazizeit **heute** weiter? Wo müssen wir wachsam sein und Widerstand leisten?

5. Johannes XXIII. – Ein Papst der Reformen

Angelo Roncalli

Angelo Roncalli wurde 1881 in dem italienischen Dorf Sotto il Monte nahe bei Bergamo als drittes von dreizehn Kindern geboren. Seine Eltern waren arme Bauern. Er selbst war begabt, fromm, dynamisch, eher praktisch veranlagt und schlau. Manch jugendlicher Streich ist von ihm überliefert. In Rom wurde er 1904 zum Priester geweiht. Im Jahr 1925 wurde er Erzbischof. Mehrere Päpste wussten sein diplomatisches Talent zu schätzen und schickten ihn auf wichtige Auslandsposten nach Bulgarien, Griechenland und in die Türkei. Während des 2. Weltkriegs (1939–1945) ließ er Tausenden Juden Taufscheine oder gefälschte Pässe ausstellen, die ihnen das Leben retteten, weil sie sich nun vor ihren Verfolgern als Christen ausweisen konnten. 1944 kam er als päpstlicher Nuntius (lat.: „Botschafter") nach Paris, wo er sich nach dem Krieg für deutsche Kriegsgefangene einsetzte, die damals in Frankreich sehr unbeliebt waren. 1953 erhob ihn Papst Pius XII. (1939–1958) zum Kardinal und zum Patriarchen von Venedig.

Johannes XXIII.

Am 25. Oktober 1958 fuhr er zur Wahl eines neuen Papstes nach Rom, am 28. Oktober wurde er zu seiner eigenen Überraschung zum Papst gewählt. Schon die Wahl seines Namens war ungewöhnlich. Er nahm den Namen Johannes XXIII. an, der auf den Jünger hinweist, den Jesus besonders liebte. Seit 550 Jahren hatte es diesen Papstnamen nicht mehr gegeben.

Zuerst waren viele Christen von dieser Wahl enttäuscht, weil der Papst mit seinen 77 Jahren schon alt und wegen seiner Leibesfülle auch nicht fotogen war. Sie erwarteten von ihm nicht viel und sahen in ihm nur einen Papst des Übergangs. Diese Einschätzung war in einem anderen Sinn richtig, als sie ursprünglich gemeint war. Denn schon bald tat der neue Papst alles, um der Kirche den Übergang in eine andere Zeit zu ermöglichen. Im Vatikan und in der ganzen Weltkirche war man erstaunt, welches Tempo dieser Papst, der auf den ersten Blick so hausbacken und gemütlich wirkte, bei seiner Arbeit vorlegte.

Er gab der Kirche neue Anstöße, richtete ihren Blick auf die Zukunft und erfüllte sie mit neuer Zuversicht. In aller Welt beeindruckten seine Reden, die Güte und Humor ausstrahlten. So liebevoll, anschaulich und heiter hatte schon lange kein Papst mehr gesprochen.

A

1 Warum wurde Johannes XXIII. einer der **beliebtesten** Päpste der Geschichte?

2 Eine weitere Anekdote: → WdG S. 177

3 Vergleicht Johannes XXIII. mit dem **gegenwärtigen** Papst.

4 Wo seht ihr heute **Reformbedarf** für die Kirche?

L

Ein Christ, der der Kirche im 20. Jahrhundert neuen Schwung gab, war Papst **Johannes XXIII.** Er setzte durch seine mutigen Entscheidungen für eine Kirchenreform die Welt in Erstaunen. Das, was er wollte, nannte er mit dem italienischen Wort „Aggiornamento", was manchmal schief mit „Anpassung", richtiger mit „Heutigwerden" übersetzt wird. Die Kirche sollte lernen, das Heute nicht zu fürchten und mehr im Heute zu leben, ohne dabei ihre Traditionen aufzugeben.

Das 2. Vatikanische Konzil

Seine folgenreichste Entscheidung war die Einberufung des 2. Vatikanischen Konzils (1962–1965), das viele Reformen beschloss.

- Die **Kirche** sollte sich von alten Verkrustungen befreien und sich wieder als „Freude und Hoffnung“ für die Christen und als „Licht der Völker“ erweisen.
- Eine vertiefte Auslegung der **Bibel** wurde angebahnt.
- Die **Liturgie** durfte nun statt ausschließlich in Latein auch in der Muttersprache gefeiert werden.
- Die **Gewissens- und Religionsfreiheit** wurde anerkannt.
- Die Kirche lud erstmals Mitglieder anderer christlicher Kirchen als Beobachter und Gäste ein und bekannte sich zu ihrer **Mitschuld an der Spaltung der Christenheit** (→ WdG S. 138 ff).
- Zum ersten Mal in ihrer Geschichte sprach die Kirche ein gutes Wort über die Juden und bekannte sich dazu, mit dem **Judentum** geistlich verwandt zu sein (→ WdG S. 218 f).
- Die **Religionen** und Kulturen der Menschheit wurden in ihrem Eigenrecht neu gewürdigt.

Nach dem Konzil wurde die Stimme der Kirche überall in der Welt neu gehört. So gab ein alter Papst der Kirche neuen Elan und zeigte aller Welt, dass das Christentum nicht verbraucht ist und den Menschen auch in Zukunft etwas zu sagen hat. Als Johannes XXIII. am 3. 6. 1963 mitten während des Konzils starb, wurde er auch von vielen Nichtchristen betrauert. Im Jahr 2000 wurde er seliggesprochen.

Wider die Unglückspropheten

Zur Eröffnung des 2. Vatikanischen Konzils sagte der Papst:

„Die Unglückspropheten meinen, in den heutigen Verhältnissen der menschlichen Gesellschaft nur Untergang und Unheil zu erkennen. Sie reden unablässig davon, dass unsere Zeit im Vergleich zur Vergangenheit dauernd zum Schlechteren abgeglitten sei. Sie benehmen sich so, als hätten sie nichts aus der Geschichte gelernt, die eine Lehrmeisterin des Lebens ist“.

Anekdoten zu Johannes XXIII.

Der neu gewählte Papst wurde gefragt, welches Programm er für die Kirche habe. Der Papst ging ans Fenster und öffnete es: „Frische Luft für die Kirche – das ist mein Programm. Wir müssen den alten Staub, der sich seit langem auf den Papstthron gelegt hat, abschütteln."

Der Papst besuchte ein römisches Gefängnis und hielt dort eine Predigt, die den Inhaftierten Freude und Hoffnung machen sollte. Unter den Gefangenen, die sich danach dem Papst näherten, waren auch zwei Mörder. Einer von ihnen küsste seinen Fischerring, blickte betrübt auf und fragte: „Gelten die hoffnungsfrohen Worte, die Sie gesprochen haben, auch für mich, einen so großen Sünder?" Statt einer Antwort beugte sich der Papst herunter, richtete den Verbrecher auf und umarmte ihn.

L **Johannes XXIII.** hat völlig unerwartet das **2. Vatikanische Konzil** einberufen. Damit hatte niemand gerechnet, weil jeder meinte, der Papst könne alles selbst entscheiden. Johannes XXIII. aber wollte mit den Bischöfen der Weltkirche ein Gespräch („Dialog“) führen, um von diesem universalen Dialog zu lernen. So konnte das Konzil viele wichtige Reformen auf den Weg bringen.

A **Am Schluss des Kapitels**
Fasst in kurzen Sätzen **zusammen**, was die einzelnen Personen jeweils für die Welt und für die Kirche getan haben.

Kirche heute und morgen

Rembrandt (1606–1669), Der Sturm auf dem See Gennesaret (Mk 4, 35–41), 1633.

Ein stürmisches Bild mit ruhendem Zentrum

1 Zum **Verständnis** des Bildes: → **M5**; andere Bilder des Malers: → S. 59, 80, 93; → ZdF S. 117, 130 f und WdG S. 99, 164.

2 Lest den **biblischen Text**, auf den sich das Bild Rembrandts bezieht: → Mk 4, 35–41. Welchen Vers hat sich Rembrandt zur **Vorlage** genommen? Zum Text: → ZdF S. 15.

3 Sprecht miteinander über folgende **Details**: Himmel, Wolken, Meer, Boot.

4 Wie viele **Gestalten** außer Jesus erkennt ihr im Boot? Beschreibt, was sie tun oder wie sie sich verhalten. Und Jesus?

5 Wie sind **Licht und Dunkel** verteilt? Welche Bedeutung haben sie?

6 Wie **wirkt** das Bild auf euch? Vergleicht es mit dem Bild → ZdF S. 15.

7 Fertigt eine **Farbskizze** des Bildes an.

8 Lasst einen der Jünger **erzählen**, was er erlebt hat.

9 Warum kann das Boot ein **Bild der Kirche** sein? Welche anderen Bilder der Kirche kennt ihr?

Zukunfts-Fragen der Kirche

Lesen | Fragen | Denken | Interviewen | Suchen | Gestalten | Präsentieren

1 Woher nahm die Kirche die Kraft zu ihrem stetigen **Wachstum**? Diskutiert darüber, ob diese Kraft in Zukunft erlahmen oder die Kirche weiter wachsen wird.

2 Wie wird die **Zukunft** der Welt aussehen, in der das Christentum lebt und wirkt? Mit welchen Einflüssen muss sich die Kirche auseinander setzen?

3 Tragt auf einer **Liste** ein, was die Kirche aus der Vergangenheit in die Zukunft mitnehmen muss. Schreibt daneben oder darunter, worauf sie verzichten kann.

4 **Wiederholt** kurz die beiden Kirchenkapitel dieses Unterrichtswerks: → ZdF S. 172 ff und WdG S. 154 ff. Einzelne Abschnitte dieser Kapitel können in Gruppenarbeit stichwortartig in der Klasse vorgetragen werden.

Vorschau

Die **Kirche** ist aus kleinsten **Anfängen** hervorgegangen. Vor 2000 Jahren war sie zuerst eine kleine jüdische Gruppe. Heute ist sie die **größte Gemeinschaft der Welt.**

In allen Zeiten hat sie das Evangelium verkündet und die Menschen zu Gott geführt. Darin ist sie sich gleich geblieben. In allen Zeiten hat sie neue Erfahrungen gemacht. Darin hat sie sich entwickelt, verändert und gewandelt.

Heute ist die Kirche auf dem **Weg in die Zukunft**, auf dem sie ihre immer gleichen Aufgaben auf neue Weise so wahrnehmen muss, dass die Menschen ihre Botschaft verstehen und bejahen können.

1. Im Kreuzfeuer der Meinungen

L

- Die **Kirche** hat heute bei uns **kein gutes Image.** Nicht wenige Zeitgenossen sind der Meinung, dass sie in der Gegenwart und Zukunft immer mehr an Bedeutung verliert. Sie sagen: Die Kirche ist **veraltet, unzeitgemäß und unglaubwürdig** (→ S. 28).
- Die Kirche hat heute in der Welt weithin ein **gutes Image.** Nicht wenige Zeitgenossen sind der Meinung, dass sie in der Gegenwart und Zukunft immer mehr an Bedeutung gewinnt. Sie sagen: Ohne die Kirche wäre unser Leben ärmer, unsere Gesellschaft kälter, unsere Zeit eintöniger. Darum ist sie heute so notwendig wie immer. Sie **verdient Vertrauen, ist jung und hat eine große Zukunft** vor sich.

Auf dem heutigen Stand

Als ein Schüler anmahnte, die geistliche Lehre der Kirche müsse auf den heutigen Stand gebracht werden, lachte der Meister laut auf. Dann erzählte er die Geschichte von einem Studenten, der sich in einer Buchhandlung beschwerte: „Haben Sie keine neueren Bücher über Anatomie? Dieses hier sind doch mindestens zehn Jahre alt."
Sagt der Buchhändler: „In den letzten zehn Jahren kamen zum menschlichen Skelett keine neuen Knochen hinzu, mein Lieber."

Anthony de Mello

Die Kirche ist wie ein Elefant: schwerfällig, gutmütig …

Inkonsequent

Frag hundert Katholiken,
was das Wichtigste ist
in der Kirche.
Sie werden antworten:
Die Messe.

Frag hundert Katholiken,
was das Wichtigste ist
in der Messe.
Sie werden antworten:
Die Wandlung.

Sag hundert Katholiken,

dass das Wichtigste in
der Kirche die Wandlung ist.
Sie werden empört sein:
Nein, alles soll bleiben
wie es ist!

Lothar Zenetti

A

1. Wie **Jugendliche** heute oft über die Kirche denken: → S. 28 und WdG S. 156.
2. Wie würdet ihr heute für die Kirche **werben**? Entwerft dazu ein **Plakat**, einen **Flyer** oder eine **Homepage**.
3. Macht eine Aufstellung über die **verschiedenen Tätigkeiten der Kirche heute**. Stellt dann eine Reihenfolge auf, welche Tätigkeiten euch (1) wichtig, (2) gleichgültig und (3) überflüssig erscheinen, indem ihr ihnen 10 bis 0 Punkte zuordnet.
4. Was haltet ihr von der Antwort des **Buchhändlers**?
5. Könnt ihr dazu eine entsprechende **Erzählung** verfassen?
6. Erklärt die Überschrift des Gedichtes und die Verwendung des Wortes **„Wandlung"**.
7. Was meint ihr: Sollte sich die Kirche eher **verändern** oder sollte sie eher so **bleiben**, wie sie ist?

Eine Trendforscherin sieht die Zukunft der Kirche so:

- In den nächsten Jahren steht uns ein „Abschied von der Spaßgesellschaft" (Slogan: „Schluss mit lustig") bevor. Das private Glück und die egoistische Selbstverwirklichung werden nicht mehr der Maßstab aller Dinge sein.
- Die Bedeutung des christlichen Glaubens und Handelns wird zunehmen.
- Die Kirchen werden Macht und Reichtum verlieren und gerade deshalb an Glaubwürdigkeit und Einfluss gewinnen.
- Allerdings dürfen sich die Kirchen nicht anbiedern. Gefragt sind sinnliche Rituale, Einsatz für die Armen, Ablehnung von Gewalt, Schutz des Lebens und Widerstanc gegen den Materialismus unserer Zeit.
- Esoterik (→ WdG S. 192 ff) bringt nichts. In den christlichen Traditionen des Abendlandes haben wir alles, was unsere Seele braucht.

Nicht verschrecken, sondern frei setzen

Derzeit steht die Kirche leider mehr im Verdacht, die Menschen zu verschrecken und ihnen das Leben zu vermiesen, als sie für Gott und füreinander freizusetzen.

Joachim Wanke, Bischof von Erfurt

A

1 **Spaßgesellschaft** – was ist das? Beschreibt ein paar Grundzüge aus eurer Erfahrung. Warum ist eine „Spaßgesellschaft" mit den Anforderungen der Kirche unvereinbar? Was haltet ihr von den Analysen der **Trendforscherin**?

2 Viele Leute betrachten die Kirche heute aus einer **Kundenperspektive** nur als einen religiösen **Dienstleistungsbetrieb** („Service") für Taufe, Kommunion, Hochzeit und Beerdigung. Wie denkt ihr darüber?

3 Im Alltag entsteht Distanz zur Kirche (**„Kirchenaustritt"**) oft dann, wenn jemand einen unangenehmen Pfarrer oder eine ungeschickte Ordensfrau oder einen engstirnigen Christen erlebt. Da wird möglicherweise von einer einzelnen Person auf die ganze Kirche geschlossen. Wie beurteilt ihr dieses Verhalten?

4 **Kirchenkritik** von **außen**, Kirchenkritik von **innen** – welche Unterschiede seht ihr da?

Caspar David Friedrich (1774–1840), Abtei im Eichwald, 1809–1810. (→ **M5**)

Das Christentum ist **nicht Privatsache**, die nur den Einzelnen und sonst niemanden angeht. Es will in der Öffentlichkeit wirken und dazu beitragen, dass die großen Institutionen, in denen wir leben (Land, Staat, Europa, Politik, Recht, Wirtschaft, Wissenschaften usw.), sich nach christlichen Grundsätzen richten, d. h. dass hier die Gebote Gottes (→ S. 52 ff) beachtet werden und der Glaube an Gott eine letzte Orientierung gibt.

2. Das Verhältnis zum Staat

Ein Jurist – Staat und Kirche: Ein schwieriges Verhältnis

Staat und Kirche (Religion) haben sich im Lauf der Geschichte oft gewandelt. Beide Größen sahen vor 1000, vor 100 und auch vor 70 und 30 Jahren in Europa jeweils anders aus als heute. Auch ihr Verhältnis zueinander war nicht immer gleich. Eher selten lebten Staat und Kirche früher harmonisch miteinander. Meist gab es Spannungen und Konflikte zwischen beiden, weil beide unterschiedliche Vorstellungen von ihren Rechten und Pflichten hatten. In starker Vereinfachung kann man **zwei konfliktreiche Extremformen** unterscheiden:

1 **Die Kirche (Religion) bestimmt**, was im Staat Recht und Gesetz ist. Ihre Grundsätze bestimmen das öffentliche Leben. Eine solche „Gottesherrschaft" („Theokratie") hat große Nachteile mit sich gebracht, da sie mit Intoleranz gegenüber Andersgläubigen verbunden ist. Dabei ist die Religionsfreiheit meist stark eingeschränkt. Auch die Freiheit des Denkens und der Wissenschaften sind dabei begrenzt. Solche Gefahren sehen wir heute in Ländern, in denen der Islam Staatsreligion ist. Sie gestehen die vollen politischen Rechte nur den Muslimen (→ ZdF S. 200 ff) zu und tendieren dazu, Andersgläubige zu benachteiligen.

2 **Der Staat bestimmt**, was in der Kirche (Religion) gelten soll. Dabei kann sich die Religion nicht frei entfalten oder wird sogar unterdrückt. Die staatlichen Machthaber – z. B. im Nationalsozialismus und Kommunismus – bestimmen (mit), wer die Kirche leiten soll, was die Kirchen sagen und tun dürfen, wie die Gläubigen ihr Leben auszurichten haben. Oft entstehen Gesetze, die im Gegensatz zu den Geboten Gottes bzw. den Menschenrechten stehen.

Was hat das mit dem Staat, was mit der Kirche zu tun?

- Konkordat
- Ehescheidung
- Kirchensteuer
- Abtreibung
- Religionsunterricht
- Religionsfreiheit
- Militärseelsorge
- ...

Das Verhältnis von Staat und Kirche in Deutschland

Das Grundgesetz der Bundesrepublik Deutschland hat aus den zahllosen Konflikten zwischen Staat und Kirche gelernt und Regeln aufgestellt, die beiden Institutionen gerecht werden sollen.

1 Es besteht eine weitgehende, aber nicht totale **Trennung von Kirche/ Religion und Staat.**

2 Der Staat verhält sich den Religionen gegenüber **neutral**.

3 Er garantiert die **Religionsfreiheit** als Grundrecht aller und verzichtet darauf, sich in das kirchliche und religiöse Leben einzumischen oder die Kirchen (Religionen) in ihrer Freiheit zu beschneiden, wenn sie sich nur an die für alle geltenden staatlichen Gesetze halten. Christen müssen also wie alle anderen Staatsbürger die Verkehrsgesetze beachten und dürfen keine Steuern hinterziehen. Im kirchlichen Bereich sind sie frei. Die Gemeinden bestimmen selbst, wann der Gottesdienst stattfindet und die Bischöfe teilen den Pfarrstellen ihre Priester zu, ohne eine staatliche Stelle fragen zu müssen.

4 Es gibt auch wichtige Bereiche, in denen Staat und Kirche eng **zusammenwirken.** Die Einzelheiten werden durch Verträge zwischen dem Staat und der Kirche geregelt, die man katholischerseits **„Konkordat"** nennt. Solche Bereiche sind z. B.:

- Die Kirche darf von ihren Mitgliedern die **Kirchensteuer** erheben, die der Staat mit der staatlichen Steuer einzieht. Sie beträgt 9 Prozent der regulären Steuer. Davon finanziert die Kirche z. B. kirchliche Kindergärten, Schulen und Hochschulen, Krankenhäuser, Altenheime, ihre vielen sozialen Dienste und ihre Mitarbeiter/innen mit.
- Die Kirche darf nicht nur in kirchlichen, sondern auch in öffentlichen Schulen **Religionsunterricht** erteilen, dessen Inhalte von der Kirche innerhalb des Rahmens des Grundgesetzes bestimmt werden. Er ist reguläres Schulfach, von dem man sich aber aus Gewissensgründen abmelden kann. Er muss dem Unterricht in den anderen Fächern entsprechen, z. B. in der Stundendauer, Notengebung oder Qualifizierung der Lehrer/innen.
- Der **Sonntag** und viele **kirchliche Feste**, z. B. Weihnachen oder Christi Himmelfahrt, sind auch staatlich anerkannte **Feiertage**, an denen die Arbeit ruhen soll.

5 **Konflikte** entstehen, wenn der Staat Gesetze erlässt, die den kirchlichen Grundforderungen nicht entsprechen. Das ist z. B. in der Abtreibungsfrage der Fall, wo die „Fristenregelung mit Beratungspflicht" von der Kirche abgelehnt wird, weil sie meint, hier werde das Lebensrecht des menschlichen Embryo vom Staat nicht hinreichend geschützt. Zu den Einzelheiten: → S. 160.

L

Unser **Grundgesetz** schützt die Interessen von **Staat und Kirche** gleichermaßen. Beide Seiten sind an einem guten Verhältnis interessiert.

- Der **Staat** weiß, dass Christen viel für unsere Gesellschaft tun. Ihr Pflichtgefühl, ihre Arbeit, ihre Ideen, ihr Einsatz für die Notleidenden, viele ihrer Werte sind für unser Land unverzichtbar. In öffentlichen Diskussionen sind ihre Anregungen und kritischen Beiträge wichtig.
- Für die **Kirchen** ist es wichtig, dass sie sich auf die vom Staat garantierte Freiheit verlassen können und dass der Staat sich nicht in ihre inneren Angelegenheiten einmischt.

A

Ein nicht ganz einfaches Verhältnis

1 Auf welchen Gebieten arbeiten Kirche und Staat bei uns gut **zusammen**?

2 Welche aktuellen **Konflikte** zwischen beiden kennt ihr?

3 Habt ihr schon einmal überlegt, wieso ihr an einer öffentlichen Schule **Religionsunterricht** habt, der nach den Grundsätzen der Kirche erteilt wird? Lest dazu auch unser Grundgesetz, Artikel 7.

4 Fordert bei eurer bischöflichen Behörde eurer Diözese eine Aufstellung über die **Kirchensteuer** an, aus denen ihr Einnahmen und Ausgaben erseht. Diskutiert darüber miteinander und meldet euch evtl. bei der bischöflichen Behörde mit euren Fragen.

5 Was wisst ihr über das Verhältnis von Staat und Kirche (Religion) im **Nationalsozialismus und Kommunismus**?

Im letzten Jahrhundert hat sich das Gewicht der katholischen **Kirche** von **Europa** auf die **anderen Erdteile** verlagert. Aus der **Westkirche** ist eine **Weltkirche** geworden.

3. Von der Westkirche zur Weltkirche

Erstaunliche Zahlen

Zu Beginn des 3. Jahrtausends umfasst die Christenheit etwa 30 Prozent der Weltbevölkerung. Die Katholiken haben mit ca. 1,1 Milliarden Menschen einen Anteil von 18 Prozent an der Weltbevölkerung, im Jahr 1900 waren es 17,2 Prozent. Die folgenden Zahlen beruhen auf Schätzungen und weichen in verschiedenen Statistiken erheblich voneinander ab.

Verteiltung der Katholiken in der Welt

	Im Jahr **2007** leben schätzungsweise in			im Jahr **1900** waren es		
Europa	280 Millionen	=	25,3 %	174 Millionen	=	63,3 %
Nordamerika	75 Millionen	=	7,1 %	15 Millionen	=	5,5 %
Lateinamerika	475 Millionen	=	43,3 %	60 Millionen	=	21,8 %
Afrika	140 Millionen	=	12,7 %	18 Millionen	=	6,5 %
Asien	120 Millionen	=	10,8 %	7 Millionen	=	2,5 %
Australien	10 Millionen	=	0,8 %	1 Million	=	0,4 %
Gesamt	1 100 Millionen	=	100 %	275 Millionen	=	100 %

Anmerkungen zur Statistik

- Der prozentuale Anteil der Katholiken an der **Weltbevölkerung** hat sich zwischen 1900 und 2006 von 17, 2 auf 18 erhöht.
- In diesem Zeitraum hat sich die Zahl der Katholiken **weltweit vervierfacht**. Sie ist um ca. 825 Millionen gestiegen. Der wichtigste Grund dafür ist das Bevölkerungswachstum.
- Im 20. Jahrhundert ist der prozentuale Anteil der europäischen Katholiken um weit mehr als die Hälfte zurückgegangen, trotzdem gibt es in **Europa** seitdem über 100 Millionen Katholiken mehr.
- Den höchsten Anstieg kann die Kirche trotz neuerlicher Rückschritte in **Lateinamerika** verzeichnen. Hier sind 415 Millionen Katholiken hinzugekommen. Der frühere Anteil an der Gesamtzahl aller Katholiken lag etwa bei einem Fünftel, demnächst nähert er sich der Hälfte.
- In allen **übrigen Erdteilen** ist ein stetiges absolutes und prozentuales Wachstum zu verzeichnen.

Was sagen euch die **Statistiken** über das Christentum? Was können sie nicht sagen? Zu Statistiken: → S. 226.

Bedeutsame Änderungen

Wachstum außerhalb Europas

Das Selbstbewusstsein der nichteuropäischen Katholiken ist erheblich gewachsen. Im Unterschied zu vielen europäischen Katholiken sehen sie für die Kirche eher optimistisch in die Zukunft, da sie bei sich selbst erleben, wie das Christentum ständig wächst. Sie fühlen sich heute nicht mehr in erster Linie den europäischen Missionaren (→ WdG S. 171) zu Dank verpflichtet, weil diese ihnen ehemals das Christentum gebracht haben, sondern sehen sich als gleichberechtigte Glieder einer Kirche, die schon eigene Traditionen entwickelt haben. Darum entwickeln sie ein Christentum, das sich mit ihrer eigenen Kultur verbindet („Inkulturation"). Sie wollen so als Christen leben und lieben, beten und meditieren, singen und tanzen, wie es ihrer Heimat entspricht. Von ihnen können die europäischen Christen lernen, dass das Christentum nicht überall einheitlich aussehen muss, sondern Lokalkolorit und persönliche Färbung haben soll. Durch diese Entwicklung gewinnt die katholische Kirche weltweit an Vielfalt und Reichtum.

Einheimische Priester, Bischöfe und Kardinäle

Fast überall gibt es heute einheimische Priester, die die Landessitten kennen und in der Landessprache predigen. Die Zahl der nichteuropäischen Bischöfe ist erheblich gestiegen. Die Mitglieder im Kardinalskollegium, das den Papst wählt, kommen heute – anders als um 1900 – aus der ganzen Welt. Schon ist abzusehen, dass die Kirche einmal einen afrikanischen, asiatischen oder amerikanischen Papst haben wird.

Schwierige Kirchenleitung

Die Leitung der Kirche – der Papst – darf bei allen wichtigen Entscheidungen nicht nur Europa – erst recht nicht nur Deutschland – im Blick haben, sondern muss sich an den Katholiken in allen Erdteilen orientieren. Das kann zu Problemen führen, da Katholiken in New York, auf den Philippinen, in Chile, im Sudan oder im Rheinland unterschiedliche Erwartungen an die Kirche haben können.

L Nach dem Zusammenbruch des Kommunismus am Ende des 20. Jahrhunderts ist die Kirche neben den anderen Weltreligionen das **einzige weltweite System**, das nicht verbraucht ist. Ihr Wort gilt heute in der Welt viel mehr als vor 100 oder 200 Jahren.

A

1 Diskutiert darüber, was für das Christentum immer **gleich sein** muss und worin es sich bei den Völkern und Kulturen **unterscheiden** kann.

2 Interessante **Internet-Adressen**:
www.katholische-kirche.de
www.dbk.de
(deutsche Bischofs-konferenz);
www.vatican.va
(Vatikan und Papst).

Osternacht in der orthodoxen Kathedrale von Asmara (Eritrea).

L **Taizé** zeigt, dass sich junge Leute auch heute von einem einfachen, glaubwürdigen Christentum begeistern lassen. Hier erleben sie die Schönheit des Betens und Singens, die Notwendigkeit des Teilens, den Einsatz für Frieden und Versöhnung. Hier bekommen sie die Kraft, als Christen im Alltag zu leben.

4. Aufbruch zu neuem Leben

Taizé – Eine Gemeinschaft, die in die Zukunft weist

In Taizé, einem Dorf in Burgund nahe Cluny, lebt die „Communauté de Taizé", eine Gemeinschaft von Brüdern, die 1944 von **Frère Roger Schutz** (1915–2005) gegründet wurde. Er kam aus der reformierten Kirche Calvins. Geprägt wurde er von seiner Großmutter, die zwischen den Kirchen viele Zeichen der Versöhnung setzte. Frère Roger verpflichtete auch seine Gemeinschaft auf den Gedanken der Versöhnung und des Friedens. Er wollte dazu beitragen, die Konflikte in der Menschheit und die Zerrissenheit unter den Christen zu überwinden (Ökumene; → WdG S. 152). Im Jahr 2005 wurde er am Altar von einer geisteskranken Frau getötet. Sein Nachfolger heißt **Frère Alois Löser** (geb. 1954). Heute gehören der Gemeinschaft etwa 100 Männer aus 25 Nationen an. Die Brüder verpflichten sich zu einem Leben in Ehelosigkeit, Gütergemeinschaft und Gehorsam. Sie nehmen keine Spenden oder Fördermittel für sich an und leben nur von den Einkünften ihrer Arbeit. Im Wechsel ziehen einige von ihnen an die Zentren des Weltgeschehens, um dort für den Frieden zu wirken und mitten unter den Armen zu leben. Seit 1969 ist die Communauté auch für Katholiken offen.

Treffpunkt der Jugend

Schon lange ist Taizé zu einem geistlichen Zentrum geworden, das Jugendliche aus aller Welt anzieht. Sie beten mit den Brüdern in der Versöhnungskirche, leben hier ganz bescheiden und teilen miteinander das, was sie haben. Für ihre Unterkunft und für die Mahlzeiten müssen sie kleinere Arbeiten im Kloster verrichten. Im Sommer finden internationale Treffen statt, bei denen Tausende Jugendliche zusammenkommen. Hier sind schon viele Freundschaften quer über alle Grenzen geschlossen worden. Überall ist eine Atmosphäre der Begeisterung und Geschwisterlichkeit zu spüren.

Roger Schutz hat sich in den letzten Jahren dafür eingesetzt, dass zu Silvester Taizé-Treffen in großen Weltstädten wie Paris, Breslau, Stuttgart, Köln, Wien, Barcelona und Warschau stattfinden konnten.

Ort der Meditation

Wer einmal die Gesänge aus Taizé gehört hat, wird sie nie mehr vergessen. Sie bestehen meist nur aus einem Satz und werden in den verschiedenen Sprachen angestimmt, z. B. „Wo die Liebe und die Güte ist, da ist Gott." Das „Halleluja" von Taizé wird inzwischen weltweit gesungen. Durch die ständige Wiederholung werden die Lieder zu lebendigen Meditationen (→ **M10**).

Lateinamerika – Auf der Seite der Armen

Lange Zeit machte die Kirchenleitung Lateinamerikas den Eindruck, auf der Seite der Reichen und Mächtigen zu stehen. Die Armen kamen nicht so in ihren Blick, wie es ihre Not verlangt hätte. Seit den 1970er Jahren wurde den Bischöfen klar, was sie in dieser Situation zu tun hatten. Erstmals entschlossen sie sich, offen für die Armen einzutreten und sich auf ihre Seite zu stellen.

Ein Bischof für die Armen

Dom Helder Camara (1909–1999), Erzbischof von Olinda und Recife in Brasilien, wurde berühmt, als er sich an die Spitze einer friedlichen Demonstration von Fischern setzte. Sie hatten im Fluss nur noch tote Fische gefunden, weil dieser von den Abwässern einer Fabrik vergiftet wurde. Mit dieser Aktion rief der Erzbischof zunächst bewaffnete Polizeikräfte gegen sich und die Fischer auf den Plan. Am Ende rüttelte er das Gewissen der Unternehmer wach. Der Schmutz wurde nicht mehr in den Fluss geleitet. Die Fischer konnten leben. Seitdem wurde die Stimme des Bischofs in Brasilien weithin gehört.

Helder Camara kämpfte stets für soziale Gerechtigkeit. Er selbst zog nicht in den Bischofspalast ein, sondern bezog ein bescheidenes Haus in Recife. Immer verstand er sich als Anwalt der Armen und Unterdrückten und suchte einen „Dritten Weg" zwischen Kapitalismus und Marxismus (→ S. 173). So wollte er nach dem Vorbild von Mahatma Gandhi (→ S. 208) und Martin Luther King (→ S. 14) eine friedliche Revolution herbeiführen. Beständig warnte er vor der „Spirale der Gewalt" (→ S. 56 ff). Dies brachte ihm Verfolgung durch die brasilianische Militärdiktatur ein. Er wurde als „roter Bischof" diffamiert. Sein Haus wurde mehrmals mit Maschinenpistolen beschossen, einige seiner engsten Mitarbeiter ermordet. Sein bischöflicher Nachfolger ist ihm auf seinem Weg nicht mehr gefolgt.

Mord am Altar

Als Oscar Romero (1917–1980) 1977 Erzbischof von San Salvador wurde, litten die Arbeiter, Bauern und Teile des Klerus in El Salvador unter der brutalen Gewalt des Militärs und der rechtsgerichteten Regierung. Von dem als konservativ geltenden Romero erwartete man ein gutes Einvernehmen mit der Regierung. Doch die Morde und Verbrechen der Militärs und die große Not der armen Bevölkerung bewirkten eine Umkehr des Erzbischofs. In aller Öffentlichkeit prangerte er unmissverständlich die Ungerechtigkeiten an. Dann geschah das Ungeheuerliche. Als er gerade in seiner Kathedrale mit seiner Gemeinde die Eucharistie feierte, wurde er von Militärs erschossen. So wurden die Herrschenden einen unbequemen und harten Kritiker los. Doch sein Beispiel wirkte nach. Heute wird er als Märtyrer verehrt.

L

- Die lateinamerikanische Kirche, die in den letzten Jahrzehnten überdurchschnittlich wuchs, hat auch neue geistliche Kräfte entfaltet. Viele ihrer **Bischöfe, Priester, Ordenleute und Laien** wenden sich den Armen zu und können ihnen wirksame Hilfen bringen.
- In den letzten Jahren hat die katholische Kirche allerdings auch viele Mitglieder an Freikirchen und Sekten verloren.

A

1 Beschafft euch im **Internet** weitere Informationen über Taizé: www.taize.fr

2 Überlegt, warum sich **Dom Helder Camara** so intensiv für die Armen und Elenden eingesetzt hat.

3 Warum musste **Oscar Romero** sterben? Kennt ihr ähnliche Beispiele brutaler Gewalt? Worin kann Oscar Romero der Kirche und den Christen Vorbild sein?

L In **Afrika** ist der **Gottesdienst** oft anders als in Europa. Zwar ist es derselbe Gott, dem Gebet und Gesang gelten. Aber die Menschen sind anders. Sie wollen ihre afrikanische Kultur im Gottesdienst erleben. Mit Gesang und Tanz, mit fröhlichem Lachen und rhythmischen Bewegungen feiern sie ihren Glauben. Der ganze Gottesdienst ist von ihrer Begeisterung erfüllt.

Afrika – Den Glauben feiern

Gottesdienst in Zaire – Das schönste Erlebnis der Woche

Der Gottesdienst in Zaire ist ein Fest, das man nicht schildern kann: ein Erlebnis von zwei Stunden, wo in der vollen Kirche Kinder, Frauen und Männer vom Anfang bis Schluss mitsingen, den Körper wiegen, ... eine Feier, nicht bloß eine Erfüllung der Sonntagspflicht, das schönste Erlebnis der Woche. Man lebt da in wirtschaftlicher Misere, in politischer Unterdrückung. Aber der Sonntag schenkt ihnen diese Erfahrung von Gemeinschaft, von Freude und Hoffnung, und man geht mit neuem Mut in den Alltag zurück.

Der Impuls für uns: Den Glauben feiern. Glaube ist ja nicht ein Müssen, sondern ein Dürfen, nicht eine langweilige Pflichtübung, sondern ein froh stimmendes Angebot.

Walbert Bühlmann

Messfeier in Burkina Faso.

Gottesdienst in Ghana – Es darf gelacht werden

In Afrika wird bei jedem Gottesdienst gelacht. Das liegt an unseren Musikinstrumenten (Trommeln, Rasseln, Klanghölzer) und daran, dass wir kein „Gotteslob" haben. Wir singen nicht aus dem Buch, sondern aus dem Herzen. Der Afrikaner drückt seine Gefühle durch spontane Bewegung aus: Der Körper schwingt mit, im Gesicht spiegelt sich die Freude wider. Man kann dabei kein Buch gebrauchen. Die Rhythmik der Musik, der Wechsel von Vorsänger und Gemeinde, auch häufige Refrains prägen selbst längere Liedtexte dem Gedächtnis ein.

Die Frauen aus Ghana kommen nach der Kommunion im rhythmischen Gesang und Tanzschritt bis vor den Altar, und wieder zurück, und wieder nach vorne, mit schier unbeschreiblicher Begeisterung. Sie wollen nicht aufhören. Sie reißen die ganze Kirche mit. ...

Durch die offenen Türen bringen die Menschen ihre alltäglichen Erfahrungen mit. Wer Glück erlebt in Familie oder Beruf, berichtet dies und legt ein Dankopfer auf den Altar. Wer einem Verkehrsunfall entgangen ist, tut desgleichen. Wer Kummer oder Krankheit erleidet, bringt ein Bittopfer dar. Bei den Fürbitten, die unorganisiert und spontan vorgetragen werden, sprechen sie ihre Anliegen im Gebet aus. Gebete für eine gute Ernte, für Regen, für Frieden im Lande schließen sich an. ... Bei uns ist Leben!

P. Alfons Merten

A **Sich von der Begeisterung afrikanischer Christen anstecken lassen**

1 Was fällt euch an den **afrikanischen Gottesdiensten** auf?

2 Welche Erfahrungen macht ihr bei Gottesdiensten in **eurer** Gemeinde?

3 Was könnte man tun, um **unsere Gottesdienste** lebendiger und ansprechender zu machen?

Asien – Neue religiöse Erfahrungen

Hugo Makibi Enomiya-Lassalle

In Tokio, einer Stadt, in der es nur wenige Christen gibt, haben die Jesuiten (→ WdG S. 150) eine Niederlassung gegründet, die viel Anklang findet. Dort machen sie Japaner und Japanerinnen mit Grundzügen christlicher Lebenspraxis bekannt. Einer der in Japan tätigen Jesuiten war der aus Deutschland stammende Pater Hugo Makibi Enomiya-Lassalle, der seinen deutschen Namen durch einen japanischen erweitert hat. Seit 1929 war er in Japan. Als die Atombombe 1945 Hiroshima verwüstete, war er Pfarrer in dieser Stadt. Er wurde verwundet, konnte aber den furchtbaren Luftangriff überleben. In der Nachkriegszeit knüpfte er intensive Kontakte zu den Buddhisten. Er begab sich in die Schule von Zen-Meistern, schrieb mehrere Bücher über Zen und leitete in Deutschland und Japan Zen-Kurse. So kam er zu der Überzeugung, die Methoden des Zen seien hervorragend geeignet, das Christentum zu bereichern und neue religiöse Erfahrungen zu machen. Durch die intensiven Meditationen, die im Lotossitz erfolgen sollen, könne der Mensch zu sich selbst finden, Heilprozesse bei sich in Gang bringen, zu innerem Frieden und zu christlicher Freude kommen.
Wie beim Zen könnte man dabei z. B. „Koans", das sind paradoxe oder überraschende Formeln, die mit dem Verstand nicht zu fassen sind, innerlich betrachten und zu einem Verständnis kommen, das alle Verstandeskräfte überragt. Koan-Beispiele: „Wenn man in beide Hände klatscht, entsteht ein Ton. Wie klingt das Klatschen einer einzigen Hand?" „Spiele die saitenlose Leier." „Halte den Regen auf." Christliche Beispiele: „Nicht mehr ich lebe, sondern Christus lebt in mir" (Gal 2, 2). „Wer das Leben gewinnen will, wird es verlieren: wer aber das Leben um meinetwillen verliert, wird es gewinnen" (Mt 10, 38). „Der Buchstabe tötet, der Geist aber macht lebendig" (2 Kor 3, 6).

L Der in Japan lebende deutsche Jesuit **Hugo Lassalle** (1898–1990) hat einen Brückenschlag zwischen europäischem Christentum und **asiatischer Kultur** versucht. Seine Nähe zu **buddhistischer Praxis** und Überzeugung weckte bei vielen Misstrauen, andere waren fasziniert. Im Leben von Pater Lassalle kommen Ost und West nicht oberflächlich-modisch zusammen, sondern in einer ganz neuen Form.

A
1 Zur **Meditation:** → **M 10**.
2 Zum **Buddhismus:** → S. 210 ff; ein **Zen-Gedicht:** → S. 212.

Zen – Ein buddhistischer Weg der Selbsterfahrung

Zen, eine buddhistische Praxis, ist der Versuch, auf dem Weg der Selbsterfahrung zu einem besseren Selbstverständnis und zu einem tieferen Verständnis aller Dinge zu kommen. Es ist eine Übung des Geistes ohne alle anderen Hilfsmittel. Am Ende des Weges soll der Mensch offen sein für die Erleuchtung (jap.: „Satori"). Sie ist wie ein plötzlicher Sprung an ein anderes Ufer. Wollte man Zen beschreiben, könnte man sagen, es sei die Freiheit, nicht mehr an den Dingen der Welt und den Ideen des Ichs zu haften. Vielleicht kann eine leere Seite, ein einfacher Ton, ein Atemzug, ein Farbfleck oder eine Blume dem Betrachter das Geheimnis des Zen nahebringen, wenn er diese Dinge nur intensiv genug betrachtet.

Christen leben in der **Hoffnung**, dass ihr Tun in Zukunft nicht wirkungslos bleibt. Auch kleine Schritte haben oft große Bedeutung. Ihnen gibt ein Satz aus der modernen Chaostheorie zu denken, der aus den Erfahrungen mit Wetterumschlägen aus völlig unscheinbarem Anlass den **„Schmetterlingseffekt“** definiert: „Wenn ein Schmetterling in Hongkong mit dem Flügel schlägt, kann er in New York ein Gewitter auslösen.“

5. Der Weg in die Zukunft

Altes und junges Christentum

Das Christentum ist trotz seiner zweitausendjährigen Geschichte keine alte, sondern eine junge Religion.
Es war und ist für die Zukunft da. Seine Botschaft will die Zukunft prägen. Keiner weiß, wie die Zukunft aussehen wird. Deshalb sind Prognosen problematisch. Gewiss wird es für die Kirche viele Herausforderungen geben, von denen heute schon einige zu erkennen sind. Sie kommen

- aus der Suche der Menschen nach Sinn und Orientierung
- aus dem Lebensgefühl der Menschen, für die Computer und Internet eine Selbstverständlichkeit sind, und der anderen, die heute noch wie in der Steinzeit leben
- aus Wissenschaft und Technik, aus Medienangebot und Informationsflut
- aus der Hektik des modernen Lebens und der Ökonomisierung aller Lebensbereiche
- aus einer glaubensfernen Politik, Philosophie und Kunst
- aus den ungerechten sozialen Verhältnissen in der Welt
- …

Traum

Ich träume von einer Gemeinde, in der das Evangelium so verkündet wird, dass es den Menschen hilft zu leben, in der Menschen von Jesu Botschaft so begeistert sind, dass sie anderen davon erzählen, in der Menschen an das Evangelium glauben, weil sie Antwort finden auf ihr Suchen und Fragen.

Ich träume von einer Gemeinde, in der jeder mit jedem redet, in der Konflikte fair ausgetragen werden, in der Mutlose ein offenes Ohr finden, in der Traurige getröstet werden und Einsame Freunde finden, in der es keinen gibt, der nicht verstanden wird, in der jeder sich freut dazuzugehören.

Ich glaube an diesen Traum. Er hilft mir, mich einzusetzen in der Gemeinde, dass sie eine Gemeinde wird, in der Jesu Geist lebendig ist.

nach Sören Kierkegaard

Eine Wunschliste für das 21. Jahrhundert

- Die Kirche gewinnt viele neue Christen.
- Viele jungen Leute begeistern sich für Leben und Lehre Jesu.
- Die Christinnen und Christen verstehen die Welt als Schöpfung, die ihnen von Gott zur Bewahrung und Gestaltung gegeben ist.
- Sie treten in der Politik sachkundig und entschlossen für ihre Sache ein.
- Sie zeigen, wie man mit Technik, Medien und Wissenschaft klug und menschenfreundlich umgehen kann.
- Sie setzen sich für den Frieden ein und machen alle Anstrengungen, die großen und kleinen Weltkonflikte gewaltfrei zu lösen.
- Sie schauen nicht weg, wenn sie irgendwo menschliches Leid sehen.
- Sie stehen entschieden auf der Seite derer, die benachteiligt sind oder verfolgt werden.
- Künstlerinnen und Künstler können die Schönheit des Glaubens wieder darstellen. Sie entwerfen ungewöhnliche Sprachen, Bilder, Bauten und Tänze des Glaubens.
- Langweilige Predigten haben Raritätswert.
- Die Christen finden Wege, die sie zur Einheit zusammenführen.
- An einer Konferenz in Jerusalem einigen sich Vertreter der Religionen auf folgende Programmpunkte: Gegenseitiger Verzicht auf Beleidigungen – Erstellung eines gemeinsamen Maßstabs für alle wichtigen Weltfragen – Gemeinsamer Kampf gegen Sinn- und Orientierungslosigkeit.
- Der Papst verkauft den Vatikan.
- …

A

1 Welche **Herausforderungen** für die zukünftige Kirche seht ihr?

2 Was meint ihr, wie die Kirche in den Jahren **2025, 2100 und 3000** aussieht? Welche **Kirchenträume** habt ihr?

3 Was haltet ihr von der Gemeinde, von der **Kierkegaard** träumt?

4 Stellt auch selbst eine **Wunschliste** auf. Was vermisst ihr in dieser Wunschliste? Was erscheint euch überflüssig oder unmöglich?

5 Zum **Bild von Muer**: Was haltet ihr davon, dass Jesus die Füße des Papstes wäscht? (→ **M5**)

Guido Muer (1927–2000), Fußwaschung, 1987.

Das Recht auf Leben

Pablo Picasso (1881–1973), Krieg und Frieden, 1952–1953.

Der Maler Pablo Picasso hat sich oft mit dem Thema Krieg und Frieden befasst. Die hier gezeigten monumentalen Bilder, die zusammen etwa 100 Quadratmeter groß sind, hat er für die Schlosskapelle in seinem Wohnort Vallauris in Südfrankreich geschaffen. Sie sollte durch seine Bilder zum „Friedenstempel" werden.

Informationen zu den Bildern

- Auf dem **Kriegsbild** steht links ein unbekleideter Friedenskämpfer (→ S. 184), der mit Schwert und Schild einem kriegerischen Angriff standhält. An seinem Schwert hängt eine Waage, auf seinem Schild ist eine Taube. Zu seinen Füßen stehen grüne Ähren. Gegen ihn rückt ein mit drei Pferden bespannter Leichenwagen heran. Die Tiere zertrampeln ein brennendes Buch. Auf dem Wagen steht eine Gestalt, der personifizierte Krieg, der in der rechten Hand ein blutiges Schwert gegen zwei Hände schwingt, die sich wehrlos aus einem schwarzen Loch emporrecken. Mit der Linken zieht er eine Schale mit unförmigen kleinen Tieren hinter sich. Auf dem Rücken trägt er einen Korb mit Totenschädeln. Im Hintergrund schwingen finstere Gestalten ihre Waffen. Der Wagen hinterlässt am Boden eine blutige Spur.
- Das **Friedensbild** zeigt die Wohltaten des Friedens. In der rechten Gruppe liegt wie im Paradies mit apfelbehangenem Lebensbaum eine lesende Mutter mit Kind, beugt sich ein Junge mit einem Topf über einer Feuerstelle und hockt ein schreibender alter (?) Mann – wahrscheinlich eine Darstellung der drei Lebensalter. In der Mitte ein geflügeltes Pferd (der antike „Pegasus", der die Dichter beflügelt), das einen Pflug zieht, der von einem Kind gelenkt wird. Darüber leuchtet die Sonne, deren Strahlen Ähren sind. Daneben zwei wild tanzende Frauen, die sich den Zauberklängen eines Flötenspielers hingeben. Die linke Tänzerin jongliert auf ihrem Zeigefinger mit einer Stange, auf der rechts eine Sanduhr, oben ein Kind auf einem Bein steht. Dieses Kind spielt ebenfalls mit einer Stange, auf der oben ein Gefäß mit Vögeln (!), unten ein Käfig mit Fischen (!) zu sehen ist, das ein anderes Kind in seinen Händen festhält.

Da lohnt es sich, ganz genau hinzuschauen

1 Zu den **Bildern**: → **M5**. Versucht den Aufbau der Bilder nachzuzeichnen und schreibt hinein, was sich an der Stelle jeweils befindet, evtl. mit Zahlen, die ihr unter dem Bild erklärt.

2 Welche **Gewalt- und Kriegssymbole** könnt ihr auf dem Bild „Krieg" erkennen? Geht auf die beiden Hauptgestalten ein und lasst sie sagen, was sie empfinden. Wie wirken die Farben?

3 Welche **Friedenssymbole** findet ihr auf dem anderen Bild?

4 **Vergleicht** beide Bilder miteinander. Stichworte: Personen, Natur, Pferde, Farben, Atmosphäre, Wirkung. Was ist ihre gemeinsame Botschaft?

5 Malt **selber** Bilder zum Thema Krieg und Frieden.

Lebens-Erfahrungen

Lesen | Fragen | Denken | Interviewen | Suchen | Gestalten | Präsentieren

1 Erzählt, wo und wie ihr einmal erfahren habt, dass **euer Leben** kostbar ist. Wo habt ihr das Leben anderer als wertvoll erlebt?

2 Was meint ihr – ist das Leben das **höchste Gut**?

3 Schreibt in Stichworten auf, wodurch unser Leben heute **bedroht** ist.

4 In der Allgemeinen **Erklärung der Menschenrechte** der Vereinten Nationen (1948) und im **Grundgesetz** der Bundesrepublik (1949) ist das Recht jeder Person auf Leben in Freiheit und Sicherheit festgeschrieben. Besorgt euch die Texte und sprecht über ihre Bedeutung für die Politik und das Privatleben.

5 Zur **Wiederholung**: → WdG S. 116–121.

Vorschau

Jeder Mensch hat das **Recht** auf sein Leben. Das Leben und die Lebensqualität zu fördern und zu schützen, zählt zu wichtigsten Aufgaben aller.
Doch unser Leben ist mannigfach **bedroht**. Es gibt Gewalt, Krieg, Mord, Totschlag, Verleumdung, Rufmord usw. Die Möglichkeiten der heutigen Naturwissenschaften, Medizin und Technik werfen – besonders zum **Lebensanfang** und zum **Lebensende** – viele Fragen auf. Dürfen wir alles tun, was wir tun können?

1. Eine gewalttätige Welt

Alltägliche Erscheinungen

In vielen **Schulen** haben Schülerinnen und Schüler Angst vor anderen Schülern. Sie fürchten angeschrieen, mit Worten fertig gemacht, geschlagen und verletzt zu werden. Stifte und Feuerzeuge, Taschen und Flaschen werden da leicht zu Waffen. Das Faustrecht herrscht auf so manchem Schulhof. In vielen Klassen wird auch gemobbt. Aus Lust an der Gewalt oder „zur eigenen Verteidigung" bringen Schüler Messer, Schlagringe, Reizgas und Schreckschusspistolen mit in den Unterricht. Da werden aus Tätern rasch Opfer und aus Opfern rasch Täter.

Viele Menschen fühlen sich **auf Deutschlands Straßen** nicht sicher. In den Städten wagen sich viele Mädchen, Frauen und Alte während der Dunkelheit nicht allein auf die Straße. Bei großen Sportveranstaltungen dreschen gewalttätige Fans der verschiedenen Mannschaften aufeinander ein. Besonders gefährdet sind Ausländer. Radikale Schlägergruppen greifen sie oder solche, die sie als „Gammler" oder „Weicheier" ansehen, brutal an. Sie werden verfolgt, geprügelt, verletzt und manchmal sogar ermordet.

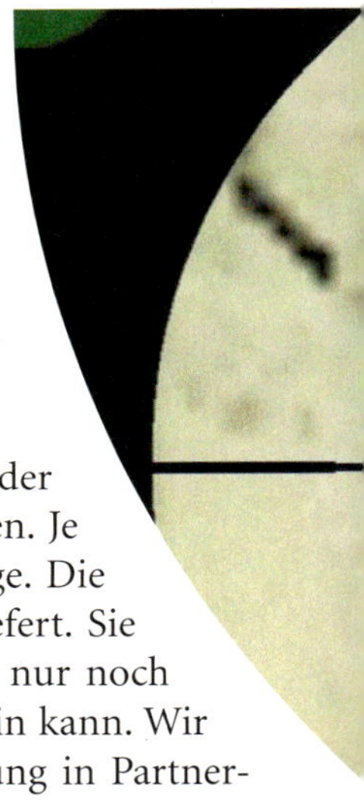

Fernsehen und Illustrierte zeigen oft Szenen der Gewalt, um damit Zuschauer und Leser zu unterhalten. Je brutaler die Story, umso höher die Quote und Auflage. Die Serien des Schreckens werden uns live ins Haus geliefert. Sie gehören zum Bestand unseres Alltags und regen uns nur noch gelegentlich auf, weil niemand dauernd erschüttert sein kann. Wir hören ständig von Mord, Totschlag und Vergewaltigung in Partnerschaften und Familien. Auf vielen Sendern knallen stündlich die Colts und Pistolen.

Unzählige Jugendliche lieben **Video- und Computerspiele**, in denen sie angeleitet werden, auf dem Bildschirm Menschen zu verletzen und zu töten. Es macht ihnen Vergnügen, blutverschmierte Zombies mit einem „Glattschuss" „platt zu machen" oder Polizisten mit dem Auto zu überfahren. Im Internet sind alle nur denkbaren Grausamkeiten meist auch schon für Kinder leicht abrufbar.

Immer noch gibt es in weit über 100 Ländern **autoritäre Regime und Militärdiktaturen**, die die Folter anwenden, Oppositionelle unter unvorstellbaren Bedingungen in Gefängnisse und Lager einsperren und Killerkommandos bezahlen, um jeden Widerstand auszulöschen. Die meisten Opfer sind politische Gegner, Journalisten,

---

L Jeder Mensch hat das **Recht auf Leben**. Sein wichtigstes Grundrecht ist nicht abhängig von seinen Fähigkeiten, seinem Bewusstsein, seiner Gesundheit, seiner Veranlagung oder seiner Herkunft. Kein Mensch darf darüber nach Belieben verfügen.

- Das Recht auf Leben besteht zuerst darin, dass niemand dem Menschen **das Leben nehmen** darf.
- Das Recht auf Leben bezieht sich auch auf die **Lebensqualität** („Unversehrtheit"). Jeder Mensch hat ein Recht darauf, sein Leben zu leben und seine Fähigkeiten zu entfalten.

A **Kein schönes, aber ein wichtiges Thema**

1 Sammelt Fotos, Zeichnungen, Bilder, Texte und macht eine **Ausstellung** zum Thema „Szenen der Gewalt". Anregungen: → **M6**.

2 Sprecht über ein **gewaltsames Ereignis der letzten Tage**, das euch bewegt. Sammelt dazu Informationen und Bilder.

3 Was könnt ihr tun, wenn ihr **Zeuge** werdet, wie ein Ausländer von Rowdys tätlich angegriffen wird. Wie reagiert ihr, wenn ihr auf dem Schulhof gewaltsame Taten seht?

4 Welche **Gewalttätigkeiten** kommen bei jungen Leuten häufig vor? Wo liegen die Ursachen? Wie seid ihr selbst daran beteiligt?

5 Warum können Zeitungen, Filme, Fernsehsendungen usw. heute viel **Geld** mit der Darstellung von Gewalt verdienen?

6 Welche **Shooter- und Action-Spiele** sind zur Zeit beliebt? Warum finden sie Interesse? Wie denkt ihr über die Ego-Shooter?

7 Was wisst ihr von menschlicher Grausamkeit gegen **Tiere**?

Solange es Schlachthöfe gibt, gibt es auch Schlachtfelder.

Leo Tolstoi

Immigranten, Asylsuchende und gewaltlose Demonstranten. Auch in einigen demokratischen Staaten werden Menschen heute bisweilen noch misshandelt.

Gewaltsame **Auseinandersetzungen und Kriege**, in denen Hunderttausende und Millionen sterben müssen, sind immer noch an der Tagesordnung. Stämme, Völker und bisweilen auch Religionen sind daran beteiligt. Meist ist die Empörung der Weltöffentlichkeit groß, aber die Versuche, dem sinnlosen Morden ein Ende zu machen, misslingen oder kommen oft viel zu spät.

L Im 20. Jahrhundert haben unvorstellbar viele Menschen in **Kriegen**, bei **Vertreibungen** und **Verfolgungen** ihr Leben verloren. Im Ersten Weltkrieg (1914–1918) wurden über 10 Millionen Menschen getötet. Im Zweiten Weltkrieg (1939–1945) kamen an den verschiedenen Fronten und in der Heimat über 55 Millionen Menschen ums Leben. Die Nazis haben zwischen 1933 und 1945 ca. 6 Millionen Juden umgebracht (→ WdG S. 216 f). Heute gibt es vor allem in Afrika und Asien schreckliche Todesbilanzen.

Der Mensch ist in der Lage, seine **Veranlagung zur Gewalt** („Aggressionen", „Emotionen") zu steuern. Er kann über seine Handlungen nachdenken und die Folgen oft erkennen. Daher wird er für seine Gewaltanwendung auch zur Rechenschaft gezogen, und zwar

- von sich selbst, d. h. seinem **Gewissen** (→ WdG S. 178 ff),
- vom demokratischen **Staat**, der in seiner Gesetzgebung die unrechtmäßige Gewaltanwendung untersagt und bestraft,
- von **Gott**, der alle ungerechte Gewalt verbietet.

Wer in **struktureller Gewalt** lebt, hat oft den Eindruck, nichts gegen die Gewalt tun zu können, die von hier ausgeht. Er trägt **nicht unbedingt persönliche Verantwortung** für dieses Unrecht, kann aber dafür durch Mitmachen oder Schweigen bis zu einem gewissen Grad mitverantwortlich werden.

Ein Politiklehrer spricht über Gewalt

Das Wort **„Gewalt"** (von „walten" = „vermögen") hat unterschiedliche Bedeutungen:

1 **physischer Zwang**, z. B. jemanden festhalten oder verletzen

2 **psychischer Druck**, z. B. jemanden Angst einjagen oder bedrohen

3 **strukturelle Gewalt**, d. h. Gewalt, die von ungerechten Macht- und Besitzverhältnissen ausgeht, z. B. Krieg, soziales Elend, Umweltverschmutzung, Hunger, Totalitarismus und religiöser Fundamentalismus usw.

4 eine **rechtmäßige Macht und Herrschaftsausübung**, z. B. die Demokratie, die auf Gewaltenteilung beruht: (a) Das Parlament erlässt die Gesetze; (b) Die Regierung ist für ihre Durchführung zuständig und verantwortlich; (c) Das Verfassungsgericht überprüft die Rechtmäßigkeit der Gesetze.

5 eine **Naturkatastrophe**, z. B. ein Erdbeben oder eine Überschwemmung

Wassilij Weretschagin (1862–1912), Verherrlichung des Krieges, 1871–1872.

Erzählt die Geschichten zu Ende:

Karin (16) ist mit ihren Eltern im Auto in der Stadt unterwegs. Plötzlich sieht sie, wie sich auf der Straße etwa 10 bis 12 Jugendliche heftig prügeln. Dabei wird einer der Streitenden schwer verletzt. Auf seinem Rücken ist Blut zu sehen. Er winkt dem Autofahrer zu. Als der Vater daraufhin das Autofenster öffnet, fleht der Verletzte in gebrochenem Deutsch, ihn rasch ins Krankenhaus zu fahren. Vielleicht – meint Karin – ist er Türke oder Albaner. Schon bedrohen einige der Gruppe mit eindeutigen Gesten den Verletzten und das Auto. Der Vater dreht sich um und fragt Karin, was er tun soll …

Im letzten Krieg sind in einem Dorf nachts drei Soldaten hinterrücks erschossen worden. Der Kommandant kann trotz einiger Mühen nicht herausfinden, wer die Täter sind. Am nächsten Abend befiehlt er, als Vergeltung und zur Abschreckung zehn Dorfbewohner zu erschießen. Drei Soldaten sollen den Befehl auf dem Dorfplatz ausführen. Hans Kuhn (21) weiß, dass es Unschuldige trifft und dass der Befehl ungerecht ist. Er …

In einer Klasse wird Hugo (15) immer sehr gehänselt, weil er immer komisch gekleidet ist und sich nie an den gemeinsamen Aktionen auf dem Schulhof beteiligt. In der Pause oder in der Klasse wird er gestoßen, ihm werden Füßchen gehalten und er wird mit Tomaten beworfen. Hugo ist nach der Pause immer den Tränen nahe. Lizzi (15) denkt darüber nach und …

Schon länger als zwei Jahrtausende wird gefragt, was zwei Schiffbrüchige tun sollen, die auf dem Meer in einem zu kleinen Floß treiben, das nur einen Menschen tragen kann. Soll A den B ins Wasser stoßen? Oder B den A? Oder sollen beide untergehen?

A

1 Befasst euch in Gruppen anhand eines Beispiels näher mit **struktureller Gewalt**, ihren Ursachen und Wirkungen. Sammelt dazu Texte und Bilder und entwerft am Ende zu diesem Thema ein großes Plakat für die Schule. Formuliert auch ein paar Thesen zum Thema. Welche Institutionen und kirchlichen Organisationen kämpfen gegen strukturelle Gewalt?

2 Manche meinen, Gewalt gehöre zur **natürlichen Ausstattung des Menschen**. Sie habe sich im Lauf der Evolution entwickelt. Ohne Gewalt (**„Aggression"**) habe der Mensch nicht überleben können.
Andere meinen, Gewalt sei dem Menschen nicht angeboren, sondern durch die **Gesellschaft** anerzogen. Von Natur aus sei der Mensch ein friedliches Wesen, ahme aber Gewalt nach, wenn er sie erlebe. Das lasse sich bei vielen Völkern noch heute nachweisen. Auch das Kind lerne erst dann die Gewalt, wenn es selbst Gewalt gegen sich erfahre.
Diskutiert beide Thesen und begründet eure Antworten.

3 Welche **Motive** veranlassen die Menschen zur Ausübung von Gewalttätigkeiten?

Guido Muer (1927–2000), Kain und Abel, 1985.

2. Du sollst nicht töten

Kain und Abel

1 Adam erkannte Eva, seine Frau; sie wurde
schwanger und gebar Kain. Da sagte sie: Ich habe
einen Mann vom Herrn erworben.
2 Sie gebar ein zweites Mal, nämlich Abel, seinen
Bruder. Abel wurde Schafhirt und Kain
Ackerbauer.
3 Nach einiger Zeit brachte Kain dem Herrn ein
Opfer von den Früchten des Feldes dar;
4 auch Abel brachte eines dar von den Erstlingen
seiner Herde und von ihrem Fett. Der Herr schau-
te auf Abel und sein Opfer,
5 aber auf Kain und sein Opfer schaute er nicht. Da
überlief es Kain ganz heiß und sein Blick senkte
sich.
6 Der Herr sprach zu Kain: Warum überläuft es
dich heiß, und warum senkt sich dein Blick?
7 Nicht wahr, wenn du recht tust, darfst du auf-
blicken; wenn du nicht recht tust, lauert an der
Tür die Sünde als Dämon. Auf dich hat er es abge-
sehen, doch du werde Herr über ihn.
8 Hierauf sagte Kain zu seinem Bruder Abel:
Gehen wir aufs Feld! Als sie auf dem Feld waren,
griff Kain seinen Bruder Abel an und erschlug ihn.
9 Da sprach der Herr zu Kain: Wo ist dein Bruder
Abel? Er entgegnete: Ich weiß es nicht. Bin ich der
Hüter meines Bruders?
10 Der Herr sprach: Was hast du getan? Das Blut
deines Bruders schreit zu mir vom Ackerboden.
11 So bist du verflucht, verbannt vom Ackerboden, der seinen Mund
aufgesperrt hat, um aus deiner Hand das Blut deines Bruders aufzu-
nehmen.
12 Wenn du den Ackerboden bestellst, wird er dir keinen Ertrag mehr
bringen. Rastlos und ruhelos wirst du auf der Erde sein.
13 Kain antwortete dem Herrn: Zu groß ist meine Schuld, als dass ich
sie tragen könnte.
14 Du hast mich heute vom Ackerland verjagt und ich muss mich vor
deinem Angesicht verbergen; rastlos und ruhelos werde ich auf der
Erde sein, und wer mich findet, wird mich erschlagen.
15 Der Herr aber sprach zu ihm: Darum soll jeder, der Kain erschlägt,
siebenfacher Rache verfallen. Darauf machte der Herr dem Kain ein
Zeichen, damit ihn keiner erschlage, der ihn finde.
16 Dann ging Kain vom Herrn weg und ließ sich im Land Nod nieder,
östlich von Eden.

aus dem 1. Buch des Mose (Genesis) 4, 1–16

A

1. Fasst kurz zusammen, was die Erzählung von **Kain und Abel** und was Jesus in der Bergpredigt über das Tötungsverbot sagen. Zum Textverständnis: → **M4**; zum Bild: → **M5**.
2. Sprecht über Möglichkeiten **im weiteren Sinn** zu töten, z. B. jemanden mundtot machen, seinen Ruf ruinieren oder ihn zu mobben. Welche kennt ihr noch?

Ein Bibelkenner erläutert den Text

Die Erzählung von der Ermordung Abels (hebr.: „Hauch", „Nichtigkeit") durch seinen Bruder Kain (hebr. verwandt mit einem Verb „schmieden") ist eine Sinngeschichte, die anschaulich sagt, wie Menschen handeln und was Gott will. Sie folgt unmittelbar auf die Vertreibung der ersten Menschen aus dem Paradies: → S. 38 ff.

1 Die Menschen leben **nicht mehr im Paradies.** Jetzt nehmen sie sich gegenseitig das Leben, das ihnen von Gott geschenkt wurde. Dieser Zustand ist der äußerste Kontrast zu dem, was Gott für die Menschen will.

2 Versuchung zum **Mord** steckt als **„Dämon"** im Menschen. Aber der Mensch kann über ihn „Herr werden" (8) und darf sich ihm nicht überlassen. Kain ist für seine Tat verantwortlich.

3 Kain sieht nach dem Mord an Abel, dass seine **Schuld** zu groß ist, als dass er sie tragen könnte. Sie ist „himmelschreiend" (10). Er selbst beschreibt die Folgen eindrucksvoll: Sein „Gewissen" („rastlos und ruhelos") plagt ihn, er muss sich vor der Blutrache anderer fürchten und Gott (sein „Angesicht") wird ihm fremd (14).

4 Zwar wird Kain wegen seines Mordes von Gott **verflucht** und vom Ackerboden vertrieben, weil er ihn mit Blut getränkt hatte (8 f). Aber Gott will **keine Blutrache.** Er droht jedem, der Kain erschlägt, schlimmste Strafen an. Das Kainsmal (15) soll Kain schützen. Der Teufelskreis von Gewalt und Gegengewalt muss ein Ende haben.

L

♦ In der Bibel nimmt das **Tötungsverbot** unter den **Ver**boten – nicht den **Ge**boten (→ S. 52) – den höchsten Rang ein. Es gilt, weil Gott der Schöpfer und Eigentümer des Lebens ist. Darum ist das Leben hier mehr als nur ein **Menschenrecht.** Es ist ein **Gottesrecht.** Wer einen Menschen tötet oder sein Leben beschädigt, greift in Gottes Rechte ein und macht sich an der Stelle Gottes zum Herrn über Leben und Tod.

♦ **Jesus** knüpft in der **Rede auf dem Berg** (→ S. 56 ff) an das biblische Tötungsverbot weitere Weisungen. Er zeigt, dass Menschen auch durch Worte und Taten wie Zorn, Beleidigung oder Lächerlichmachen verletzt werden können. Diese Worte und Taten sind gleichsam Vorstufen des Tötens und darum zu meiden.

♦ In (fast) **allen Kulturen und Religionen** gibt es das Tötungsverbot.

Das fünfte Gebot

Du sollst nicht morden.

aus dem Buch Exodus 20, 13

Jesus – Überbietung des Tötungsverbotes

Jesus bezeichnet in der Rede auf dem Berg (→ S. 56 ff), um aufzurütteln, schon vermeintlich harmlose Taten als Vorstufen des Tötens und nennt dafür drastische Strafen: Gericht, Hoher Rat und Hölle.

21 Ihr habt gehört, dass zu den Alten gesagt worden ist: Du sollst nicht
töten: wer aber jemand tötet, soll dem Gericht verfallen sein.
22 Ich aber sage euch: Jeder, der seinem Bruder auch nur zürnt, soll dem
Gericht verfallen sein; und wer zu seinem Bruder sagt: Du Dummkopf!,
soll dem Spruch des Hohen Rates verfallen sein: wer aber zu ihm sagt:
Du (gottloser) Narr!, soll dem Feuer der Hölle verfallen sein.

aus dem Evangelium nach Matthäus 5, 21–22

A

Du sollst nicht töten

1 Das **Strafgesetzbuch** der Bundesrepublik Deutschland unterscheidet in den Paragrafen 212 und 213 zwischen Mord und Totschlag. Arbeitet an Beispielen heraus, worin der Unterschied besteht. Wie wirkt er sich auf die Gerichtsurteile aus?

2 Informiert euch im **Internet** über die Tätigkeit von **Organisationen** wie Amnesty international, Greenpeace, Terre des hommes usw. Was sagt Amnesty international in seinem jüngsten Jahresbericht über die Verletzung der Lebensrechte in vielen Teilen der Welt?

3. Verzicht auf Gewalt

- Es gehört zu den größten Leistungen des Menschen, dass er auf die Anwendung von **Gewalt verzichten** kann. Diese „unnatürliche" Fähigkeit, die in der Natur ohne Beispiel ist, erhebt ihn weit über seine Triebe und Veranlagungen.
- Für Christen ist der **Gewaltverzicht Jesu** vorbildlich. Er ist vor allem dann gefordert, wenn man durch Gewaltverzicht die Spirale der Gewalt beenden und andere zur Besinnung rufen kann. Gewaltlosigkeit ist keine Schwäche, sondern höchste innere Stärke.

Ist das menschenmöglich?

Jesus sagt in seiner Rede auf dem Berg (→ S. 56 ff):

39 Leistet dem, der euch etwas Böses antut, keinen Widerstand, sondern wenn dich einer auf die rechte Wange schlägt, dann halt ihm auch die andere hin.
40 Und wenn dich einer vor Gericht bringen will, um dir das Hemd wegzunehmen, dann lass ihm auch den Mantel.
41 Und wenn dich einer zwingen will, eine Meile mit ihm zu gehen, dann geh zwei mit ihm.
42 Wer dich bittet, dem gib, und wer von dir borgen will, den weise nicht ab.

aus dem Evangelium nach Matthäus 5, 39–42

Ein Beispiel von Gewaltverzicht

Als Jesus kurz vor seinem Tod verhaftet wurde (→ ZdF S. 136 f), wollte sich Petrus mutig zeigen.

51 Einer von den Begleitern Jesu (Petrus) zog sein
Schwert und schlug auf den Diener des Hohenpriesters
ein und hieb ihm ein Ohr ab.
52 Da sagte Jesus zu ihm: Steck dein Schwert wieder an
seinen Platz; denn alle, die zum Schwert greifen, werden durch das Schwert umkommen.
53 Oder glaubst du nicht, mein Vater würde mir
sogleich mehr als zwölf Legionen Engel schicken, wenn ich ihn darum bitte? Wie würde dann aber die Schrift erfüllt, nach der es so geschehen muss?

aus dem Evangelium nach Matthäus 26, 52–54

Guido Muer (1927–2000), Gewaltlosigkeit, 1985.

- **Gewaltverzicht ist nicht eine Regel für alle Situationen.** Rivalität, Stärke und Durchsetzungsvermögen gehören zum Leben und Überleben.
- **Gewalt kann sogar geboten sein,** wenn nur durch Gewalt Unrecht gegenüber Unschuldigen vermieden werden kann. Ein Vater, der seine Kinder vor gewalttätigen Angriffen nur mit Gegengewalt schützen kann, handelt nicht unrecht. Aber in allen Fällen sollten so weit wie möglich gewaltfreie Lösungen gesucht werden.

Das kann man oft hören – Was haltet ihr von diesen Sprüchen?

Rache ist süß

Ich schlage zurück, wenn ich geschlagen werde. Ich bin doch nicht blöd

Wie du mir, so ich dir

Nur keine Schwäche zeigen

Man darf sich nichts gefallen lassen

Angriff ist die beste Verteidigung

Jürgen guckt

„Du bist schuld", sagt Jürgen.
„Nein, du!", schreit Kurt.
„Du!", brüllt Jürgen.
Kurt geht auf Jürgen zu.
Jürgen stupst Kurt.
Kurt schlägt Jürgen
gegen den Arm.
Jürgen haut zurück.
Kurt boxt Jürgen
in den Magen.
Jürgen tritt Kurt vors Schienbein.
Kurt knallt Jürgen
die Faust an die Schulter.
Jürgen trifft Kurt an der Lippe.
Kurt trommelt mit beiden Fäusten
gegen Jürgens Brust.
Jürgen stößt Kurt
das Knie in den Bauch.
Kurt schmettert Jürgen
die Rechte auf die Nase.
Jürgen verpasst Kurt eine aufs Ohr.
Kurt landet einen Schwinger
auf Jürgens Schlüsselbein.
Jürgen versetzt Kurt
einen Tiefschlag.
Kurt gibt einen Geraden zurück.
Jürgen kracht ihm
die Linke an den Hals.
Kurt hebt die Hand.
Schlägt nicht zu.
Jürgen guckt.

Gina Ruck-Pauquèt

A Gewaltverzicht – eine Anregung auch für euch

1 In vielen Schulen gibt es **Streitschlichter**, d. h. Schülerinnen und Schüler, die bei Streitigkeiten eingreifen und den Streit gewaltfrei zu lösen versuchen. Sprecht in eurer Klasse darüber, ob ihr so etwas auch einführen solltet. Im Internet findet ihr bei Google unter „Schulische Streitschlichter" manche Anregungen. Gestaltet auch selbst eine Internetseite, auf der ihr die Ergebnisse eurer Arbeit präsentiert.

2 Überlegt **Strategien** (Konfliktlotsen, Schulbusbegleiter u.Ä.), wie ihr Gewalt in der Klasse und Schule eindämmen könnt und übt sie in **Rollenspielen** ein: → **M8**.

3 Was versteht man unter **„Spirale der Gewalt"** und **„Teufelskreis der Gewalt"**? Warum ist Gewaltverzicht so schwer?

4 In welchen Fällen ist **Gewalt erlaubt** und sogar geboten? (→ Joh 2, 13–17)

5 Welche Gesetzmäßigkeit der Gewaltanwendung zeigt der **Streit zwischen Jürgen und Kurt**? Wodurch wird die Gesetzmäßigkeit unterbrochen? Stellt die Szene ohne Gewalt in einem Rollenspiel nach! (→ **M8**)

6 Gewaltlosigkeit bei **Helder Camara** (→ S. 141), **Martin Luther King** (→ S. 14) und **Gandhi** (→ S. 208)?

Religion
darf nie ein Grund für Gewalt sein.

Papst Johannes Paul II. (1978–2005)

4. Macht über die Gene

Welche Auswirkungen hat die neuere Genetik?

Die Biologin Dr. Micha nimmt Stellung zu einem aktuellen Thema

Heute ist die Genetik ein wichtiger Teil der Biologie. Ihre rasant wachsenden Forschungsergebnisse werden heute weit über die Wissenschaft hinaus in der Öffentlichkeit, in der Politik und auch in den Kirchen diskutiert, weil die künftige Genforschung **erhebliche Auswirkungen** auf unser Leben haben wird.
Zur Zeit werden bei diesem Thema Ängste geschürt und Hoffnungen geweckt. Ob und wie weit sie eintreffen, kann heute niemand sagen.

Ängste

Am Horizont der Forschung erscheint der **„gläserne Mensch"**, der in all seinen genetischen Bestandteilen bekannt ist. Man erwartet, demnächst die persönliche Genkarte eines Menschen erstellen zu können, die alle seine genetischen Daten enthält. Dann könnte man den Wert eines Menschen nach seiner Genkarte festlegen. Schon bald wären der Staat, die Polizei oder die Versicherungen in der Lage, Einsichten in die persönliche Eigenart der Bürger zu gewinnen. Das Menschenrecht auf Schutz der privaten Sphäre wäre bedroht.
Je intensiver die menschlichen Erbanlagen entschlüsselt werden, umso größer wird die Gefahr, die Menschen in **genetische Unter- und Oberklassen** einzuteilen und ihren gesundheitlichen Wert nach ihren persönlichen Gendaten zu beurteilen. Bislang unbekannte Formen genetischer Diskriminierungen könnten entstehen.
Einige Philosophen hoffen, die „Bestie Mensch", die durch Erziehung nicht verbessert werden könne, durch Eingriff in seine genetische Substanz zu verändern. So würde die Menschheit in eine bessere Zukunft gehen. Experten sollten bald zusammenkommen, um den zukünftigen Menschen zu planen. Schon ist von **„Menschenzüchtung"** und „Auslese" die Rede.
Vielleicht wird an die Stelle der natürlichen Fortpflanzung die künstliche Befruchtung treten, die besser auf günstige genetische Kombinationen achten kann. Dann könnten nur noch Wunschkinder zur Welt kommen. Züchtungen bevorzugter Eigenschaften wie Geschlecht, Gesundheit, Intelligenz, Schönheit, Größe, sportliche und musische Veranlagung würden zum Normalfall (**„Designer-Babys"**). Eltern, die behinderte oder unbegabte Kinder haben, könnten sich Vorwürfen, vielleicht sogar Strafen ausgesetzt sehen. Sie hätten die Mängel ja verhindern können („Kind als Schaden").

Wer einen **Arbeitsplatz** sucht, wird zunächst einen Gentest zu bestehen haben, der darüber entscheidet, ob der Arbeitssuchende für den Arbeitsplatz geeignet ist oder nicht. Die Art seiner Arbeit und Höhe seines Gehaltes wird von der Qualität seiner Gene abhängen.
Vorstellbar ist auch die **Herstellung biologischer Waffen**, die so konstruiert sind, dass sie nur die feindliche Bevölkerung schädigen, weil sich die Angreifer selbst durch genetische Maßnahmen schützen können.
Mit den Ergebnissen der Genforschung wird sich viel **Geld** verdienen lassen. Genmakler und -verkäufer werden sich etablieren. Menschliche Gene könnten zu Waren des Marktes werden. Schon heute werden Gene patentiert, um in Zukunft daraus Profit zu ziehen.

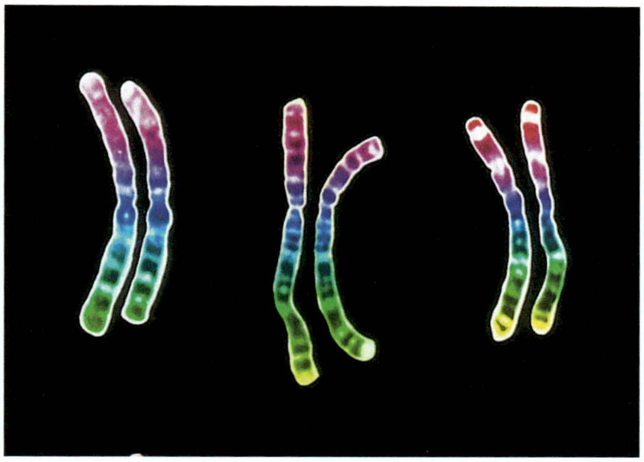

1

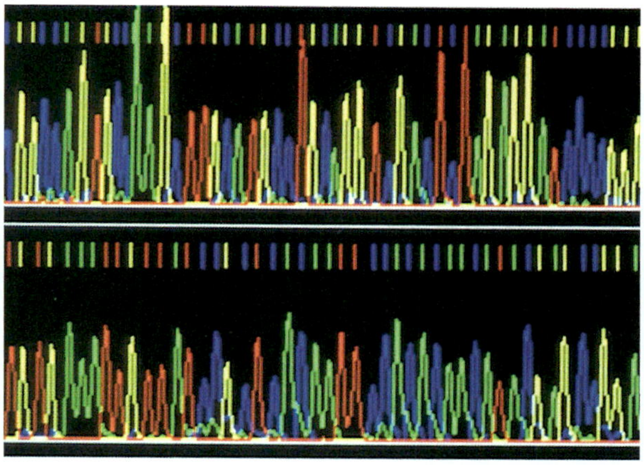

2

Hoffnungen

Die Erzeugung von **Nahrungsmitteln** wird sich verbessern. Man wird möglicherweise Getreidearten und Gemüsesorten entwickeln, die billiger zu erzeugen, gegen Krankheiten unanfällig und für die menschliche Ernährung wertvoller sind als ihre Vorgänger. Allerdings kennen wir heute noch nicht alle Risiken, die gentechnisch behandelte Nahrungsmittel mit sich bringen.

Die Genforschung wird die **Medizin** revolutionieren. Man wird lernen, welches genetische Erbe zu Krankheiten und Missbildungen führen kann. Schon sind genetische Faktoren unheilbarer Krankheiten und Behinderungen wie Alzheimer, Krebs, das Down-Syndrom, Aids, Asthma, Bluthochdruck, Fettsucht und Herzschwäche bekannt, ohne dass man diese Krankheiten heute schon heilen kann. Doch hofft man, sie demnächst gentherapeutisch heilen zu können. Man wird Medikamente entwickeln, die ganz auf die Bedürfnisse des Einzelnen abgestimmt und darum entsprechend wirksamer und vielleicht auch billiger sind als die herkömmlichen. Der Alterungsprozess eines Menschen könnte hinausgezögert und seine Lebenserwartung wesentlich erhöht werden.

Der genetische Fingerabdruck macht es der **Justiz und Polizei** leicht, einen Täter aus einer Vielzahl von Verdächtigen herauszufinden, weil bereits kleine Zellbestandteile des Täters vom Tatort diesen überführen können. In Reihenuntersuchungen können z. B. Vergewaltiger oder Mörder identifiziert werden.

4

3

AATTTC	ATAAAA	GACATT	TGGGTT	ATT
ATTGTT	ATTGGA	TAGCTA	ATATGA	ACA
ATATTG	ATTGAT	CGAACA	TTTGTG	TAC
TTGATT	GCAAAG	TGTGAA	CATATG	TTT
ATACTG	AGTCTC	ATATAC	TTAGGA	GTG
CAAGAC	ATAGCT	GGTCAT	AAGGTA	ACT
CTAGGC	TAGTAT	ACCTTT	TGAGGA	ACT
TTCAAG	TGATTC	TTTTCC	AAAGCA	GCT

L Die **Genforschung** (auch **Genetik**: Wissenschaft von der Vererbung) befasst sich mit den Genen, den letzten Einheiten der Erbinformation. Gene bestimmen die Ausbildung bestimmter Merkmale eines Lebewesens. Die **Gentechnik** ermöglicht es, den genetischen Bestand eines Lebewesens zu verändern. Man spricht dann von **Genveränderung** oder Genmanipulation. Sie bietet ungeahnte Chancen und Risiken.

Die Bilder zeigen (1) Chromosomenpaare, (2) eine DNS-Sequenz, (3) die vier chemischen Bausteine eines menschlichen Gens und (4) die Computeranimation geklonter Menschen.

> **Der Wert eines Menschen** liegt **nicht** in seinen **Genen.** Er besteht nicht darin, dass er gesund oder intelligent ist, Bewusstsein und Sprache hat, von seinen Eltern angenommen wird oder für die Gesellschaft nützlich ist. Wer solche Maßstäbe hat, wird möglicherweise dazu übergehen, Kranken, Behinderten und Alten die Existenzberechtigung abzusprechen, weil auch diese vordergründig keinen Wert haben und für die Gesellschaft nicht mehr nützlich sind.
>
> **Für Christen** liegt der Wert eines Menschen darin, dass er Bild und Geschöpf Gottes ist (→ WdG S. 111) und von Gott geliebt wird.

Genabfalltonne einer Hausfrau

Ein Ethikpolizist (EP) kontrolliert im Zeitalter der Gentechnik den Haushalt und die Abfalltonne von Frau Schneider (FS). Hier ein Auszug aus ihrem Gespräch.

EP: Guten Tag, Frau Schneider. Ich hätte gerne mal Ihren Vitalabfall kontrolliert.

FS: Aber natürlich, Herr Wachtmeister. Wir haben nichts zu verbergen.

EP: Haben Sie in letzter Zeit irgendwelche Genmanipulationen vorgenommen, Frau Schneider?

FS: Ja. Wir haben zwei Meerschweinchen gezüchtet. Mit Wellensittich gemischt. Sie können singen. Wollen Sie sie sehen?

EP: Nein, nein. Danke, ich glaub's Ihnen. Bei Kleinnagern sind wir da nicht so pingelig. Sonst noch etwas?

FS: Noch eine Biobiene, die Mücken frisst. Und nicht sticht. Die Chromosomen dazu gab's neulich in der Apotheke.

...

EP (geht dann zur Vitalabfalltonne, zieht einen Plastikbeutel heraus): Und was ist das?

FS: Was? Das? Ach so, das ist der erste Versuch.

EP: Ein Söhnchen.

FS: Ja, wir hatten es schon einmal ungezüchtet bis zur vierten Woche. Aber dann haben wir uns umentschlossen. Mein Mann und ich, wir wollen jetzt doch lieber eine Tochter. Oder natürlich ein Sochter.

EP: Das verstehe ich. Da sind die Chromosomensätze zwar etwas teurer, aber man hat eben beides: einen Sohn und eine Tochter.

FS: Das stimmt. Außerdem hatten wir das musikalische Talent auf Chromosom 11 vergessen, das uns meine Schwiegermutter zu Weihnachten geschenkt hat. Sie ist Klavierlehrerin.

EP (dreht den Sack um): Der Embryo ist ordnungsgemäß im Vitalsackabfall verstaut. Alles ok.

FS: Und als Menschenabfall gekennzeichnet.

Franziska Polanski

> **An der Vitaltonne**
>
> 1 Diskutiert darüber, ob **es so kommen wird,** wie es hier beschrieben wird?
>
> 2 Versucht selbst, die ein oder andere **Szene hinzuzuerfinden.**

Dr. med. Hildwin bezieht Position

Menschen dürfen nicht alles tun, was sie können. Sie dürfen keinem Menschen das Leben nehmen und müssen immer die Würde des Menschen beachten. Im Blick auf die Genforschung und Gentechnologie ergeben sich daraus folgende Grundsätze:

- **Therapeutisches Klonen**, d. h. die Herstellung von menschlichen Embryonen, um aus ihnen genetisches Material zur Heilung von Krankheiten zu gewinnen, ist verboten. Das Tötungsverbot gestattet auch für einen guten Zweck keine Ausnahme.
- Keiner hat das Recht, **Menschen** durch Genmanipulation oder Klonen **zu züchten**, um perfekte Kinder herzustellen. Erst recht ist es pervers, Embryonen herzustellen, die aus Zellen von Mensch und Tier bestehen („Chimären").
- Genetische **Veränderungen des Menschen** sind erlaubt und sogar erwünscht, wenn sie der Heilung von Krankheiten dienen. Sie sind unerlaubt, wenn das Risiko für den Patienten oder für die zukünftige Entwicklung nicht absehbar ist.

Das Geheimnis des Menschen liegt nicht in seinen Genen

Es mag überraschen, dass bei Feldmaus und Hausmaus, die viele Laien in ihrer Gestalt kaum zu unterscheiden vermögen, die genetischen Unterschiede deutlich größer sind als zwischen Schimpanse und Mensch. Dass die Forscher im menschlichen Genom keine Antwort darauf gefunden haben, was den Menschen zum Menschen macht, hat viele enttäuscht. Aber schon die Entdeckung, dass das Geheimnis des Menschen nicht in seinem bloßen Lebenskontext liegt, ist eine wichtige Erkenntnis.

Barbara Hobaum

L Die Erforschung der Gene kann großen **Nutzen** bewirken und großen **Schaden** anrichten. Wo die **Grenze** zwischen diesen beiden Möglichkeiten liegt, lässt sich heute nicht für alle Fälle klar entscheiden. Wir können noch nicht die Frage beantworten, was der Mensch hier tun darf und was er lassen muss. In Wissenschaft, Politik und Kirche, auch in der Schule müssen wir intensiv darüber nachdenken und diskutieren.

Keine Angst vor der Gentechnik

Christen brauchen sich vor den Entwicklungen der Gentechnik nicht zu fürchten. Auch das gehört ja zu den großen Merkwürdigkeiten und Besonderheiten des Menschen: nur er möchte das Rätsel über sich und die Welt lüften. Nur er ist von Neugier und Ehrgeiz getrieben, wissen zu wollen, was kein anderes Lebewesen selbst bei annähernd ähnlicher materiell-genetischer Ausstattung wissen möchte. Keine nichtmenschliche Nervenzelle, kein noch so wunderbar sich selbst organisierendes Riesenmolekül, kein Atom und kein noch so rechenstarker künstlicher Intelligenz-Roboter mit dem Schaltvermögen eines menschlichen Gehirns käme von sich aus auf die Idee, wissen zu wollen, was ist, warum es ist, wie es ist und warum er/sie/es selbst ist. Mehr noch: ob womöglich Gott ist.

Johannes Röser

A

1. Bereitet in kleinen Gruppen kurze **Referate** über Einzelheiten der Genforschung vor, z. B. über die Eigenart und Wirkweise der Gene, über wichtige Erkenntnisse und aktuelle Fragestellungen. Zur Vorbereitung: → **M2**.
2. Diskutiert darüber, was man mit der **Gentechnik** tun darf und wo sich die Gentechnik grundsätzlich Grenzen setzen muss.
3. Warum ist der **Mensch mehr als die Summe seiner Gene**?
4. Wie verhalten sich biologische Forschungen zum **christlichen Glauben**?

5. Probleme am Lebensanfang: Abtreibung

L
- Jede **Abtreibung** ist eine **Tötung menschlichen Lebens.** Sie ist daher zu keinem Zeitpunkt der Schwangerschaft erlaubt.
- Allerdings kann eine schwangere **Frau** in einer Konfliktsituation vor der Frage stehen, ob sie ihr Kind austragen soll oder nicht. Sie hat für ihre Entscheidung Anspruch auf jede Hilfe. Niemand hat das Recht, eine Frau, die sich gegen das Kind entschieden hat, zu **verurteilen** (Mt 7, 1; → S. 56).

Frauen in Konfliktsituationen

Tabea (20): Wenn ich das Kind bekomme, verlässt mich mein Freund. Dann stehe ich ganz allein da. Jetzt schon trifft er sich viel zu oft mit Rosi, weil ich nicht immer mit ihm gehen kann.

Arnika (17): Ich bin noch viel zu jung für ein Kind. Ich weiß gar nicht, wie ich mit ihm umgehen soll. Und außerdem muss ich erst noch meine Ausbildung als Frisöse zu Ende führen.

Julia (24): Ich lasse mir von niemandem sagen, was ich tun muss, schon gar nicht von einem Mann. Das bestimme ich allein. Ich halte mich an den Spruch: „Mein Bauch gehört mir."

Moni (18): Meine Eltern haben kein Verständnis, wenn ich das Kind kriege. Es ist ihnen unangenehm und sie denken, dass ich meine Zukunft verbaue. Von ihnen kann ich später keine Hilfe für das Baby erwarten.

Lisa (29): Ich habe schon zwei Kinder. Das reicht meinem Mann und mir.

Anette (24): Ich habe Aids. Da wird das Kind wohl auch selbst Aids haben.

Verona (23): Ich habe schon mehrere Abtreibungen hinter mir. Das lass ich immer machen, wenn es passiert ist.

Paola (20): Ich möchte das Kind eigentlich haben. Aber mein Freund und ich – wir sind arbeitslos. Wir wissen nicht, wie wir es durchbringen können.

A
Könnt ihr euch in die Situation hineinversetzen?

1. **Nehmt Stellung** zu den Äußerungen der Frauen in Konfliktsituationen. Macht eine Aufstellung über die Gründe, die für ihre Einstellung maßgeblich sind. Ordnet die einzelnen Äußerungen den verschiedenen Indikationen zu. Wie beurteilt ihr die verschiedenen Indikationen?
2. Stellt Äußerungen von Frauen, die sich auf ihr Kind gefreut haben und ihr **Kind als Glück** ansehen, zusammen. Welche Gründe haben die Frauen, die ihr Kind austragen?
3. Lasst euch von eurer **Mutter** erzählen, wie sie es erlebt hat, als sie mit euch schwanger war.
4. Wie denkt ihr über die Verantwortung des **Vaters** für das ungeborene Kind?
5. Was können der Vater des Kindes, die Eltern der Frau und des Mannes, die Freundinnen und Freunde und ggfs. die Lehrerinnen und Lehrer für eine **junge Schwangere** tun?

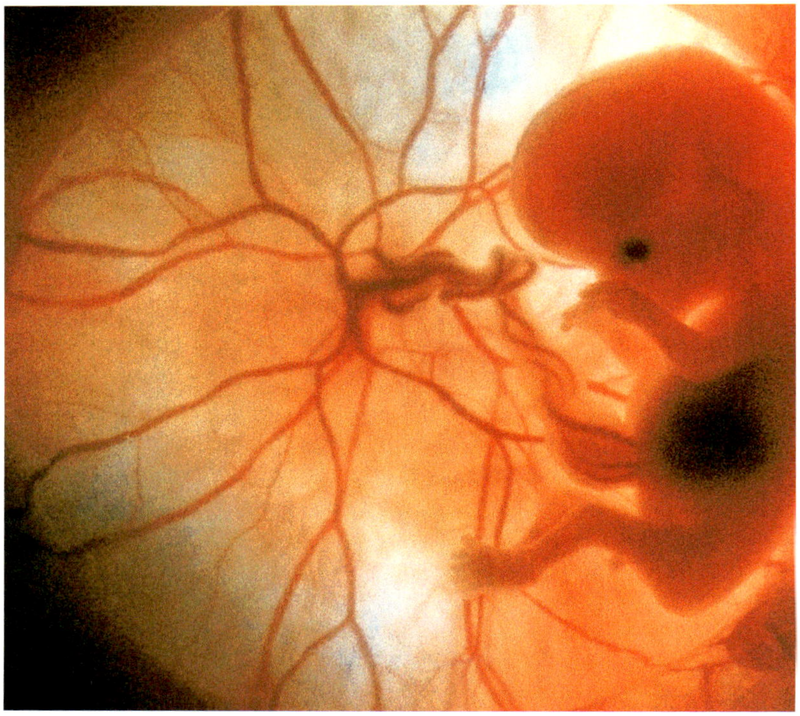

Aus der ärztlichen Praxis

Manchmal kann man hören, dass eine Abtreibung am Anfang der Schwangerschaft unbedenklich sei, da der Embryo noch kein menschliches Wesen sei. Diese Auffassung widerspricht allen wissenschaftlichen Erkenntnissen. Der Embryo ist vom ersten Augenblick seiner Entwicklung etwas Lebendiges, aus dem nichts anderes werden kann als ein sich voll entwickelnder Mensch. Schon früh zeigt der Embryo im Mutterleib deutlich alle Züge des künftigen Menschen mit Kopf und Herz, Rumpf und Gliedern. Sicher ist auch, dass der Embryo Schmerzen empfinden kann. **Eine Abtreibung ist zu jedem Zeitpunkt die Tötung eines Menschen.**

Dr. Sabina Wilhelms

Herbert Falken (geb. 1932),
Der schwangere Tod, 1981.

Aus der psychologischen Praxis

Die Entscheidung, eine Schwangerschaft abzubrechen, wird nie leichtfertig getroffen. Es sind immer ganz viele Gedanken, die da hineingehen, ganz vieles Hin- und Herbewegen im Herzen. Und wenn jemand ein Kind in sich trägt, dann ist das ja ein Teil von einem selbst, und wenn eine Frau dieses Kind dann wieder hergibt, dann ist es, als ob ein Stück von ihr genommen wird. ...

Das Leben wird durch eine Abtreibung behindert. Die Kreativität kann dadurch gebunden sein, oder auch die Liebesfähigkeit. Wenn immer so ein Gefühl da ist: ich habe etwas Unrechtes getan, dann ist oft auch das Gefühl da: ich habe kein Recht auf Glück, ich habe kein Recht auf weitere Kinder. Das kommt auch dazu, und oft werden weitere Schwangerschaften behindert, weil im Inneren das Gefühl ist: eigentlich habe ich das nicht verdient, dass es mir jetzt gut geht. Es kann sein, dass Frauen Depressionen bekommen, dass sie anfälliger sind für Krankheiten, dass ihr Immunsystem geschwächt wird, Angstzustände sind die Folge, Süchte, es kann sein, dass man trinkt, isst, irgendetwas, womit man verhindern kann, dass die Gefühle, die da sind, dass man die nicht fühlt.

Hannah Lothrop

Aus einem Tagebuch

Wenn ich zurückdenke, es hätte nicht sein dürfen. Ich hatte verdient, war alt genug. Aber es war immer die Illusion, es soll eine Situation sein, die gut ist. Aber die hat man im Grunde nie im Leben. Die Situation ist nie richtig, um ein Kind zu kriegen. Man muss sich sagen: egal wie die Situation ist, ich will dieses Kind, denn ob Geld, Mann oder Alter, all das stimmt nie, immer spricht irgendetwas dagegen. Ich hatte damals große Ängste. Wenn die Eltern gesagt hätten, wir helfen dir, wenn er gesagt hätte, ich helfe dir, vielleicht hätte ich es geschafft. Ich habe mir nicht erlaubt, mir das vorzustellen, ich habe nur gemerkt: ich bin schwanger. Katastrophe, für mich war das nur ein Weltuntergang.

Calla, 20 Jahre danach

L Es gibt verschiedene **„Indikationen"** (lat.: „Anzeigen"), die die Rechtfertigung einer Abtreibung „anzeigen" sollen:

- die **medizinische** Indikation: das Leben der Mutter ist gefährdet
- die **genetische** Indikation: eine schwere Krankheit oder ein genetischer Mangel beim Kind sind zu erwarten
- die **soziale** Indikation: das Kind ist aus sozialen Gründen eine Belastung, z. B. die Eltern sind arm, haben keine Wohnung, keinen Beruf usw.
- die **kriminologische** Indikation: Schwangerschaft nach einer Vergewaltigung
- die **kosmetische** Indikation: die Schönheit der Mutter wird eingeschränkt
- die **feministische** Indikation: die Frau allein hat das Recht der Entscheidung

A

1 Welche Lebensbereiche einer jungen Frau werden durch eine **frühe (ungewollte) Schwangerschaft** verändert?

2 Was müsste sich in unserer Gesellschaft ändern, damit die **Zahl der Abtreibungen** kleiner wird?

L

Das **ethische Problem** der Abtreibung besteht darin, dass das **Recht der Frau** auf Selbstbestimmung und das **Recht des Ungeborenen** auf Leben gegeneinander stehen. Diese beiden hochrangigen Werte sind nicht gleichrangig. Bei der Frau geht es um die Wahl zwischen einem Leben mit und einem Leben ohne Kind, also zwischen zwei verschiedenen Lebensmöglichkeiten. Bei dem Kind geht es nicht um zwei verschiedene Lebensmöglichkeiten, sondern um Leben und Tod. Darum ist das **Leben des Kindes der höhere Wert.**

Ich habe mich richtig entschieden

Petra (P), die mit 18 Jahren Mutter geworden ist, stellt sich den Fragen einer Reporterin (R):

R: Im wievielten Monat hast du erfahren, dass du schwanger bist?

P: Das war in der sechsten Woche.

R: Wie war deine erste Reaktion?

P: Ich bin erst mal völlig verwirrt durch die Stadt gelaufen und habe versucht, es zu realisieren. Aber das ging nicht, denn man sah äußerlich ja auch noch nichts. Man kann aber nicht sagen, dass ich traurig oder glücklich war. Ich hatte keine Gefühle. Mein Freund war zunächst geschockt und wollte die Abtreibung. Später sagte er aber doch, dass es meine Entscheidung sei. Meine Mutter hat gut reagiert und gesagt: „Das kriegen wir schon groß." Die Eltern meines Freundes waren lange für die Abtreibung, weil wir uns die Zukunft verbauen würden. Jetzt freuen sie sich allerdings über das Kind.

R: Ist die Geburt gut verlaufen?

P: Ja, die Geburt ist gut über die Bühne gegangen: Sie dauerte nur vier Stunden. Der Papi war dabei. Er wurde öfters blass und konnte nicht hinsehen.

R: Wirst du von deinem Freund und deinen Eltern unterstützt?

P: Von meinem Freund wünsche ich mir mehr Unterstützung. Meine Mutter würde babysitten und mir zur Hand gehen, aber so viel Hilfe will ich gar nicht. Ich bin gar nicht mehr so verrückt auf Disko und bleibe abends gerne zu Hause.

R: Gab es Momente, wo du gedacht hast, dass du das Baby doch nicht haben willst?

P: Eigentlich war mir immer klar, dass ich das Kind bekommen werde. Aber in der ersten Woche, nachdem ich von der Schwangerschaft erfahren hatte, habe ich schon darüber nachgedacht. Ab und zu denke ich auch jetzt noch: Worauf hast du dich da eingelassen? Wenn ich sie dann wieder angucke, wird mir klar, dass ich mich richtig entschieden habe. Ich denke darüber nach, wie es ohne sie wäre, und dann weiß ich, dass ich sie nicht missen möchte.

R: Hat dich das Kind verändert?

P: Über einige Dinge denke ich heute anders als früher. Zum Beispiel war es mir früher egal, ob ich einmal für drei Tage kein Geld hatte. Aber heute muss ich doch wenigstens genügend Geld für ein Taxi zu Hause haben, falls die Kleine ins Krankenhaus müsste. Außerdem bin ich ordentlicher geworden ... Na ja, man wird natürlich auch reifer durch die große Verantwortung, die auf einem lastet.

R: Wie sieht deine Zukunft aus?

P: Ich werde nächstes Jahr im August die Erzieher-Schule fertig machen. Was danach kommt? Abwarten!

Kristina Jessen

Erschreckende Zahlen

- Zur Zeit werden bei uns jährlich ca. 135 000 Schwangerschaftsabbrüche statistisch registriert.
- Davon sind ca. 700 Mädchen unter 15 Jahren, ca. 7 000 zwischen 15 und 18 Jahren betroffen.
- Zum Vergleich: Die Zahl der Geburten bei Frauen unter 18 Jahren liegt etwa bei 5 200.
- Je 47 Prozent der Frauen sind verheiratet und ledig, 6 Prozent sind geschieden.
- Die für die jungen Frauen genannten Zahlen haben sich in den letzten Jahren kaum verändert.

Die Rechtslage in Deutschland

In Deutschland steht das menschliche Leben unter dem Schutz des Grundgesetzes. Darum ist die Abtreibung grundsätzlich verboten. Doch können Frauen nach dem geltenden Strafgesetz § 218 ff einen Schwangerschaftsabbruch bis zum dritten Monat straffrei vornehmen lassen, wenn sie vorher mit einer staatlich zugelassenen Beratungsstelle Kontakt aufnehmen. Diese gesetzliche Bestimmung nennt man **„Fristenregelung mit Beratungspflicht"**. Das Gesetz schreibt vor, dass die Frauen dort ermuntert werden sollen, das Kind auszutragen und dass ihnen Perspektiven für ein Leben mit Kind zu eröffnen sind, wenn die Beratung auch „ergebnisoffen" sein muss. Sie werden zu eigener Verantwortung ermutigt, in medizinischen, juristischen, sozialen und finanziellen Fragen beraten und über die Folgen einer Abtreibung informiert. Mögliche Hilfen in ihrer jetzigen und zukünftigen Situation werden angeboten. Auch der Vater des Kindes sollte an der Beratung teilnehmen.

Ein Arzt darf die Abtreibung nur vornehmen, wenn die Frau durch einen „Schein" den Nachweis dieser Beratung erbringt.

Die Einstellung der Kirche

Die katholische Kirche hat sich bis zum Jahr 2000 an dieser Form der Beratung beteiligt. Seitdem unterhalten die Bischöfe auf Weisung des Papstes Johannes Pauls II. keine Beratungsstellen mehr, die einen strafbefreienden Schein ausstellen, weil sie nicht länger den Anschein erwecken wollen, an der Tötung eines Kindes mitzuwirken. Sie haben seitdem neue Beratungsstellen eingerichtet, die helfen, aber keinen Schein erteilen. Sie sind unter dem Namen **„esperanza"** (**„Hoffnung"**) leicht erreichbar.

Katholische Laien haben in eigener Verantwortung ein Beratungssystem unter dem Namen **„Donum vitae"** (**lat.: „Geschenk des Lebens"**) aufgebaut, das den gesetzlichen Anforderungen entspricht. Sie tun dies in der Überzeugung, bei ihrer Beratung mehr Schwangere zu erreichen und ihnen Wege zeigen zu können, die eine Abtreibung überflüssig machen. Die Schwangere erhält hier auch dann den Schein, wenn sie zu erkennen gibt, dass sie das Kind nicht behalten will.

L

- In unserer Gesellschaft bestehen heute vor allem die **Kirchen** darauf, das **Lebensrecht jedes Kindes** nicht den Rechten der Mutter unterzuordnen und auf die Pflichten der Väter hinzuweisen. Die katholische Kirche fordert die Politiker in Deutschland auf, die heutige Gesetzgebung zu ändern und alles für den Schutz des ungeborenen Lebens zu tun.
- Mit ihrer klaren Position befindet sich die Kirche **im Gegensatz zu weit verbreiteten Auffassungen in unserer Gesellschaft**. Aber sie findet auch in nichtkirchlichen Kreisen Zustimmung, weil das Verbot der Abtreibung kein christliches Sondergut ist.

A **Informationen anfordern und Hilfen suchen**

1 **Hilfen** findet man im Internet unter: **„www.esperanza-online.de"** **„www.donumvitae.org"**. Dort gibt es auch anonyme Beratungen mit selbst gewähltem Passwort. Fordert von dort Materialien an, die euch weitere Informationen geben.

2 Sucht eine **Beraterin**, die euch in der Klasse oder in der Beratungsstelle zum Thema Abtreibung informiert.

esperanza
Beratungs- und Hilfenetz vor, während und nach einer Schwangerschaft

donum vitae
beraten - schützen - weiter helfen

♦ Viele Menschen sind beunruhigt, **am Ende ihres Lebens** durch einen gewaltigen medizinischen Aufwand (**„Apparatemedizin“**), vielleicht sogar ohne Bewusstsein, am Leben gehalten zu werden, auch wenn sie unheilbar schwer krank sind. So entsteht die Frage, ob man dem Leben, z. B. aus Mitleid, ein Ende setzen darf.

♦ Das fünfte Gebot verbietet die **aktive Sterbehilfe**. Würde die gutgemeinte Tötung erlaubt, gäbe es keinen vernünftigen Grund mehr, dieses vermeintliche Recht des Menschen über Leben und Tod nicht auszuweiten und z. B. nicht gewollte Kinder, Schwerbehinderte, Kriminelle oder Geisteskranke ebenfalls zu töten.

♦ Die **passive Sterbehilfe**, d. h. der Abbruch der medizinischen Behandlung in aussichtslosen Fällen, ist dagegen erlaubt.

6. Probleme am Lebensende: Sterbehilfe

Eine Ärztin äußert sich zur Sterbehilfe

Viele Leute stellen sich heute die Frage: Was soll und darf man tun, wenn ein todkranker Mensch unendlich viel leidet? Muss man ein solches Leben so lange erhalten, wie es die moderne Medizin möglich macht? Oder darf man einem qualvollen Leben ein Ende bereiten, wenn schon nicht, um Kosten zu sparen, so doch aus Mitleid oder um die Leiden zu beenden?
Da kann ich auf unterschiedliche Formen der Sterbehilfe aufmerksam machen. Zugleich sage ich, wie ich sie als Ärztin beurteile.

Aktive oder direkte Sterbehilfe liegt vor, wenn ich von mir aus das Leben eines Kranken oder Sterbenden durch medizinische Maßnahmen, z. B. durch eine Spritze oder Tablette direkt beende. Ähnlich liegt der Fall, wenn der Arzt dem Patienten auf seinen Wunsch hin dabei hilft, dass dieser selbst direkt seinen Tod herbeiführen kann, indem er z. B. die von ihm erhaltenen tödlichen Tabletten einnimmt („Tötung auf Verlangen“).
Die aktive Sterbehilfe ist **unerlaubt**. Wir Ärzte sind dazu da, Leben zu erhalten und nicht von uns aus zu beenden. Wenn ein Patient von mir die aktive Tötung erbittet, so darf ich diesem Wunsch nicht folgen. Ich weiß zu genau, dass sich dahinter oft nur die Bitte um Zuwendung und Beistand verbirgt. Würde die aktive Sterbehilfe erlaubt, würden die Schwerkranken höchst verunsichert, weil sie ständig mit ihrer Tötung durch Ärzte rechnen müssten. Auch könnten die Kranken von Angehörigen unter Druck gesetzt werden, sich mit der aktiven Sterbehilfe einverstanden zu erklären, um Mühen und Kosten zu sparen.

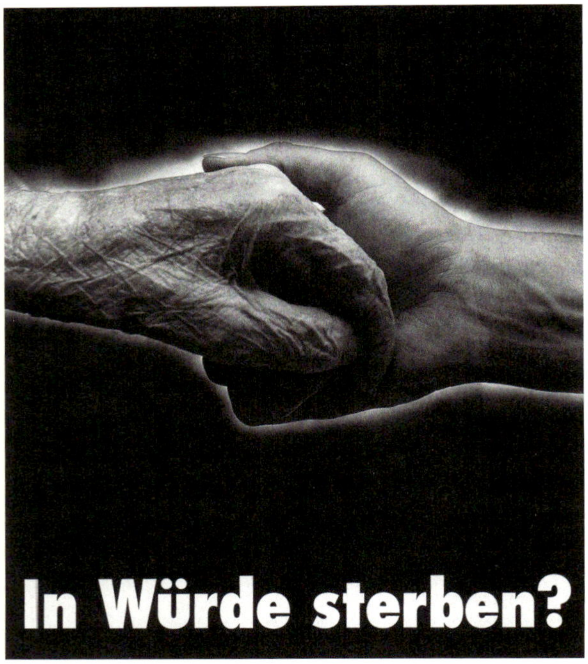

Passive oder indirekte Sterbehilfe ist etwas anderes. Sie bedeutet den Verzicht auf lebensverlängernde Maßnahmen, wenn man z. B. bei einem unheilbar kranken Patienten, der schon lange leidet und ohnehin bald sterben muss, eine neue Operation unterlässt oder eine Herz-Lungen-Maschine abschaltet. In dem Fall spricht man heute besser von Behandlungsabbruch, Behandlungsverzicht oder Sterben lassen. Eine ähnliche Situation liegt vor, wenn ein solcher Patient starke Medikamente erhält, die seine Schmerzen lindern („Hauptwirkung“), aber ihn auch so schwächen, dass sein Tod beschleunigt eintritt („Nebenwirkung“).
Der Behandlungsabbruch ist uns Ärzten **erlaubt**, da diese Maßnahmen nicht aktiv und direkt auf eine Tötung zielen. Wir sind nicht verpflichtet, eine sinnlos gewordene Behandlung weiterzuführen und das Leben des Patienten mit allen Mitteln zu verlängern.

Aktive oder passive Sterbehilfe: Diskutiert folgende Fälle:

- Frau Leger (69), die sich einsam fühlt und übergroße Schmerzen hat, bittet eine Krankenschwester, ihr abends ein Päckchen Schlaftabletten auf den Nachttisch zu legen.
- Eine Krankenschwester gibt Herrn Frank (59), der einen unheilbaren Lungentumor hat, aus Mitleid eine tödliche Dosis von Tabletten, weil ihr der Patient gesagt hat, dass er damit einverstanden ist.
- Die an unheilbarem Krebs erkrankte Frau Kosel (39), die schon seit Wochen behandelt wird, erhält vom Arzt die hohe Dosis einer Medizin, die zugleich die Schmerzen lindert und die Nieren lebensgefährlich schädigt.
- Herr Meder (22), der vor sieben Wochen bei einem Autounfall schwerste Gehirnschäden erlitten hat, liegt seitdem im Koma (Sterben). Die Angehörigen bitten den Arzt, die künstliche Beatmung und Ernährung einzustellen und Herrn Meder endlich sterben zu lassen.

L Für **Christen** ist es eine wichtige Aufgabe, **Sterbenden beizustehen.** Sie sollen in ihrer letzten Zeit nicht allein sein, alle mögliche Hilfe erhalten, menschliche Zuwendung spüren und den Trost der christlichen Hoffnung auf ein Leben nach dem Tod erfahren: → WdG S. 126 und 44 ff.

Aktive Lebenshilfe zum Sterben

Heute ist es nicht mehr selbstverständlich, dass die Menschen in gewohnter Umgebung im Kreis ihrer Familie oder ihrer Freunde sterben. Viele verbringen ihre letzte Lebenszeit auf einer Intensivstation oder in Kliniken und Heimen. Auf jeden Fall sind die Sterbenden auf Hilfe angewiesen. Sie brauchen aktive Lebenshilfe zum Sterben. Dazu zählt:

- ihre Grundbedürfnisse sichern, ihnen Angst nehmen
- ihnen alle möglichen schmerzlindernden Mittel zukommen lassen
- Zeit für sie haben
- ihnen aus ihren Interessensgebieten erzählen und ihnen zuhören
- mit ihnen beten
- ihnen zum Empfang der Sterbesakramente, d. h. der Krankensalbung, der Beichte und Eucharistie (→ ZdF S. 182) verhelfen

A

1. Manche Leute unterschreiben eine **Patientenverfügung**, in der sie den Behandlungsabbruch in aussichtsloser Situation wünschen. Holt euch den Text aus dem Internet und sprecht darüber in der Klasse.
2. **Aktive Sterbehilfe** und **aktive Lebenshilfe zum Sterben**: Worin liegt der Unterschied?
3. In den letzten Jahren sind an manchen Orten **Sterbekliniken** („Hospize") eingerichtet worden. Besorgt euch darüber Informationen. Könnt ihr einen Besuch planen?

Zum Schluss des Kapitels – Was auch noch zu fragen wäre

Das Kapitel weist auf vielfältige Gefährdungen des Lebens hin. Leider erfasst es diese nicht vollständig. Darüber wäre weiter nachzudenken: → **M2**. Dazu einige Beispiele, die ihr leicht ergänzen könnt:

- gerechter Krieg, gerechter Frieden
- Todesstrafe
- Suizid
- Autoverkehr

Alle diese Fragen laufen auf die eine hinaus: Was können wir tun, um eine „Kultur des Lebens" zu fördern, damit das menschliche Leben wirkungsvoller geschützt wird und die Zukunft der Menschheit besser gelingt als ihre Vergangenheit?

Grundlagen der Gesellschaft

Da Kriege im Geist der Menschen beginnen, muss auch im Geist der Menschen Vorsorge für den Frieden getroffen werden.

Präambel der UNESCO

Pablo Picasso (1881–1973), Das Gesicht des Friedens, 1951. *Der bekannte französische Maler Pablo Picasso hat hier ein Bild geschaffen, auf dem er – ähnlich wie auf seinem Bild „Der Friede" (→ S. 147, 184) – für Frieden unter den Völkern eintritt. Das Bild entstand nach dem 2. Weltkrieg, als wieder eine weltweite kriegerische Auseinandersetzung zwischen den Völkern von West und Ost drohte und die neuen atomaren Waffen mit ihrem ungeheuren Vernichtungspotenzial die Menschen in große Angst versetzten.*

Das Gesicht des Friedens

1 Zu **Picasso:** → **M2**; zur Arbeit mit Bildern: → **M5**.

2 Welche **Elemente** könnt ihr auf dem Bild entdecken? Welche symbolische Bedeutung haben die vier Gesichter? Auch wenn Picasso sein Bild nicht religiös verstanden hat, benutzt er ein altes biblisches Friedenssymbol. Könnt ihr es herausfinden? Eine kleine Hilfe: → Gen 8, 8–12.

3 Welche **Zusammenhänge** erkennt ihr zwischen diesem Bild und dem Thema des Kapitels?

Peace is a daily, weekly, a monthly process – peace cannot come without work.

John F. Kennedy, amerikanischer Präsident (1917–1963)

Vorschau

Wir leben nicht allein auf dieser Welt. Wir leben mit vielen anderen Menschen zusammen: in einer Familie, in einer Freundschaft, in einer Stadt/Landschaft, in einem Volk, in einer Religion, in der Menschheit. Wir sind **„gesellschaftliche" Wesen.** Oder anders ausgedrückt: Wir sind **„soziale"** und **„politische" Wesen.** Wir haben Erwartungen an die „Gesellschaft", und die „Gesellschaft" hat Erwartungen an uns.

Daraus ergeben sich viele Probleme. Die Grundfragen lauten: Wie sollen wir in unserer Welt mit anderen leben? Was müssen wir dabei beachten? Was müssen die anderen beachten? Was müssen wir geben? Was dürfen wir erwarten?

Wir sind „gesellschaftliche" Wesen

Lesen | Fragen | Denken | Interviewen | Suchen | Gestalten | Präsentieren

1 Macht – soweit wie möglich – eine Aufstellung von den **Kontakten** mit einzelnen Menschen und Gruppen, die ihr gestern, in der letzten Woche, im letzten Monat hattet. Auf welche ungefähre Zahl von Einzelpersonen und Gruppen kommt ihr? Welche Kontakte waren wichtig, welche überflüssig? Was würde euch ohne diese Kontakte fehlen? Ihr könnt auch ein paar Bilder von Kontaktpersonen hinzufügen, die euch wichtig sind.

2 Entwerft eine **Mindmap**, auf dem ihr selbst („Ich") die Mitte einnehmt. Zeichnet dann andere Menschen und Gruppen um euch herum und verbindet sie in Linien mit dem „Ich". Mit grünen Linien könnt ihr die bezeichnen, mit denen ihr eher gut zu Recht kommt, mit roten Linien die, mit denen ihr eher Schwierigkeiten habt, mit schwarzen Linien die, mit denen ihr wenig zu tun habt. Was sagt euch dieses Bild am Ende?

> **L** Jeder **Mensch** ist eine kleine Welt für sich. Er kann in sich viele Schätze finden: das Wunder seines Körpers, die Fähigkeiten seiner Hände, die Sehnsucht seines Herzens, die Regungen seines Gefühls, die Überlegungen seines Geistes, die Antenne zu Gott. Er kann sich sagen: So einen Menschen wie mich gibt es nur einmal. Ich bin ein Original. In der Sprache der Philosophen heißt das: Jeder Mensch ist ein **„Individuum"**. Jeder ist eine einmalige **„Person"**.
> Aber jeder Mensch lebt auch in vielen Gemeinschaften. Wir sind auch **„gesellschaftliche" Wesen**.

> **A** 1 Prüft wie weit folgende **Sprüche** mit den drei Leitlinien vereinbar sind:
> - Einer für alle, alle für einen.
> - Gemeinnutz geht vor Eigennutz.
> - Eine Hand wäscht die andere.
> - Ich bin mir selbst der Nächste.
>
> 2 Was wisst ihr von Menschen, die keine oder **zu wenig Kontakte** mit anderen haben? Warum gibt es heute so viele Kontaktbörsen, Heiratsmärkte, Hobbygruppen usw.?
>
> 3 Wie versteht ihr den Satz: **Ein Mensch ist kein Mensch?**

1. Der Mensch – Ein gesellschaftliches Wesen

Ein Politiker erklärt drei Leitlinien

Die katholische Soziallehre kennt drei Leitlinien, die beachtet werden sollten, wenn wir in einer Gesellschaft gut und vernünftig leben wollen. Wenn sie immer und überall beachtet würden, sähe die Welt besser aus.

1 **Personalität**: Der Mensch ist eine Person, d. h. ein freies, vernunftbegabtes Wesen, das eine unverlierbare Würde hat. Er darf nie zum Mittel für irgendeinen Zweck gemacht werden. Er ist weder für die Schule, noch den Staat, noch für die Wissenschaft, noch für die Kultur noch für die Wirtschaft da. Alle diese Institutionen der Gesellschaft sind für die Person da und nicht umgekehrt. Sie haben ihr zu dienen.

2 **Solidarität** (von lat.: „solidus" – „fest", „sicher"): Die Person darf nicht nur die eigenen Interessen verfolgen, sondern sie muss ebenso auch die Rechte der anderen Personen beachten. Darauf haben sie Anspruch. Das liegt auch im wohlverstandenen Interesse der einzelnen Person, da niemand ohne die sozialen Beziehungen „fest" und „sicher" leben kann. Jeder muss in seinem Bereich die berechtigten Interessen aller berücksichtigen.

3 **Subsidiarität** (von lat.: „subsidium" – „Hilfe", „Unterstützung"): Subsidiarität verlangt von der Gemeinschaft, ihren Gliedern auf sinnvolle Weise Hilfe zu bieten, ohne deren Eigeninitiative zu bremsen. Eine übergeordnete Instanz soll da helfen, wo eine untergeordnete überfordert ist. Das bedeutet z. B., dass die Familie einspringen soll, wenn der Einzelne an die Grenzen seiner Leistungsfähigkeit kommt. Der Staat soll sich in Angelegenheiten, die der Einzelne oder die Familie selbst leisten können, z. B. sich um die eigenen Kinder kümmern, nicht einmischen. Aber er ist gehalten, die Einzelnen oder die Familien in den Bereichen zu unterstützen, in denen sie überfordert sind. Er soll die Schulen finanzieren, die Straßen bauen, die Renten sichern. Die europäischen Institutionen sollen für die europäischen Länder gemeinsame Gesetze erlassen, z. B. gegen den internationalen Drogenhandel, Erhaltung des Klimas oder für die Anerkennung der Schulabschlüsse.

Katholische Soziallehre konkret:

Wichtige Beiträge haben die letzten Päpste in ihren Enzykliken (griech.: „Rundschreiben") und die Bischöfe in ihren Hirtenworten geliefert. Ihre Äußerungen werden oft weltweit beachtet, aber vielfach nicht in die Tat umgesetzt.

Die Kirche weiß das System der **Demokratie** zu schätzen, insoweit es die Beteiligung der Bürger an den politischen Entscheidungen sicherstellt und den Regierten die Möglichkeit garantiert, sowohl ihre Regierungen zu wählen und zu kontrollieren als auch dort, wo es sich als notwendig erweist, sie auf friedliche Weise zu ersetzen. ... Eine wahre Demokratie ist nur in einem Rechtsstaat und bei der richtigen Auffassung vom Menschen möglich.

Papst Johannes Paul II.

Für die **Frauen**, die im Erwerbsleben stehen, muss vieles getan werden, um jede ungerechtfertigte Benachteiligung der Frau gegenüber dem anderen Geschlecht aufzuheben und ihr die volle, ihrer Würde entsprechende Gleichberechtigung einzuräumen. ... Ein solcher Status ist vielfach nicht verwirklicht: Frauen arbeiten häufig auf minderbewerteten Arbeitsplätzen; ihre Aufstiegsmöglichkeiten sind sehr begrenzt, zumal sie allzu häufig noch eine unzulängliche berufliche Bildung aufweisen. Auch muss in Zukunft mehr darauf geachtet werden, die Berufswünsche der Frauen besser mit bestimmten Lebenssituationen in Einklang zu bringen.

Gemeinsame Synode der Bistümer in der Bundesrepublik Deutschland

Zur ältesten Lehre und Praxis der **Kirche** gehört die Überzeugung, dass sie selbst, ihre Amtsträger und jedes ihrer Glieder durch ihre Berufung dazu angehalten sind, das Elend der Leidenden, ob nah oder fern, nicht nur aus dem „Überfluss", sondern auch aus dem „Notwendigen" zu lindern. Angesichts von Notfällen kann man nicht einen Überfluss an Kirchenschmuck und kostbare Gewänder für die Liturgie vorziehen: im Gegenteil, es könnte verpflichtend sein, solche Güter zu veräußern, um den Bedürftigen dafür Speise und Trank, Kleidung und Wohnung zu geben.

Papst Johannes Paul II.

Die Fabel vom Leib und seinen Gliedern

In alten Zeiten beklagten sich die Glieder des Leibes über den Magen. Sie ärgerten sich darüber, dass sie viel arbeiten mussten, um ihn mit Nahrung zu beliefern, während dieser alles zum Essen bekam, ohne selbst etwas zu tun. Also beschlossen sie, die Versorgung des Magens einzustellen. Die Füße holten keine Lebensmittel mehr, die Hände weigerten sich, sie zu verarbeiten und zum Mund zu reichen, die Zähne zerkleinerten sie nicht und der Rachen schluckte sie nicht mehr herunter. So hofften die Körperteile, den Magen zur Arbeit zu zwingen. Doch bald merkten sie, dass sie mit ihrem Streik nichts für sich gewannen. Der ganze Körper wurde rasch so geschwächt, dass auch Füße und Hände, Mund, Zähne und Rachen vom Tod bedroht waren. Also mussten sie ihre Aktion einstellen. Sie sahen ein, dass jedes Glied eine wichtige Aufgabe für den Körper zu erfüllen hat, damit es allen gut ergehen kann.

L Die **katholische Soziallehre** befasst sich mit der menschlichen **Gesellschaft**, also mit Familie, Staat, Wirtschaft und Politik. **Erfahrungen, Vernunft und Glaube** sind ihre Ausgangspunkte.
Sie denkt über Arbeit und Freizeit, über Eigentum, Lohn und Kapital nach. Sie analysiert die großen Katastrophen wie Armut, Arbeitslosigkeit, Krankheiten und Krieg, welche die Menschheit heute bedrohen. Sie nimmt Stellung zu den Entscheidungen der Politik. Sie zeigt, wie die Welt von heute und morgen aussehen könnte, wenn **Gerechtigkeit** in der Gesellschaft durchsetzbar wäre und **Gottes Gebote** (→ S. 52 ff) beachtet würden.

A **Was lehrt die Fabel?**

1. Erklärt, was die **Fabel** vom Leib und seinen Gliedern sagt. Was hat sie mit dem Thema „Gesellschaft" zu tun? Wie denkt sie von dem Einzelnen? In welchem Verhältnis stehen beide zueinander?
2. Könnt ihr eine **ähnliche Fabel**, z. B. von einem Auto oder Computer, **erfinden**?
3. Zur **Wiederholung**: „Ich und Wir" → ZdF S. 22 f.

L Die Initiative für das Projekt **„Compassion“** geht von der **Deutschen Bischofskonferenz** aus. Inzwischen ist es auch von vielen Schulen erfolgreich durchgeführt worden.

P **Ein Projekt für die Jahrgangsstufe 10:**

Compassion (lat. „Mitgefühl“) – **Soziales Handeln lernen**

1 Eine kurze **Beschreibung**: Die Schülerinnen und Schüler gehen für zwei bis vier Wochen in eine soziale Einrichtung, z. B. in ein Altenheim, Waisenhaus, Krankenhaus, Obdachlosenasyl, Sterbehospiz, in einen sozialen Brennpunkt der Jugendarbeit. Nach einer Einführungszeit werden sie einem Team zugeordnet, das bestimmte Aufgaben übernimmt. Zur **Projektarbeit**: → **M9**.

2 Die **Besonderheit**: Im Unterschied zu einem Berufspraktikum will dieses Projekt primär weder Informationen zur heutigen Arbeitswelt noch Erfahrungen für die Berufsfindung vermitteln, sondern auf Menschen aufmerksam machen, die Leid zu ertragen haben und in unserer Wohlstandsgesellschaft benachteiligt sind.

3 Bedingung für die **Durchführung**: Das Projekt muss von Schülern und Schülerinnen, von Eltern und Lehrern bejaht werden. Insgesamt braucht man den Zeitraum etwa eines Schuljahres. Zwei Betreuungslehrer sollten die Organisation übernehmen. Ohne Mitarbeit der Institutionen, in denen das Projekt laufen soll, ist es nicht durchführbar. Eine gründliche Vor- und Nachbereitung sowie eine ständige Begleitung ist in den meisten Fächern nötig. Nur so lassen sich kritische Phasen bestehen. Wenn die gemachten Erfahrungen nicht rasch verpuffen oder unbewältigt bleiben sollen, ist eine ethische und religiöse Auseinandersetzung unumgänglich.

Max Liebermann (1847–1935), Der barmherzige Samariter, (Lk 10, 25–37), 1911.

4 **Ziel** des Projekts: Die Schülerinnen und Schüler verlassen für eine Zeit lang ihre Welt und erleben, was es heißt, krank, alt, behindert, obdachlos, heimatlos und gefährdet zu sein. Sie müssen sich mit einem Kontrastprogramm zu unserer Welt, die durch Geld und Leistung bestimmt wird, auseinander setzen und dabei Tätigkeiten verrichten, die in ihrer eigenen Lebenswelt in der Regel nicht vorkommen, z. B. alte Menschen füttern, mit geistig behinderten Altersgenossen spazieren gehen, Kranke pflegen, mit abgeschobenen Jugendlichen etwas erarbeiten usw. Es ist zu erwarten, dass sie dabei auf fremdes Leid aufmerksam und für leidende Menschen empfindsam werden. Sie können dabei Hilfsbereitschaft und soziales Engagement („Compassion“) lernen. Auch eine Abnahme der Gewaltbereitschaft ist wahrscheinlich, wenn man unterstellt, dass diejenigen, die Leid gesehen haben, weniger anfällig dafür sind, anderen Leid zuzufügen.

5 Am Ende könnte ein **Bericht** stehen, in dem das Projekt beschrieben, die Erfahrungen (mit Bildern) der Beteiligten dargelegt, Probleme benannt und Verbesserungsvorschläge gemacht werden.

A Besorgt euch nähere **Informationen** zum Projekt „Compassion“ bei der:
Zentralstelle Bildung der Deutschen Bischofskonferenz,
Kaiserstr. 163, 53113 Bonn;
Tel.: 0228/103255
Fax: 0228/103201
Email: ZSBildung@dbk.de

2. Eigentum – Rechte und Pflichten

Das siebte Gebot

„Du sollst nicht stehlen." *(Ex 20, 15)*

Was haltet ihr davon?

Harro (16) kann mit PCs, Radios und Motorrädern ganz gut umgehen. Gestern wollte er seiner Freundin wieder einmal imponieren. Da kam ihm die Idee, nach Einbruch der Dämmerung einen Zigarettenautomaten zu knacken, um mal wieder kostenlos rauchen zu können. Sie fand: „Du bist ein cooler Typ."

Liane (15) ist ein zuverlässiges Mädchen. Aber wenn sie sich beim Shopping vor den großen Theken unbeobachtet fühlt, kann sie nicht widerstehen und lässt gern eine CD mitgehen. Sie meint: „Die spüren das gar nicht. Die haben so viele davon."

Lutz (15) macht immer gern mit, wenn es in seiner Klasse zur Sache geht. Manchmal kommen die Jungs in der großen Pause in Rage. Dann ist nichts mehr vor ihnen sicher. Da werden Bücher zerfetzt, Türen beschmiert, Schränke demoliert und die Tafel zerkratzt. Als man Lutz einmal zur Rede stellt, meinte er: „Das gehört doch keinem."

Julie (15) hat nicht viel Taschengeld. Sie muss überall sparen. Darum hat sie sich angewöhnt, in der Straßenbahn zur Disko schwarz zu fahren. Zwar hat sie jedes Mal Angst, dass ein Kontrolleur kommen könnte, aber bis jetzt ist es noch immer gut gegangen. Ein schlechtes Gefühl hat sie dabei nicht. „Das ist doch nicht der Rede wert."

Edna (16) kann ganz gut zeichnen. Manchmal zeigt sie ihre Fähigkeiten, indem sie schöne Graffiti auf Häuserwände und Mauern sprayt. Das macht ihr Spaß. „Herauskommen tut das ja sowieso nicht."

Philipp (16) ist Computerfreak. Weil die nötige Software teuer ist, lädt er sie sich bei einem Bekannten runter und bekommt so Zugang zu vielen Programmen. Er sagt sich: „Das tut doch jeder".

Jonny (15) bekommt einen neuen Drucker für seinen PC für 20 Euro angeboten. Er weiß, dass er gestohlen ist, doch er kauft den Drucker. Er denkt: „Ich bin doch nicht blöd".

Andere Eigentumsdelikte

- **Raub**, d. h. Diebstahl mit Anwendung von Gewalt
- **Betrug**, d. h. Schädigung eines anderen durch Vorspiegelung falscher Tatsachen
- **Hehlerei**, d. h. Erwerb oder Verkauf von Diebesgut
- **Beschädigung fremden Eigentums**, z. B. in Schule, Bahn oder Kino.

Jeder, der stiehlt oder fremdes Eigentum beschädigt, ist zur **Wiedergutmachung** des Schadens verpflichtet.

L

- Das **siebte Gebot** verbietet den **Diebstahl** und jede Form unrechtmäßiger Aneignung oder Beschädigung fremden Eigentums.
- Aber das Gebot sagt auch: **Der Mensch ist keine Ware**, mit der man Handel treiben darf. Er soll nicht zum Eigentum eines andern werden können. Niemand darf einen anderen Menschen in seine Gewalt bringen, ihn zum Sklaven machen, ihm die Freiheit nehmen. So schützt das Gebot ein elementares Menschenrecht.

A

1 Schreibt die **Motive** heraus, die Harro, Liane usw. bei ihren Eigentumsdelikten hatten.

2 **Was würdet ihr tun,**
- wenn euch eine Kassiererin an der Kasse 10 Euro zu viel herausgibt
- wenn ihr von der Klasse aufgefordert würdet, das Fahrrad eines unbeliebten Schülers heimlich zu beschädigen
- wenn ihr Zeuge würdet, wie ein junger Kerl einer alten Frau eine Handtasche raubt?

3 Erarbeitet in kleinen Gruppen jeweils ein kurzes Statement zu folgenden **Stichwörtern**: Ladendiebstahl – Demolieren von Straßenbeleuchtungen und Telefonzellen – falsche Abrechnungen mit Versicherungen und Krankenkassen – Schwänzen am Arbeitsplatz – Einbruch in Läden, Häuser und Kirchen.

L Unser **Eigentum** gehört uns nicht völlig allein. Auch andere haben daran Anteil. Diese **„Sozialbindung des Eigentums"** folgt aus dem Glauben, dass Gott die Erde mit ihren Gütern zum Nutzen aller Völker und Menschen geschaffen hat. Alle Menschen sind seine Kinder, die menschenwürdig leben sollen. Dazu müssen sie auch über Eigentum verfügen können.

A
1 Gegen das siebte Gebot verstoßen auch heute verbreitete Verbrechen wie **Sklaverei, Zwangsprostitution** und **Kinderhandel**. Was wisst ihr darüber? (→ **M2**)
2 Als die Rheinländer in den kalten Wintertagen der Nachkriegszeit (1945–1948) Koks und Briketts von Kohlezügen der Besatzungsmächte „klauten", rechtfertigte der **Kölner Kardinal Frings** diese Form des Diebstahls in der Silvesterpredigt 1946 im Kölner Dom. Seitdem ging das Wort **„fringsen"** in die kölnische Umgangssprache ein. Was hatte den Kardinal zu seiner Ansicht bewogen?

Ein Sozialarbeiter zum Eigentum

Das Thema Eigentum erhitzt die Gemüter rasch. Wenn im Fernsehen oder in den Zeitungen Leute über das Eigentum diskutieren, kann man – vereinfacht gesagt – **zwei Tendenzen** erkennen. Sie entsprechen den gegensätzlichen Interessen der Redner.

- Die **Reichen**, die über großen Besitz verfügen, meinen, er gehöre ihnen zu Recht. Sie selbst und/oder ihre Eltern hätten dafür kräftig gearbeitet. Darum müsse alles so bleiben, wie es ist.
- Die **Armen**, die wenig oder nichts ihr eigen nennen, meinen, das Eigentum müsse in der Welt gerecht verteilt werden. Besonders Radikale fordern sogar, dass es kein Privateigentum geben dürfe. Alles müsse allen gehören. Das allein sei gerecht.

Christen meinen: Beide Auffassungen sind falsch, aber es steckt auch etwas Richtiges darin. Das **Eigentum hat zwei Seiten**:

1 Es ist ein **individuelles Recht**. Das Eigentum gehört seinem Besitzer. Es ist ihm „eigen". Er kann darüber verfügen. Es ist oft der Lohn seiner Arbeit und ermöglicht ihm, sich frei zu entfalten und ein Leben nach eigenen Vorstellungen zu führen. Darum ist Eigentum ein Menschenrecht.

2 Das Eigentum ist aber nicht frei von einer **sozialen Bindung**. Der Besitzer kann damit nicht unumschränkt tun, was er will. Das Eigentum soll auch anderen zugute kommen.

- Im **Privatbereich** können z. B. Mütter und Väter zwar über ihr Einkommen bestimmen, aber sie müssen davon ihre Kinder versorgen. Allgemeiner gesprochen: Jeder, dem mehr Eigentum zur Verfügung steht, als er für sich und seine Familie braucht, ist verpflichtet, zu teilen und anderen davon abzugeben, die Mangel haben. Für diesen Zweck zahlen wir unsere Steuern. Hinzu kommen sollten Großzügigkeit und Freigebigkeit, die schon immer als christliche Einstellungen galten.
- In der **Wirtschaft** ist jeder Arbeitgeber dafür verantwortlich, dass den Beschäftigten für ihre Arbeit ein gerechter Lohn bezahlt wird, von dem sie und ihre Familien angemessen leben können.

Roland Peter Litzenburger (1917–1988), Das Kreuz der Satten, 1971. (→ **M5**)

- In der **Politik** sind reiche Völker verpflichtet, armen Völkern „Entwicklungshilfe" oder „Hilfe zur Selbsthilfe" zukommen zu lassen, z. B. durch Finanzierung von Aufbauprojekten, günstige Bedingungen beim Kauf und Verkauf lebenswichtiger Güter, Bezahlung von gerechten Preisen für deren Produkte (Kleidung, Teppiche, Kaffee, Kakao, Bananen). Die Pflicht zur Hilfe entsteht auch daher, dass die reichen Völker oft ihren Reichtum der Ausbeutung armer Länder verdanken (Kolonialismus, wirtschaftliche Monopolstellungen usw.).

Zwischen zwei Extremen

Die **katholische Soziallehre** steht im **Gegensatz zu zwei Positionen**, die in der neueren Geschichte gewaltigen Schaden angerichtet haben.

- Sie lehnt den **Kollektivismus/Kommunismus** ab, der die Belange der Gesellschaft einseitig betont und das Recht des Individuums auf persönliches Eigentum stark eingrenzt oder ganz aufhebt.
- Ebenso verwirft sie den **Individualismus/Kapitalismus,** der die Belange des Einzelnen zu sehr betont, dem es allein um die Vermehrung des persönlichen Eigentums geht und der sich um die Armen kaum kümmert.
- Sie **befürwortet** die **soziale Marktwirtschaft**, die die Freiheit des Marktes mit den sozialen Pflichten des Eigentums zu verbinden sucht. In der Politik der Bundesrepublik spielt sie eine zentrale Rolle.

A

1 Führt in eurer Klasse oder Schule eine kleine **Aktion** durch, die darauf zielt, bedürftige **Jugendliche zu unterstützen**, z. B. durch Spenden, kleine Arbeiten, schulische Hilfen, praktische Ratschläge, Hausbesuche usw.

2 Schreibt kurz auf, **was sich für euch ändern würde**, (1) wenn ihr kein persönliches Eigentum hättet oder (2) wenn ihr ganz plötzlich reich würdet.

3 Die **Bibel** steht eindeutig auf Seiten der Armen und Notleidenden. Wiederholt, was die **Propheten** (→ WdG S. 46) und was **Jesus** (→ S. 194 ff) dazu gesagt haben.

4 Stellt Kontakte zu **Ordensleuten** her und befragt sie über ihre Einstellung zum Eigentum.

5 Die **kirchlichen Werke** wie „Misereor", „Renovabis" „Adveniat" usw. sind nicht so sehr freiwillige Taten der Barmherzigkeit, sondern verpflichtende Werke der Gerechtigkeit. Wiederholt, was ihr dazu erfahren habt: → WdG S. 166–169.

Hieronymus Bosch (1450–1516), Der Tod des Geizhalses: → **M5**.

Entwürfe von Guido Nussbaum.

3. Arbeit – Lust und Last

Erfahrungen mit der Arbeit

Arbeit adelt. Ich bleibe bürgerlich

Kinderarbeit ist verboten.
Gegen Schularbeit sagt keiner etwas.

Wer Arbeit kennt
und sich nicht drückt,
der ist verrückt

Arbeit ist wunderbar. Ich könnte ihr stundenlang zusehen.

Arbeiten und nicht verzweifeln

Wenn gute Reden
sie begleiten,
dann fließt die Arbeit munter fort

Arbeit macht Spaß.
Aber wer kann schon Spaß vertragen?

Lieber Feste feiern
als feste arbeiten

Getane Arbeiten sind angenehm

Bete und arbeite (Regel der Benediktiner; → ZdF S. 164)

A

1 Diskutiert die **sieben Leitsätze der Arbeit** und sucht aktuelle Beispiele dazu.

2 Sammelt **Bilder** aus der Arbeitswelt.

3 Schreibt auf, was ihr **an diesem Tag** braucht, z. B. Bekleidung, Nahrung, Fahrrad, Schrank, Handy, Computer usw. Euer ganzes Leben würde nicht ausreichen, um das alles hervorzubringen. Macht euch klar, wer diese Dinge erarbeitet hat und auf welchen Wegen sie zu euch gekommen sind.

4 Führt in eurer Klasse und/oder in eurem Bekanntenkreis eine **Umfrage** durch, bei der ihr Fragen wie diese stellt:
- Würdest du ein Leben mit oder ohne Arbeit vorziehen?
- Bist du mit deiner jetzigen Arbeit voll, teilweise oder gar nicht zufrieden?
- Welche Arbeit wäre dir am liebsten?
- Ergänze den Satz: „Arbeit ist für mich ..."

Zum **Fragebogen**: → **M7**.

Sieben Leitsätze zur Arbeit

1 Arbeit ist für den Menschen eine von Gott gewollte Tätigkeit.

2 Arbeit verdient Anerkennung, weil Menschen dabei ihre Fähigkeiten einsetzen und sich abmühen müssen.

3 Arbeit ist bei der Erstellung von Wirtschaftsgütern wertvoller als Kapital.

4 Jeder hat ein Recht auf Arbeit. Arbeitslosigkeit kann die Würde des Menschen beschädigen.

5 Alle sind gehalten, ihre Arbeit gut zu tun.

6 Arbeit darf nicht zu einer unerträglichen körperlichen Belastung oder zur seelischen Zerstörung eines Menschen führen.

7 Arbeit darf nicht zum höchsten oder einzigen Lebenszweck werden. Wer über seiner Arbeit seine Familie, seine Freunde und sich selbst vergisst („Workaholic"), schätzt den Wert der Arbeit falsch ein.

Das Doppelgesicht der Arbeit in der Bibel

Segen der Arbeit

Aus der ersten Schöpfungserzählung der Bibel (→ WdG S. 108 ff)

Und Gott segnete die Menschen und Gott sprach zu ihnen: Seid fruchtbar und werdet zahlreich und füllt die Erde aus (d. h. bearbeitet sie als Lebensraum).

aus dem Buch Genesis 1, 28

Fluch der Arbeit

Aus der Paradieseserzählung des Jerusalemer Geschichtswerks (→ S. 38 ff)

17 Der Ackerboden soll verflucht sein[1] um deinetwillen: mühsam sollst du dich von ihm nähren alle Tage deines Lebens! 18 Dornen und Disteln soll er dir sprießen und Kraut des Feldes sollst du essen! 19 Im Schweiß deines Angesichts sollst du dein Brot verzehren, bis du zum Ackerboden[2] zurückkehrst, von dem du genommen bist.

aus dem Buch Genesis 3, 17–19

1 Auf der Erde gibt es Unordnung, das Leben wird vom Tod bedroht. Alle Arbeit ist letztlich dagegen machtlos. Über ihr scheint ein Fluch zu liegen. Diese negative Seite der Arbeit meint der Text, wenn er Arbeit als Strafe für das Vergehen im Paradies erscheinen lässt.

2 Anspielung auf den Namen „Adam" d. h. „der aus der Erde Genommene".

L Die **Bibel** weiß von einem doppelten Gesicht der **Arbeit**.

- Im **ersten Schöpfungstext** wird die Arbeit **positiv** gewürdigt. Am sechsten Schöpfungstag erhalten die Menschen den Segen Gottes für ihr Leben und den Auftrag, die Erde mit den Pflanzen und Tieren immer gut zu hegen und das von Gott geschenkte Leben zu erhalten.
- Im **zweiten Schöpfungstext** wird Arbeit auch als eine **Last** gesehen. Die Erde macht dem Menschen Mühe, so dass er sich bis zu seinem Tod „im Schweiß seines Angesichts" mit ihr herumquälen muss.

A **Was wusste Jesus von der Arbeit?**

1 Jesus zeigt in seinen **Gleichnissen**, dass er von der Arbeit viel verstand:

- Der **Sämann**, der sein Feld bestellt (Lk 8, 5–15; → ZdF S. 128)
- Ein **Verwalter**, der viel arbeitet, und einer, der nicht arbeitet (Mt 25, 14–30)
- Die Zukunft eines **Reichen und eines Armen** (Lk 12, 16–21)
- Die **Arbeiter im Weinberg** (Mt 20, 1–16).

2 Jesus hat sich gelegentlich überraschend zur Arbeit geäußert. Lest zum Bild von **Vermeer van Delft** die Erzählung von den beiden Schwestern **Maria und Marta** (Lk 10, 38–40). Zur Bibelarbeit: → **M4**; zur Arbeit mit dem Bild: → **M5**.

3 **Adolf Kolping** – ein Christ, der sich um die Arbeitswelt kümmerte: → S. 126 f.

Vermeer van Delft (1632–1675), Jesus bei Maria und Marta (Lk 10, 38–40), um 1655.

Leo Breuer (1893–1975), Arbeitslose, um 1930.

Langzeitarbeitslos

Seit vier Jahren ohne Arbeit

Der Achtundvierzigjährige ist seit vier Jahren arbeitslos. Als gelernter Kraftfahrzeugmechaniker mit 25 Jahren Berufserfahrung hätte er eigentlich ideale Voraussetzungen in der Autostadt Stuttgart, wo die Branche händeringend nach Fachkräften sucht. Wären da nicht seine Schwerbehinderung und die lange Arbeitslosigkeit. Eine renommierte Kraftfahrzeugschmiede hatte ihm gekündigt, „weil ich", wie er fast schuldbewusst erzählt, „so oft krank war und der Arbeitsplatz zu schwer war". Er hatte elf Jahre im Lager gearbeitet und war im Laufe der Zeit mehrfach an den Kniegelenken operiert worden. „Irgendwann", sagt er, „meinte die Firma: ‚Den Mann wollen wir nimmer.'"

Bei schwerer Arbeit behindert geworden

Dabei hat er genauso gelebt, wie es verlangt wurde: einen krisenfesten Beruf erlernt, früh geheiratet, zwei Kinder gezeugt und lange und schwer gearbeitet. Bevor er als Lagerarbeiter begann, war er viele Jahre bei einer Firma, die Einspritzpumpen für Schiffsmotoren herstellt, beschäftigt. „Da habe ich mich wahrscheinlich körperlich übernommen", sagt er leise, als ob er sich entschuldigen wollte. Zwei kaputte Kniegelenke, chronische Bindehautentzündung, Weichteilrheuma und seit einiger Zeit sich verschlimmernde Depressionen summieren sich auf einen Schwerbehinderungsgrad von fünfzig Prozent. Er wohnt in einem dieser Neubaugebiete, denen man aus der Ferne nicht ansieht, dass sie das sind, was man sozialen Brennpunkt nennt. ... Wer es sich leisten kann, zieht wieder weg. Er, der Langzeitarbeitslose, muss bleiben. ... Er sehnt sich zurück nach seiner Vierzimmerwohnung in Stuttgart und nach seinem Arbeitsplatz. ...

Heute ohne Berufschancen

Noch kurz bevor er arbeitslos wurde, hat der seit sechs Jahren geschiedene Mann für seine Single-Wohnung Möbel gekauft – auf Pump. „Heute kaufen, morgen bezahlen", wirbt das Einrichtungshaus mit den „echt gnadenlos günstigen Preisen". Jetzt, da er mit 920 Euro Arbeitslosenhilfe und 90 Euro Wohngeld auskommen muss, bleiben die Raten gnadenlos; günstig kommen ihm die Möbel schon lange nicht mehr vor. Am Anfang seiner Arbeitslosigkeit hat er noch Zeitungen gewälzt und Bewerbungen geschrieben – er wurde keinmal zu einem Vorstellungsgespräch eingeladen. „Ich habe keine Chance als Kranker", sagt er, „als Kranker bist du abgestempelt, da will dich keiner mehr. ... Ich habe keinen Mut mehr zum Bewerben", sagt er müde, „schon Mut, aber dann die Absage, bist wieder umsonst hingesessen, geschrieben, Geld ausgegeben, Briefpapier, Briefmarken, und's kommt nichts oder eine Absage, und jetzt verlässt mich halt ein bisschen das Innere. Das ist doch kein Leben, das ist nicht das Leben."

Martin Staiger

A

1 Warum findet der **Kraftfahrzeugmechaniker** keine Arbeit? Was sind die **Folgen** für ihn?

2 Warum ist Arbeitslosigkeit heute für viele das **Lebensproblem** Nr. 1?

3 „Die meisten Arbeitslosen sind Drückeberger und Faulenzer", „Viele sind untauglich und zu nichts zu gebrauchen." – Was haltet ihr von solchen **Parolen**?

Klaus Staeck (geb. 1938), 1986.

Der unscheinbare Bruder

Sechs von sieben Brüdern gingen auf die Arbeit. Der siebte besorgte den Haushalt. Wenn die sechs Brüder müde von der Arbeit nach Hause kamen, fanden sie das Haus geordnet, das Essen bereitet und alles in bester Ordnung. Darüber freuten sie sich immer. Aber einmal nannte einer der Brüder den siebten Bruder einen Faulenzer und Tagedieb, der auch arbeiten und sein Brot verdienen sollte. Dieses böse Wort fand leider bei den anderen Gehör. Sie nötigten ihn, auch am frühen Morgen mit auf die Arbeit zu gehen. Als die Brüder müde und abgespannt am Abend von der Arbeit nach Hause kamen, war kein Tisch gedeckt. Kein Bruder stand an der Tür und empfing sie mit herzlichem Wort. Jetzt merkten sie, wie dumm sie gehandelt hatten. Sie beschlossen, dass der siebte Bruder wieder zu Hause bleiben sollte. So konnten sie wieder miteinander in Frieden leben.

Brüder Grimm

A

1 Beschreibt in den drei Erzählungen die unterschiedlichen Sichten der Arbeit. Zur Deutung: → **M4**.

2 Gibt es typische **Frauen- und Männerarbeit**?

3 Was haltet ihr von **unbezahlten Arbeiten**, z. B. die Arbeit der Eltern mit den Kindern, die Tätigkeit der Hausfrau usw.?

4 **Beruf und Berufung:** Worin besteht der Zusammenhang und der Unterschied?

Ich bedauere dich

Es sagte ein Philosoph zu einem Straßenfeger: „Ich bedauere dich. Hart und schmutzig ist dein Tagewerk." Und der Straßenfeger sagte: „Vielen Dank, Herr. Aber sage mir, was für Arbeit hast du?" Und der Philosoph antwortete und sagte: „Ich studiere des Menschen Geist, seine Taten und sein Verlangen." Da fuhr der Straßenfeger fort zu fegen und sagte mit einem Lächeln: „Ich bedauere dich auch."

Kahlil Gibran

Arbeitslos

Ein Arbeiter wurde vor Gericht gefragt, ob er die weltliche oder die kirchliche Form des Eides benutzen wolle. Er antwortete: „Ich bin arbeitslos." – „Dies war nicht Zerstreutheit", sagte Herr K. „Durch diese Antwort gab er zu erkennen, daß er sich in einer Lage befand, wo solche Fragen, ja vielleicht das ganze Gerichtsverfahren als solches, keinen Sinn mehr haben."

Bertolt Brecht

Pablo Picasso (1881–1973), Die Büglerin, 1904.

4. Ein Wort zum Sonntag

Sonntagsreden

Axel (15): Einmal in der Woche muss ich mal ausschlafen. Da bin ich bis kurz vor dem Mittagessen im Bett. Meistens ist ja auch am Tag vorher viel los und es wird dann sehr spät.

Dirk (15): Für mich sind die meisten Menschen, die sonntags in die Kirche gehen, Heuchler. In ihrem Leben ändert sich dadurch nichts. Diese Sonntagschristen sind kein bisschen besser als andere Leute. Wenn schon Christen, dann lieber Alltagschristen.

Frau Kahmen (41) zu ihrer Tochter Nina (15): Als ich so alt war wie du, war es in unserer Familie noch selbstverständlich, dass wir alle sonntags zum Gottesdienst gingen. Später habe ich gemerkt, dass diese Gewohnheit für mich gut war. Heute fehlt mir etwas, wenn ich nicht zur Messe gehen kann. Da hole ich mir Kraft für die Woche. Darum würde ich mich freuen, wenn du auch mit uns gingest.

Geschäftsmann Ron Beck (55): Wir müssen endlich so weit kommen, auch sonntags in den Betrieben zu arbeiten. Es ist viel zu teuer, die Maschinen an diesem Tag abzustellen. Wir alle, auch unsere Arbeiter, könnten dann deutlich mehr verdienen. Und wir könnten die Preise für unsere Geräte senken.

Marion (16): Ich gehe sonntags nicht in die Kirche. Das interessiert mich heute nicht mehr. Als ich noch ging, habe ich mich nur geärgert. Die Predigten waren schlecht. Und wenn ich an die Lieder denke, wird mir heute noch übel. Ich kann auch ohne Messe Christin sein.

Lina (16): Wir haben einen Kaplan, der ist super. Der predigt so, dass wir merken: das geht uns alle an. Und die Lieder, die wir singen, sind toll. Gerade sonntags spüre ich, was Gemeinschaft ist. Das möchte keiner von uns missen.

L

- Für viele Leute ist der **Sonntag** ein Tag des **langen Wochenendes**, an dem jeder das tun kann, was ihm Spaß macht und wozu er sonst nicht kommt. Für manche Leute ist der Tag auch der langweiligste der Woche.
- Für Christen ist der Sonntag der Tag, an dem der Mensch **für Gott, für die Familie und sich selbst** frei sein soll. An diesem Tag feiern sie in der Gemeinschaft der Christen ihren Gottesdienst und hören das Wort Gottes. Für sie unterbricht der Sonntag den Zeitfluss der nützlichen Arbeit und befreit den Menschen davor, ständig tätig sein zu müssen.

A

1 Schreibt auf, was ihr vom **Sonntag** haltet und diskutiert über die verschiedenen **Sonntagsreden**. Ergänzt den Satz: Der Sonntag ist für mich wie ...

2 Fertigt einen **Stundenplan** über euer letztes Wochenende an. Beginnt beim Freitagmittag und schließt mit dem Sonntagabend. Was fällt euch dabei auf?

3 Was versteht man unter **„verlängertem Wochenende"**, „Sonntagsstress" und **„blauem Montag"**?

5 Führt eine **Diskussion** zu der Frage, ob der Sonntag seinen christlichen Sinn behalten oder einen anderen Sinn bekommen oder ganz abgeschafft werden soll.

6 Der Sonntag ist ein **Erbe des Christentums**. Schreibt in ein paar Stichworten auf, was unserer Gesellschaft fehlen würde, wenn es den Sonntag nicht mehr gäbe.

7 Sprecht darüber, welchen Stellenwert heute der Sonntag bei **Jugendlichen** und in der Erwachsenenwelt hat.

Statistisches – Am Sonntag ...

- schlafen um 9.45 Uhr noch 17,5 % aller Bundesbürger.
- langweilen sich 40 % der Bevölkerung.
- gucken die Bundesbürger im Durchschnitt mehr als 100 Minuten in die Röhre.
- sieht die Beliebtheitsskala so aus: (1) Spazierengehen, (2) Schlafen, (3) Ausruhen, (4) Ins Grüne fahren.
- notiert die Telefonseelsorge zwischen 20.00 und 24.00 Uhr die größte Zahl von Anrufen im Vergleich zur übrigen Woche.
- besuchen 10-20 % der Katholiken den Gottesdienst.

Kleinstadtsonntag

Gehn wir mal hin?
Ja, wir gehn mal hin.
Ist hier was los?
Nein, es ist nichts los.
Herr Ober, ein Bier!
Leer ist es hier.
Der Sommer ist kalt.
Man wird auch alt.
Bei Rose gabs Kalb.
Jetzt isses schon halb.

Jetzt gehn wir mal hin.
Ja, gehn wir mal hin.
Ist er schon drin?
Er ist schon drin.
Gehn wir mal rein?
Na, gehn wir mal rein.
Siehst du heut fern?
Ja, ich sehe heut fern.
Spielen sie was?
Ja, sie spielen was.

Hast du noch Geld?
Ja, ich habe noch Geld.
Trinken wir ein'?
Ja, einen klein'.
Gehn wir mal hin?
Ja, gehn wir mal hin.
Siehst du heut fern?
Ja, ich sehe heut fern.

Wolf Biermann

Feste Bräuche

Der kleine Prinz (→ WdG S. 177, 187) verließ eines Tages den Planeten, auf dem er lebte, und kam auf die Erde. Dort traf er einen Fuchs, der sein Freund werden wollte. Sie verabredeten, sich langsam näher kennenzulernen. Tag für Tag wollten sie etwas für ihre Freundschaft tun.

Am nächsten Morgen kam der kleine Prinz zurück.
„Es wäre besser gewesen, du wärst zur selben Stunde wiedergekommen", sagte der Fuchs. „Wenn du zum Beispiel um vier Uhr nachmittags kommst, kann ich um drei Uhr anfangen, glücklich zu sein. Je mehr Zeit vergeht, um so glücklicher werde ich mich fühlen. Um vier Uhr werde ich mich schon aufregen und beunruhigen; ich werde erfahren, wie teuer das Glück ist. Wenn du aber irgendwann kommst, kann ich nie wissen, wann mein Herz da sein soll ... Es muss feste Bräuche geben."
„Was heißt ‚fester Brauch'?", sagte der kleine Prinz.
„Auch etwas in Vergessenheit Geratenes", sagte der Fuchs. „Es ist das, was einen Tag vom anderen unterscheidet; eine Stunde von den anderen Stunden. Es gibt zum Beispiel einen Brauch bei meinen Jägern. Sie tanzen am Donnerstag mit den Mädchen des Dorfes. Daher ist der Donnerstag der wunderbare Tag. Ich gehe bis zum Weinberg spazieren. Wenn die Jäger irgendwann zum Tanze gingen, wären die Tage alle gleich, und ich hätte niemals Ferien."
So machte denn der kleine Prinz den Fuchs mit sich vertraut.

Antoine de Saint-Exupéry

A

1. Warum soll der **kleine Prinz** nicht zu einer x-beliebigen Stunde zum Fuchs kommen, sondern zu einer festgelegten Zeit? **Zum Textverständnis:** → **M4**.
2. **Feste Bräuche** haben – warum ist das so wichtig?
3. Was hat der Text mit dem **Sonntag** zu tun?
4. Wenn demoskopische Institute bei ihren Fragen (z. B. zu Abtreibung, Gentechnik, Wahl) herausfinden wollen, ob der Befragte Christ ist, fragen sie oft: „Gehen Sie sonntags regelmäßig – häufig – selten – nie zur Kirche?" Für sie ist der sonntägliche Gottesdienstbesuch das **„Kennzeichen C** (für Christen)". Haltet ihr das für richtig?

Leonardo da Vinci (1452–1519),
Das Letzte Abendmahl, 1495–1497.
(→ **M5**)

L

- Am **Sabbat** erinnern sich die **Juden** an Gottes Schöpfung (→ WdG S. 110) und an ihre Befreiung aus der ägyptischen Sklaverei (→ WdG S. 16). Beide Ereignisse bilden die Grundlagen ihrer Existenz. Hier wurde das Leben begründet, hier wurde Israel zum freien Volk Gottes erwählt.
- **Christen** feiern nicht den Sabbat, sondern den **Sonntag**, weil sie an diesem Tag, dem ersten Tag der Woche in der damaligen Zeitrechnung, in der Feier der Eucharistie („Messe") der Auferstehung Jesu gedenken (Mk 16, 2, → WdG S. 124 ff). Jeder Sonntag ist für sie ein kleines Osterfest.

Der siebte Schöpfungstag

2 Am siebten Tag vollendete Gott das Werk, das er geschaffen hatte, und
er ruhte am siebten Tag, nachdem er sein ganzes Werk vollbracht hatte.
3 Und Gott segnete den siebten Tag und erklärte ihn für heilig.

aus dem Buch Genesis 2, 2–3

Das Sabbatgebot

12 Achte auf den Sabbat: Halte ihn heilig, wie es dir der Herr, dein Gott,
zur Pflicht gemacht hat.
13 Sechs Tage darfst du schaffen und jede Arbeit tun.
14 Der siebte Tag ist ein Ruhetag, dem Herrn, deinem Gott, geweiht. An
ihm darfst du keine Arbeit tun: du, dein Sohn und deine Tochter, dein
Sklave und deine Sklavin, dein Rind, dein Esel und dein ganzes Vieh und
der Fremde, der in deinen Stadtbereichen Wohnrecht hat. Dein Sklave
und deine Sklavin sollen sich ausruhen wie du.
15 Denk daran: Als du in Ägypten Sklave warst, hat dich der Herr, dein
Gott, mit starker Hand und erhobenem Arm dort herausgeführt. Darum
hat es dir der Herr, dein Gott, zur Pflicht gemacht, den Sabbat zu halten.

aus dem Buch Deuteronomium 5, 12–15

A

1 Warum ist das **Sabbatgebot** innerhalb der Zehn Gebote (→ S. 52) am längsten? Was sagt es im Einzelnen? Zum Judentum: → WdG S. 202 ff.
2 Lest über das Verhältnis **Jesu** zum Sabbat: Mk 1, 21; Lk 13, 10–17
3 Wiederholt noch einmal, was das Sakrament der **Eucharistie** (d. h. Danksagung) bedeutet und bewirkt: → ZdF S. 182, 185. Wie lauten die Worte des Priesters bei der Wandlung? Warum ist es für Christen wichtig, an der sonntäglichen Eucharistiefeier teilzunehmen? Welche Erfahrungen haben junge Leute damit?

Ben Willikens (geb. 1939), Abendmahl, 1976–1979.

„... Sie wollen den verkaufsoffenen Sonntag einführen!"

Mit einem Minister, der sich für den verkaufsoffenen Sonntag einsetzt, spricht „Theo" (d. h. „Gott") :

Theo: „Damals teilte ich mit mächtiger Hand Licht und Finsternis. Land und Meer. Tags darauf hängte ich Sonne, Mond und Sterne ans Firmament. Ein mächtiges Stück Arbeit, wie Sie sich vielleicht denken können. Es funktionierte erst mit den Kepplerschen Planetengesetzen. An den nächsten Tagen experimentierte ich mit Pflanzen, Vögeln und Fischen, strickte DNS-Spiralen, tüftelte Periodensysteme aus und erfand die Zahl Pi ... – haben sie eine Ahnung, was es bedeutet, die Zahl Pi zu erfinden?"
Der Minister war sich nicht ganz sicher.
„Und dann kam der sechste Tag", fuhr der Alte fort. „In einem Anfall von tollkühner Geselligkeit formte ich den Menschen, damit einer sei, der alles entdecke und betrachte. – Und ich sah, dass es gut war. Alles funktionierte reibungslos: Zellen und Organe, Sehnen und Gelenke, Fliehkraft und Gravitation, sogar das Ohm'sche Gesetz und das Planck'sche Wirkungsquantum erwiesen sich als brillante Ideen. Ein kosmisches Patentamt hätte seine helle Freude gehabt. Und ganz nebenbei hatte ich die Sechs-Tage-Woche erfunden. "
„Alle Achtung!", sagte der Minister.
„Und doch," sagte er, „war alles ... irgendwie langweilig ... Es war perfekt, aber nicht vollkommen ... Darum erschuf ich am nächsten Tag die Ruhe."
„Sagten Sie Ruhe?", fragte der Minister und blickte wie ein Karpfen.
„Ja, die Ruhe", bestätigte Theo, „den Frieden zwischen den Kriegen, die Stille zwischen den Worten und das Schweigen in allen Sprachen ... und ich spürte: Gott war ich erst am siebten Tag ... Vorher habe ich erfunden und geplant, geformt und gebaut. Am siebten Tag war ich der ganz andere. ... Seitdem gilt nicht das Erwerben, sondern das Verschenken, nicht das Vernichten, sondern das Bewahren, nicht das Herrschen, sondern das Dienen, nicht das Haben, sondern das Sein, nicht das Ich, sondern das Wir. ... Am siebten Tag erschuf ich ... den Umweg und die Freude am Rätsel und Spiel. ... Der siebte ist ... das Geheimnis und der Sinn der anderen sechs. – Und da wollen Sie den verkaufsoffenen Sonntag einführen!" ... .

frei nach einem Vortrag von Fritz Pleitgen

Ohne *Sonntag* gibt's nur noch Werktage

L ♦ Die **Gerechtigkeit** verpflichtet dazu, innerhalb einer Gesellschaft eine Ordnung herbeizuführen, zu bewahren oder wiederherzustellen, die dem Wohl aller, besonders der Schwachen, dient und den Gesetzen (dem Recht) dieser Gesellschaft und den Geboten Gottes entspricht.

♦ Es gibt auf der Welt **keine einheitliche Auffassung** darüber, was gerecht ist. Deutschland, Kuba, China, Saudi-Arabien oder der Vatikanstaat unterscheiden sich hier stark. In keiner Gesellschaft, in keinem Staat, ist die Gerechtigkeit so ideal entwickelt, dass sie nicht ständig **verbessert** werden könnte oder den Verhältnissen **angepasst** werden müsste. Daran kann bei uns jeder mitwirken. Christen orientieren sich dabei an ihrem Glauben.

Die Waage – Symbol der Gerechtigkeit.

5. Gerechtigkeit erhöht ein Volk

Ein Politiker spricht über die Gerechtigkeit

Die Gerechtigkeit hat zwei Bereiche, die man unterscheiden muss.

1 Die **gesetzliche** („legale") Gerechtigkeit verlangt, dass die Grundsätze und Gesetze von allen in gleicher Weise beachtet werden. Vor dem Gesetz sind alle gleich. Beispiele: Keiner darf einen Meineid schwören. Frauen müssen für dieselben Leistungen denselben Lohn erhalten wie Männer.

2 Die **austeilende** („distributive") Gerechtigkeit verlangt, dass die Pflichten und Lasten nicht völlig gleich, sondern entsprechend den Fähigkeiten der Einzelnen verteilt werden. Beispiel: Kinderreiche Familien zahlen weniger Steuern als kinderlose Paare.

Es ist ungerecht, wenn ...

- ein Lehrer in der Klasse eine Schülerin bevorzugt oder benachteiligt
- ein Richter einen Schwachen strenger bestraft als einen Mächtigen
- eine Partei zu Rassenhass oder zu Ausländerfeindlichkeit aufruft
- ein Staat heute riesige Schulden macht, die die Kinder und Enkel später bezahlen müssen
- ein Volk oder ein Erdteil im Überfluss lebt und ein anderes Volk oder ein anderer Erdteil hungern
- ...

Worte der Bibel

Lieber wenig, aber gerecht, als viel und ungerecht. *Tob 12, 8*

Ist wohl ein Mensch vor Gott gerecht? *Ijob 4, 7*

Leite mich, Herr, in deiner Gerechtigkeit. *Ps 5, 9*

Gott steht auf Seiten der Gerechten. *Ps 14, 5*

Der Gerechte muss viel leiden. *Ps 34, 20*

Gerechtigkeit und Frieden küssen sich. *Ps 85, 11*

Gerechtigkeit erhöht ein Volk. *Spr 14, 34*

Haben Gerechte die Oberhand, gibt es glanzvolle Zeiten. *Spr 28, 12*

Selig, die hungern und dürsten nach der Gerechtigkeit; denn sie werden satt werden. *Mt 5, 6*

Ich bin gekommen, die Sünder zu rufen, nicht die Gerechten. *Mk 2, 17*

Es gibt keinen, der gerecht ist, auch nicht einen. *Röm 3, 10*

Wir sind gerecht gemacht aus Glauben, darum haben wir Frieden mit Gott. *Röm 5, 1*

Das Reich Gottes ist nicht Essen und Trinken; es ist Gerechtigkeit, Frieden und Freude im Herrn. *Röm 14, 17*

Gerechtigkeitsgefühl

Herrn K.s Gastgeber hatte einen Hund, und eines Tages kam dieser mit allen Anzeichen des Schuldgefühls angekrochen. „Er hat etwas angestellt, reden Sie sofort streng und traurig mit ihm", riet Herr K. „Aber ich weiß doch nicht, was er angestellt hat", wehrte sich der Gastgeber. „Das kann der Hund nicht wissen", sagte Herr K. dringlich. „Zeigen Sie schnell Ihre betroffene Mißbilligung, sonst leidet sein Gerechtigkeitsgefühl."

Bertolt Brecht

Ein schöner Einfall

Fiorello Henry La Guardia (1882–1947) gab als Bürgermeister (1933–1945) der Stadt New York eine neue Verfassung. Er kämpfte gegen die Korruption und setzte sich für die Beseitigung von Elendsvierteln ein.

An einem Wintertag führte man Fiorello Henry La Guardia einen alten, vor Kälte zitternden Mann vor. Man hatte ihn in einem Laden beim Diebstahl eines Brotes ertappt. Sein Hunger trieb ihn einfach dazu. La Guardia sah sich an das Gesetz gebunden, das keine Ausnahme duldet. Deshalb verurteilte er den Mann zu einer Geldstrafe von zehn Dollar. Dann aber griff er in die eigene Tasche und bezahlte den Betrag an Stelle des Angeklagten. Er warf die Zehndollarnote in dessen grauen Filzhut. Daraufhin wandte er sich an die Anwesenden im Gerichtssaal und bestrafte jeden Einzelnen von ihnen mit einem Bußgeld von fünfzig Cent und begründete die Strafe mit dem Hinweis, dass sie in einer Stadt leben würden, wo sich ein Mensch zum Brotdiebstahl genötigt sieht, um nicht zu verhungern. Die Geldstrafe wurde sofort vom Gerichtsdiener mit dem grauen Filzhut kassiert und dem Angeklagten übergeben. Dieser traute seinen Augen nicht. Er verließ den Gerichtssaal mit 47 Dollar und 50 Cent.

Sigismund von Radecki

James Ensor (1860–1949), Die guten Richter, 1891.

A

1 Zur Arbeit mit den Texten: → **M4**.

2 Sucht Beispiele, in denen **Personen und Institutionen** gerecht oder ungerecht handeln. Versucht zu erklären, was daran jeweils gerecht und ungerecht ist. Woher habt ihr eure Auffassung von Gerechtigkeit?

3 Erinnert euch an **Personen und Szenen**, die sich mit dem Thema „Gerechtigkeit" befassen, z. B. Elija: → WdG S. 47, Jesaja: → WdG S. 48, Rigoberta Menchú Tum: → WdG S. 56, Oscar Romero: → S. 141.

4 Sprecht über Zitate wie diese:

- Gerechtigkeit werde geübt, auch wenn die Welt dabei zugrunde geht.
- Da herrscht das Recht des Stärkeren.
- Größtes Recht ist oft größtes Unrecht.
- Gerechtigkeit ohne Barmherzigkeit/Liebe ist ungerecht.
- Ohne Gerechtigkeit sind Staaten große Räuberbanden.
- Gerechtigkeit ohne Macht ist ohnmächtig. Macht ohne Gerechtigkeit ist grausam.

Viele Definitionen versuchen zu sagen, was **Frieden** ist. Sie kommen aus verschiedenen Bereichen, z. B.

- **Politik**: Frieden ist die Abwesenheit von Krieg und Gewalt.
- **Psychologie**: Frieden ist die Übereinstimmung des Menschen mit sich selbst.
- **Ökologie**: Frieden ist harmonisches Leben der Menschen in ihrer Umwelt, wobei auch die Tiere einzubeziehen sind.
- **Religion**: Frieden ist Versöhnung mit Gott und den Menschen.

6. Frieden auf Erden

Schalom – Was die Bibel zum Frieden sagt

Friede sei mit dir. *Ri 6, 23*

Suche Frieden und jage ihm nach. *Ps 34, 15*

Gerechtigkeit und Frieden küssen sich. *Ps 85, 11*

Alles hat seine Zeit. Es gibt eine Zeit für den Krieg, und es gibt eine Zeit für den Frieden. *Koh 3, 8*

Die Seelen der Gerechten … sind in Frieden. *Weish 3, 3*

Ein Kind ist uns geboren, ein Sohn ist uns geschenkt … Man nennt ihn … Fürst des Friedens. *Jes 9, 5*

Das Werk der Gerechtigkeit ist der Friede. *Jes 32, 17*

Ich setzte den Frieden als Aufsicht über dich ein und die Gerechtigkeit als deinen Herrn. *Jes 60, 17*

Selig, die Frieden stiften; denn sie werden Söhne Gottes heißen. *Mt 5, 9*

Schließ ohne Zögern Friede mit deinem Gegner. *Mt 5, 25*

Haltet Frieden untereinander. *Mk 9, 50*

Verherrlicht ist Gott in der Höhe, und auf Erden ist Frieden bei den Menschen seiner Gnade. *Lk 2, 14*

Meinen Frieden gebe ich euch, nicht einen Frieden, wie die Welt ihn gibt, gebe ich euch. *Joh 14, 27*

Christus ist unser Friede. *Eph 2, 14*

Aussprüche und Zitate

Heraklit, griechischer Philosoph (zum 550–480 vC): Der Krieg ist der Vater aller Dinge.

Römisches Sprichwort: Wenn du den Frieden willst, so bereite den Krieg vor.

Talmud (→ WdG S. 210): Auf drei Säulen steht die Welt, auf Wahrheit, auf Gerechtigkeit, auf Frieden.

Augustinus, Bischof (354–430; → ZdF S. 42): Ein gottloser und ungerechter Frieden kann nicht Frieden genannt werden.

Immanuel Kant, Philosoph (1724–1804): Frieden ist kein Naturzustand. Frieden muss gestiftet werden.

Friedrich Schiller, Dichter (1759–1805): Es kann der Frömmste nicht in Frieden leben, wenn es dem bösen Nachbarn nicht gefällt.

Pablo Picasso (1881–1973), Der Krieg (→ S. 146), Ausschnitt mit Friedenskämpfer, 1952.

Das Märchen von der Vernunft

Es war einmal ein netter, alter Herr, der hatte die Unart, sich ab und zu vernünftige Dinge auszudenken und sie Fachleuten vorzutragen. Da er reich war, mussten sie ihm geduldig zuhören.

Eines Tages wurde der nette alte Herr während einer Sitzung gemeldet, an der die wichtigsten Staatsmänner der Erde teilnahmen, um alle Streitigkeiten aus der Welt zu schaffen. „Allmächtiger!", dachten sie. „Wer weiß, was er heute mit uns und seiner dummen Vernunft wieder vorhat!" Und dann ließen sie ihn hereinbitten.

„Meine Herren Staatsoberhäupter", sagte er, „hören Sie mir bitte zu. Sie sind es nicht mir, doch der Vernunft sind Sie's schuldig." Sie nickten, gequält lächelnd, mit ihren Staatshäuptern, und er fuhr fort: „Sie haben sich vorgenommen, Ihren Völkern Ruhe und Frieden zu sichern, und das kann nur bedeuten, dass Ihnen an der Zufriedenheit aller Erdbewohner gelegen ist. "„Natürlich!", riefen sie.

„Wie schön!", meinte er. „Dann ist Ihr Problem gelöst. Bewilligen Sie aus den Finanzen Ihrer Staaten einen Betrag, den ich genauestens habe errechnen lassen und zum Schluss nennen werde! Mit dieser Summe soll Folgendes geschehen: Jede Familie in jedem Ihrer Länder erhält eine kleine, hübsche Villa mit sechs Zimmern, einem Garten und einer Garage sowie ein Auto zum Geschenk. Und da hintendrein der gedachte Betrag noch immer nicht aufgebraucht sein wird, können Sie in jedem Ort der Erde, der mehr als fünftausend Einwohner zählt, eine neue Schule und ein modernes Krankenhaus bauen lassen. Obwohl ich nicht glaube, dass die materiellen Dinge die höchsten irdischen Güter sind, bin ich vernünftig genug, um einzusehen, dass der Friede zwischen den Völkern zuerst von der äußeren Zufriedenheit der Menschen abhängt."

Nach dem ersten Schrecken nahm das oberste Staatsoberhaupt das Wort: „Wie hoch ist der für Ihre Zwecke vorgesehene Betrag?" – „Wie viel Geld würde für den kleinen Scherz gebraucht?", rief das zweithöchste Staatsoberhaupt unwillig.

„Eine Billion Dollar", antwortete der nette alte Herr ruhig. „Es handelt sich um eine Eins mit zwölf Nullen."

„Sie sind vollkommen blödsinnig!", schrie jemand. Der Herr blickte den Schreier verwundert an. „Wie kommen Sie denn darauf? Der letzte Krieg hat ganz genau so viel gekostet!" Da brachen die Staatsoberhäupter in tobendes Gelächter aus. Man schlug sich einander auf die Schenkel, krähte wie am Spieß und wischte sich die Lachtränen aus den Augen.

Der nette alte Herr schaute ratlos von einem zum anderen. „Ich begreifen Ihre Heiterkeit nicht ganz", sagte er. „Wenn ein langer Krieg eine Billion Dollar gekostet hat, warum sollte dann ein langer Frieden nicht dasselbe wert sein?"

Nun lachten sie alle noch lauter. Einer sprang auf und brüllte mit der letzter Kraft: „Sie alter Schafskopf! Ein Krieg – ein Krieg ist doch etwas ganz anderes."

frei nach Erich Kästner

A

1 Warum heißt die Erzählung ein **„Märchen"**, das von der „Vernunft" handelt? Zum Text: → **M4**.

2 Überlegt, wo ihr selbst in der **Klasse/Schule** in Konflikte und Streitigkeiten verwickelt seid. Sucht Möglichkeiten, durch Tat und Wort dem Frieden näher zu kommen.

3 Heute gibt es zahlreiche **Problemfelder**, die den Frieden weltweit bedrohen, z. B. Neuverschuldung der armen Länder, Waffenhandel, religiöser Fundamentalismus, Überbevölkerung, Umweltkatastrophen usw. Ergänzt diese Problemfelder und beschreibt in Gruppen eines davon näher: → **M2**. Tragt eure Ergebnisse zusammen und entwerft dazu ein großes Tafelbild oder Plakat.

4 Malt ein **Symbol des Friedens**. Ihr könnt euch dabei von den Bildern Picassos anregen lassen: → S. 147, 166, 184.

5 Singt das jüdische Lied **„Schalom, chaverim"** (d. h. „Frieden für euch Freunde") und „Hevenu shalom aleichem" (d. h. „Mit Worten des Friedens grüßen wir").

6 Eigentlich halten **(fast) alle Menschen** den Frieden für eine gute Sache. Warum ist es trotzdem so schwer, den Frieden in der kleinen und großen Welt zu schaffen?

7 Zum Thema **„Gewaltverzicht"**: → S. 154 f.

Geld regiert die Welt

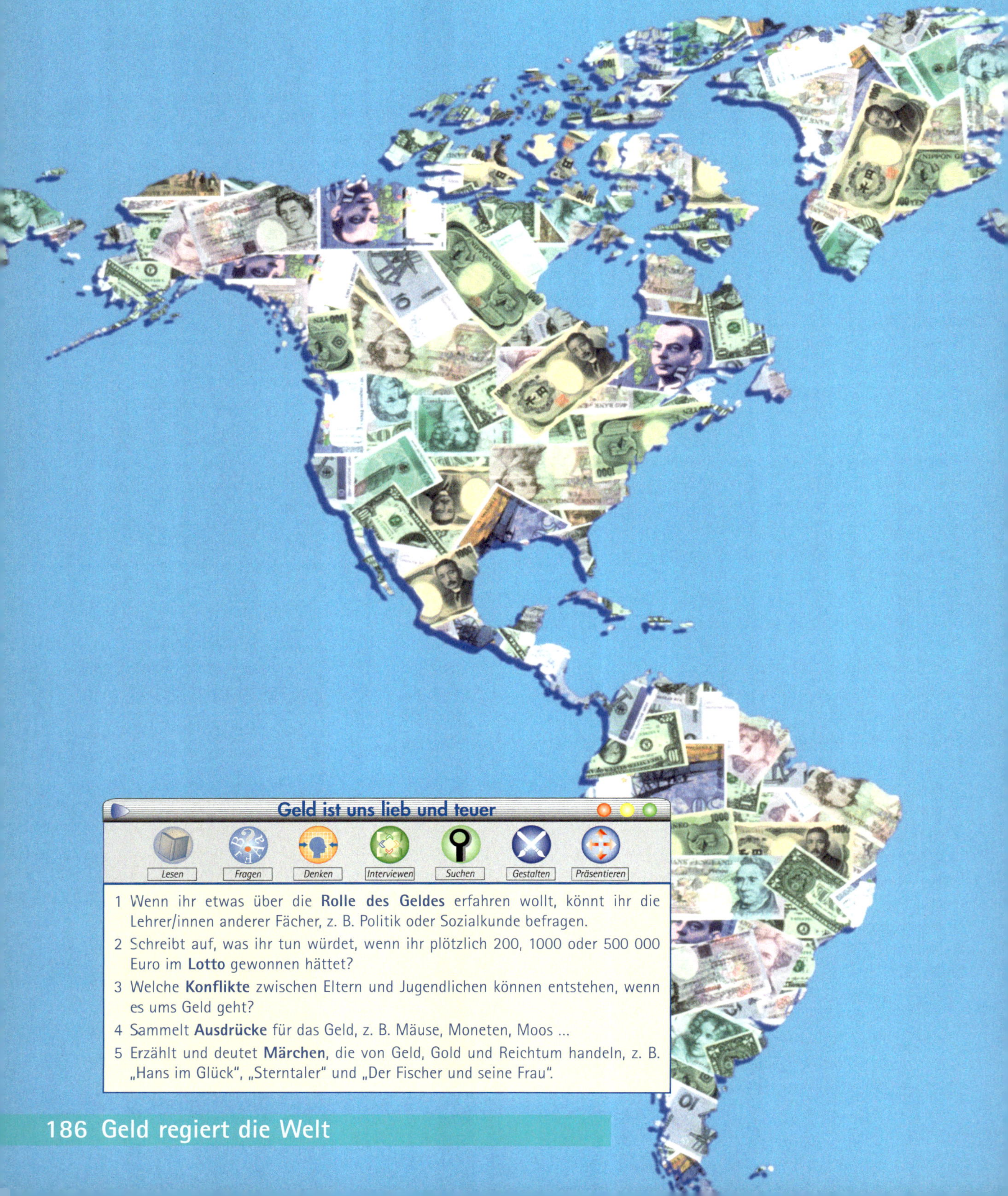

Geld ist uns lieb und teuer

Lesen | Fragen | Denken | Interviewen | Suchen | Gestalten | Präsentieren

1 Wenn ihr etwas über die **Rolle des Geldes** erfahren wollt, könnt ihr die Lehrer/innen anderer Fächer, z. B. Politik oder Sozialkunde befragen.

2 Schreibt auf, was ihr tun würdet, wenn ihr plötzlich 200, 1000 oder 500 000 Euro im **Lotto** gewonnen hättet?

3 Welche **Konflikte** zwischen Eltern und Jugendlichen können entstehen, wenn es ums Geld geht?

4 Sammelt **Ausdrücke** für das Geld, z. B. Mäuse, Moneten, Moos ...

5 Erzählt und deutet **Märchen**, die von Geld, Gold und Reichtum handeln, z. B. „Hans im Glück", „Sterntaler" und „Der Fischer und seine Frau".

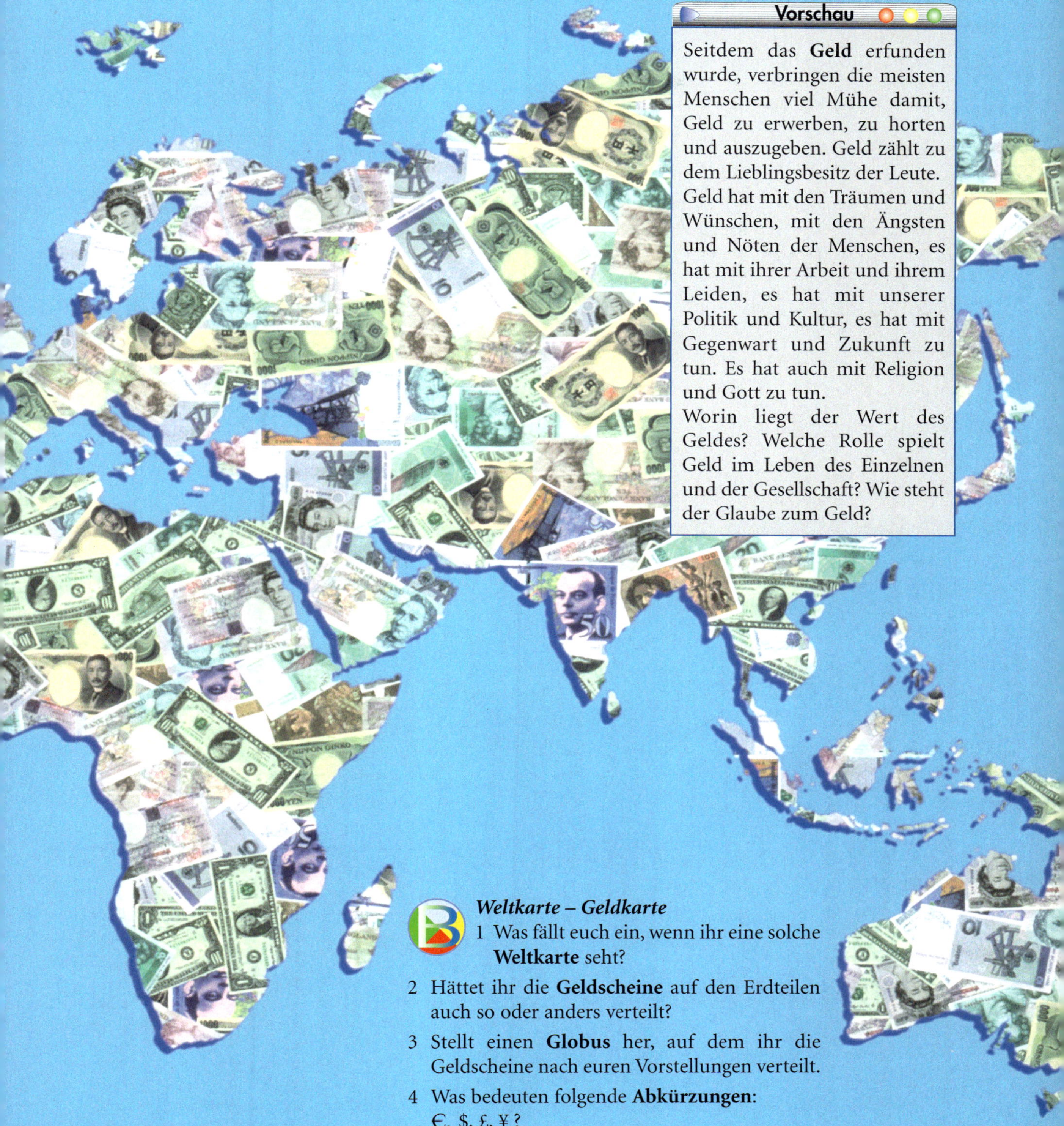

Vorschau

Seitdem das **Geld** erfunden wurde, verbringen die meisten Menschen viel Mühe damit, Geld zu erwerben, zu horten und auszugeben. Geld zählt zu dem Lieblingsbesitz der Leute. Geld hat mit den Träumen und Wünschen, mit den Ängsten und Nöten der Menschen, es hat mit ihrer Arbeit und ihrem Leiden, es hat mit unserer Politik und Kultur, es hat mit Gegenwart und Zukunft zu tun. Es hat auch mit Religion und Gott zu tun.

Worin liegt der Wert des Geldes? Welche Rolle spielt Geld im Leben des Einzelnen und der Gesellschaft? Wie steht der Glaube zum Geld?

Weltkarte – Geldkarte

1 Was fällt euch ein, wenn ihr eine solche **Weltkarte** seht?

2 Hättet ihr die **Geldscheine** auf den Erdteilen auch so oder anders verteilt?

3 Stellt einen **Globus** her, auf dem ihr die Geldscheine nach euren Vorstellungen verteilt.

4 Was bedeuten folgende **Abkürzungen**: €, $, £, ¥ ?

1. Das praktische Mittel

L ♦ Das deutsche **Wort „Geld“** leitet sich von „gelten“ ab. Es ist etwas, „das gilt“, „gültig“ ist oder „Geltung“ hat.

♦ Geld ist ein **praktisches Mittel** beim Kaufen und Verkaufen, Sparen und Vergleichen.

♦ Der **Umgang mit dem Geld hat sich gewandelt**. Während die Großeltern ihr Geld noch im Sparstrumpf verwahrten, spekulieren ihre Enkel schon kenntnisreich mit Aktien. Bis vor wenigen Jahren zahlte man im Alltag nur mit Münzen, Scheinen oder Schecks. Heute ist die Kreditkarte ein verbreitetes Zahlungsmittel. Sie ist praktisch und verführerisch zugleich.

Welche Erfahrungen stehen hinter diesen Sprüchen?

- Geld regiert die Welt.
- Zeit ist Geld.
- Was nichts kostet, ist nichts.
- Über Geld spricht man nicht.
- Geld verdirbt den Charakter.
- Geld macht nicht glücklich, aber es beruhigt.
- Geld oder Leben! Geld oder Liebe?
- Spare in der Zeit, dann hast du in der Not.
- Als Gott die Welt erschuf, brauchte er dazu kein Geld.
- Der Teufel scheißt immer auf einen großen Haufen.
- Geld stinkt nicht. *(Wort des römischen Kaisers Vespasian, als man ihm vorwarf, öffentliche Bedürfnisanstalten zu besteuern.)*
- Das zählt im Leben, wofür man zahlt.
- Ich kaufe, also bin ich.
- Money makes the world go round.
- In Geldsachen hört die Freundschaft auf.

Banken und Kirche

Nie ist Geld nur Geld

„Was, Sie erzählen Ihren Kindern von Geld?“ „Natürlich, warum nicht? Irgendwann werden sie ja, um ihr Brot zu verdienen, Geld verdienen müssen, und sie sollten sich früh genug Gedanken darüber machen. ... Ist Geld nicht mit Zeichen bedruckt oder von solchen geprägt? Weder schmutzig noch rein, sondern beides, weder rational noch irrational, sondern beides, nie ist Geld nur Geld. Liebe ist es, Hass, Freiheit, Sklaverei, Dreck, Blut, Waffe, Brot – also erzähle ich davon meinen Kindern.

Heinrich Böll

A **Das Geld der jungen Leute**

1 Schreibt auf, wofür die **Mädchen und Jungen** gern Geld ausgeben. Fügt auch ein Bild dazu an. Heftet eure Blätter an eine Pinnwand oder hängt sie an einer Wäscheleine auf. Stellt dann eine Rangordnung dieser Ausgaben auf. Was fällt euch auf?

2 Macht eine Aufstellung, was die Kleidungsstücke, die ihr gerade tragt, ungefähr gekostet haben. Wer hat sie bezahlt? Wie lange musste jemand dafür arbeiten? Stellt zusammen, was eure **Eltern** im Monat für euch bezahlen. Vergesst dabei nicht den Anteil an Speisen und Getränken, Miete, Heizung, Telefon usw.

Ein Volkswirt erklärt, wozu das Geld da ist

Zum Geld sind schon viele dicke Bücher geschrieben worden. Wer heute neue originelle Theorien zum Geld entwirft, bekommt vielleicht sogar den Nobelpreis.
Am schwierigsten ist die Frage, wie man denn an Geld kommt. Dazu will ich heute nichts sagen. Ich möchte nur darlegen, dass das Geld in unserem Leben eine nützliche Sache ist. Es erleichtert vieles, vorausgesetzt man hat etwas davon. Das Geld hat drei Aufgaben:

1 Wir brauchen das Geld zum Tauschen. Mit Geld können wir **bezahlen**, d. h. für Geld etwas erwerben. So sehr das heute selbstverständlich ist, so wenig galt das zu allen Zeiten. Wenn man früher von jemandem etwas haben wollte, musste man ihm etwas anderes dafür geben. So gab der Bauer dem Weber Weizen und erhielt von ihm dafür ein Stück Stoff. Man tauschte Vieh gegen Wein und Töpfe gegen Obst. Auch mit Arbeiten konnte man bezahlen, z. B. mit Bauen, Waschen oder Schmieden. Wer heute ein Auto mit ein paar Rindern oder eine CD mit selbst gestrickten Handschuhen bezahlen wollte, hätte wenig Chancen auf den Tausch.
Mit Geld bezahlt man auch heute **Dienstleistungen**, z. B. die Frisöse, den Taxifahrer oder den Sportverein. Für Geld kann man sich auch **Erlebnisse** kaufen, z. B. den Besuch eines Fußballspiels, den Eintritt ins Kino oder eine Reise ans Meer.
Wo jedes Gut gegen Geld getauscht wird, werden oft auch die **menschlichen Beziehungen** gekauft, z. B. Arbeit oder Freundschaft. Da kann es sein, dass Arbeiter und Arbeiterinnen oder Freundinnen und Freunde manchmal so schnell gewechselt werden wie das Geld.

2 Man kann das Geld **sparen**. Das ist praktischer als Fleisch, Gemüse oder Möbel aufzubewahren. So hilft Geld dabei, die Zukunft ein Stück weit zu sichern. In mancher Hinsicht ist es verlässlicher, Geld zu sparen oder eine Versicherung abzuschließen, als auf die eigene Kraft zu vertrauen. Mit dem Sparen kann man sogar weiteres Geld verdienen, wenn man Zinsen dafür bekommt.

3 Mit Hilfe des Geldes kann man den Wert unterschiedlicher Dinge und Tätigkeiten **vergleichen** und festlegen. Es schafft Zusammenhänge, die es sonst nicht geben würde. Für 65 Euro kann man ein Paar Schuhe oder einen Autoreifen kaufen. Für dasselbe Geld gibt es Fahrkarten zu erwünschten Zielen, Jacken und Pullis oder ein Menü in einem Nobelrestaurant. Geld bringt Ungleiches ins Gleichgewicht. Der Wert einer Sache ist oft sein Geldwert. Darüber hinaus bewirkt es in manchen Situationen eine gewisse – allerdings begrenzte – Gleichheit. Der Millionär bezahlt für ein Eis in der City denselben Preis wie die Schülerin.

A

3 Führt eine Woche oder einen Monat lang ein **Haushaltsbuch**, in das ihr alle eure Ein- und Ausgaben eintragt und alle Kosten benennt, die ihr verursacht. Was fällt euch dabei auf?

4 Welchen **Unterschied** macht es, ob ein Schüler/eine Schülerin nichts, 20, 50 oder 250 Euro im Monat hat?

5 Was hat Geld mit **Freiheit**, was mit **Sicherheit** zu tun?

6 Stellt euch vor, heute würde **Geld vom Himmel** auf die Erde fallen und jeder könnte so viel davon scheffeln, wie er wollte. Alle wären im Nu Millionäre. Warum würde uns das nicht reicher, sondern ärmer machen?

Klaus Staeck (geb. 1938), 1973.

L

♦ Geld bestimmt, welche modischen Teile uns in den Läden zum Kauf angeboten werden und welcher Werbung wir ausgesetzt sind. Geld entscheidet über Bildung und Arbeit, über sozialen Rang und politischen Macht, über Krieg und Frieden. Geld ist ein Mittel, das unseren kleinen Alltag und die große Politik weitgehend beeinflusst. Die **Weltanschauung** unserer Zeit ist eine **Geldanschauung**. Geld ist eine weltbeherrschende Macht.

♦ Der **Wert des Geldes** geht weit über den materiellen Bereich hinaus. Er ist nicht nur in Euro und Cent zu messen. Geld ist ein **materieller Wert**, von dem **immaterielle Werte** abhängen, z. B. Ansehen, Sicherheit, Freiheit, Glück, Lebenschancen.

2. Die weltbeherrschende Macht

Wenn alles zu Gold wird

Als der phrygische König Midas dem griechischen Gott Dionysos einmal einen großen Gefallen getan hatte, durfte sich der König dafür von dem Gott etwas wünschen. Midas, der ebenso reich wie geldgierig war, wünschte sich, dass alles, was er berühre, zu Gold werde. Und so geschah es. Die Steine und das Eisen wurden zu Gold, und auch die Blumen und Blätter. Doch auch das Brot, das er essen, und das Wasser, das er trinken wollte, wurden zu Gold, so dass sein Leben in Gefahr geriet. Verzweifelt flehte er den Gott an, ihn von dieser Gefahr zu befreien. Da der Gott Mitleid mit Midas hatte, gebot er ihm, sich in einem Fluss zu reinigen. Seitdem konnte Midas wieder etwas anfassen, ohne dass es zu Gold wurde. Der Fluss ist seitdem goldhaltig.

Eine alte griechische Erzählung

MICHINTERESSIERTNURGELD

G E L D M
A C H T S
C H O E N
S C H O E
N M A C H
T G E L D
M A C H T
S C H O E
N G E L D

Keiner blickt dir hinter das Gesicht

(Fassung für Kleinmütige)

Niemand weiß, wie reich du bist ...
Freilich mein ich keine Wertpapiere,
keine Villen, Autos und Klaviere,
und was sonst sehr teuer ist,
wenn ich hier vom Reichtum referiere.

Nicht den Reichtum, den man sieht
und versteuert, will ich jetzt empfehlen.
Es gibt Werte, die kann keiner zählen,
selbst, wenn er die Wurzel zieht.
Und kein Dieb kann diesen Reichtum stehlen.

Die Geduld ist so ein Schatz,
oder der Humor, und auch die Güte,
und das ganze übrige Gemüte,
denn im Herzen ist viel Platz.
Und es ist wie eine Wundertüte.

Arm ist nur, wer ganz vergisst,
welchen Reichtum das Gefühl verspricht.
Keiner blickt dir hinter das Gesicht.
Keiner weiß, wie reich du bist ...
(Und du weißt es manchmal selber nicht.)

Erich Kästner

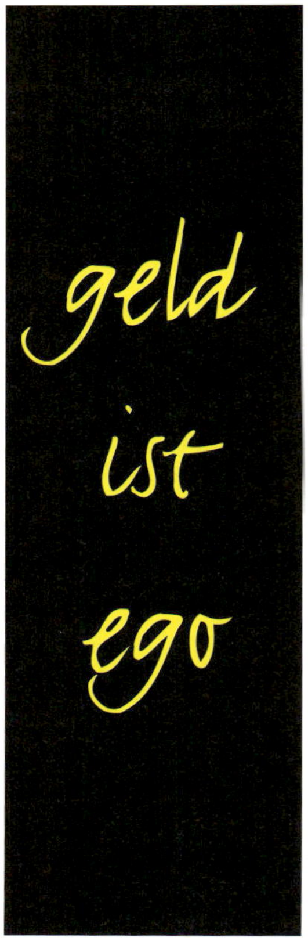

Ungleiche Verteilung des Geldes

1 In den ersten Jahren des dritten Jahrtausends geben die Amerikaner jährlich erheblich mehr Dollars für **Kosmetikwaren** aus, als für die Grundbildung aller Menschen auf der Erde erforderlich sind.

2 Die Europäer bezahlen in einem Jahr mehr Geld für **Eiscreme**, als für Wasserversorgung und sanitäre Einrichtungen weltweit aufzubringen wäre.

3 Um die Gesundheitsversorgung und Ernährung für alle zu sichern, wäre nicht das ganze Geld nötig, das die Europäer und Amerikaner jährlich für **Hundefutter** ausgeben.

L Wir erleben eine nie gekannte Bedeutung der Wirtschaft (**„Ökonomisierung“** von gr.: „Ökonomie“, d. h. „Wirtschaftslehre“) für die Welt. Die **Geldwirtschaft** durchdringt (fast) alle Bereiche des Lebens. Bei der beginnenden **Globalisierung** (von lat.: „globus“, d. h. „Erdkugel“) spielt das Geld eine höchst bedeutsame Rolle.

Wir sind schon reich

Ehemann: „Weißt du, Liebling, ich werde hart arbeiten, und eines Tages werden wir reich werden.“
Ehefrau: „Wir sind schon reich, Liebster, denn wir haben einander. Eines Tages werden wir vielleicht Geld haben.“

Anthony de Mello

A **Macht und Grenze des Geldes**

1 Sammelt Beispiele, wie man mit Geld **segensreich** und ein anderes, wie man mit Geld **verhängnisvoll** umgehen kann.

2 Fertigt eine **Mindmap** zum Stichwort „Macht des Geldes“ an.

3 Wo und wie habt ihr schon einmal die **Macht des Geldes** gespürt?

4 Schreibt Beispiele auf, in denen das Geld **nicht ausschlaggebend** sein darf. Was würdet ihr auf keinen Fall für noch so viel Geld tun oder lassen? Vergleicht eure Antworten miteinander.

Duane Hanson (geb. 1925), Supermarket Lady (Frau mit Einkaufswagen), 1970.

◆ In unserer Gesellschaft glauben nicht alle Menschen an **Gott**, wohl aber die weitaus meisten an das **Geld**. Sie trauen dem Geld zu, was religiöse Menschen Gott zutrauen. Geld ist zum Gottes-Ersatz geworden.

◆ Wo das Geld das Wichtigste im Leben ist, wird es zur Religion.

◆ Heute ist die **Geldreligion** zur universalen **Weltreligion** geworden. Sie bedrängt das Christentum und die anderen Religionen und versucht, sie zu verdrängen.

3. Die Religion unserer Zeit

Gott und Geld – Parallelen

◆ Jeder kann die **Allmacht** des Geldes erleben. Geld mindert heute dieselben Sorgen, Ängste und Leiden, für deren Beseitigung in den Religionen zu Gott gebetet wird. Mit Geld kann man Krankheiten heilen, Hunger stillen, eine Wohnung finden, Wasser kaufen, eine Ausbildung bezahlen.

◆ Das Geld hat einen Zug ins **Unendliche**. Wer einmal Geschmack an ihm gefunden hat, kann nicht mehr von ihm lassen. Er möchte mehr und mehr davon haben. Vom Geld kann man nicht genug bekommen.

◆ Geld erscheint vielen Menschen wie eine **Gnade**. Es verleiht Vertrauen, Sicherheit, Geborgenheit, Hoffnung für die Zukunft. Wer kein Geld hat, erfährt in unserer Gesellschaft die gnadenlosen Folgen seines Zustands. Er kann sich wie ein Verdammter fühlen.

Andy Warhol (1928–1987), Dollar

◆ Geld wirkt **Wunder**. Man kann Geld in die Dinge verwandeln, die man haben möchte: Ball, Eis, Motorrad, Schuhe oder Ausbildung. Man kann es in ein Ferienvergnügen oder ein Lotterielos umformen. Mit Geld kann man sich selbst äußerlich und innerlich verändern.

◆ Wie religiöse Menschen ihr ganzes **Leben** auf Gott ausrichten, so rackern sich heute die Leute einzig für das Geld ab. Für Geld arbeiten sie stundenlang, jahrelang, lebenslang. Sie stehen und gehen, schwitzen und sitzen, dichten und richten, robben und jobben, faxen und taxen. Da werden selbst solche Leute tätig, die ohne Geld keinen Finger rühren würden.

◆ Wie religiöse Menschen den Gottheiten **Opfer** darbringen, so opfern viele Menschen dem Geld kostbare Güter. Für Geld werden heute viel mehr Pflanzen, Tiere und Menschen geopfert als je in allen Religionen zusammen. Ganze Wälder sterben, weil man sich von dem Holz der Bäume Gewinn verspricht. Abermillionen Tiere werden auf engstem Platz gehalten, um profitträchtig geschlachtet zu werden. Unzählige Menschen kommen um, weil starke Kartelle mit Drogen oder Zigaretten Geld verdienen. Hinter den Kriegen stehen meist handfeste finanzielle Interessen.

♦ Wie früher die Menschen **Kirchen** zum Lob Gottes bauten, die die Städte überragten und das Stadtbild prägten, so bauen heute **Banken** ihre Paläste, die an den besten Plätzen der Städte liegen und die oft wegen ihrer Größe und ihres Baustils auffällig sind (→ S. 188). Manchmal nennt man sie mit dem religiösen Wort „Glastempel". Scharen von Gläubigen versammeln sich hier. Ihr Allerheiligstes (Tabernakel) ist die Kasse.

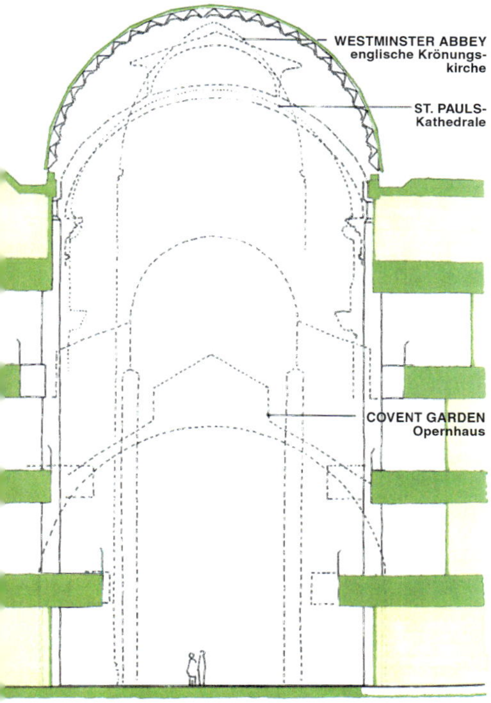

Einkaufszentrum in England im Vergleich mit berühmten Bauten Londons.

A Geld an der Stelle von Religion

1 Warum **trauen** viele Menschen dem Geld mehr zu als Gott?

2 Betrachtet die Vorbereitungen zum **Weihnachtsfest**. Wie zeigt sich da die Macht der Geldreligion und die des christlichen Glaubens?

3 Bei der **Erstkommunion** und bei der **Konfirmation** vergleichen viele Mädchen und Jungen vor allem die Höhe ihrer Geldgeschenke. Wie kommt das? Wie denkt ihr darüber?

4 Früher wurden oft **biblische Motive, Heilige, wichtige Personen, Landschaften, Kriegsszenen** usw. von den Künstlern dargestellt. Was bedeutet es, wenn **Warhol** jetzt nur das **Dollarzeichen** auf sein Bild bringt?

Das Geld ist der Gott unserer Zeit.
Heinrich Heine

Religion ⇔ Markt

In beiden Bereichen werden ähnliche Begriffe gebraucht, die aber verschiedenen Sinn haben, z. B.

Schuld ⇔ Schulden
Gläubiger ⇔ Gläubiger
Erlösung ⇔ Erlös
Messe ⇔ Messe
Credo ⇔ Kredit
Kommunion ⇔ Kommunikation
Beichtgeheimnis ⇔ Bankgeheimnis
(Lob-)Preis ⇔ (Kauf-)Preis
Kult ⇔ Kultur
Sendung ⇔ Sendung
Offenbarung ⇔ Offenbarungseid
... ⇔ ...

4. Der christliche Protest

L ♦ Das **Alte Testament** erzählt durchgängig, dass Gott sich für die Armen einsetzt und die Reichen aufruft, den Armen beizustehen und ihren Reichtum mit ihnen zu teilen.

♦ Hier finden sich auch Bestimmungen, die die **Macht des Geldes beschränken** sollen. So soll verhindert werden, dass auf Dauer eine Kluft zwischen Reich und Arm entsteht.

♦ Die **Thora** (→ WdG S. 209 f) kennt das **Zinsverbot** (Dtn 23, 20) und die Bestimmung, dass der aus Not verpfändete oder verkaufte Landbesitz im **„Jobeljahr“** („Erlassjahr“) an den ursprünglichen Besitzer zurückfällt (Lev 25, 8–13), weil Gott letztlich der Eigentümer des zum Leben notwendigen Landes ist. Eine Jobeljahr-Periode umfasste 49 Jahre.

♦ Wo das Geld zum Ein und Alles wird, gewinnt das erste Gebot höchste Aktualität: **„Du sollst keine fremden Götter neben mir haben“** (→ S. 69).

Altes Testament – Gott auf Seiten der Armen

♦ Eigentlich sollte es bei dir (in Israel) keine Armut geben. *Dtn 15, 4*

♦ Wenn bei dir ein Armer lebt, dann sollst du nicht hartherzig sein. *Dtn 15, 7*

♦ Reich legt sich einer schlafen, nichts ist ihm genommen. Macht er die Augen auf, ist nichts mehr da. *Ijob 27, 19*

♦ Wenn der Reichtum auch wächst, so verliert doch nicht euer Herz an ihn. *Ps 62, 11*

♦ Was nützt es einem Schwachkopf, wenn er Geld ausgibt und sich unterrichten lässt? Kann er Verstand kaufen? *Spr 17,16*

♦ Für den Reichen ist sein Vermögen wie eine feste Stadt, wie eine hohe Mauer – in seiner Einbildung. *Spr 18, 11*

♦ Wer das Geld liebt, bekommt vom Geld nie genug. *Koh 5, 9*

♦ Dem Reichen raubt sein voller Bauch die Ruhe des Schlafs. *Koh 5, 11*

♦ Böte einer für die Liebe den ganzen Reichtum seines Hauses, nur verachten würde man ihn. *Hld 8, 7*

♦ Setz dein Geld ein für deinen Bruder und Freund, lass es nicht rosten unter dem Stein, bis es verdirbt. *Sir 29, 10*

A 1 Wiederholt ein paar Stellen aus dem Ersten Testament über Armut und Reichtum, z. B. das Gleichnis des Propheten **Natan** (2 Sam 12, 1–5.7; → ZdF S. 75) oder die Kritik des Propheten Elija an König Ahab (2. Kön 21, 1–29; → WdG S. 47). Lest auch das wunderbare Wort aus dem Buch des Propheten Jesaja 58, 6-8.

2 Sucht euch aus den **Worten** des Alten Testaments das aus, das euch am meisten sagt und fertigt dazu ein Plakat an. Begründet eure Entscheidung vor der Klasse. Ist es möglich, das Plakat in der Schule aufzuhängen?

3 Welche Bedeutung haben die Worte des Alten Testaments **heute** für das Leben des Einzelnen und für die Politik?

Emil Nolde (1867–1956), Tanz um das goldene Kalb (Ex 32, 1–6.19–25), 1910.

Neues Testament – Die Gefährlichkeit des Reichtums

- Ihr könnt nicht beiden dienen, Gott und dem Mammon[1]. *Mt 6, 24*
- Die Hungernden beschenkt Gott mit seinen Gaben und lässt die Reichen leer ausgehen. *Lk 1, 53*
- Wehe euch, ihr Reichen, denn ihr habt schon euren Trost. *Lk 6, 24*
- Der Sinn des Lebens besteht nicht darin, dass ein Mensch auf Grund seines großen Vermögens im Überfluss lebt. *Lk 12, 15*
- Macht euch Freunde mit Hilfe des ungerechten Mammons[1]. *Lk 16, 9*
- Wir haben nichts und haben doch alles. *2 Kor 6, 10*
- Christus, der reich war, wurde um euretwillen arm, um euch durch seine Armut reich zu machen. *2 Kor 8, 9*
- Ermahne die, die in dieser Welt reich sind, nicht überheblich zu werden und ihre Hoffnung nicht auf den unsicheren Reichtum zu setzen, sondern auf Gott, der uns alles reichlich gibt, was wir brauchen. *1 Tim 6, 17*
- Ihr aber, ihr Reichen, weint nur und klagt über das Elend, das euch treffen wird. Euer Reichtum verfault und eure Kleider werden von Motten zerfressen. *Jak 5, 1 f*

1 Jüdisches Wort für Geld, Besitz, Reichtum

El Greco (1541–1614), Tempelreinigung (Mk 11, 15–19), 1610–1614.

L **Jesus** hat über das **Geld** mehr gesagt als über das Gebet. Das zeigt seinen Sinn für die Realitäten der Welt. Als **wirtschaftlichen Faktor** hat er das Geld nicht in Frage gestellt. Seine Freunde führten eine Gemeinschaftskasse, er selbst entrichtete die Tempelsteuer (Mt 17, 24–27) und sprach sich nicht dagegen aus, dem Kaiser in Rom die Steuern zu zahlen (Mt 22, 15–22).

A **Unerhörte Geldgeschichten**

1 In seinen **Gleichnissen** zeigte Jesus, dass er vom Geld viel verstand, z. B.

- **Die Arbeiter im Weinberg** (Mt 20, 1-16)
- Das **anvertraute Geld** (Mt 25, 14-30)
- Eine **Frau verliert ihr Kleingeld** (Lk, 15, 8–10)
- **Leben und Tod eines reichen und armen Mannes** (Lk 16, 19–31)
- Von der falschen **Selbstsicherheit eines reichen Mannes** (Lk 12, 13–21)
- Der **raffinierte Verwalter** (Lk 16, 1–8)

Untersucht in kleinen **Gruppen,** was Jesus hier vom Geld und Reichtum sagt und was seine Worte heute bedeuten. Zum Verständnis der Texte: → **M4.**

2 Welcher **Text** über den Reichtum gefällt euch am besten? Begründet euer Urteil.

Guido Muer (1927–2000),
Der reiche junge Mann, 1984.

Jesus und der reiche Mann

18 Einer von den führenden Männern fragte Jesus: Guter
Meister, was muss ich tun, um ewiges Leben zu gewinnen?
19 Jesus antwortete: Warum nennst du mich gut? Niemand
ist gut außer Gott, dem Einen.
20 Du kennst doch die Gebote: Du sollst nicht die Ehe bre-
chen; du sollst nicht töten; du sollst nicht stehlen; du sollst
nicht falsch aussagen; ehre deinen Vater und deine Mutter
(Ex 20, 12-16).
21 Er erwiderte: Alle diese Gebote habe ich von Jugend an
befolgt.
22 Als Jesus das hörte, sagte er: Eines fehlt dir noch: Verkauf
alles, was du hast, verteil das Geld an die Armen, und du
wirst einen bleibenden Schatz im Himmel haben; dann
komm und folge mir nach!
23 Der Mann aber wurde sehr traurig, als er das hörte; denn
er war überaus reich.
24 Jesus sah ihn an und sagte: Wie schwer ist es für Menschen,
die viel besitzen, in das Reich Gottes zu kommen!
25 Denn eher geht ein
Kamel durch ein Nadelöhr,
als dass ein Reicher in das
Reich Gottes gelangt.
26 Die Leute, die das hör-
ten, fragten: Wer kann dann noch
gerettet werden?
27 Er erwiderte: Was für Menschen
unmöglich ist, ist für Gott möglich.

aus dem Evangelium nach Lukas 18, 18–27

L

♦ Die **Kritik Jesu am Reichtum** – heute würden wir sagen: an der Macht des Geldes – kommt aus seinem **Glauben an Gott** (→ S. 80 f), der unentgeltlich schenkt. Bei diesem Gott gilt nicht das Gesetz des Marktes „Leistung gegen Leistung“. Von ihm werden gerade die nicht ausgeschlossen, die wenig haben und wenig können.

♦ Genau wie die Propheten Israels lehrte **Jesus**, dass **Geld nicht alles** ist und **Gott auf Seiten der Armen und Notleidenden** steht. In vielen Situationen ist er für sie eingetreten.

♦ Jesus hat sich nicht mit Worten begnügt. Er hat selbst in freiwilliger **Armut und Bedürfnislosigkeit** gelebt (Mt 8, 20).

Drei Leitlinien für den Umgang mit dem Geld

Die beiden ersten sind für alle Christen verpflichtend. Die dritte ist ein Rat Jesu ohne Verpflichtung.

1 Mit dem eigenen Geld **sinnvoll leben** und es mit anderen **teilen**, die in Not sind.

2 Gegen die **Geldreligion Widerstand** leisten; gegen die Käuflichkeit aller Dinge protestieren; gegen die Ungerechtigkeit in der Verteilung des Geldes kämpfen.

3 **In freiwilliger Armut leben** und so ein Zeichen geben, dass Geld nicht alles ist.

A

1 Führt mit dem **Text** ein intensives Gespräch: Mögliche Fragen: Was ist von dem Mann gesagt? Was tut er? Was tut er nicht? Was wird von Jesus gesagt? Welche Einstellung zum Reichtum hat er? Was ist von den Leuten gesagt? Deutet das Wort vom Kamel. Was ist euch verständlich? Was nicht? Was sagt der Text zum Christsein? Zum Verständnis des Textes: → **M4**.

2 Stellt die Szene in einem **Rollenspiel** dar: → **M8**.

Ein Jude – Das Fenster und der Spiegel

Ein Rabbi wurde gefragt: „Meister, warum sind die Armen oft so großzügig gegen die Armen, die Reichen aber nicht?" Da führte ihn der Rabbi an das Fenster: „Schau hinaus! Was siehst du?" „Häuser, eine Straße, Menschen." Dann führte ihn der Rabbi vor einen Spiegel. „Was siehst du jetzt?" „Nur mich selbst!" „Siehst du", sagte der Rabbi, „beide Dinge – das Fenster und der Spiegel – sind aus Glas. Aber hinter dem Glas des Spiegels ist Silber. Und dieses bisschen Silber hat eine eigentümliche Wirkung. Wer hineinschaut, sieht nur sich selber. Wer aber durch das Fenster schaut, das kein Silber hat, sieht auch andere. So ist es auch mit den Reichen, die viel Gold und Silber haben, und den Armen, die so etwas nicht haben."

Eine Christin – „Ich auch nicht"

Als ein amerikanischer Journalist sah, wie Mutter Teresa in Kalkutta die stinkende, Ekel erregende Wunde eines alten Mannes versorgte, meinte er: „Das würde ich nicht für eine Million Dollar tun." Mutter Teresa antwortete: „Ich auch nicht."

Ein Moslem – „Ich habe dich geschaffen"

Sa'du, ein arabischer Mystiker (13. Jh.) traf auf der Straße ein kleines frierendes Mädchen, zitternd in einem dünnen Kleid, ohne Hoffnung, etwas Warmes zu essen zu bekommen. Sa'du wurde zornig und sagte zu Gott: „Wie konntest du das zulassen? Warum tust du nichts dagegen?" Eine Zeit lang sagte Gott nichts. Aber in der Nacht antwortete er plötzlich: „Ich habe doch etwas dagegen getan. Ich habe dich geschaffen."

Ein Hindu – Ein Stein ist besser als Gold

Ein König von Nepal spazierte einmal durch die Straßen seiner Stadt. Da saßen viele Mönche, Bettler und Krüppel, die die Vorübergehenden um eine Gabe baten. Der König beachtete sie nicht. Aufmerksam wurde er aber, als er einen Alten sah, der mit einem Stein Nüsse aufschlug, von denen er einige selbst aß, andere den Passanten zum Verkauf anbot. Er schien dabei glücklich zu sein. Der König gab ihm eine Goldmünze und sagte: „Ich gebe dir dieses Geld, wenn du mir dafür deinen Stein gibst." Der Mann prüfte sorgfältig die Münze und ließ sie in der Sonne funkeln. Doch gab er sie dem König rasch zurück und sagte: „Mächtiger König, deine Goldmünze ist rund und nicht so glatt wie mein Stein. Mit dem Stein kann ich meine Nüsse besser öffnen." Der König konnte vor Erstaunen nichts sagen. Während er noch nachdachte, fügte der Arme hinzu: „Außerdem würde mir dieses Gold meinen inneren Frieden rauben."

Guido Muer (1927–2000), Mönch.

L Eine der großen **Zukunftsaufgaben** der Christenheit und der anderen Weltreligionen wird es sein, die herrschende **Geldreligion zu kritisieren** und an ihre Stelle menschenfreundliche Lebensmodelle zu setzen. Der Ausgang dieser Auseinandersetzung wird das Gesicht der Zukunft prägen.

A **Religion gegen Geldreligion**

1 Ein **Lottokönig**, der ungenannt bleiben wollte, hat im Jahr 2004 auf 9,1 Millionen Euro völlig verzichtet und das Geld für einen sozialen Zweck gestiftet. Wie denkt ihr darüber?

2 Stellt in Gruppenarbeit kleine Artikel zusammen, in denen ihr von **Christen** erzählt, die dem Ruf Jesu zu freiwilliger Armut gefolgt sind. Beispiele dazu findet ihr:

- **Benedikt und Scholastika** (→ ZdF S. 164)
- **Franz und Klara von Assisi** (→ WdG S. 132 ff)
- **Mutter Teresa** (→ WdG S. 168)
- …

3 Versucht an **Beispielen** zu beschreiben, wie eine Welt aussieht, in der sich die Geldreligion durchsetzt. Wie könnte eine Welt aussehen, in der sich die kritische Auffassung des Christentums vom Geld durchsetzt?

Shiva im kosmischen Tanz, Bronze, 9-12. Jh. nC

*Unter den vielen Göttern des Hinduismus nimmt **Shiva** (→ S. 204) eine herausragende Stellung ein. Er ist ein Gott der Extreme, der helle und dunkle Seiten aufweist. Zahlreiche Hindus verehren ihn als den Schöpfer, Erhalter und Zerstörer der Welt. Mit der Zerstörung schafft er in dem immerwährenden Kreislauf der Welten (→ S. 202) jeweils die Voraussetzung für eine neue Schöpfung.*

***Hinweise zum Bild:** Hier wird Shiva als göttlicher Tänzer in einem Flammenbogen dargestellt. Der Flammenbogen zeigt, dass sich die Welt wie in einem Rad dauernd dreht, dass sie unaufhörlich ins Dasein tritt und immer wieder von Flammen zerstört wird.*

Shiva hat vier Arme und Hände – Zeichen seiner göttlichen Macht. Mit dem Klang der Trommel (oben links) erschafft er die Welt, mit dem Feuer (oben rechts) zerstört er sie wieder. Die beiden vorderen Hände zeigen die Haltung des Bewahrens und Schützens. Mit dem rechten Fuß tritt er den bösen Zwerg Muyakala nieder, der ein Symbol der Unwissenheit und Selbstsucht ist. Der linke Fuß ist vom Tanz bewegt.

Vorschau

Der **Hinduismus** ist die Religion Indiens. Richtiger müsste man sagen: „Hinduismus" ist ein Sammelname für die vielen verschiedenen Religionen Indiens. Keine andere Weltreligion weist so viele unterschiedliche Vorstellungen von Gott und Göttern, von der Welt und vom Menschen auf. Manche Richtungen des Hinduismus sind tolerant gegenüber anderen Religionen, andere Gruppen wenden offen Gewalt gegen sie an.

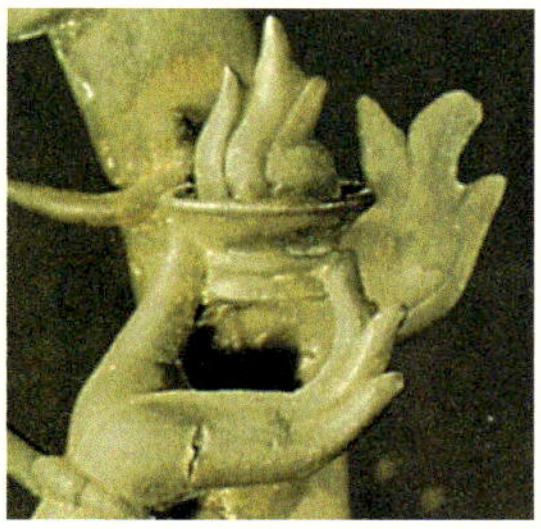

Ein bewegtes Bild

1 Wie wirkt dieses **Gottesbild** auf euch? Sammelt eure Eindrücke.

2 Was fällt euch auf, wenn ihr dieses Gottesbild mit **christlichen Gottesbildern** vergleicht?

3 In welchem **Weltbild** bewegt sich der tanzende Shiva?

Arbeitet euch in eine fremde Welt ein

Lesen | Fragen | Denken | Interviewen | Suchen | Gestalten | Präsentieren

1 Was wisst ihr schon jetzt vom **Hinduismus**: Verbreitung, Lehre, große Gestalten, aktuelle Probleme?

2 Legt für die Arbeit an diesem Kapitel ein kleines **Fachlexikon** an, in dem ihr grundlegende Begriffe erklärt, z. B. Samsara, Karma, Kasten, Shiva, Veden, Wiedergeburt usw. Anregungen für die Arbeit: → **M2**.
Ausführliche Informationen im **Internet**:
http://de.wikipedia.org/wiki/Hinduismus

Die Anfänge des **Hinduismus** reichen mehr als 3500 Jahren zurück. Damit ist er neben dem Judentum die älteste heute lebende Religion der Welt. Sein Name ist mit dem Flussnamen „Indus“ verwandt, nach dem der ganze Subkontinent „Indien“ heißt.

Auf einige Schwierigkeiten solltet ihr achten

1 Die **Schwierigkeiten**, die für die Beschäftigung mit dem Buddhismus gelten, sind auch bei der Arbeit mit dem Hinduismus zu beachten: → S. 213.

2 Bereitet eine kleine **Ausstellung** zum Thema „Hinduismus und Christentum“ vor. Zu wichtigen Schwerpunktthemen wie z. B. Gott, Welt, Mensch und Zeit könnt ihr unterschiedliche Bilder und Texte zusammenstellen sowie eigene Darstellungen anfertigen. (→ **M2**).

3 Vergleicht die **Zahl** der Hindus mit der der Juden, Christen, Muslime und Buddhisten sowie der Gesamtbevölkerung der Welt. (→ S. 226)

4 Das Symbol des Hinduismus: → S. 225.

1. Große Vielfalt

Ein Religionswissenschaftler über den Hinduismus

Der Hinduismus ist in vieler Hinsicht anders als die anderen Weltreligionen.

- Er weiß nichts von einem **Stifter**.
- Er kennt kein einheitliches **Glaubensbekenntnis**, wohl aber viele unterschiedliche Entwürfe.
- Vor allem die **Gottesvorstellungen** sind außerordentlich verschieden.
- Die religiösen **Gebote** gelten fast nie für alle Hindus, sondern meist nur für bestimmte „Kasten“.
- Mehrere große **Richtungen**, zahlreiche kleinere **Gruppen** und viele **Sekten** werden heute zum Hinduismus gezählt.
- Mehr als alles andere ist das **Kastenwesen** für den Hinduismus kennzeichnend.

Heutige Verbreitung

Der Hinduismus nimmt in der Statistik der Religionen den dritten Platz ein. Wir wissen nicht genau, wie groß die Zahl der Hindus heute ist. Die Angaben schwanken zwischen 750 Millionen und 900 Millionen. Der am meisten wahrscheinliche Wert wird wohl bei ca. **800 Millionen** liegen.

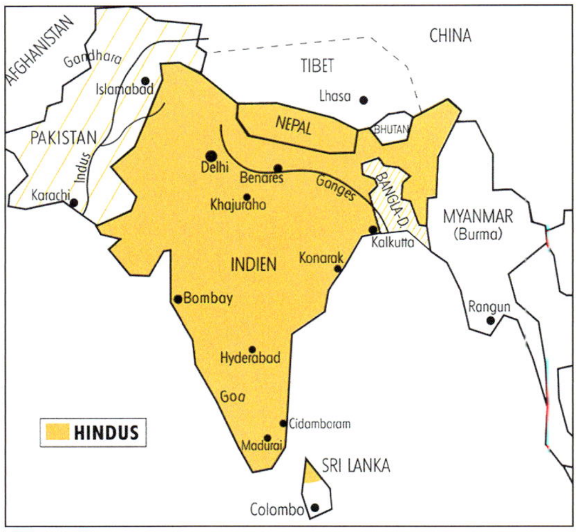

- Der Hinduismus ist hauptsächliche in **Indien** verbreitet, wo der Anteil der Hindus an der Gesamtbevölkerung 83 Prozent beträgt.
- Auch in **anderen asiatischen Ländern** gibt es Hindus, vor allem in Nepal, Pakistan, Indonesien und auf Sri Lanka und Bali.
- Seit dem 20. Jahrhundert ist der Hinduismus nach **Europa, Amerika und Afrika** vor allem durch indische Familien gekommen, die hier Arbeitsplätze suchten.
- Die Zahl der Hindus in **Deutschland** liegt bei ca. 60 000 (0,08% der Bevölkerung).

Tempelbereich von Cidambaram, 13. Jh.

Gandhi: Ich nenne mich einen Hindu, weil ich ...

Einen Weg zum Verständnis des Hinduismus weist das „Glaubensbekenntnis", das Gandhi (→ S. 208) formuliert hat. Die Merkmale, die er nennt, werden zwar nicht von allen Hindus anerkannt, sind aber weithin für den Hinduismus charakteristisch.

Ich heiße mich einen Hindu, weil ich an die Veden[1] und die Upanishaden[2] und an all das glaube, was unter dem Namen der heiligen Bücher der Hindus inbegriffen ist, deshalb auch an die Herabkünfte der Gottheiten auf die Erde[3] und an die Wiedergeburt[4]. Ich glaube an das Kastenwesen[5], wie es die Veden getan haben, nicht aber in dem heute vergröberten Sinn. Ich glaube an den Schutz der Kuh[6], der ich eine umfassendere Bedeutung zumesse, als dies gewöhnlich geschieht. Ich verwerfe die Bilder der Götter[7] nicht.

Mahatma Gandhi

1 Die ältesten heiligen Hindu-Schriften, die höchste Verehrung genießen, sind die **Veden** (1500–500 vC) mit ihren Gebeten, Lehren und Zaubersprüchen. Hier gibt es viele Naturgottheiten, z. B. Agni, der Feuergott, Surya, der Sonnengott oder Nirriti, eine böse Göttin des Unheils.
2 Die eher philosophischen **Upanishaden** (800–400 vC) sind gegenüber der alten Götterwelt skeptisch und entwickeln Gedanken über „das Göttliche" oder „Absolute" („Brahman").
3 Die Hindus glauben, dass manche **Götter** gelegentlich vom Himmel herabsteigen, um auf der Erde ihre Macht zu zeigen oder etwas Gutes zu tun.
4 Der Glaube an die **Wiedergeburt** beruht auf dem Gedanken, dass alles Geschehen dem Kreislauf von Werden und Vergehen („Samsara") unterworfen ist und dass jede Tat („Karma") von bleibender Bedeutung über den Tod hinaus ist (→ S. 202).
5 Gandhi hat die **Kastenordnung** nicht grundsätzlich abgelehnt, wohl aber viele Missstände angeklagt (→ S. 206 f).
6 Die heilige **Kuh** ist Symbol der guten Natur und ihrer Lebenskraft (→ S. 209).
7 Die Verehrung von heiligen **Bildern** hält Gandhi für erlaubt (gegen das biblische „Bilderverbot": → WdG S. 78 f), weil sie dem Menschen helfen, dem Göttlichen nahe zu kommen.

Gesichter Indiens. Unten ein Anhänger Shivas.

Hindu bei einer Meditation.
Hindufrau mit Räucherstäbchen beim Gebet.

2. Wie Hindus leben

Die gestohlene Uhr

Mir wurde einmal bei einem Ashram (klosterähnliche Anlage) in der Nähe des Ganges meine Uhr gestohlen, obwohl meine Hütte zugeriegelt war. Da mir früher schon Dinge von Affen gestohlen worden waren, dachte ich, dieser Diebstahl ginge auch auf ihr Konto; kurzum, ich hielt es für einen zufälligen Unglücksfall. Als ich einem der Insassen des Ashrams von dem Diebstahl erzählte, machte der ein trauriges, enttäuschtes Gesicht und sagte: „Wir werden dahinterkommen."
Die Uhr wurde schließlich gefunden, sie war in das Kopfkissen eines armen pakistanischen Flüchtlings eingenäht, der im Ashram als Friseur arbeitete. Die Mönche stellten sie sicher und prügelten den Flüchtling zum Ashram hinaus. Insofern war die Angelegenheit geregelt.
Aber ich bedauerte sie zutiefst, denn indem ich veranlasst hatte, dass der Friseur ertappt und bestraft worden war, hatte ich eine negative Handlung vollzogen, die schlecht für mein Karma war. Ich sah voraus, dass folglich meine Zukunft weniger günstig verlaufen würde, als dies sonst der Fall gewesen wäre, und dass meine Vergangenheit weniger günstig war, als ich angenommen hatte – sonst wäre die Uhr nicht gestohlen worden und ich nicht gezwungen gewesen, mein eigenes Karma dadurch zu gefährden, dass ich dem Dieb Schaden zufügte.

Frederic Spiegelberg

Der Yogi und der Skorpion

Ein Yogi[1] saß am Ufer des Ganges und meditierte (→ **M10**). Als er die Augen öffnete, sah er einen Skorpion, der ins Wasser gefallen war und verzweifelt um sein Leben kämpfte. Voll Erbarmen streckte der Yogi seine Hand ins Wasser und legte den Skorpion ans Ufer; er aber stach seinen Retter, und es schmerzte ihn sehr. Als er von neuem die Augen öffnete, sah der Yogi den Skorpion, der ein zweites Mal ins Wasser geglitten war und zu ertrinken drohte. Und wiederum rettete er das Tier, und das Tier stach so heftig, dass der Yogi aufschrie. Als sich der Vorgang ein drittes Mal wiederholte, konnte sich ein Bauer, der alles aus der Nähe beobachtet hatte, nicht länger halten. Verwundert rief er: „Warum hilfst du der elenden Kreatur immer wieder, wenn du als Dank nur schmerzhafte Stiche erntest?" – „Wir beide folgen doch nur unserem Gesetz", antwortete der Yogi. „Es liegt im Gesetz des Skorpions zu stechen und in meinem Barmherzigkeit zu üben."

Volksgut

1 Yogi: einer der Yoga praktiziert, d.h. durch Anspannung und Training aller körperlichen und geistigen Kräfte den Weg zur Erlösung finden will.

L

- Die **Hindus** glauben, dass ein **ewiges Gesetz** bzw. eine ewige Ordnung (ind.: **„Sanatana Dharma**) der Welt gibt. Es bewirkt immer neues Werden und Vergehen aller Dinge. Die Welt bewegt sich in einem **ewigen Kreislauf** (ind.: **„Samsara"**).
- **„Karma"** (**„Tat"**, **„Handlung"**) ist alles, was sich aus dem Tun des Menschen ergibt. Es bestimmt seinen Körper, die Kastenzugehörigkeit, die Dauer seines Lebens. Vom Karma hängt es auch ab, wie er im ewigen Kreislauf der Welt **wiedergeboren** wird. Das Karma ist der **Lohn** der **Taten**.

Die Mönche und der Fischadler

Drei Mönche, welche auf ihrem Lebensweg zwar schon weit, aber noch nicht bis zur vollen Heiligkeit gekommen waren, stiegen jeden Morgen nach nächtlicher tiefer Meditation (→ **M10**) in den Fluss, um sich zu waschen. Eines Tages stieß vor ihnen ein Fischadler ins Wasser, tauchte kurz, schnappte einen größeren Fisch und erhob sich mit diesem wieder in die Lüfte.

Der erste Mönch rief erregt: „Der böse Adler!" Er dachte nur an den Täter.
Der zweite Mönch sagte mitleidig: „Der arme Fisch!" Er dachte nur an das Opfer.
Der dritte Mönch aber sagte: „So ist das Leben in den Welten: Die Stärkeren überwältigen die Schwächeren. Aber die Stärkeren von heute sind morgen die Schwächeren, und die Schwächeren von heute sind morgen die Stärkeren. Alle die armen Wesen, in Blindheit gefangen, von Gier gerissen, eilen dahin unter immer neuen Schmerzen, von Geburt zum Tode, vom Tode zu erneuter Geburt, und so fort, solange sie nicht das Leiden des Begehrens durchschaut haben. Möchten doch die Wesen zu rechter Anschauung kommen und dadurch zur Erlösung!"
Dieser Mönch war der vollkommenste. Er umfasste mit Liebe und Erbarmen sowohl den Schwachen, Misshandelten wie auch den Starken, als Sieger Erscheinenden, weil er weiß, dass auch der Fischadler in Gier, in Hass und in Verblendung gefangen dem Leidenskreislauf ausgeliefert ist und dass er nicht immer der Stärkere bleibt.

L

- Der Prozess des Lebens findet mit dem Tod kein Ende. Das bedeutet für den Menschen, dass er nach dem Tod zu einer neuen **Wiedergeburt** kommt.
- Wer als Hindu **Erlösung** (indisch **„Moksha"**) finden will, muss
  ... die Welt und sich zu erkennen suchen
  ... gute Taten verrichten
  ... allen Wesen seine Liebe und sein Verständnis erweisen.

A

1 Zu den **Texten**: → **M4**.
2 Eine andere Geschichte: → S. 197.
3 Zeigt an Texten und Bildern typische **Merkmale der Hindureligion**.

oben: Rad aus dem Sonnentempel in Konarak, 13. Jh. nC. Symbol des ewigen Kreislaufs ist das sich ständig bewegende ***Rad****, das immer wieder an seinem Ausgangspunkt beginnt, dann zu ihm zurückkehrt und ihn wieder verlässt, ohne dass dieser Prozess je zum Stillstand kommt.*

unten: Ein Bad im ***Ganges*** *in Benares schenkt Erlösung.*

3. Götter, Göttinnen, Gott, Göttliches

Das göttliche Panorama

Der Hinduismus kennt **viele Gottesvorstellungen** und noch mehr **Götter**. Manche sprechen von 330 Millionen Göttern. Es sind große und kleine, berühmte und unbekannte Wesen.

- Da gibt es **Dorfgötter** in Form bemalter Natursteine und Lokalgöttinnen, denen heute noch Hühner geopfert werden.
- Der Glaube an **Geister, Gespenster und Dämonen** spielt im Alltag eine überaus große Rolle.
- Erscheinungen der Natur wie die **Sonne, Flüsse und Berge** haben göttliche Qualität und werden in bunten Zeremonien verehrt.
- Die meisten Anhänger hat **Vishnu**, der zehn Mal als Tier oder als Mensch auf Erden Gestalt angenommen hat. Auch **Shiva** (→ S. 199) und **Krishna**, der liebevoll und verständnisvoll zu den Menschen ist, aber auch Herzensbrecher der Frauen sein kann, werden im ganzen Land verehrt. In ihnen offenbart sich für manche Inder der Eine persönliche Gott.
- Weibliche Gottheiten wie **Kali, Durga und Parvati** haben überall Verehrer.
- Manche Inder sehen in Gott auch etwas **Unpersönliches**: den letzten Urgrund der Welt oder das Absolute (**„Brahman“**).

*oben: **Surya**, der Sonnengott, mit zwei Frauen im Sonnenwagen.*
*Mitte: **Göttliche Dreigestalt**, auch „die große Gottheit“ genannt.*
*unten: **Vishnu** auf der Weltenschlange. Aus seinem Nabel entspringt Brahma, der Schöpfergott, auf einem Lotos. Daneben Lakshmi, Vishnus Gemahlin.*

Stufen der Gotteserkenntnis

Indische Weise sehen in der unterschiedlichen Verehrung des Göttlichen von den kleinen Dorfgöttern über die faszinierenden Gottesgestalten bis zum unpersönlichen Brahman eine Stufenleiter, die in der Gotteserkenntnis höher führt, auf der aber jede Stufe ihre eigene Berechtigung hat. Zugleich ist sie für sie ein Beweis für ihren religiösen Reichtum und ihre religiöse Toleranz.

Der Hinduismus unterscheidet nicht richtige und falsche Vorstellungen von Gott und nimmt nicht eine bestimmte Idee als Muster und Vorbild für die gesamte Menschheit. Vielmehr erkennt er die Tatsache an, dass die Menschheit ihr Ziel Gott auf verschiedenen Stufen und verschiedenen Wegen sucht, und er empfindet mit einer jeden Stufe Sympathie. Der gleiche Gott offenbart sich auf der einen Stufe als Macht, auf einer anderen als Persönlichkeit, auf einer weiteren als allumfassender Geist ...

Sarvapalli Radhakrishnan

A Unterschiede wahrnehmen und respektieren

1 Zu **Radhakrishnan**: Stellt **grafisch** eine Stufung der verschiedenen göttlichen Erscheinungen im Hinduismus dar.

2 Überall auf der Welt glauben Menschen an Götter/Göttinnen/Gott/Göttliches. Welche **Erfahrungen** liegen diesem Glauben zugrunde?

3 Wie unterscheidet sich die göttliche Welt Indiens von der des **Christentums**, des **Judentums** und des **Islam**? → S. 62 ff; → ZdF S. 200 ff; → WdG S. 202 ff.

Krishna beobachtet die schönen Hirtinnen, deren Kleider er auf einen hohen Ast entführt hat, Indien, 18. Jh.

Viele Wege zu Gott

- Wie ein und dasselbe Wasser von verschiedenen Menschen verschieden benannt wird, – einer nennt es Wasser, ein anderer vari, ein dritter aqua, wieder ein anderer pani – so wird der Eine, der Sein, Denken und Wonne ist, von den einen als Gott, von den anderen als Allah, von den anderen als Vishnu und wieder von anderen als Brahman oder Buddha angerufen.
- Wie man mittels einer Leiter oder eines Bambusstabes oder einer Treppe oder eines Seiles auf das Dach eines Hauses gelangen kann, ebenso verschieden sind die Wege und Mittel, Gott zu erreichen, und jede Religion in der Welt zeigt einen dieser Wege.

Ramakrishna

L Für die Hindus ist die ganze Welt von **Gott, Göttern, Göttinnen** oder **Göttlichem** erfüllt. Überall erleben sie das Göttliche in männlicher und weiblicher oder unpersönlicher Gestalt. Alles, was im Leben der Menschen, in der Natur oder in der Welt wichtig ist, gehört zum göttlichen Bereich.

Die Göttin Kali hat 20 Arme und trägt eine Kette aus Menschenschädeln.

Ganesha. Der beliebte elefantenköpfige Gott gilt als weise und menschenfreundlich.

Vielarmige Figuren von Geistern an einer Hauswand.

Die vier Hauptkasten
*Links: **Brahmanen** vor einem Tempel.*
*Rechts: Eheschließung von **Kshatriyas**.*
*Rechte Seite, links: **Vaishyas**, Händler mit Silberwaren.*
*Rechts: **Shudras** bei der Wäsche im Fluss.*

4. Das Kastenwesen

Ein Inder informiert

Das Leben der Hindus wird durch die Zugehörigkeit zu einer Kaste entscheidend geprägt. Wer keiner Kaste angehört, kann kein vollwertiger Hindu sein.

- Für jede Kaste gibt es eigene **Regeln**. Man darf nur innerhalb der eigenen Kaste heiraten und nur mit Kastenangehörigen zusammen essen. Nicht selten sind die Wohnviertel der Städte nach Kasten aufgeteilt. In den Dörfern leben die drei oberen Kasten in der Regel im Zentrum, die vierte Kaste am Rand, die Kastenlosen außerhalb der Ortschaft in elenden Siedlungen. Die Arbeiten, die einer verrichten darf, hängen allein von seiner Kastenzugehörigkeit ab. Eine freie Berufswahl außerhalb der Kaste ist nicht möglich. Ein Brahmane wird nicht Soldat und ein Kshatriya verkauft keine Fische. Die Vermischung der Kasten gilt als Frevel.
- Die Kaste hat wichtige **soziale Aufgaben**. Sie ist die indische Solidargemeinschaft, die den Alten, Kranken und Arbeitslosen das Existenzminimum sichert. Ohne die Kasten fiele die indische Gesellschaft in ein soziales Chaos, da der Staat die entsprechenden Leistungen nicht aufbringen kann.
- Die Zugehörigkeit zu einer bestimmten Kaste oder auch zu der Gruppe der Unberührbaren ist nicht ungerecht, weil sie der **Lohn der Taten** („Karma") aus einem vergangenen Leben ist. Weder Gott noch die Götter sind dafür verantwortlich. Wer heute als Brahmane lebt, hat sich diese privilegierte Kastenzugehörigkeit früher verdient und darf sie darum guten Gewissens genießen. Wer heute als Unberührbarer sein Dasein fristet, ist in seiner vorigen Existenz schuldig geworden, so dass er nun seinen früheren Taten gemäß lebt. Die soziale Ungleichheit erscheint den meisten Hindus deshalb nicht unerträglich, weil sie hoffen können, dass sich ihr Los in einer neuen Wiedergeburt zum Besseren wendet.

L Alle Inder gehören zu einer **Kaste**. Ursprünglich kennt der Hinduismus diese vier Kasten:

- die **Brahmanen**: Priester, Kenner und Lehrer der heiligen Schriften
- die **Kshatriyas**: Krieger, Könige, Fürsten, Adelige
- die **Vaishyas**: Ackerbauern, Viehzüchter, Handwerker, Händler, Kaufleute
- die **Shudras**: Diener, Arbeiter mit niedrigen Tätigkeiten, Sklaven

Im Lauf der Jahrhunderte haben sich zahllose Unterkasten gebildet. Man schätzt, dass es im heutigen Indien 3000 bis 4000 Kasten gibt.

Unberührbare

Mulk Raj Anand, einer der führenden Schriftsteller Indiens, beschreibt in seinem Bestseller „Der Unberührbare" die Geschichte des jungen Bakha, der zu den Kastenlosen zählt und Latrinenreiniger ist. In einer Schlüsselszene geht Bakha auf den Straßen einer Stadt spazieren, als ihm Folgendes passiert:

„Schau, dass du an den Straßenrand kommst, du Ungeziefer niedriger Kaste!", hörte er plötzlich jemanden brüllen. „Warum rufst du nicht, du Schwein, und kündigst dein Herankommen an? Weißt du nicht, dass du mich berührt und verunreinigt hast, du schielender Sohn eines krummbeinigen Skorpions! Jetzt muss ich ein Bad nehmen, um mich zu reinigen! Und dabei habe ich am Morgen ein neues Lendentuch und ein sauberes Hemd angezogen!"

Bakha stand überrascht und ganz verlegen da. Er war taub und stumm. Seine Sinne waren gelähmt. Seine Seele fühlte nichts als Furcht, Furcht und Demut und knechtische Gesinnung. Er war es gewöhnt, grob angefahren zu werden, aber es war selten so unerwartet gekommen. ... Er erhob den Kopf zu dem Mann, der ihm gegenüberstand, doch tat er es mit auf den Boden gerichteten Augen. Dann warf er rasch einen Blick auf den Mann, und er sah ein paar blitzende Augen.

„Du Schwein, du Hund, warum rufst du nicht und warnst mich rechtzeitig, dass du kommst?", schrie er, als er Bakhas Blick begegnete. „Weißt du nicht, dass du mich nicht berühren darfst?"

Bakhas Mund stand offen, doch konnte er kein Wort hervorbringen. Er hätte sich gern entschuldigt. Schon hatte er instinktiv die Hände gefaltet. Nun neigte er den Kopf und murmelte etwas. Aber der Mann kümmerte sich nicht um das, was Bakha sagte.

Mulk Raj Anand

L Unterhalb der vier Kasten mit vielen Unterkasten lebt noch eine starke Gruppe, die **keiner Kaste** mehr angehört. Es sind die **Kastenlosen** („out-casts"), die **Unberührbaren**, die auch ihrerseits viele Unterkasten gebildet haben. Sie wurden und werden häufig von Angehörigen der anderen Kasten verachtet, sind aber aufgrund der indischen Verfassung seit 1947 gleichberechtigte Bürger Indiens.

A **Sind alle Menschen gleich?**

1 Überlegt, ob es in **unserer Gesellschaft** Schranken zwischen verschiedenen Gruppen gibt, die an die indische Kastenordnung erinnern.

2 Was hält der **christliche Glaube** von der Kastenordnung? → Gal 3, 26–30

***Leichenverbrenner**. Diese Arbeit gehört zu den Aufgaben der **Unberührbaren**. Sie ist den Angehörigen der vier Kasten untersagt, da sie unrein macht.*

Mahatma Gandhi mit seinem Spinnrad.

5. Mahatma Gandhi

Ein ungewöhnliches Leben

Gandhi wurde **1869** in Porbandar (Gujarat, Westindien) in einer Kaufmannskaste geboren. In seiner Kindheit und Jugend aß er heimlich Fleisch, rauchte, stahl, dachte an Selbstmord und besuchte ein Bordell. Diese Verfehlungen belasteten ihn später sehr. Er beichtete sie seinem kranken Vater freiwillig. Durch dessen Verständnis fühlte er sich befreit. Schon mit 13 Jahren wurde er mit Kasturbai verheiratet. Das Ehepaar hatte vier Söhne.

Zum Studium der Rechtswissenschaften ging er **1888** nach London. Er suchte zunächst Zugang zum englischen Gesellschaftsleben, wobei er seine innere Unsicherheit hinter nobler Kleidung, teuren Theaterbesuchen und literarischen Interessen verbarg. Von **1893 bis 1915** lebte er in Südafrika, wo er sich gegen die Diskriminierung seiner Landsleute zur Wehr setzte. Er selbst wurde einmal wegen seiner Hautfarbe aus dem Zug geworfen. **1915** kehrte er in seine Heimat Indien zurück. Er setzte sich vor allem drei Ziele:

1 Gandhi lehnte das **Kastenwesen** nicht ab. Aber er bekämpfte die Unzahl der Kasten sowie die Heirats- und Speiseregeln. Vor allem setzte er sich für die Unberührbaren ein. Entschieden und fromm zugleich nannte er sie „Kinder Gottes“ und nahm auch ein Mädchen aus dieser verachteten Gruppe in seine Familie auf. Einmal sagte er, dass er nicht wiedergeboren werden wolle, aber wenn die Wiedergeburt unvermeidbar sei, wolle er als Unberührbarer wiedergeboren werden, um ihre Leiden und Sorgen zu teilen.

2 Obwohl er kein politisches Amt innehatte, wurde er zum Führer der indischen Unabhängigkeitsbewegung. Ziviler Ungehorsam, Gewaltlosigkeit und Aufsehen erregende Fastenaktionen waren Mittel zur Erreichung seiner politischen Ziele. Er wusste das Volk mitzureißen. Die **Unabhängigkeit Indiens** von der englischen Kolonialmacht wurde 1947 erreicht.

- Das **Spinnrad** wurde durch Gandhi zum Symbol des Widerstands gegen die Engländer. Das Heimspinnen drosselte den Import billiger Textilien aus England und verminderte die Arbeitslosigkeit vieler Inder. Es zeigte armen Familien, wie sie etwas Geld verdienen konnten.
- Weltberühmt geworden ist der **Salzmarsch** aus dem Jahr **1930**, der sich gegen die Einführung einer neuen Salzsteuer durch den britischen Vizekönig richtete. Damals zog er mit vielen Menschen zum Meer und kostete nach einem Gebet von dem dort gewonnenen Salz. Das war gewaltfreier Gesetzesbruch, da es verboten war, unversteuertes Salz zu essen. Diese Symbolhandlung wurde in ganz Indien als Protest und Widerstand gegen die Steuer verstanden. Sie hatte zur Folge, dass sich tausende Inder das Salz selbst besorgten und so die Steuer unwirksam machten.

L Mohandas Karamchand **Gandhi** (1869–1948), der sich in seinem ganzen Leben von seiner Religion leiten ließ, zählt zu den richtungweisenden Reformern des Hinduismus im 20. Jahrhundert. Auf das religiöse, politische und soziale Leben Indiens hat er wie kaum ein anderer eingewirkt. Die Inder gaben ihm den Ehrentitel **„Mahatma“**, d. h. „große Seele“.

A

1 Zu **Gandhi**: → S. 201, **M2**.

2 Welche Beispiele zeigen, dass mit **Gewaltlosigkeit** wichtige politische Ziele erreicht wurden?

3 Diskutiert über die **Grenzen der Gewaltlosigkeit**, die auch Gandhi kannte, wenn er sich z. B. dafür aussprach, Affen zu töten, die die Ernte gefährden oder einen Amokläufer zu erschießen, bevor er mehr Schaden anrichtet.

4 Habt **ihr selbst** einmal versucht, einen Konflikt gewaltfrei zu lösen? Welche Erfahrungen habt ihr dabei gemacht? Sucht für einen aktuellen Konflikt eine gewaltfreie Lösung.

3 Nach dem 2. Weltkrieg eskalierten die Auseinandersetzungen zwischen **Hindus und Muslimen**. Massaker aus religiösen Motiven forderten auf beiden Seiten das Leben hunderttausender Unschuldiger. Gandhi ging selbst in die gefährdete Nordregion und konnte in den Dörfern eine erträgliche Atmosphäre herstellen. Aber er machte sich mit seinen **Versöhnungsversuchen** auf beiden Seiten viele Feinde. Die Muslime beschuldigten ihn, die Gründung eines islamischen Staates („Pakistan“) verhindern zu wollen, radikale Hindus lehnten sein Verständnis für die Muslime ab. Nach seinem letzten Fasten, das die streitenden Religionen zur Besinnung bringen sollte, wurde er am **30. 1. 1948** von einem fanatischen Hindu namens Nathuram Godse erschossen.

Sein **Tod** löste bei nicht wenigen Hindus Freudenfeiern aus, aber die meisten Inder waren entsetzt. Sie hatten in ihm ihren Vater verloren.

Mahatma Gandhi 1948, kurz vor seiner Ermordung.

Drei ungewöhnliche Ideen

Gewaltlosigkeit

- Gewaltfreiheit bedeutet Selbstläuterung, so vollkommen und so weitgehend sie nur irgend menschenmöglich ist.
- Gewaltlosigkeit ist der Gewalt ausnahmslos überlegen.
- Für Gewaltfreiheit gibt es keine Niederlage. Der Gewalt jedoch ist die eigene Niederlage sicher.

Schutz der Kuh

Für mich ist der Schutz der Kuh eine der wunderbarsten Erscheinungen in der menschlichen Entwicklung. ... Durch die Kuh ergeht an den Menschen der Auftrag, seine Einheit mit allem, was lebt, zu verwirklichen. Es ist für mich klar, warum es den Schutz der Kuh gibt. In Indien ist die Kuh der beste Freund, sie war das Füllhorn. Sie gab nicht nur Milch, sie machte die Landwirtschaft erst möglich. Die Kuh ist ein Gedicht des Mitleids. Man kann Mitleid an dem freundlichen Tier lernen. In Indien ist sie die Mutter von Millionen. Schutz der Kuh heißt Schutz der ganzen stummen Kreatur Gottes. Dies ist das Geschenk des Hinduismus an die Welt.

Heilige Kühe in einer Stadt vor einer Apotheke. Ihre Milch erscheint manchen Hindus gesünder als die üblichen Medikamente.

Versöhnung zwischen den Religionen

Beide Religionen (Christentum und Islam) sind für mich so wahr wie meine eigene. Meine eigene aber stillt alle meine inneren Bedürfnisse. Sie bietet mir alles, wessen ich zu meiner inneren Entfaltung bedarf. Sie lehrt mich beten, andere möchten sich zur Fülle ihres Wesens in ihrer eigenen Religion entfalten, nicht aber, andere möchten glauben, was ich selber glaube. So bete ich denn für einen Christen, dass er ein besserer Christ, für einen Muslim, dass er ein besserer Muslim werden möge. Ich bin davon überzeugt, dass Gott dereinst nach dem fragen wird, dass Gott heute schon nach dem fragt, was wir sind, d. h. was wir tun, nicht nach dem Namen, den wir uns beilegen. Bei ihm ist Tun alles, Glauben ohne Tun nichts. Bei ihm ist Tun Glauben und Glauben Tun.

Mahatma Gandhi

A

1 Zur Gewaltlosigkeit in der **Bibel**: → S. 58, 154; zum Einfluss Gandhis in der Welt: → S. 14.

2 Warum ist der Schutz der **Kuh** für Gandhi so wichtig?

3 Welche Einstellung hat Gandhi zu seiner eigenen **Religion** und zu anderen **Religionen**? Vergleicht seinen Text mit dem des Ramakrishna (→ S. 205) und des 2. Vatikanischen Konzils (→ S. 229).

Buddhismus – Erlösung vom Leid

Buddha Amida, Bronze, Kamakura (Japan), 1252.
Das 12,75 m hohe Werk wurde von Ono Goroemon gegossen. Auf dem 2,33 m hohen Gesicht des Buddha liegt trotz seiner monumentalen Größe überirdische Ruhe. Typische Kennzeichen sind:

- *Das schwungvoll fallende einfache* ***Gewand*** *ist das eines Mönchs.*
- *Der runde* ***Kopfauswuchs*** *(der „****Ushnida****") erinnert an die Erleuchtung des Buddha.*
- *Die* ***Haarlocken*** *zeigen an, dass sich der Buddha die Haare abschneiden ließ, als er seine Heimat verließ und Asket wurde (→ S. 215).*
- *Der* ***Punkt auf der Stirn*** *(die „****Urna****") ist der Ort, von dem aus das Licht seiner Weisheit in die Welt strahlt.*
- *Die überlangen* ***Ohrläppchen*** *kommen daher, dass der Buddha in seiner Jugend schweren Schmuck an den Ohren trug.*
- *Die* ***Haltung der Hände*** *(die „****Mudra****"), die entspannt auf den Beinen ruhen, zeigt den Buddha in der Haltung der Meditation (→* **M10***).*
- *Der* ***Sitz auf beiden Beinen*** *heißt „****Lotossitz****". Er erinnert an das buddhistische Symbol der Lotosblume.*

Der Buddha von Kamakura ist der „Amida", d. h. „Unendliches Leben" oder „Unermessliches Licht". Amida ist besonders gütig. Er schenkt seine Gnade ohne menschliche Vorleistung. Wer an ihn glaubt und ihn anruft, wird im „Reinen Land der Seligkeit" wiedergeboren. Er selbst geleitet seine Verehrer ins Paradies. Dort werden auch Säufer, Diebe, Huren und Mörder gerettet. Täglich kommen zahlreiche Gläubige nach Kamakura, um dem Buddha Blumen oder Früchte zu bringen und um zu ihm zu beten. In dem runden Gefäß vor der Figur zünden sie Weihrauchstäbchen an.

Sich einem fremden Bild nähern

1. Zum Verständnis des **Buddhabildes**: → **M5**.
2. Bringt auf einer **Skizze** die Kennzeichen der Buddhagestalt unter, ggfs. nur mit Zahlen, die ihr dann unter dem Bild definiert, z. B. 2 = Mönchsgewand, 4 = Locken usw.
4. Schreibt auch auf, was ihr diesem Buddha **sagen** könntet.
5. Sucht an **anderen Buddhabildern** dieses Kapitels ähnliche Merkmale heraus und erklärt ihre Bedeutung.

Dieses Thema kann euren Horizont erweitern

Lesen | Fragen | Denken | Interviewen | Suchen | Gestalten | Präsentieren

1. Bevor ihr auf den Buddhismus eingeht, solltet ihr die Grundzüge des **Hinduismus wiederholen**: → S. 202 f. Sie sind eine Voraussetzung für das Verständnis des Buddhismus.
2. Was wisst ihr **schon jetzt** vom Buddhismus: Buddha, Verbreitung, Lehre, aktuelle Probleme?

Vorschau

Vor ca. 2500 Jahren verließ in Indien ein junger Adeliger sein wohlhabendes Elternhaus. Auf Suche nach neuen Erfahrungen wurde ihm eine wunderbare Erleuchtung zuteil, die ihm den Titel **„Buddha"** (d. h. „Erwachter" oder „Erleuchteter") einbrachte. Seine Einsichten legte er seinen Zeitgenossen über 40 Jahre lang auf seinen Wanderungen durch Nordindien dar. Diejenigen, die seine Lehre **(„Dharma")** von der Überwindung des Leids überzeugte, bildeten eine Gemeinde **(„Sangha")**. Er vollendete sein Leben im Kreis seiner Schüler. Seitdem sind ihm unzählige Menschen gefolgt. Heute ist der **Buddhismus** eine weithin geschätzte Weltreligion.

„Das dreifache Juwel/Kleinod", Gandhara, 3. Jh. nC. So nennen Buddhisten das Wort von der dreifachen Zuflucht.

1. Eine erste Annäherung

Die dreifache Zuflucht

Jeder, der Buddhist werden will, spricht bei seiner **Aufnahme in den Buddhismus** dreimal die folgende Formel, die so kostbar ist, dass man sie auch die **„drei Juwelen"** nennt (→ S. 211):

- Ich nehme meine Zuflucht zum Buddha (zu dem Erwachten, der den neuen Weg gezeigt hat; → S. 214 ff)
- Ich nehme meine Zuflucht zum Dharma (zur Lehre, die zur Erlösung, d. h. Befreiung vom Leid, führt; → S. 220)
- Ich nehme meine Zuflucht zum Sangha (zur Gemeinde, die die Erlösung sucht bzw. gefunden hat).

L Der **Buddhismus** ist mit seiner zweieinhalb Jahrtausende langen Geschichte nicht die älteste lebende Religion der Menschheit. Judentum und Hinduismus können auf eine längere Geschichte zurückblicken. Aber während diese beiden Religionen weitgehend nur mit einem einzigen Volk, mit Juden und Indern, zu tun haben, wendet sich der Buddhismus an alle Menschen. Er ist die **erste universale Religion.** Die Buddhisten weisen darauf hin, dass ihre Religion 400 Jahre vor dem Christentum und etwa 1000 Jahre vor dem Islam entstanden ist.

Worauf es im Buddhismus letztlich ankommt

Wirke nichts, das böse ist.
Hänge nicht an Leben und Tod.
Erbarme dich aller Lebewesen.
Ehre, was über dir ist.
Sei gnädig zu den Unteren.
Hasse nicht, verlange nicht,
lass nichts an deinem Herzen haften.
Trage um nichts Leid.
Dann wirst du selbst der Buddha sein.
Suche ihn nirgends anders.

Ein Zen-Meister

Die kürzeste Antwort

Als einmal ein Buddhist gefragte wurde, was für ihn das Wichtigste am Buddhismus sei, antwortete er ohne Zögern und in aller Kürze: „Tue niemandem wehe."

A 1 Was ist nach dieser **Kurzformel** für den Buddhismus wichtig. Wovon ist hier nicht die Rede, was sonst in den Religionen oft zuerst genannt wird? Zum Zen: → S. 143.

2 Was bedeutet es, wenn der Buddhismus für seine Anhänger **„Zuflucht"** ist? Wovor „fliehen" sie zu ihm?

*Die **Lotosblume** (vergleichbar unseren Seerosen) steigt aus den dunklen Tiefen des Wassers ans Licht und entfaltet dort ihre Schönheit. Sie ist ein Symbol für die Erlösung, die der Buddha bringt. Er zeigt den Weg von der dunklen Unwissenheit, von Gier und Hass in das helle Licht der Erkenntnis, der Selbstlosigkeit und des Mitleids mit aller Kreatur.*

Heutige Verbreitung

Heute ist der Buddhismus nach dem Christentum, Islam und Hinduismus die viertgrößte Religion der Welt. Solide Schätzungen schreiben ihm etwa 350 Millionen Anhänger zu. Sie gehören verschiedenen Richtungen an, die „Fahrzeuge“ genannt werden, weil sie die Menschen wie Wagen oder Boote auf ihrem Lebensweg begleiten und an ihr Lebensziel, die Erlösung, bringen.

- 130 Millionen zählen zum **„Kleinen Fahrzeug“** („Hinayana“; auch „Lehre der Ältesten“ – „Theravada“), das am strengsten ist und am ehesten der alten Lehre des Buddha für die Mönche entspricht.
- 190 Millionen zählen zum **„Großen Fahrzeug“** („Mahayana“), in dem die Laien mit den Mönchen gleichberechtigt sind. Der Buddha ist nun nicht mehr im unerreichbaren Nirwana (→ S. 217), sondern im Himmel, wo er angerufen werden kann. Er ist ein göttliches Wesen, das mit allen anderen Lebewesen grenzenloses Mitleid hat.
- 30 Millionen zählen zum **„Diamantenen Fahrzeug“** („Vajrayana“). Es hat seinen Namen von dem harten Edelstein („Vajra“), der ein Symbol der buddhistischen Lehre und auch des tibetischen Buddhismus ist.

In folgenden Ländern ist der Buddhismus die vorherrschende Religion: Sri Lanka, Burma, Thailand, Laos, Kambodscha, Tibet, Bhutan.
Stark vertreten ist der Buddhismus in Japan, China, Mongolei, Korea, Mandschurei, Vietnam, Malaysia, Singapur. Kleinere buddhistische Gruppierungen leben in Indien und Nepal, in Russland und der Gemeinschaft unabhängiger Staaten (GUS), in den USA und in Europa. In Deutschland gibt es heute ca. 80 000 Buddhisten.

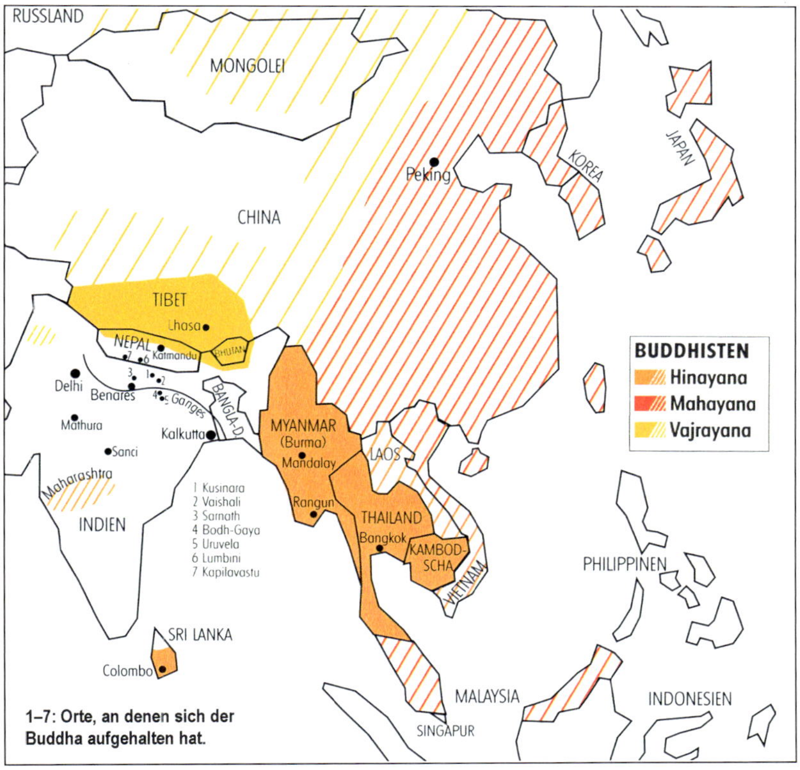

1–7: Orte, an denen sich der Buddha aufgehalten hat.

L Die **Beschäftigung** mit dem Buddhismus ist **nicht leicht**, weil unsere Vorstellungen mit vielen Auffassungen des Buddhismus nicht übereinstimmen. Was schon in Indien vor 2500 Jahren nicht einfach zu verstehen war, ist Europäern heute erst recht schwer zugänglich. Die buddhistischen Vorstellungen von Gott und Welt, Geschichte und Mensch unterscheiden sich stark von unseren Denkweisen. Wer diese Worte dort und hier ausspricht, verbindet mit ihnen einen anderen Sinn.

A **Die Mühe lohnt sich**

1 Legt ein kleines **Fachlexikon** an, in dem ihr grundlegende Begriffe und Namen erklärt, z. B. Buddha, Nirwana, Leid, Erlösung usw. Anregungen für die Arbeit: (→ **M2**)

2 Ausführliche Informationen im **Internet**: www.buddhismus.de und http://de.wikipedia.org/wiki/Buddhismus.

3 Vergleicht die **Zahl** der Buddhisten mit der Anzahl der Juden, Christen, Muslime und Hindus (→ S. 226).

4 Das Symbol des Buddhismus: → S. 225.

2. Der Buddha

1. Wunderbare Empfängnis

Nach einer alten Legende stieg der Buddha vom Himmel herab. Seine Mutter Maya (hier auf einem Bett liegend, darunter vier Dienerinnen), eine schöne und tugendhafte Frau, hat ihn in Gestalt eines Elefanten (links unten) empfangen. Bei seiner Geburt in Lumbini erstrahlte die Welt in paradiesischem Glanz.

2. Luxusleben im väterlichen Palast

Die Überlieferung macht aus seinem Vater einen König in Kapilavastu (Nepal), den Buddha selbst zu einem Königssohn. Er erhielt eine vorzügliche Erziehung. Alles, was Adelige damals lernten, durfte Siddhartha lernen: Reiten und Bogenschießen (hier im Bild), Mathematik und Literatur, Fechten und Ringen, Geschichte und die Religion der Brahmanen (→ S. 206). Er war verwöhnt, salbte sich mit kostbarem Öl, kleidete sich in kostbare Seidengewänder. Mit dem Luxus wollte der Vater ihn der Familie erhalten. Denn er fürchtete auf Grund einer Weissagung, dass der Sohn das Vaterhaus verlassen und Mönch werden könnte. Um das zu vermeiden, bemühte sich der Vater, alles Leiden aus dem Leben seines Sohnes zu verbannen. Als Siddhartha mit 16 Jahren die schöne Prinzessin Yasodara heiratete, meinte der Vater, sein Ziel erreicht zu haben.

3. Die vier Ausfahrten

Aber der Vater hatte sich getäuscht. Eines Tages fuhr Siddhartha mit seinem Pferdewagen aus dem Palast in die Stadt. Er traf auf einen Greis, der kaum noch gehen konnte und am ganzen Körper zitterte. Ein solches Leid hatte Siddhartha noch nie gesehen. Als er seinen Wagenlenker fragte, was das bedeute, erklärte dieser ihm: „Das Alter vernichtet die Jugend jedes Geschöpfes. Es gibt für niemanden einen Ausweg.“ Da erkannte Siddhartha, dass er bisher unerleuchtet war und das Leiden aus seinem Leben verdrängt hatte. Sofort kehrte er um und fuhr nach Hause. Bei weiteren drei Ausfahrten traf er auf einen Kranken, einen Toten und einen Mönch. Dabei wurde ihm klar, dass auch er selbst von Krankheit und Tod bedroht sei. Nur das selbstlose Leben eines Mönchs konnte ihm innere Einsicht und Ruhe schenken.

4. Siddhartha verlässt Frau und Kind

Darum beschloss Siddhartha, aus der Heimat in die Heimatlosigkeit zu ziehen. In derselben Nacht, in der seine Frau Yasodara einen Sohn gebar, verließ er das väterliche Haus. Er ging, ohne sich zu verabschieden, und ließ alles, was ihm bis dahin wertvoll erschien, zurück. Damals war er 29 Jahre alt. Das Bild zeigt, wie er einen letzten Blick auf Frau und Sohn wirft.

5. Belehrung bei einem Einsiedler

Siddhartha schnitt sich die Haare ab zum Zeichen dafür, dass er ein Mönch wurde und der Welt entsagte. Sein fürstliches Gewand und allen Schmuck legte er ab. Dann ging er zu einem Einsiedler in die Schule. Er wollte von ihm erfahren, woher das Leid komme und wie er es überwinden könne. Aber die Lehre dieses Mannes sagte ihm nichts.

6. Gautama wird strenger Asket

Er machte sich erneut auf die Wanderschaft und versuchte in harter Selbstzucht („Askese") Antwort auf seine Fragen zu finden. Fünf Mönche (unten) schlossen sich ihm an. Er aß und trank kaum, legte sich nachts auf Dornen und pflegte sich nicht mehr. Aber das alles verhalf ihm nicht zu der Erkenntnis, die er suchte. Er wurde so geschwächt, dass man alle seine Rippen zählen konnte. Als er schließlich in Lebensgefahr geriet, gab er das Fasten auf.

L

♦ Der Gründer des Buddhismus hat viele **Namen**. Nach seiner Familie heißt er **„Gautama"**. Seine Eltern gaben ihm den Namen **„Siddhartha"** (d. h. „Einer, der seine Aufgabe vollendet hat"). Seit seiner Erleuchtung heißt er **„der Buddha"**. Die Übersetzung „der Erleuchtete" ist nicht ganz so zutreffend wie die Übersetzung „der Erwachte". Bei seiner Erleuchtung ist er aus dem Dunkel der Unwissenheit erwacht. Seitdem nennt man ihn meistens einfach „Buddha". Richtiger noch heißt er „der Buddha". Der Artikel zeigt an, dass es sich um einen Titel oder Zustand und nicht um einen Namen handelt.

♦ Gautama Siddhartha, der in jungen Jahren in großem **Luxus** lebte, geriet in eine **Lebenskrise**, als ihm der leidvolle Charakter des Daseins, vor allem das Alter, die Krankheit und der Tod, zum Problem wurden. Er begann darüber nachzudenken, ob und wie er dem **Leid** entfliehen könne. Dabei sah er sich vor die entscheidende Wahl seines Lebens gestellt: politische Macht oder geistige Kraft, äußerer Erfolg oder innerer Reichtum, Wissen oder Weisheit, Oberflächlichkeit oder Tiefe des Daseins.

A

1 Deutet die Legende von den **vier Ausfahrten** als **Symbolerzählung** für die verschiedenen Stadien einer längeren Entwicklung.

2 Stellt die Ausfahrten in einem **Rollenspiel** dar: → **M8**. Malt auch eine Bildfolge der Szenen.

3 Warum hat Gautama Siddhartha seine **Familie verlassen**? Welche Vorwürfe gegen ihn sind möglich, welche Rechtfertigung für ihn ist denkbar? Lest dazu auch Lk 8, 19–21.

4 Warum **fasten** Menschen und legen sich freiwillig Entbehrungen auf?

7. Meditation beim Bodhibaum in Uruvela

Er kam zu einem alten Feigenbaum in Uruvela. Dort wollte er so lange bleiben, bis er Antwort auf die Frage erhielt, wie der Mensch vom Leiden frei werden könnte. Durch die Kunst der Meditation hoffte er zu seinem Ziel zu kommen. Rasch machte er große Fortschritte. Eines Nachts erkannte er plötzlich wie in einer Eingebung, worum er sich jahrelang bemüht hatte. Diese wichtigste Erfahrung seines Lebens nannte er selbst „Erleuchtung". Hier wurde er zum „Buddha". In vier Nachtwachen erkannte er die „Vier edlen Wahrheiten" (→ S. 218), die zum Kern seiner Lehre wurden. Nun war er vollkommen ruhig und glücklich. Damals war er 37 Jahre alt.

8. Die erste Predigt in Benares

Nach vier Wochen entschloss er sich, auch anderen Menschen von seiner Erleuchtung zu erzählen. Er ging nach Benares und legte dort den fünf Mönchen zum ersten Mal seine neuen Einsichten dar. Das Bild zeigt ihn auf seinem Thron im Lotossitz (→ S. 211). Die Mönche verneigen sich vor ihm, weil sie dankbar sind, dass er ihnen den Weg der Erlösung zeigt. Damals setzte er das „Rad der Lehre" in Bewegung.

Danach zog der Buddha 45 Jahre durch Indien. In vielen Gleichnissen verkündete er den Menschen seine neue Lehre, damit auch sie vom Leid befreit werden konnten. Vielen erschien seine Lehre glaubwürdiger als die Religion der Brahmanen (→ S. 206).

L

- ♦ Gautama Siddhartha kam allmählich zu der Einsicht, nur auf einem **„mittleren Weg"** zum Heil gelangen zu können, der zwischen ständiger Lustbefriedigung und äußerster Rücksichtslosigkeit gegen sich selbst („Askese") liegt. Beide Extreme hatte er selbst zur Genüge kennen gelernt – das erste in seiner Jugend, das zweite nach seinem Weggang aus dem Elternhaus.
- ♦ In seinem **letzten Lebensabschnitt** wurde der Buddha der weise Lehrer. Die Klarheit seiner Gedankenführung, die Bildhaftigkeit seiner Reden, die Anschaulichkeit seiner Gleichnisse verfehlten ihre Wirkung nicht. Güte und Milde, Verständnis und Toleranz zeichneten ihn aus. Auch Humor und Schlagfertigkeit standen ihm zu Gebote. Seinen **Mönchen** mutete er allerdings ungewöhnliche und schwierige Gedanken zu.

Bilder aus einem Stupa (Tempel) in Thailand.

9. Der Schlangenkönig beschützt den Buddha

Einmal meditierte der Buddha nahe bei einem Teich, in dem der Schlangenkönig Mucilinda lebte. Da schickte der Teufel, der auf den Buddha nicht gut zu sprechen war, einen furchtbaren Sturm. Blitze zuckten und Donner erschallten, kräftige Regengüsse prasselten nieder. Schon geriet der Buddha in Gefahr, von dem furchtbaren Unwetter verschlungen zu werden, ohne es zu merken, da er ganz in seiner Meditation vertieft war. Aber der Schlangenkönig selbst kam ihm zu Hilfe. Er kroch unter seinen Sitz und bildete mit seinen sieben Köpfen ein sicheres Dach, unter dem der Buddha trotz aller Stürme weiter meditieren konnte. Die Legende wurde zum buddhistischen Symbol für die Harmonie zwischen der Natur und der Lehre des Buddha.

10. Der Eingang ins Nirwana

Auf seiner letzten Reise wurde er von dem Schmied Cunda eingeladen. Beim Festmahl aß er Schweinefleisch, das bei ihm eine Magenvergiftung auslöste. Seine Schmerzen ertrug er geduldig. Bei seiner Abschiedsrede in Kusinara standen seine Jünger um sein Bett. Ananda, sein Lieblingsjünger, versuchte einen Wandermönch von ihm fernzuhalten (unten), doch der sterbende Buddha nahm ihn noch in seine Gemeinde auf. Seine Jünger mahnte er, nicht um ihn zu trauern. Seine letzten Worte: „Habt keine andere Zuflucht. Die Lehre diene euch zur Leuchte."

Sein Leben verlöschte wie eine Flamme. Er versank in eine tiefe Meditation, aus der er nicht mehr zurückkehrte, bis er zu dem Stadium kam, wo kein Gedanke mehr Platz hat, alles Empfinden vergeht und das Bewusstsein zu Ende ist. So ging er in das Nirwana (→ S. 219) ein. Er war an dem Ziel, das er immer gesucht hatte.

A Der Buddha hat sich in seinen **letzten Stunden** (1) als ein sterblicher Mensch bezeichnet und (2) geweigert, eine Ordnung/Regel für seine Gemeinde zu geben. Die Mönche haben sich in späteren Zeiten nicht mehr daran gehalten, sondern (1) im Buddha ein übermenschliches Wesen gesehen und (2) eine strenge Ordenszucht begründet. Warum war dies eine wichtige Voraussetzung dafür, dass der Buddhismus eine universale Religion werden konnte?

L Im Mittelpunkt der **Lehre des Buddha** steht nicht die Frage nach Gott, nicht die Frage nach der Welt, nicht die Frage nach dem Menschen, nicht die Frage nach der Liebe, nicht die Frage nach der Wahrheit, nicht die Frage nach der sozialen Gerechtigkeit. Der Buddha setzt an bei der Frage nach dem **Leiden** aller Wesen. Er war auch davon überzeugt, einen Weg zur Leidüberwindung/Erlösung gefunden zu haben.

3. Die Lehre

Die vier edlen Wahrheiten vom Leiden

Die erste große Rede nach seiner Erleuchtung hielt der Buddha in Benares. Darin legte er das Fundament seiner Lehre:

1. Wahrlich, ihr Mönche, das ist die edle Wahrheit vom **Leiden**: Geburt ist leidvoll, Krankheit ist leidvoll, der Tod ist leidvoll, mit Unlieben vereint, von Lieben getrennt sein ist leidvoll, nicht erlangen, was man begehrt, ist leidvoll, kurz: das ganze Dasein, das Hängen an der Welt ist leidvoll.
2. Dies, ihr Mönche, ist die edle Wahrheit vom **Entstehen** des Leidens: Es ist der Lebensdurst, welcher zur Wiedergeburt führt, der vereint mit Leidenschaft und Begehren ist, der Durst nach dem Werden, der Durst nach Vernichtung.
3. Dies, ihr Mönche, ist die edle Wahrheit von der **Aufhebung** des Leiden: Jene Aufhebung durch das restlose Aufgeben der Leidenschaft; die Entsagung, das Verlassen, das Freiwerden, das sich Abwenden von dem Lebensdurst.
4. Dies, ihr Mönche, ist die edle Wahrheit vom **Weg**, der zur Vernichtung des Leiden führt: Es ist **der achtteilige Pfad**, der da heißt: rechte Ansicht, rechtes Wollen, rechte Rede, rechtes Handeln, rechtes Leben, rechte Anstrengung, rechte Achtsamkeit, rechte Meditation.

A 1 Der Buddha hat „die **vier edlen Wahrheiten** vom Leiden" wie ein **Arzt** formuliert, der mit einer Krankheit zu tun bekommt. Welche **Symptome** der Krankheit erkennt er? Was ist seine **Diagnose**? Welche **Therapie** ist zur Heilung nötig? Welche **Medikamente** muss man dazu benutzen?

2 Der **„achtteilige Pfad"** ist für ihn ein **„mittlerer Weg"** zwischen gieriger Lust und asketischer Härte. Wie hängt diese Lehre vom „mittleren Weg" mit dem Leben des Buddha zusammen?

3 Warum werden **Gier, Hass und Verblendung** in der Ethik des Buddha oft als gefährliche Grundeinstellungen des Menschen beschrieben, die nichts anderes als Leid bewirken? Welche Bedeutung hat diese Einschätzung des Buddha im Blick auf unsere Zeit?

4 Vergleicht die buddhistischen **zehn Gebote** mit dem biblischen Dekalog: → S. 52.

Die zehn Gebote der Gemeinde

Wer in der Gemeinde des Buddha als Mönch leben will, muss sich zur Einhaltung von zehn Geboten verpflichten. Die ersten fünf gelten auch für die Laienanhänger. Der Novize verspricht:

1. Kein Leben zerstören
2. Keine Dinge nehmen, die nicht gegeben werden
3. Enthaltung von unkeuschem Wandel
4. Vermeidung von Lüge
5. Verbot von Rausch durch den Genuss berauschender Getränke

6. Verzicht auf alles Essen nach Mittag
7. Abstinenz von Tanz, Gesang, Musik und Schauspielen
8. Verzicht auf Körperschmuck durch Blumenkränze, Wohlgerüche, Schminke und Salben
9. Nichtbenutzung hoher und üppiger Betten
10. Kein Gold und Silber annehmen

Die drei Grundübel

Wer die drei Grundübel **Gier, Hass und Verblendung** in sich besiegt, erlangt die Erlösung.

*Hier sind die drei Grundübel bildlich darstellt: die **Gier** als Hahn, der **Hass** als Schlange und die **Verblendung** als Schwein.*

Buddhistische Mönche (links) und Nonnen mit geschorenen Haaren (rechts). Die barfuß gehenden Mönche tragen im Arm eine Bettelschale. Das Orange des Gewandes ist die billigste Rostfarbe, die daran erinnert, dass selbst das Eisen vergänglich ist.

Das Nirwana

Der Buddha beschreibt das Nirwana als etwas Unfassbares, das sich jedem Verstehen entzieht:

Es gibt, ihr Mönche, einen Bereich, wo weder Erde noch Feuer, noch Wasser, noch Wind ist, wo die Sphäre der Unendlichkeit des Raumes und des Bewusstseins nicht mehr besteht. Wo nicht irgendetwas mehr ist, weder die Sphäre des Unterscheidens noch die des Nichtunterscheidens, nicht diese Welt noch die jenseitige Welt, wo beide, Sonne und Mond, nicht mehr sind. Dies erfahrt von uns, ihr Mönche: Ich verkündige euch ein Nichtkommen und Gehen, die Freiheit von der Wiedergeburt; ein Nichtstillstehen und ein Nichtweitergehen. Keinen Grund gibt es mehr für das Sehnen nach dem Leben. Dies ist das Ende des Leids.

L Für den Buddha unterliegt nicht alles dem ewigen Kreislauf der Welt (Samsara; → S. 202). Es gibt auch einen Bereich, der ohne Entstehen und Vergehen ist. Er heißt **„Nirwana"**. Das Sanskrit-Wort bedeutet „Verwehen", „Verlöschen". Es wird vom Verwehen eines Windes und vom Verlöschen eines Feuers gebraucht. Ähnlich verlöscht der Mensch im Nirwana, wenn er die Erlösung erlangt hat. Dort gibt es kein Leid mehr.

Um dahin zu gelangen, muss er erst alles Karma (→ S. 202) verbraucht haben. Das ist nur möglich, wenn er in sich Gier, Hass und Verblendung völlig besiegt hat und zur Erleuchtung gekommen ist.

Und Gott?

Der Buddha spricht zwar gelegentlich von indischen **Göttern**. Sie sind bei ihm Bestandteile der damaligen Welt wie Berge und Bäume, Blumen und Tiere. Aber sie entsprechen nicht dem, was die biblischen Religionen „Gott" nennen. Von einem einzigen Gott, der Person, Schöpfer, Ewiger, Liebe ist, weiß der Buddha nichts.

Der spätere Buddhismus hat die Distanz des Buddha zur Gottesfrage nicht beibehalten. Die Frage nach **Gott** bekam ein stärkeres Gewicht und verband sich mit der Erlösungslehre des Erhabenen. So entwickelte sich eine umfangreiche buddhistische Gotteslehre. Die Götterfülle des Hinduismus lebte im Buddhismus wieder auf. In den großen „Fahrzeugen" (→ S. 213) des Buddhismus wird dem **Buddha** Göttlichkeit, die er selbst nie beansprucht hat, nun von seinen Gläubigen zugesprochen. Sie verehren ihn als höchstes göttliches Wesen, das die Erlösung schenkt.

A
1. Warum spricht der Buddha vom **Nirwana** fast nur in Negationen?
2. Vergleicht das buddhistische „Nirwana" mit dem christlichen **„Ewigen Leben"** → WdG S. 126 f und → S. 47.
3. In der **Zurückhaltung gegenüber Gott und Göttlichem** steht der Buddha allein unter den großen Stiftern der Weltreligionen. Wie erklärt ihr euch das? Warum haben spätere Zeiten diese Zurückhaltung aufgegeben?

A 1 Warum vergleicht der Buddha seine eigene Lehre mit einem **Floß**? Welche Bedeutung gewinnt damit seine eigene Lehre?

2 Warum haben **Gleichnisse** in den Religionen einen so hohen Stellenwert? (→ ZdF S. 126 ff)

3 In welchen Konflikt musste **Eisai** kommen, wenn er das für die Buddhastatue vorgesehene Stück Kupfer verschenkt? Wie begründet er den Schülern gegenüber seine Tat?

4. Kleine Erzählungen

Das Gleichnis vom Floß

In einem seiner berühmtesten Gleichnisse vergleicht der Buddha seine Lehre mit einem Floß.

Ein Wanderer sieht auf seinem Wege vor sich eine große Wasserflut, das diesseitige Ufer unsicher und gefährlich, das jenseitige Ufer sicher und gefahrlos. Es ist aber kein Schiff zum Übersetzen da und keine Brücke zum anderen Ufer. Da denkt er: Vielleicht könnte ich Schilfrohr und Holzstämme, Zweige und Blätter sammeln, mir daraus ein Floß bauen und darauf mit Händen und Füßen heil an das andere Ufer rudern. Diesen Plan führt er aus und kommt heil an das andere Ufer. Dort angelangt, denkt er: Dieses Floß ist mir von großem Nutzen gewesen, ich will es mir auf den Kopf und auf die Schultern laden und mitnehmen, wohin ich gehen will.
Meint ihr, meine Mönche, dass dieser Mann mit dem Floß richtig handelt?
– Nein, Herr!
So aber würde er richtig handeln: Er sollte denken: Dieses Floß ist mir zwar von großem Nutzen gewesen. Jetzt aber will ich es auf trockenen Boden setzen und unbelastet gehen, wohin ich will.
So gleicht das Floß meiner Lehre.

Aus den Überlieferungen des Buddha

Ein Bodhisattva, ist eine Art buddhistischer Heiliger, der eigentlich schon ins Nirwana eingehen könnte, darauf aber verzichtet, um andere Menschen auch auf dem Weg dahin zu geleiten. Hier führt er eine Frau ins Paradies, China, 10. Jh.

Vor dem Verhungern bewahren

Vor vielen Jahren kam in ein buddhistisches Kloster in Japan ein armer Mann und sagte: „Meine Familie ist bettelarm. Seit Tagen haben wir nichts gegessen, meine Frau und Kinder sind am Verhungern. Meister, bitte, habt Mitgefühl mit uns." Da das Kloster selber sehr arm war und es zu der Zeit weder Essen noch Kleider noch andere Besitztümer gab, wusste der Mönch Eisai (1154–1215), der Begründer der buddhistischen Zen-Schule, nicht, wie er dem Mann helfen sollte. Er überlegte hin und her, und schließlich fiel ihm ein, dass es noch ein Stück Kupfer gab, das für den Heiligenschein des Buddha vorgesehen war. Er gab es dem Mann mit den Worten: „Nimm dies und tausche es gegen Essen ein."
Die Schüler, die dies gesehen hatten, sagten: „Dieses Stück Kupfer war doch für den Heiligenschein der Buddhastatue bestimmt. Ist es nicht ein Vergehen, Buddhas Eigentum für den persönlichen Gebrauch zu benutzen?" Meister Eisai antwortete: „Sicherlich ist es ein Vergehen, das Eigentum des Buddha wegzugeben. Doch wenn Menschen verhungern und wir, um sie zu retten, die ganze Buddhastatue weggäben, so entspräche das ganz gewiss dem Willen des Buddha. Und selbst wenn dies ein Vergehen wäre, das einen in die Hölle brächte, man muss die fühlenden Wesen vor dem Verhungern bewahren."

Öser D. Bünker

Die Suche nach dem neuen Dalai Lama

Als 1933 der XIII. Dalai Lama in Tibet gestorben war, begann schon bald die Suche nach seiner „Wiedergeburt" in einem kleinen Knaben. Eine Gruppe von weisen Mönchen fand 1935 in dem Dorf Taktser ein Haus, in dem ein zweijähriger Junge lebte. Ihr Anführer hatte den verstorbenen Dalai Lama persönlich gut gekannt.

Hier fanden sie das jüngste Kind der Familie. Sobald der Kleine den Lama (tibetischer Mönch) erblickte, ging er auf ihn zu und wollte unbedingt auf dessen Schoß. Der Lama hatte sich durch einen Mantel, der mit Lammfell gefüttert war, unkenntlich gemacht, aber um den Hals trug er einen Rosenkranz, der dem dreizehnten Dalai Lama gehört hatte. Der Bub entdeckte diesen Rosenkranz und bettelte darum. Der Lama versprach, ihm den Rosen-kranz zu geben, wenn er herausbrächte, wer er sei. Darauf erwiderte das Kind, er sei der „Lama von Sera".

Dieses Kind war ich. ...

Bei kleinen Kindern, die Wiedergeburten sind, ist es üblich, dass sie sich an Gegenständen und Personen aus ihrem vorigen Leben erinnern. Einige können auch heilige Schriften zitieren, ohne dass man es sie gelehrt hat. Durch alles, was ich gesagt hatte, war der Lama zu der Überzeugung gekommen, dass er möglicherweise die gesuchte Wiedergeburt entdeckt habe. Nun war die ganze Gruppe erschienen, um mich weiter zu prüfen. So hatten die Würdenträger zwei völlig gleiche schwarze Rosenkränze bei sich, von denen der eine aus dem persönlichen Besitz des dreizehnten Dalai Lama stammte. Als sie mir beide anboten, ergriff ich denjenigen, der ihm gehört hatte, und legte ihn mir – wie man mir später erzählte – um den Hals. Derselbe Versuch wurde mit zwei gelben Rosenkränzen unternommen. Darauf hielten sie mir zwei Trommeln hin, eine kleine, die der Dalai Lama dazu verwendet hatte, sein Gefolge zusammenzurufen, und eine größere, viel reicher geschmückt Trommel mit goldenen Beschlägen. Ich wählte die kleine und begann sie so zu bearbeiten, wie man es während des Betens tut. Zuletzt wiesen sie mir zwei Wanderstäbe. Ich fasste den falschen an, hielt dann inne und betrachtete ihn eine Weile; schließlich nahm ich den anderen, der dem Dalai Lama gehört hatte, und behielt ihn in der Hand. Über mein Zögern verwundert, fand man später heraus, dass auch der erste Wanderstab eine Zeitlang vom Dalai Lama benutzt worden war. Er hatte ihn später einem Lama verehrt, der ihn wiederum weiterverschenkt hatte.

Durch das Zusammentreffen all dieser Umstände kam die Suchkommission zu der Überzeugung, dass die Wiedergeburt des Dalai Lama gefunden war.

Der XIV. Dalai Lama

L Das **Diamantene Fahrzeug** (→ S. 213) ist vor allem in Tibet verbreitet. An der Spitze steht der **Dalai Lama**, den die Gläubigen als göttlichen Bodhisattva (einer, der auf dem Weg ist, wie der Buddha zu werden) verehren. Sein Name bedeutet „Ozean-Meister", weil seine Weisheit so groß wie das Meer ist. Jeder Dalai Lama gilt als die **Wiedergeburt** (→ S. 202) des zuletzt verstorbenen Dalai Lama. In einem ungewöhnlichen Verfahren wird er von Mönchen aus der Reihe der Kinder ausgesucht, die kurz nach dem Tod des alten Dalai Lama geboren werden.
Der jetzige Dalai Lama, der 14. in der Reihe der tibetischen Priesterordnung, wurde von den Chinesen 1959 aus Tibet vertrieben. Seitdem lebt er in Indien. 1989 erhielt er den Friedensnobelpreis. Auf seinen Reisen durch die Welt hat er dem Buddhismus viele Freunde gewonnen.

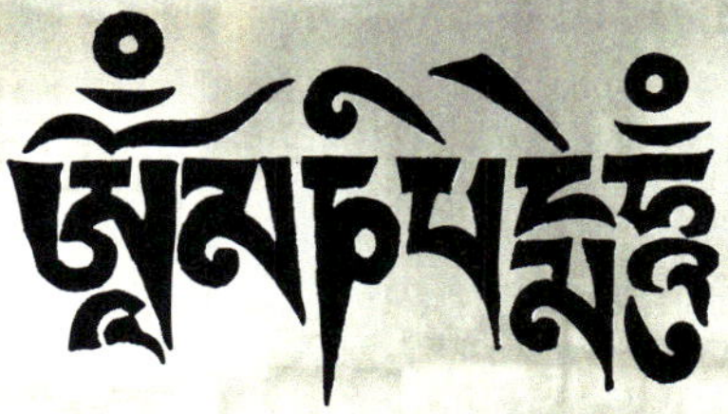

Ein Mantra („Zauberspruch") aus dem Vajrayana: ***OM MANI PADME HUM*** *(„Erhabenes Lob der göttlichen Kraft [OM], die sich gleich einem Juwel im Lotos in uns entfalten möge."). Das Aussprechen des Mantras ist verdienstvoll und stellt den Kontakt zur göttlichen Welt her.*

Der 14. Dalai Lama. Daneben der Potala, der Palast des Dalai Lama in Lhasa.

5. Der Buddha und Jesus

L Beide – der **Buddha und Jesus** – sind für ihre Anhänger die Erlöser vom Leiden dieser Welt, Weg zu einem sinnvollen Dasein. Beide sind Gestalten, deren Leben und Lehre wunderbar sind. Beide sind für ihre Anhänger die wichtigsten Vorbilder.

Ähnlichkeiten

- Beide gehen einen **mittleren Weg** zwischen harter Askese und hemmungslosem Genuss.
- Beide haben eine **gute Lehre** verkündet.
- Beide haben auf langen **Wanderungen** ihre Lehren mündlich vorgetragen, treffende Gleichnisse erzählt, aber selbst keine Schriften verfasst.
- Beide **verbieten** Tötung, Diebstahl, Lüge und Unzucht. Beide warnen vor Hass, Gier und Verblendung.
- Beide haben einen Sinn und ein tiefes Verständnis für die **Leiden** der Menschen
- Beide üben **kein Amt** aus und setzen sich mit den Priestern ihrer Zeit auseinander.
- Beiden werden **wunderbare Taten** zugeschrieben.
- Beide wollen die Menschen zu einem Zustand führen, in dem **Leid und Schuld keinen Platz** mehr haben.

A **Zwei ehrwürdige Bilder**

1. Sucht weitere **Kennzeichen des Buddha** auf dem tibetischen Bild. Hilfen dazu: → S. 210.
2. Beschreibt das **Jesusbild**: → **M5**.
3. Vergleicht beide Bilder und den **Glauben**, der diese Bilder prägt.
4. Ein Jesuit befasst sich mit dem Buddhismus: → S. 143.

*Das **Buddhabild** stammt von einem tibetischen Mandala (Meditationsbild) aus dem 18. Jh, das **Kreuzigungsbild** wurde von Matthias Grünewald (um 1470–1528; → WdG S. 123) 1523–1524 gemalt. Beide Bilder zeigen wichtige Szenen dieser beiden großen Gestalten. Sie sind jeweils in der gleichen Weise für den Buddha und für Jesus kennzeichnend. Beide haben für sich Erlösung vom Leiden erlangt. Von beiden kann Erlösung auf andere Menschen ausgehen. Trotzdem sind die Bilder grundverschieden. Der Buddha ist am Kopf umgeben von einer großen Aura und sitzt vor einem Kreis, der auf eine andere Welt hindeutet. In der Hand trägt er die Bettelschale eines Mönchs. So ruht er ganz in sich. Er hat die Erlösung durch Erleuchtung und Meditation gefunden.*

Unterschiede

- Während sich für den Buddha die **Welt** in einem ewigen Kreislauf (→ S. 202) bewegt, der letztlich für alles Leben Leid bedeutet, ist die Welt für Jesus die gute Schöpfung Gottes.
- Dem „Ich" kommt beim Buddha weder Einmaligkeit noch Bestand zu. Der **Mensch** ist eine ständig wechselnde Kombination von verschiedenen Daseinsfaktoren („Karma": → S. 202). Mit einer neuen Geburt tritt ein anderer ins Dasein. Was bleibt, sind die Daseinsfaktoren und der durch sie bedingte Schein des Ich. Demgegenüber ist jeder Mensch in der Tradition Jesu ein einmaliges, unverwechselbares Geschöpf Gottes, das zum Leben auf der Erde bestellt und zum ewigen Leben bei Gott berufen ist.
- Während der Buddha über **Gott** letztlich nichts sagt, steht Gott ganz im Mittelpunkt des Redens und Handelns Jesu. Er nennt Gott seinen Vater und betet zu ihm. In Gott sieht Jesus den Anfang und das Ende von allem. Gott ist der Schöpfer der Welt und der Menschen. Sie können ihm vertrauen. Am Ende wird er auch ihr Richter sein.

A **Ein wichtiger Vergleich**

Erarbeitet und deutet **Ähnlichkeiten** und **Verschiedenheiten** zwischen Jesus und dem Buddha:

- **Raum und Zeit** ihres Wirkens, **Lebensdauer**
- **Kindheitserzählungen**, Mutter
- Vorbereitung auf das Wirken: die **vierfache Ausfahrt** des Siddhartha und die **drei Versuchungen** Jesu: → Mt 4, 1–11.
- die **Erleuchtung** des Buddha und die **Verklärung** Jesu: → S. 216 f und Lk 9, 28–36
- die **letzten Tage** in Kusinara und Jerusalem: → S. 217 und ZdF S. 136 ff.
- die **Erfahrungen der Jünger** nach dem Ende.
- die **Bezeichnungen** „Christus" und „Buddha": → ZdF S. 121 und S. 215.

Der Buddha und Jesus

Einen Einzigen gibt es, der den Gedanken eingeben könnte, ihn in die Nähe Jesu zu rücken: Buddha. Dieser Mann bildet ein großes Geheimnis. Er steht in einer erschreckenden, fast übermenschlichen Freiheit; zugleich hat er dabei eine Güte, mächtig wie eine Weltkraft. Vielleicht wird der Buddha der Letzte sein, mit dem das Christentum sich auseinander zu setzen hat. Was er christlich bedeutet, hat noch keiner gesagt.

Romano Guardini (1885–1968)

Matthias Grünewald (um 1470–1528), Kreuzigung Jesu, 1523–1524.

Religionen – Wege zum Licht

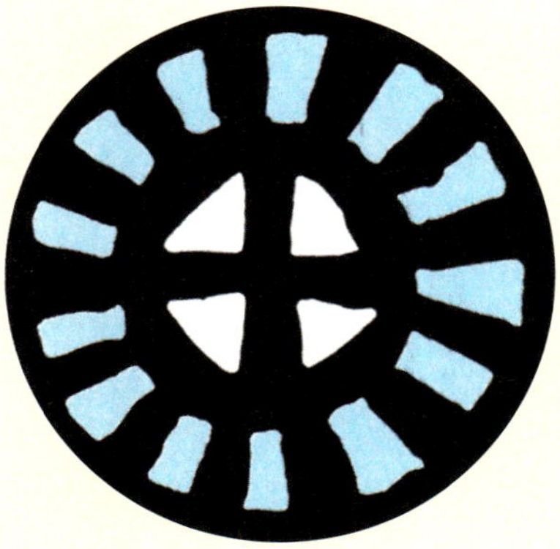

***Judentum: Der Davidstern** (auch „Davidschild“) besteht aus zwei ineinander geschobenen Dreiecken, die einen sechseckigen Stern bilden. Er ist ein altes Zeichen, das oft zu magischen Zwecken verwandt wurde. Seit dem 16. Jahrhundert ist er als Symbol des Judentums nachweisbar. Bei den Nazis mussten die Juden den Davidstern als Schandzeichen sichtbar auf ihrer Kleidung tragen. Heute befindet er sich auf der Nationalflagge des Staates Israel:* *→ WdG S. 207.*

***Christentum: Das Kreuz** ist für Christen das Zeichen der Erlösung, weil Jesus am Kreuz für die Menschen gestorben ist. Hier wurde der Tod besiegt. Mit seinen Balken weist das Kreuz in alle vier Himmelsrichtungen: nach Osten und Westen, Norden und Süden. Es ist fest in der Erde verwurzelt und ragt in den Himmel. Seine Querbalken sind wie offene Arme. Das äthiopische Kreuz ist hier in die Sonne eingefügt, die ein Symbol der Auferstehung Jesu ist.*

***Islam: Das arabisch geschriebene Glaubensbekenntnis** sagt in zwei Sätzen das Wichtigste über den Islam: „Es gibt keinen Gott außer dem einzigen Gott. Mohammed ist der Gesandte Gottes“:* *→ ZdF S. 208.* *Das Koranwort steht anstelle eines Bildes, da die Muslime keine Gottesbilder herstellen dürfen. Für sie ist der Text heilig.*

Symbole der Religionen

1 Vergleicht die **sechs Symbole** miteinander. Was sagen sie über die Religionen?

2 **Zeichnet** das eine oder andere dieser Symbole in einer schönen Ausführung nach. Ihr könnt auch ein großes **Plakat** mit diesen Zeichen anfertigen.

3 Kennt ihr auch **andere Symbole** für das Judentum, Christentum und den Islam?

4 Ordnet auf dem nebenstehenden Bild **Synagoge, Kirche, Moschee, Tempel und Stupa** den verschiedenen Religionen zu.

5 Was fällt euch auf, wenn ihr die **Karte zu den Weltreligionen** im Umschlag hinten anseht?

Hinduismus: *Das bekannteste und höchste Mantra (heiliges Wort) im Indischen ist* ***„OM"*** *(richtiger in der Umschrift „AUM"). Viele Hindus beten es täglich und meditieren über diese heilige Silbe. Es bezeichnet den Atem des Mundes und die Strahlkraft der Sonne. „OM" deutet auf das Universum und die drei Zeitdimensionen Vergangenheit, Gegenwart und Zukunft hin. Genauso ist es mit Geburt, Leben und Tod. Mit „OM" wird das Göttliche bezeichnet. Wer „OM" häufig genug spricht, kann die Erlösung finden.*

Buddhismus: Das „Rad der Lehre" *ist das Symbol des Buddhismus. Der Buddha hat es in Benares in Gang gesetzt, als er dort erstmals seine vier edlen Wahrheiten vom Leiden verkündete (→ S. 216), die er in seiner großen Erleuchtung erkannt hatte. Seitdem rollt das Rad seiner Lehre durch die Welt und zeigt den Menschen den Weg zur Erlösung. Es hat acht Speichen, die auf den achtteiligen Pfad (→ S. 218) hinweisen.*

Taoismus und Konfuzianismus: *Nach chinesischer Auffassung ist das All von den beiden entgegengesetzten Energien* ***Yin und Yang*** *erfüllt, wobei beide den Samen (Punkt) des Anderen in sich tragen und somit Anteil am Anderen haben. Yin bezeichnet das Dunkle, Weibliche, Gebärende, Passive, Weiche, den Mond, die Erde. Yang steht für das Helle, Männliche, Zeugende, Aktive, Harte, die Sonne, den Himmel. Von Yin und Yang leitet sich alles ab, was ist. An ihnen lässt sich erkennen, dass alles in steter Wandlung ist.*

Vorschau

In unserer Welt gibt es viele **Religionen**. Einige kleinere Religionen finden sich nur bei einzelnen **Stämmen und Völkern**. Andere Religionen wenden sich an **alle Menschen**. Manchmal bekämpfen sich die Religionen auch heute noch gegenseitig. Aber es wird immer mehr deutlich, dass Religionen in unserer Welt große **gemeinsame Aufgaben** haben.

Religionen – hier und weltweit

Lesen | Fragen | Denken | Interviewen | Suchen | Gestalten | Präsentieren

1. Macht eine Aufstellung der **Religionen**, die **an eurer Schule** und in eurer Stadt/Gegend vertreten sind. Stellt zu jeder dieser Religionen einige Informationen, Bilder und Symbole zusammen: → **M2**.
2. Wiederholt, was ihr über das **Judentum** (→ WdG S. 202 ff), den **Islam** (→ ZdF S. 200 ff), den **Hinduismus** (→ S. 198 ff) und den **Buddhismus** (→ S. 210 ff) gelernt habt.
3. Stellt ein paar **Kennzeichen von Religion** zusammen. Was ist das – Religion? Welche Aufgaben sollten die Religionen wahrnehmen?
4. Überlegt, was die **Überschrift** zu diesem Kapitel meint.

1. Die vielen Religionen …

Welt-, Volks- und Stammesreligionen		
Muslime	1100	Millionen
Hindus	800	
Buddhisten	350	
Konfuzianer und Taoisten	200	
neue Religionen	200	
alte Stammesreligionen	100	
Sonstige	150	
Juden	18	
zusammen (rund)	**2,900**	**Milliarden**
Christen		
Katholiken	1100	Millionen
Protestanten	370	
Orthodoxe	300	
Sonstige	230	
zusammen (rund)	**2**	**Milliarden**
Ohne Religion		
Atheisten	350	Millionen
Agnostiker	900	Millionen
zusammen (rund)	**1,25**	**Milliarden**

L In unserer Welt gibt es außer dem **Christentum** viele andere Religionen, vor allem **Judentum**, **Islam**, **Hinduismus** und **Buddhismus**. Hinzukommen **Konfuzianer** und **Taoisten** in China, die **Shintoisten** in Japan, alte **Stammesreligionen** in Afrika und Asien, eine Reihe **neuerer Religionen**, z. B. Bahai oder magische Kulte in Südamerika. Daneben gibt es heute auch viele **Atheisten** (→ S. 74) und **Agnostiker**, d. h. Leute, die religiös unentschieden sind.

A
1 Rechnet aus, wie groß der **prozentuale Anteil** der einzelnen Religionen an der Weltbevölkerung ist.
2 Erstellt ein **Tortendiagramm** (Kreis mit Tortenstücken), in dem ihr die wichtigsten Religionen entsprechend ihrer Größe eintragt. Gebt den einzelnen Tortenstücken passende Farben.

Zum Verständnis der Statistik

- Die Zahlen beruhen weitgehend auf neueren **Schätzungen** (2007) bei der Annahme einer Weltbevölkerung von ca. 6,15 Milliarden Menschen. Es gibt Schätzungen, die von diesen Zahlen erheblich abweichen, z. B. bei den Religionslosen (weniger) oder beim Islam (mehr).
- Exakte **Zählungen** werden, außer bei einigen christlichen Konfessionen, kaum oder gar nicht vorgenommen. Selbst bei den Zahlen für Christen bestehen große Ungewissheiten. In einigen Ländern, z. B. in China, ist die Zahl der Religionsanhänger unbekannt. Aus politischen Gründen soll sie dort möglichst gering erscheinen. In manchen asiatischen Ländern kann ein Gläubiger mehreren Religionen angehören. So kann ein Japaner zugleich Shintoist und Buddhist sein. In manchen islamischen Ländern, z. B. in der Türkei, wird die ganze Bevölkerung aus politischen Gründen als muslimisch gezählt, damit die Zahl der Muslime möglichst hoch erscheint.
- Die Zahlen besagen nichts über die **innere Einstellung** der Menschen. Als Katholiken werden z. B. Engagierte und Distanzierte in gleicher Weise gezählt, wenn sie nur katholisch getauft und nicht aus der Kirche ausgetreten sind. Wahrscheinlich gibt es aber unter den Katholiken sogar manche Atheisten und viele Agnostiker. Dies dürfte bei anderen Religionen und Konfessionen ähnlich sein.

Projekt: „Religion und Religionen“

Am Ende eines langen Weges, auf dem das Christentum und andere Religionen in den Blick gekommen sind, kann – auch zusammen mit dem evangelischen Religionsunterricht – ein Projekt zu nützlichen Einsichten führen. **Produkt** des Projekts könnten sein: mehrere Plakate, eine Artikelserie für die Schulzeitung, eine DVD o. ä. Anregungen: → **M9**.

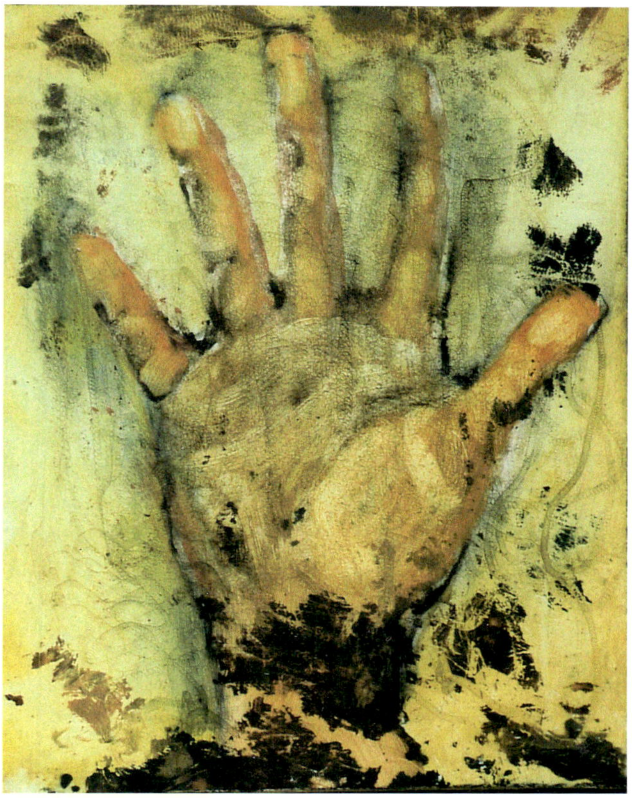

Guido Muer (1927–2000), Die Weltreligionen.

1 Die **grundsätzlichen Probleme** auflisten, die beachtet werden müssen, wenn wir uns mit einer Religion beschäftigen, der wir selbst nicht angehören. Beispiel: Andere Religionen sind uns fremd und daher schwer zu verstehen. Welche Gefahren sollte man deshalb im Unterricht vermeiden? (→ S. 213)

2 Einen einfachen **Fragekatalog** (→ **M7**) entwerfen und Menschen (Schüler/innen, Ferienbekanntschaften, ausländische Mitbürger/innen) interviewen, die nicht dem Christentum, sondern einer anderen Religion angehören. Was könnt ihr über ihre Religion in Erfahrung bringen?

3 Arbeitsteilig untersuchen, welchen Eindruck die **Medien** von den Religionen vermitteln. Führt dazu ein Tagebuch über den Zeitraum einiger Wochen.

4 In einer **Übersicht** die Elemente zusammenstellen, die für alle oder doch die meisten Religionen typisch sind, z. B.: Gottesglaube, Stifter, Gebete, Gebote, Gemeinschaft usw. Achtet dabei auch auf die Unterschiede.

5 Arbeitsteilig einen kurzen **Lexikonartikel** über die großen Religionen entwerfen. Formuliert dazu auch einen Satz, der jeweils nur für eine Religion gilt und daher nicht verallgemeinert werden darf, z. B. „Nur das Christentum verehrt den dreifaltigen Gott“, „Allein Juden …“

6 Jeweils ein oder zwei **Bilder und Texte suchen**, die für die einzelnen Religionen typisch sind. Macht daraus eine Ausstellung in der Klasse oder Pausenhalle. Bezieht dabei auch die Symbole (→ S. 224 f) der Religionen ein.

7 Die **Schattenseiten** der Religionen kennenlernen. Wie wirken sie sich aus?

8 Das **Verhältnis der Religionen zueinander** beschreiben. Wie sieht das in eurer Schule aus?

9 Eine **Debatte** zu dem Thema führen: Die **Zukunftschancen** der Religion und der Religionen. Versucht dazu ein paar kompetente Leute einzuladen.

2. … und das Christentum

> **L** In Zukunft müssen die **Religionen**, die sich früher allzu oft feindlich gegenüber gestanden haben und sich manchmal auch heute noch bekämpfen, **wichtige Aufgaben** wahrnehmen. Sie sollten den Menschen vor allem Wege zu Gott und zu einem guten Leben zeigen, die Menschenwürde verteidigen, sich gegenseitig achten, den Frieden fördern und für Gerechtigkeit kämpfen.

> **A**
> 1 Diskutiert die **Ansichten** von Robin, Luisa und Niklas. Welcher stimmt ihr am ehesten zu?
> 2 **Beurteilt ihr** die Religionen noch anders?

Wer hat recht?

Robin H. (64): Das Christentum ist die einzig wahre Religion. Alle anderen Religionen sind auf einem falschen Weg. Nichtchristen könnten nur dann in den Himmel kommen, d. h. erlöst werden, wenn sie sich taufen lassen und Christen werden. Darum ist die christliche Mission (→ WdG S. 170 f) für das Heil aller unentbehrlich.

Luisa B. (32): Die Religionen sind gleichwertig. Sie sind nur unterschiedliche Wege zu Gott und einem guten Leben. Überall wird der gleiche Gott angerufen, aber mit unterschiedlichen Namen. Er ist derselbe, ob man ihn Gott, JHWH, Allah, Zeus, Jupiter, Wotan, Shiva oder Buddha nennt. Letztlich ist er doch namenlos und ein Geheimnis, das niemand auflösen kann. Darum ist Mission überflüssig.

Niklas T. (40) : Die katholische Kirche tritt für die Religionsfreiheit ein. Sie lehrt, dass die anderen Religionen nicht verachtet werden dürfen, weil es in ihnen wahre Lehren und gute Lebenswege gibt. Sie glaubt, dass Gott alle Menschen liebt, also auch die, die in anderen Religionen leben. Aber genauso glaubt die Kirche auch, dass Jesus für das Heil aller Menschen bedeutsam ist. Christen haben die Aufgabe, durch ihr Leben und durch ihr Wort davon Zeugnis zu geben. Darum ist Mission sinnvoll. Wo sie aber gewaltsam, selbstherrlich oder intolerant auftritt, verdunkelt sie die Schönheit, Wahrheit, Liebe und Glaubwürdigkeit des Christentums.

*Vertreter aller großen Religionen sind 1986 auf Einladung des Papstes zu einem **Friedenstreffen in Assisi** zusammengekommen. Ein zweites Treffen fand dort im Jahr 2002 statt.*

Die Bibel – Gottes universaler Wille zum Heil

Gott will, dass alle Menschen gerettet werden und zur Erkenntnis der Wahrheit gelangen.

aus dem 1. Brief des Paulus an Timotheus 2, 4

Jesus: Im Haus meines Vaters gibt es viele Wohnungen.

aus dem Evangelium nach Johannes 14, 2

Das Konzil – Der Wahrheitsanspruch des Christentums und die verschiedenen Religionen

Die Menschen erwarten von den verschiedenen Religionen Antworten auf die ungelösten Rätsel des menschlichen Daseins, die heute wie je die Herzen der Menschen im Tiefsten bewegen: Was ist der Mensch? Was ist Sinn und Ziel unseres Lebens? Was ist das Gute, was die Sünde? Woher kommt das Leid und welchen Sinn hat es? Was ist der Weg zum wahren Glück? Was ist der Tod, das Gericht und die Vergeltung nach dem Tode? Und schließlich: was ist jenes letzte und unsagbare Geheimnis unserer Existenz, aus dem wir kommen und wohin wir gehen? ...

Die katholische Kirche lehnt nichts von alledem ab, was in diesen Religionen wahr und heilig ist. Mit aufrichtigem Ernst betrachtet sie jene Handlungs- und Lebensweisen, jene Vorschriften und Lehren, die zwar in manchem von dem abweichen, was sie selber für wahr hält und lehrt, doch nicht selten einen Strahl jener Wahrheit erkennen lassen, die alle Menschen erleuchtet. Unablässig aber verkündet sie und muss sie verkünden Christus, der ist „der Weg, die Wahrheit und das Leben" (Joh 14, 6), in dem die Menschen die Fülle des religiösen Lebens finden, in dem Gott alles mit sich versöhnt hat.

A

1 Wenn ihr das **Projekt** (→ S. 227) nicht gewählt habt, greift die **Anregungen** jetzt in arbeitsteiliger Gruppenarbeit auf.

2 Schreibt den **Satz** aus den **Bibelzitaten** oder aus der **Konzilserklärung** heraus, der euch besonders gut gefällt. Begründet in der Klasse eure Wahl.

Alle Gerechten der Erde, auch jene, die Christus und seine Kirche nicht kennen und die, unter dem Einfluss der Gnade, Gott mit ehrlichem Herzen suchen, sind berufen, das Reich Gottes zu errichten.

Papst Johannes Paul II.

Es gibt so viele Wege zu Gott, wie es Menschen gibt.

Papst Benedikt XVI.

Wege des Lernens – Methoden

M 1 Ein Religionsheft anlegen

M 2 Für ein Thema recherchieren

Manchmal sollt ihr zu Hause ein Thema des Religionsunterrichts selbstständig vor- oder nachbereiten (**„Referat“**) und dazu Material suchen (**„recherchieren“**), z. B. Texte, Bilder, Statistiken usw. Dazu könnt ihr – in Auswahl – Folgendes tun: in Schulbüchern stöbern, sachkundige Leute befragen, Berichte aus Zeitungen und Zeitschriften sammeln, in einer Bibliothek nach Sachbüchern, Bildbänden oder einzelnen Artikeln suchen, Nachschlagewerke und Lexika befragen, zum Thema passende Filme, DVD´s, Folien oder Diaserien in der Diözesan- oder Stadtbildstelle besorgen, im Internet surfen, wenn ihr die richtigen Links kennt usw.

Themenbeispiele: Zur Entstehung der Welt: → S. 41.

M 3 Sich in der Bibel zurechtfinden

Ihr findet in diesem Buch oft **Abkürzungen** von Bibelstellen, z. B. Lk 2, 14 oder 1 Kor, 15, 3–7 oder Gen, 1 1 f. Wie kann man diese Stellen in der Bibel finden?

1 Zunächst muss man die **Abkürzungen, die vor den Zahlen stehen**, im Inhaltsverzeichnis einer Bibel suchen. Dort wird z. B. erklärt: Lk = Lukasevangelium; 1 Kor = 1. Brief des Paulus an die Korinther; Gen = Genesis oder 1. Buch des Mose;

2 Die **Zahlen vor dem Komma** geben das Kapitel, die **Zahlen nach dem Komma** den Vers bzw. die Verse an, z. B.: 2, 14 = 2. Kapitel, 14 Vers; 15, 3–7 = 15. Kapitel, die Verse 3 bis 7

3 Die Abkürzungen bedeuten:
f = der folgende Vers, z. B.: 1, 1 f = 1. Kapitel, 1. und 2. Vers.
ff = die folgenden Verse, z. B.: 2, 14 ff = 2. Kapitel, 14. Vers und die folgenden Verse.

> **L** In der Schule sollte man nicht nur „etwas“ lernen, z. B. die Vokabeln der englischen Sprache oder Entstehung des Klimas. Man soll auch **das Lernen lernen**. Es reicht nicht, nur das aufzunehmen, anzuwenden und zu wiederholen, was im Unterricht gesagt wurde oder was im Buch steht. Lernen heißt zu wissen, auf welchen Wegen man zu Erkenntnissen, Kompetenzen und Fertigkeiten kommt. Man nennt die Wege des Lernens **„Methoden“** (griech. „einen Weg gehen). Nur wer Methoden kennt, wird selbstständig. Auch im **Religionsunterricht** ist es wichtig, die richtigen Methoden zu kennen und anzuwenden.

M 4 Einen (biblischen) Text erschließen

A Wenn ihr einen mehr **spontanen (persönlichen)** Zugang zu einem (Bibel-) Text sucht, könnt ihr folgenden Anregungen nachgehen:

1 Manchmal empfiehlt es sich, dass ihr euch **in einen Kreis setzt**, ruhig werdet und dann aufmerksam zuhört, wie jemand den Text langsam und verständlich liest. Danach kann jeder sagen, welcher Satz für ihn am wichtigsten ist, was er nicht verstanden hat, was er akzeptiert und was nicht, woran ihn der Text erinnert, ob und wie der Text sein Leben (ein wenig) verändern kann, was er am liebsten mit dem Text machen möchte usw.

2 Wenn in einem Text **mehrere Personen** vorkommen, können einige Schüler ihre Rolle übernehmen und sagen, was diese im Text äußern,

z. B. Jesus, Jünger, Leute usw. Eure Fantasie ist gefragt, wenn ihr Leute, die im Text vorkommen oder andere, die ihr hinzuerfindet, etwas sagen lasst, was so nicht im Text steht, wohl aber stehen könnte.

3 Dem Textverständnis dient es auch, wenn ihr den Text auf einer **Kopiervorlage** mit unterschiedlichen **Farben** unterstreicht, z. B: Sätze, denen ihr zustimmt mit Grün, die ihr ablehnt mit Rot, die ihr nicht versteht mit Blau.

4 Manche Texte lassen sich sinnvoll **verändern und verfremden**, z. B. wenn man sie auf die Gegenwart oder die eigene Person bezieht oder wenn man einen Gegentext schreibt. Man kann ihn auch einer anderen Person in den Mund legen.

5 Einzelne Szenen lassen sich **malen, zeichnen, in Comics mit Sprechblasen verwandeln oder fotografieren**.

6 Ihr könnt auch eine Szene aus der (Bibel-)Geschichte stumm (**Standbild**) darstellen und dabei etwa eine halbe Minute verharren. Die Klasse betrachtet das Standbild und diskutiert darüber, was die Personen gerade sprechen, denken oder im nächsten Moment vorhaben: → **M 8**.

7 Manchmal lassen sich auch mehrere Szenen in einem **Rollenspiel** darstellen: → **M 8**.

8 Über manche Texte kann man auch still **meditieren**: → **M 10**.

B Zu einem mehr **systematischen (sachlichen) Verständnis** eines Textes sind die folgenden Fragen möglich. Dabei könnt ihr oft nicht alle Fragen berücksichtigen und müsst euch auch nicht an die Reihenfolge halten.

1 Wer ist der **Verfasser**? Was weiß man von ihm und seiner Zeit?
2 Welche **Textsorte** liegt vor? Ein Augenzeugenbericht? Ein Brief? Ein Märchen? Eine Legende? Eine Erzählung? Ein Gleichnis? Ein geschichtlicher Text? Ein Gebet? …
3 Welche **Wörter, Begriffe und Sätze** fallen auf? Welche müssen geklärt werden?
4 **Wann** und **wo** spielt der Inhalt des Textes?
5 Wer ist die **Hauptperson**? Welche **anderen Personen** werden erwähnt? Was tun sie? Was sagen sie? Was passiert im Text?
6 Lässt sich der Text **gliedern**? Welche **Überschriften** passen zu den einzelnen Abschnitten?
7 Wie lässt sich mit wenigen Worten **zusammenfassen**? Worauf kommt es besonders an?
8 **Wie** ist der Text erzählt/geschrieben (kurz/lang, spannend/ langweilig, zeitgemäß/unmodern, direkt/umständlich)?
9 Warum passt der Text (nicht) in den **Religionsunterricht**?
10 Wie **wirkt** der Text? Wie kann man **sich selbst** darin wiederfinden?

Beispiele: Adam und Eva: *→ S. 110**; Ein schöner Einfall:* *→ S. 183.*

L

- **Texte** können von Gestalten aus früheren Zeiten oder von Jungen und Mädchen von heute handeln. Sie erzählen von ungewöhnlichen Ereignissen oder machen aus guten Ideen Gedichte. Texte enthalten auch Informationen. Ihre Verfasser sind Schriftsteller, Dichter, Wissenschaftler, Mädchen und Jungen, Reporter, Augenzeugen von Vorfällen, Erzähler usw.
- Auch die **Bibel** besteht aus unterschiedlichen Texten mit ganz verschiedenen Verfassern.
- Bei **allen Texten**, auch beim **Bibeltext**, geht es vor allem darum: Wie können wir heute mit dem Text ein Gespräch führen? Was können wir von dem Text lernen? Was kann der Text von uns lernen?
- Es gibt **viele Wege**, einen Text zu verstehen und ihn für sich zu erschließen.

♦ **Bilder** nehmen im Religionsunterricht einen wichtigen Platz ein. Fotos, **Zeichnungen, Karikaturen, Comics, Collagen** machen das jeweilige Thema anschaulich oder kommentieren es.

♦ Manche Bilder, vor allem **Kunstwerke**, zeigen darüber hinaus etwas, das sich nicht in Worte fassen lässt. Sie schaffen einen anderen Zugang zum Thema, als es Texte können. Nehmt euch deshalb für diese Bilder jeweils genug Zeit und lasst sie auf euch wirken.

M5 Sich von einem Bild anregen lassen

A Für einen mehr **spontanen (persönlichen) Zugang** zu einem Bild können manche Anregungen zum Verständnis eines Textes sinnvoll verwendet werden: → **M4**. Außerdem sind folgende Wege gangbar:

1 Manchmal ist es sinnvoll, das Bild im Ganzen oder in Details, evtl. mit einer Kopiervorlage, **selbst zu malen/zeichnen**. Bei größeren Bildern könnt ihr auch den Aufbau des Bildes umrisshaft nachzeichnen und in die **Skizze** eintragen, was sich da im Bild jeweils befindet. Dabei könnt ihr Zahlen einsetzen, die unter dem Bild erklärt werden. Zusätzlich könnt ihr das, was die Personen sagen (sollten), in Sprechblasen eintragen.

2 Ihr könnt **selbst zum Künstler werden**, wenn ihr das Bild in einen neuen Zusammenhang stellt und es kreativ **verfremdet und verändert**. Malt dazu einen euch wichtigen Bildausschnitt so in die Mitte eines Din A4-Blattes, dass ihr andere Bilder rundum hinzufügen und mit Farbe bearbeiten oder Texte, z. B. aus Zeitungen, dazuschreiben könnt. Sprecht dann über die Wirkung des neuen Bildes und sein Verhältnis zur Vorlage.

3 Ihr könnt auch ein **Interview** mit dem Bild führen oder einzelne Personen des Bildes sprechen lassen.

4 Manche Details eines Bildes lassen sich auch in einem **Standbild** nachstellen oder in einem **Rollenspiel** darstellen: → **M8**.

5 Manche Bilder sind zur **Meditation** geeignet: → **M10**.

Frans Masereel (1889–1972), „Es war einmal!", 1954.

B Zu einem mehr **systematischen (sachlichen) Verständnis** eines Bildes sind folgende Fragen möglich, die ihr oft nicht alle berücksichtigen könnt. Ihr müsst euch auch nicht an die Reihenfolge halten.

1 **Künstler:** Wer hat das Bild gemacht? In welcher Zeit ist es entstanden?

2 **Form:** Wie ist das Bild gestaltet? Dazu solltet ihr auf Aufbau, Größenverhältnisse, Vorder- und Hintergrund, Farben, Licht und Schatten, Schwerpunkte und Randerscheinungen, Entsprechungen und Gegensätze achten.

3 **Inhalt:** Was ist dargestellt? Welche Einzelheiten sehe ich? Was ist fremd und sollte erklärt werden?

4 **Sinn:** Welche Bedeutung haben die Bildthemen? Wo kommt das Thema im Leben, in der Geschich-te, in der Bibel, in der Gegenwart vor?
Haben die Einzelheiten einen symbolischen Sinn? Was bedeutet z. B. ein Lächeln oder Weinen, ein Kuss, eine Handbewegung, die Sonne, das Kreuz, eine Krone? Warum sind bestimmte Farben verwendet? Warum begegnet uns das Bild im Religionsunterricht?

5 **Wirkung:** Wie wirkt das Bild auf mich? Kann ich mich in dem Bild wiederfinden?

Beispiel: Otto Dix (1891–1969), Die sieben Todsünden → S. 48.

M6 Eine Ausstellung planen

Zu manchen Themen des Religionsunterrichts könnt ihr Bilder/Fotos sammeln, eine Collage herstellen oder auch Bilder/Comics selbst malen/zeichnen und mit diesen Bildern auf einer Pinnwand oder auf Plakaten eine kleine **Ausstellung** in der Klasse oder Schule machen. Die Ausstellung braucht einen zugkräftigen **Titel**. Zu den Bildern solltet ihr kleine Texte schreiben. Die besten Bilder werden prämiert. Gäste freuen sich bestimmt über eine Einladung zur Vernissage (Eröffnung). Vielleicht zahlen sie ein kleines Eintrittsgeld für die Aufbesserung der Klassenkasse.

Beispiel: Gottbilder: → S. 77.

M7 Einen Fragebogen entwerfen

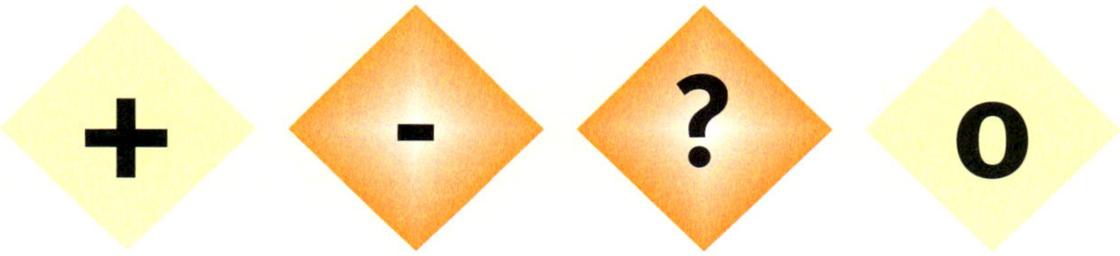

L Zu manchen Themen des Religionsunterrichts kann man auf einem **Fragebogen** die Meinungen anderer Leute herauszufinden suchen. Dazu befragt ihr die Klasse und Schule, Freundinnen und Freunde, die Gemeinde, Verwandte und Bekannte.

Um eine Fragebogenaktion durchzuführen, sind **folgende Schritte** möglich:

1 Ihr müsst einen Fragebogen **entwerfen** und so oft **kopieren**, wie ihr Leute befragen wollt. Die Fragen sind so einfach zu formulieren, dass sie am Ende klar zu beantworten und leicht auszuwerten sind.

2 Es gibt solche Fragen, bei denen die Befragten nur antworten können: **„Ja“** (+) oder **„Nein“** (-) oder **„Weiß ich nicht“** (?) oder **„Ich will keine Antwort geben“** (0). Beispiel: Soll man für Geld alles tun?

3 Ihr könnt auch **3 bis 4 Antworten vorgeben**, die dann angekreuzt werden können, z. B. Welcher Mann kommt nicht in der Bibel vor? a) Johannes, b) Benedikt, c) Paulus, d) Herodes (b ist richtig).

4 Bei anderen Fragen müsst ihr Platz für eine **längere Antwort** lassen. Beispiel: Welche Themen werden in der Bergpredigt behandelt?

5 Ihr müsst den Befragten **Zeit** für das Ausfüllen lassen und dann die Fragebögen wieder einsammeln.

6 Zur **Auswertung** tragt ihr alle Antworten auf einem leeren Fragebogen ein. So bekommt ihr rasch einen Überblick über das Ergebnis („Statistik“).

7 Vielleicht erzählt ihr beim nächsten **Elternabend** von der Befragung oder schreibt dazu einen kleinen Artikel für eure **Schülerzeitung**.

Beispiel: Gott – ein unerschöpfliches Thema → S. 63.

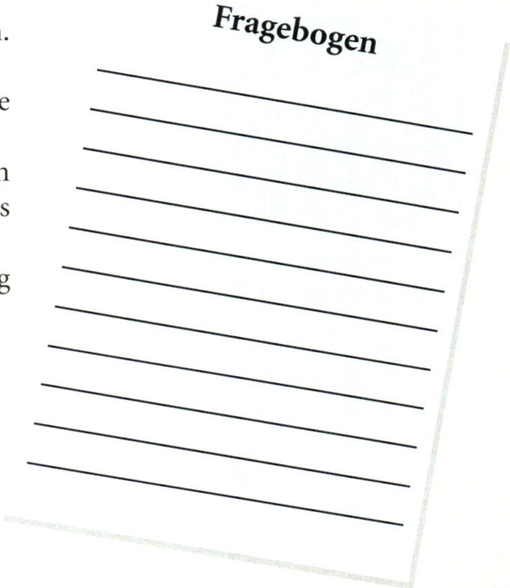

L In einem **Rollenspiel** führen Schülerinnen und Schüler eine kleine Szene in der Klasse oder vor einem anderen Publikum auf. Manche Rollenspiele entstehen spontan. Sie brauchen nicht viel Vorbereitung, wohl aber einige Fantasie. Andere Rollenspiele müssen gut vorbereitet werden. Anregungen dazu können geben:

- ♦ ein **Problem**, z. B. Mobbing in der Klasse
- ♦ ein **Text**, z. B. eine Szene aus dem Leben des Adolf Kolping: → S. 126.
- ♦ eine **biblische Erzählung**, z. B. Das Gleichnis von den Arbeitern im Weinberg: → S. 81.

M8 Ein Standbild oder ein Rollenspiel einüben

In einem **Standbild** stellen Mädchen und Jungen mit ihrer Körperhaltung und ihrem Gesichtsausdruck, manchmal auch noch mit einigen Requisiten eine einzelne Szene gleichsam wie ein Denkmal dar. Anregungen dazu können sein:

- ♦ ein **Bild**, z. B.: → S. 154, 175, 183.
- ♦ ein **Bibeltext**, z. B. Rückkehr des verlorenen Sohnes (Lk 15, 25–32): → M4.
- ♦ eine **Situation aus dem Leben**, z. B. auf einen Freund warten.

Zu einem Thema sind manchmal auch mehrere Standbilder möglich. Das Standbild ist eine **Vorstufe zum Rollenspiel**.

Für ein **Rollenspiel** sind die folgenden Fragen zu bedenken:

1 Wer schreibt ein kleines **Drehbuch** für die einzelnen Szenen?
2 Wer übernimmt die einzelnen **Rollen**? Um mehr Schülerinnen und Schüler zu beteiligen, als in der Textvorlage vorkommen, könnt ihr ein paar zusätzliche Rollen erfinden, z. B. Zuschauer, Zeitgenossen, Clowns, Kinder, einen Moderator usw.
3 In welchen **Kostümen** treten die Spieler/innen auf? Hier ist eure Fantasie gefragt. Welche **Requisiten** sind nötig, z. B. Kleider, Besen, Schwert usw.?
4 Wie könnte ein kleines **Bühnen-/Szenenbild** aussehen? Manchmal reicht es, auf einem großen Plakat den Ort der Handlung aufzuschreiben: z. B. „Wald“, „Jerusalem“ usw.
5 Wer ist für die **Regie** verantwortlich?

M9 An einem Projekt **P** arbeiten

Für den Erfolg eines Projekts ist ein guter Plan wichtig, für den ihr aus den folgenden **Anregungen** einige auswählen werdet:

1 **Vorbereitung**
- ♦ Was ist das **Ziel** des Projekts? Welche Schritte sind dazu nötig oder hilfreich? Wer hat gute Ideen?
- ♦ Welche **Leute** sollte man um Hilfe bitten? Infrage kommen Eltern, Pfarrer, Journalistin, Handwerker, Bibliothekarin, Arzt, Jugendarbeiter, Nonne o. Ä. Wer stellt Kontakt zu ihnen her?
- ♦ Welche **Hilfsmittel** („Medien“) muss man suchen? (Bilder, Bücher, Werkzeug, Malkasten, Papier, Filme, Mikrofone, Computer usw.)
- ♦ Welche **Gruppen** sollen sich für die Arbeit bilden?
- ♦ Welche **Zeit** steht zur Verfügung?

2 **Durchführung**
- ♦ Die **Kontakte** mit wichtigen Leuten herstellen.
- ♦ Die **Medien** auswerten.
- ♦ Das **Produkt** (Bilder, Bücher, Pläne, Spiele usw.) herstellen und vorstellen.

3 **Auswertung**
- ♦ **Ergebnisse** diskutieren, Fehler besprechen.
- ♦ Den Personen, die geholfen haben, **danken**.

Beispiel: Religion und Religionen: → S. 227.

L Ein **Projekt** ist eine größere Arbeit, die man nicht allein in einer Schulstunde oder zu Hause bewältigen kann. Alle Schüler/innen sind daran beteiligt, aber nicht jeder hat die gleiche Aufgabe. Oft könnt ihr mit anderen Schulfächern zusammenarbeiten (**„fächerverbindend“**), z. B. mit dem Musiklehrer oder der Geschichtslehrerin. Am Ende soll ein **Produkt** stehen, das aus den Arbeiten vieler Schüler/innen erwachsen ist. Es kann ein kleines Buch, eine Bildmappe, eine Ausstellung, ein Gottesdienst, ein Spiel, eine Feier o. Ä. sein.

M 10 Sich still auf eine Meditation vorbereiten

Mögliche **Schritte** der Meditation

1 Sich einen **Gegenstand zur Meditation** wählen. Meditieren kann man über eine Blume oder ein Tier, das Wasser oder das Feuer, die Sonne, den Mond und die Sterne, das Weltall, ein Spiel, ein Rad, ein Auto oder einen Computer, ein Bild, einen Klang, eine Melodie oder ein Lied, eine Erzählung oder ein Gedicht, einen Menschen, eine Situation aus dem eigenen Leben, über sich selbst, sein Atmen und Fühlen, seinen Kopf und sein Herz, ein Wort aus der Bibel.

2 **Still werden**. Alle störenden Geräusche von außen (Radio, Handy usw.) so weit wie möglich auszuschalten. Alle Vorstellungen, Gedanken, Überlegungen im Inneren zurückstellen und so für die Meditation einen Raum der Stille schaffen.

3 Man kann sich nun langsam **fragen**: Was geht in mir vor, wenn ich still werde? Was fühle, sehe und höre ich? Warum ist der Gegenstand der Meditation so, wie er ist? Worin unterscheidet er sich von anderem? Was bleibt und ändert sich? Was ist daran wichtig? Was bedeutet er für sich, was für andere, was für mich? In welchen Zusammenhängen steht er? Was hat er mit Gott zu tun?

L Das lateinische Wort **Meditation** bedeutet **„zur Mitte finden"**. Das geschieht durch „Besinnung" oder „Betrachtung". Es gibt Klassen, die im Religionsunterricht manchmal eine Meditation versuchen. Alle Schüler sind dann für eine Zeit lang ganz **still**. Für viele ist es oft am Anfang schwer, ruhig zu werden und die Gedanken zu sammeln. Aber meist gefällt ihnen das Meditieren nach wenigen Übungen so gut, dass sie es gern tun. Beim Meditieren kann man neue Erfahrungen machen, die im Alltag nicht so leicht vorkommen.

*Beispiel: **Johannes Schreiter (geb. 1930) , Medizinfenster, 1983** (→ S. 45; WdG S. 12). Im Jahr 1981 erhielt der **Künstler** den Auftrag, in Heidelberg die gotische evangelische Heiliggeistkirche mit einem neuen Fensterprogramm auszustatten. Während Schreiter für den Chor der Kirche traditionelle Themen wie das Vaterunser und die Bergpredigt wählte, sah er für die Seitenwände moderne Fenster vor, z. B. ein Medizin, Physik-, Verkehrs-, Biologie-, Computer-, Musik-, Philosophie- und Literaturfenster. Er war der Ansicht, dass Christen sich mit diesen Themen auseinandersetzen müssen.*

*Auf dem **Medizinfenster** führt Schreiter dem Betrachter den Anfang und das Ende des menschlichen Lebens in einer modernen Bildsprache vor Augen. Er zeigt auf seinem großformatigen Fenster die verschiedenen Phasen eines Elektrokardiogramms („EKG"), das den Rhythmus des Herzens misst und aufschreibt. Im oberen roten Maßwerk des Fensters sind die Herztöne eines neugeborenen Kindes aufgezeichnet, die mit einem kleinen blauen Stern beginnen. Darunter sieht man im Hauptteil auf vielen EKG-Streifen die Phasen der Herzfrequenzen eines sterbenden Menschen. Am Ende erkennt man ein kleines Kreuz, auf dem letzten Abschnitt im beginnenden Dunkel einen Riss, der durch einen blauen Balken sichtbar wird. Darüber steht das Todesdatum von Albert Schweitzer (4. 9. 1965; → S. 121), darunter die Formel des Penicillin, einer lebensverlängernden Medizin.*

*Das Fenster bietet eine gute Grundlage für eine **Meditation**. Es wirft Fragen auf wie diese: Was ist für mich das menschliche Leben? Was bedeuten mir Geburt und Tod? Und was sagt mir mein Herz? Und was zeigt mir das Bild? Geburtsstern und Todesbalken haben dieselbe Farbe …*

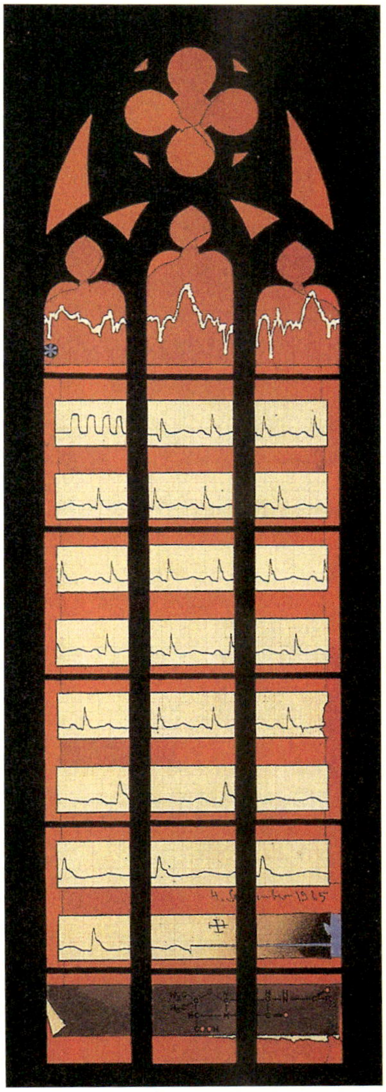

Lexikonartikel

Auf dieser Seite stehen die wichtigsten Begriffe, die in den Lexikonartikeln dieses Bandes vorkommen. Andere grundlegende Begriffe findet ihr im Inhaltsverzeichnis. Zusätzlich wurden auch Begriffe aus den Lehrtexten und Quellen angeführt. Mit dieser Hilfe könnt ihr rasch die wichtigsten Themen dieses Buches finden. Das Register und ein Blick auf die Lexikonartikel der Bände „Zeit der Freude" (→ S. 220) und „Wege des Glaubens" (→ S. 229) sind auch eine Hilfe zur Bearbeitung mancher Aufgaben.

Bildthemen

Hier sind die Themen zusammengestellt, die auf den Bildern dieses Bandes zu sehen sind. Auch dieses Register kann euch zum Nachschlagen und als Hilfe bei manchen Aufgaben nützlich sein.

Weitere Angaben zu Bildthemen: → ZdF S. 221, WdG S. 229.

Abbildungsverzeichnis

Umschlagabbildung: Colombe du Festival ou Colombe avec Fleurs, 1957. © Succession Picasso/VG Bild-Kunst Bonn 2007.
2-3, 23 (u.r.), 50 (o.), 69 (o.r.), 105 (u.l./r.), 113 © Mauritius, Mittenwald
8 (l.), 43 (o.r.), 52, 104, 158 (l.), 169 © Ivan Steiger, München.
8 (r.) Quelle unbekannt.
9 Marc Chagall, Über der Stadt, 1914-1918, © VG Bild-Kunst, Bonn 2007.
11 Pablo Picasso, Die vier Weltteile, 1952, © Succession Picasso/VG Bild-Kunst, Bonn 2007.
12 Marc Chagall, Noach unter dem Regenbogen, nicht datiert, © VG Bild-Kunst, Bonn 2007.
14 (o.) © UPI/Bettmann Newsphotos.
(u.) Astrid Klein, I had a dream, 2001, © bei der Künstlerin.
16 © Ines Doujak, A.C.A.B. © Galerie Hohenlohe & Kalb, Wien.
15, 23 (u.l.), 97 (u.), 105 (M.), 106 (u.), 134, 149 (o./u.r.), 193 (u.), 209 (o.), 229, dpa, picture-alliance, Frankfurt.
18 Quelle unbekannt.
19 Mario A., The World is Beautiful, 2005, courtesy Galerie Esther Woerdehoff, Paris.
20 (l.), 21(r.) © epd-bild, Frankfurt.
20/21 © Georg Schönharting/Ostkreuz.
26 (o.), 105 (o.l.), 112, 136 (o.) © Peter Wirtz, Dormagen.
22 (o.) Lifestyle. (u.) Dana Schutz, Google, 2006, © bei der Künstlerin.
23 (o.) © Keystone, Hamburg. (M.) Quelle unbekannt.
24 © Patmos Verlag, Düsseldorf.
26 (l.), 192 (o.l.) Tomaschoff/CCC,www.c5.net.
(u.) René Magritte, Die Kunst der Konversation, um 1963, © VG Bild-Kunst, Bonn 2007.
27 © Kipkakomiks, München.
28 (o.), 61, 179, Plaßmann/CCC,www.c5.net.
28 (u.), 136 (l.o./u.), 139 (o.), 141(o.), 228 © KNA.
29 Bernhard Prinz, Ohne Titel, GODIDOG, 2002. © Galerie Heidi Reckermann, Köln.
30–31 NASA.
32 (o.) Privat.
(u.) Edvard Munch, Der Tanz des Lebens, 1899/1900, © The Munch Museum/The Munch Ellingsen Group/VG Bild-Kunst, Bonn 2007.
33 (c.) © A. R. Penck, Courtesy Galerie Michael Werner Köln und New York.
(u.) Joseph Beuys, Mensch, 1968–1972, © VG Bild-Kunst, Bonn 2007.
34 (l.) Fulvio Testa.
35 (o.) Louvre, Paris. (u.) Quelle unbekannt.
38, 200 © plainpicture.
40 Fernand Léger, Adam und Eva, 1935-1939, © VG Bild-Kunst, Bonn 2007.
41 Tobias Trutwin, Skyline, 2001. © beim Künstler.
42 (l.) Klaus Staeck, Damit unsere Enkel auch noch in 10.000 Jahren an uns denken, © VG Bild Kunst, Bonn 2007. (r.) Klaus Staeck, Das sind die Leute von denen erwartet wird, dass sie unsere Schulden bezahlen, © VG Bild-Kunst, Bonn 2007.
43 (o.l.) Pierre Brauchli, © Tanner & Ströhlein Verlag, Zürich.
42/43 © Jochen Tack/Christoph & Friends, Das Fotoarchiv, Essen.
45 (l.), 55 (o.), 57 (o.), 153 © Ullstein/Leber.
45 (r.) Johannes Schreiter, Physikfenster, 1983, © beim Künstler.
47 Raimund Girke, Steigendes Licht, Nr. 6, 2001. © VG Bild-Kunst, Bonn 2007.
48 Otto Dix, Die sieben Todsünden, 1933, VG Bild-Kunst, Bonn 2007.
50 (M.) © Ullstein-Boness/IPON.
(u.r.) Klaus Staeck, Die Gedanken sind frei, © VG Bild-Kunst, Bonn 2007.
51 (o.) © Stone/gettyimages. (M.) © Ashley Cooper/Corbis.
(u.r.) © Stalbek Toktojew. © beim Künstler.
52/53 Alfons Senfter, A-Gschnitz.
53 Marc Chagall, Mose empfängt die Gesetzestafeln, © VG Bild-Kunst, Bonn 2007.
54/55 (u.) © The Estate of Keith Haring.
57 (u.) Christian Rohlfs, Die Bergpredigt, 1917, © VG Bild-Kunst, Bonn 2007.
58 Wolf Vostell, Miss Amerika, 1968, © VG Bild-Kunst, Bonn 2007.
60 Georges Rouault, Es wäre so gut zu lieben, 1923, © VG Bild-Kunst, Bonn 2007.
62 Paul Klee, Kosmische Composition, 1919, 165, 48 x 41 cm, Ölfarbe auf Karton, Kunstsammlung Nordrhein-Westfalen, Düsseldorf, © VG Bild-Kunst, Bonn 2007.
67 René Magritte, Le Rossignol, 1962, © VG Bild-Kunst, Bonn 2007.
68 (o.) Quelle unbekannt. (u.) Ifa Bilderteam.
68/69 © Philip Wallick/Corbis.
69 (o.l.) © Ullstein. (u.r.) © IFA Bilderteam.
71 (o.) Herbert Falken, Der Trommler, 1969, © beim Künstler.
76 (u.) Georgio de Chirico, Der große Turm, 1913, © VG Bild-Kunst, Bonn 2007.
76 (r.) Arnulf Rainer, Ausschüttung des Heiligen Geistes, 1952, © beim Künstler
77 (l.) „Rhythme sans fin", 1934 by Robert Delaunay, © L & M Services B. V. The Hague 20070501. (o.r.) Herbert Falken, Jakobs Kampf, © beim Künstler.
79 Arnulf Rainer, Der brennende Dornbusch, © beim Künstler.
82 Bernhard Heisig, Rabbiner im NS-Lager, 1995, © VG Bild-Kunst, Bonn 2007.
83 Herbert Falken, Der Skandal des Kreuzes, 1968/69, © beim Künstler.
84 Arnulf Rainer, Ich brenne und strahle, © beim Künstler.
85 (o.r.) Klaus Staeck, Ohne Titel, 1970, © VG Bild-Kunst, Bonn 2007.
86 Emil Scheibe, Weihnachten, 1954, © VG Bild-Kunst, Bonn 2007.
88/89 Quelle unbekannt.
98 Marc Chagall, Das Hohe Lied III, 1960, © VG Bild-Kunst, Bonn 2007.
100 René Magritte, Die Liebenden, 1928, © VG Bild-Kunst, Bonn 2007.
101 (l.) Stephen Crane, © beim Künstler.
101 (M.), 168 (u.), 188 © Barbara Klemm, Frankfurt.
101 (r.) David Außerhofer, © beim Künstler.
102 Edvard Munch, Der Kuss, 1894-1895, © The Munch Museum/The Munch Ellingsen Group/VG Bild-Kunst, Bonn 2007.
103 (o.) Edvard Munch, Der Vampir, 1895/1902, © The Munch Museum/The Munch Ellingsen Group/VG Bild-Kunst, Bonn 2007.
(u.) Edvard Munch, Eifersucht, 1896, © The Munch Museum/The Munch Ellingsen Group/VG Bild-Kunst, Bonn 2007.
104 (o.l./r.) privat.
105 (o.r.) privat.
106 (o.) © Stern, Hamburg.
107 Edvard Munch, Die Hände, um 1893, © The Munch Museum/The Munch Ellingsen Group/VG Bild-Kunst, Bonn 2007.
108 René Magritte, Die Liebenden, 1928, © VG Bild-Kunst, Bonn 2007.
109 (l.) Raoul Hausmann, Ich liebe dich, 1918, © VG Bild-Kunst, Bonn 2007.
(r.) Nam Jun Paik, Ohne Titel, 1974/1982, © beim Künstler.
111 Marc Chagall, Die Hochzeit, 1918, © VG Bild-Kunst, Bonn 2007.
114 privat.
116 (o.) © Der Spiegel, Hamburg. (u.) privat.
117 Edvard Munch, Das Kranke Kind, 1926-1927, © The Munch Museum/The Munch Ellingsen Group/VG Bild-Kunst, Bonn 2007.
118 Jim Dine, Winter Watercolor #3, 1995, © VG Bild-Kunst, Bonn 2007.
Photo: Ellen Page Wilson/Courtesy Place Wildenstein, NY.
119 Joan Miro, Amour, 1926, © Successió Miró/VG Bild-Kunst, Bonn 2007.
123 Quelle unbekannt.
135 (o.) Ullstein bild – imagebroker.net.
139 (u.) © Friedrich Stark.
140 (o.) Vladimir Sichov, Paris. © Sipa Press.
(M./u.) © Ateliers et Presses de Taizé, Fotos: Sabine Leutenegger, Wil.
141 (u.) Quelle unbekannt.
142 © Missio/Karl Heinz Melters, Aachen.
143 (o.) Roland R. Ropers. (u.) Camera Press.
144 © www.cartoon-concept.de.
145 Guido Muer, Fußwaschung, 1987, © beim Künstler.
146/147 Pablo Picasso, Krieg und Frieden, 1952-1953, © Succession Picasso/VG Bild-Kunst, Bonn 2007.
149 (o.l.) © Ullstein – vario images. (u.l.) © Ullstein bild – ddp.
150 (o.) © Ullstein – Sylent-Press.
151 Aus: e. o. plauen "Vater und Sohn" in Gesamtausgabe Erich Ohser, © Südverlag GmbH, Konstanz, 2000.
152 Guido Muer, Kain und Abel, 2000, © beim Künstler.
154 Guido Muer, Gewaltlosigkeit, 1985, © beim Künstler.
155 Quelle unbekannt.
156 (o.) privat.
156/157 © Vario-Images, Bonn.
157 (o.r.) © Lester Slohn/Focus, Hamburg.
(o.l.) © L. Willat, East Azglion, Regional Genetics Service/Science Photo Library, London/Focus Hamburg.
158 (u.) © Walter Hanel.
159 (l.) privat. (r.) © Der Stern, Hamburg.
160 Petit Format/Nestle/Science Photo Library, London/Focus, Hamburg.
161 Herbert Falken, Der schwangere Tod, 1981, © beim Künstler.
162 © getty.
164 (o.) privat.
© Bilderbox Erwin Wodicka.
166 Pablo Picasso, Das Gesicht des Friedens, 1951, © Succession Picasso/VG Bild-Kunst, Bonn 2007.
168 (o.), 182 (o.) © Jon Feingersh/Corbis.
168/169 © Unicef, Paris.
169 (o.) Quelle unbekannt.
172 (o.) © Paul Edmondson/Corbis.
(u.) Roland Peter Litzenburger, Das Kreuz der Satten, © Gretel Kunze, Markdorf.
174 © beim Künstler.
176 (o.) © Leo Breuer, Arbeitslose, um 1930, © VG Bild-Kunst, Bonn 2007.
(u.) Klaus Staeck, Endstation Sehnsucht, 1986, © VG Bild-Kunst, Bonn 2007.
177 Pablo Picasso, Die Büglerin, 1904, © Succession Picasso/VG Bild-Kunst, Bonn 2007.
178 © Wieslaw Smetek.
181 Ben Willikens, Abendmahl, 1976-1979. © VG Bild-Kunst, Bonn 2007.
182 (u.) © Ullstein-Grabowsky.
183 James Ensor, Die guten Richter, 1891, © VG Bild-Kunst, Bonn 2007.
184 Pablo Picasso, Der Krieg, Ausschnitt mit Friedenskämpfer, 1952, © Succession Picasso/VG Bild-Kunst, Bonn 2007.
186/187 © Firefly Productions/Corbis.
189 (o.) privat.
(u.) Klaus Staeck, Am Anfang war das Geld, 1973, © VG Bild-Kunst, Bonn 2007.
191 Duane Hanson, Supermarket Lady, 1970, © VG Bild-Kunst, Bonn 2007.
192 (o.r.) The Bentalol Centre, Kingstone-upon-Thames, © Peter Durant/arche-blue.com.
(u.l.) Andy Warhol, "Dollar Sign", © 2007 Andy Warhol Fondation for the Visual Arts/ARS, New York.
193 (o.) © R. Allez/BDP.
194 Emil Nolde, Tanz um das goldene Kalb, 1910. © Nolde Stiftung Seebüll. Die Genehmigung der Nolde Stiftung liegt vor.
196 Guido Muer, Der reiche junge Mann, 1984, © beim Künstler.
197 Guido Muer, Mönch, © beim Künstler.
198 Jean-Louis Nou, Paris.
200 (u.) Lustre Press, Delhi.
201 (o.l.) © Erwin Böhm Mainz. (o.r.) © Reinhard Eisele, Augsburg.
(M.o.) © Jenner Zimmermann, Fotograf, München. (M.u.) © Jenner Zimmermann, Fotograf, München. (u.) © Lustre Press, Delhi.
202 © Torsten Andreas Hoffmann, Goslar.
202/203 Hermann-Josef Frisch, Lohmar
203 (M.) © Jean-Louis Nou, Paris. (u.) © Lustre Press, Delhi.
204 (o.) © Eberhard Thiem, Kaufbeuren. (m.) © Hans Hinz, SWB, CH-Allschwil.
(u.) © Österreichische Nationalbibliothek.

205 (o.) © Jean-Louis Nou, Paris. (u.l.) © Jenner Zimmermann, Fotograf, München. (u.r.) © Reinhard Eisele, Augsburg.
206 (o.l.) © Cornelia Mallebrein. (o.r.) © Christoph & Friends, Das Fotoarchiv, Essen. (u.) © Lustre Press, Delhi.
207 (o.l.) Cornelia Mallebrein. (o.r.) Hitoshi Tamura. (u.) Christoph & Friends, Das Fotoarchiv, Essen.
208 Quelle unbekannt.
209 (u.) © Mehmet Biber/Photo Researchers New York, S. Richter.
212 (o.) Patmos Archiv. (u.) © Jean-Louis Nou, Paris.
214–217 Patmos Archiv.
219 (o.l.) Bechert/Gombridge, The World of Buddism. © Thames & Hudson, London, Roloff Beny. (m.) Quelle unbekannt. (r.) © Owen Franken/Corbis.
220 © British Museum, London.
220/221 Quelle unbekannt.
221 © Hans-Meyer-Veden, Hamburg.
222 © Hans Meyer-Veden, Hamburg.
224 (u.) © Müller LCS 1624, Löwensteiner Cartoon Service, Tuttlingen.
224/225 Patmos Archiv.
227 Guido Muer, Die Weltreligionen, © beim Künstler.
230 © Corbis.
232 Franz Masereel, Es war einmal, 1954, © VG Bild-Kunst, Bonn 2007.
235 Johannes Schreiter, Medizinfenster, © beim Künstler.

Textverzeichnis

5 Martin Buber, Werke, Bd. 3, Schriften zum Chassidismus, Kösel-Verlag, München 1963, S. 462.
8 Eduard Dietl, Clowns, Markus Verlag, München 1967.
12 Christa Straub, zitiert aus: Katechetische Blätter, 3/94, S. 181.
15 Martin Luther King, zitiert aus M. King, Aufruf zum zivilen Ungehorsam, Econ Verlag Düsseldorf 1969, S. 107 (mit kleinen Änderungen und Auslassungen).
17 Jana: zit. N. Publik-Forum. Zeitung kritischer Christen, Oberursel 1/2003.
18 Christoph Clermont, PZ Nr. 92, Dezember 1997, hg. von der Bundeszentrale für politische Bildung, Bonn, S. 18. Anett Schmalz, zitiert aus FAZ vom 18.12.1995.
19 Erich Fried, Es ist was es ist. Liebesgedichte, Angstgedichte, Zorngedichte, Wagenbach Verlag, Berlin 1983, S. 70.
20 Lulu, Text: Reinhard Mey, © Maikäfer Musikverlag GmbH, Berlin.
21 Schülerin: zit. N. Publik-Forum 11/1998. Gib mir Musik, Musik und Text: Reinhard Mey, © Maikäfer Musikverlag GmbH, Berlin.
22 Marianne Antwerpen, Bonner Generalanzeiger 2003.
24 Robert F. Mager, Lernziele und programmierter Unterricht, 1965 Beltz Verlag, Weinheim und Basel.
25 © Alfred Müller-Felsenburg, Hagen.
29 Angelika: zit. N. Publik-Forum 3/1995.
32 Heinrich Heine, Sämtliche Werke, Hamburg 1887, Bd. 11, S. 72f..
33 Aus: Bertolt Brecht, Ausgewählte Gedichte, Edition Suhrkamp 86, S. 18, Suhrkamp Verlag, Frankfurt am Main. Die Toten Hosen, Nichts bleibt für die Ewigkeit, Text: Holst, Andreas/Frege, Andreas/Müller, Hans Christian, © DHT Edition/© HNKAKBSM Heike's noch kleinerer aber kein bisschen schlechter Musikverlag GmbH, Düsseldorf.
42 Aus: Bertolt Brecht, Die Gedichte von Bertolt Brecht in einem Band, Edition Suhrkamp 1995. © Suhrkamp Verlag, Frankfurt/Main.
43 Rudolf Otto Wiemer, aus: Hans Joachim Gelberg, Die Erde ist mein Haus. 8. Jahrbuch der Kinderliteratur. Beltz-Verlag, Weinheim/Basel 1988.
61 Nach Martin Buber – frei nacherzählt.
64 Die Toten Hosen, Beten, © HKM, Heikes kleiner Musikverlag GmbH, Düsseldorf.
68 Friedrich Dürrenmatt, aus: Philosophie und Naturwissenschaft, Diogenes Verlag, Zürich 1998.
70 Hans Brechbühl, Der geschlagene Hund pisst an die Säulen des Tempels, Diogenes Verlag, Zürich 1972. Martin Walser bei der Verleihung des Georg-Büchner-Preises 1981.
71 Friedrich Nietzsche, Die fröhliche Wissenschaft, Aph. 125.
73 Fynn „Hallo Mr. Gott, hier spricht Anna“, Fischer Tabu 2414, 1979, S. 78f, © Fischer Verlag, Frankfurt am Main. Wolfgang Abendschön, Einmal Himmel und zurück, Calwer Verlag, Stuttgart, S. 27.
75 Rose Ausländer, Mutterland Einverständnis, S. Fischer Verlag, Frankfurt am Main.
84 Wladimir Maximow, Abschied vom Nirgendwo, Scherz Verlag, Bern 1976.
85 Paul Dominik Hasler. Aus: Rückruf. Göttliche Dialoge, Kreuz Verlag, Stuttgart 1998.
94 Kurt Marti, Gedichte am Rand, © 2002 Radius Verlag, Stuttgart.
95 Siegfried Macht, Mein Name ist Dubistbeimir, Gedichte – Gebilde – Gedanken, AOL Verlag, Lichtenau.
100-101 Ein Annäherungsversuch von Albert Link, Junge Zeit, Weltbild Verlag, Augsburg Oktober 1993, S. 16.
102 Carola: Publik-Forum 1/1998; Marsha: Publik-Forum 1/1998. Sechzehnjährige: zit. n. Religionsunterricht im Abseits, hg. V. G. Hilger, G. Reilly, München 1993, 219f.
108 Bertolt Brecht, aus: Werke. Große Kommentierte Berliner und Frankfurter Ausgabe, Bd. 14, Suhrkamp Verlag, Frankfurt 1995.
109 Irene, zit. n. Ich will bei dir sein, Von Liebe und Zärtlichkeit. Hrsg. v. Dietmar Rost/Joseph Michalke, Gütersloher Verlagshaus 1985, S. 72; David: Publik-Forum 4/1998.
113 Jana, zit. n. 12. Shell-Jugendstudie „Jugend 1997“, Leske und Budrich Verlag, Opladen, S. 117.
118 Jana Steinbach, zit. n. FAZ v. 20.03.200, S. 58. Jana, zit. n. Publik-Forum, Provo v. 01.02.2001. Weitere Gedichte aus: Prometheus-Literatur am Gymnasium der Stadt Frechen. Visionen, Nr 3 (9/2000), S. 31, 34, 39.
119 Erich Fried, Gründe, Gesammelte Gedichte, Klaus Wagenbach Verlag, Berlin 1989, S. 115. Bertolt Brecht, Gedichte in einem Band, Suhrkamp Verlag, Frankfurt 10/1999, S. 993. Renate Rasp, aus: Junges Deutschland, Carl Hanser Verlag, München-Wien 1978. Ulla Hahn. Herz über Kopf, Deutsche Verlagsanstalt, Stuttgart 13/2001.
122-123 René Fülöp-Miller, Macht und Geheimnis der Jesuiten, Kulturhistorische Monographie, Grethlein Verlag 1929.
128 Inge Scholl, Die Weiße Rose, Fischer Tabu, Frankfurt München 1987, S. 96ff. (i.A.)
129 Hans Scholl, Sophie Scholl. Briefe, Auszeichnungen, hrsg von Inge Jens, Frankfurt 1984, S. 127f.
129 Inge Aicher-Scholl, Die Weiße Rose, Fischer Tabu, Frankfurt München 1957, S. 108ff.
134 Aus Lothar Zenetti, „Auf seiner Spur“, © Matthias Grünewald Verlag der Schwabenverlag AG, Ostfildern, 4. Auflage 2006, S. 58. Anton Lichtenauer (Hg.), Anthony de Mello, Gib deiner Seele Zeit, © Herder Verlag, Freiburg 6/1998.
142 Walbert Bühlmann, Impulse aus den jungen Kirchen, Katechetische Blätter 112, 1987, S. 706ff. P. Alfons Merten SVD, © beim Autor.
155 Gina Ruck-Pauquèt, Bad Tölz, © bei der Autorin.
158 © Franziska Polanski/Ullstein Verlag, Berlin.
159 Barbara Hobaum, zit. n. FAZ v. 13.02.2001, S. 3. Johannes Röser, n: Christ in der Gegenwart, Freiburg i. Br., Nr. 28, S. 228.
161 Hannah Lothrop, Gute Hoffnung – jähes Ende, zit. n. Publik-Forum 22/1999, S. 61-63. Calla, 20 Jahre danach, zit. n. Publik-Forum 22/1999, S. 61–63.
162 Kristina Jessen, FAZ vom 17.12.1997.
169 Enzyklika „Centesimus annus“ 1991; Beschluss „Kirche und Arbeiterschaft“ 1975; Enzyklika „Sollicitudo rei socialis“ 1987.
175 Übersetzung von Gen 1,28 nach Erich Zenger, in: Das Geheimnis der Schöpfung als ethische Vorgaben an Juden und Christen, in: Damit die Erde menschlich bleibe, hg. V. Wilhelm Breuning und Hanspeter Heinz, Freiburg 1985, S. 46.
176 Martin Staiger „Jetzt verlässt mich halt ein bisschen das Innere“, Publik-Forum 21/2001 (mit kl.Kürzungen).
177 Bertolt Brecht, Gesammelte Werke, Suhrkamp Verlag, Frankfurt 1967.
176 Martin Staiger „Jetzt verlässt mich halt ein bisschen das Innere“, Publik-Forum 21/2001. (mit kl.Kürzungen)
179 Wolfgang Biermann, Die Drahtharfe, Klaus Wagenbach Verlag, Berlin 1965. Aus: Antoine de Saint-Exupéry, Der kleine Prinz, Karl Rauch Verlag, Düsseldorf, S. 67, dt. von Grete und Josef Leitgeb 1950 und 1990.
183 Bertolt Brecht, aus: Werke. Große kommentierte Berliner und Frankfurter Ausgabe, Bd. 18, © Suhrkamp Verlag, Frankfurt am Main 1995. Sigismund von Radecki, Ein schöner Einfall, in: ABC des Lebens, Hamburg 1970. Anthony de Mello, Gib deiner Seele Zeit, Herder Verlag, Freiburg 6/1998 (hg. v. Anton Lichtenauer), S. 134.
188 Heinrich Böll, Das wahre Wie, das wahre Was, in: Dichter erzählen Kinder, dtv, München 1969.
190 Erich Kästner, aus: Gesammelte Schriften © Atrium Verlag, Zürich.
191 Anthony de Mello, Herder Verlag, Freiburg.
197 „Ein Stein ist besser als Geld“, frei nacherzählt nach Heribert Haberhausen, Geschichtenbuch Religion S. 1, Patmos Verlag, Düsseldorf 1999.
201 Mahatma Gandhi, zit. n. Indische Geisteswelt, übers. v. Helmuth von Glasenapp, E. Vollmer Verlag, Wiesbaden o.J., S. 278 (verändert).
202 Frederic Spiegelberg, aus: Die lebenden Weltreligionen, übers. v. Dora Fischer, © Insel Verlag, Frankfurt am Main 1977.
204 Sarvapalli Radhakrishnan, zit. n. Weltanschauung der Hindu, Holle Verlag, Baden-Baden 1961, S. 29.
205 Ramakrishna: freie Widergabe.
207 Mulk Raj Anand, Der Unberührbare, Unions Verlag, Zürich 1984, S. 56.
209 „Gewaltlosigkeit“: Mahatma Gandhi, zit. n. Gewaltfrei leben, Benziger Verlag, Zürich, S. 70. „Schutz der Kuh“: Mahatma Gandhi, Freiheit ohne Gewalt, Köln 1968, S. 112. „Versöhnung zwischen den Religionen“. Mahatma Gandhi, zit. In Glasenapp von H. Indische Geisteswelt,Wiesbaden o. J. S. 281.
218 Aus dem 1. Korb des Pali-Kanon: Mahavagga I, 6, 17 ff., zit. mit Abweichungen aus: Gunsser, I. L.: Reden des Buddha, aus dem Palikanon übersetzt, Reclam Verlag, Stuttgart 1971, S. 36. Aus dem 2. Korb des Pali-Kanon: Undana VIII, 1, zit. mit Abweichungen aus: Gunsser, I. L.: Reden des Buddha, aus dem Palikanon übersetzt, Reclam Verlag, Stuttgart 1971, S. 81.
220 Öser D. Bünker, Die Güte des Menschen wiegt mehr als ein Berg, © Herder Verlag, Freiburg 1998.
221 Der XIV. Dalai Lama, Mein Leben und mein Volk, © 1982 Droemersche Verlagsanstalt Th. Knaur Nachf. GmbH & Co. KG.
223 Romano Guardini, R. G., Der Herr, Pattloch Verlag, Aschaffenburg 1948, S. 348.

Zugelassen als Lehrbuch
für den katholischen Religionsunterricht
von den Diözesanbischöfen von Aachen, Berlin, Dresden, Erfurt, Essen, Freiburg, Fulda, Görlitz, Hamburg, Hildesheim, Köln, Limburg, Magdeburg, Mainz, Münster, Osnabrück, Paderborn, Rottenburg-Stuttgart, Speyer und Trier.

1. Auflage 2007
Druck 15 14 13 12
Printed in Germany
ISBN 978-3-7627-0411-9
www.oldenbourg-bsv.de

Karte I
DER WÜSTENZUG
DER ISRAELITEN
Ägyptische Grenzfestungen
Zug der Israeliten entsprechend den Angaben der Bibel
Kundschaftereinfälle
Spätere Vorstöße
0 25 50 75 100 km
MITTELMEER
Byblos
PHÖNIZIEN
LIBANON
Sidon
ARAMÄER
Damaskus
Tyrus
Akko
See Gennesaret
Megiddo
Karmel
KANAAN
Jordan
AMMON
Joppe
Bet-El
Jericho
Berg Nebo 810 m
Aschdod
Aschkelon
Jerusalem
Totes Meer
Gaza
Hebron
PHILISTÄA
Beerscheba
MOAB
Ramses
GOSCHEN
Kadesch
EDOM
Heliopolis
Memfis
AMALEK
Berg Hor
Rissa
ÄGYPTEN
WÜSTE SIN .
Elim
SINAI DER GESETZGEBUNG
MIDIAN
Schilfmeer (Rotes Meer)
Horeb 2292 m
SINAI-GEBIRGE
Golf von Akaba
ARABISCHE WÜSTE

Karte II
DAS LAND ISRAEL
ZUR ZEIT JESU
Bis auf wenige Ausnahmen finden sich hier nur Ortsnamen, die im Neuen Testament vorkommen
Sidon
ABILENE
Damaskus
Hermon
Tyrus
SYROPHÖNIZIEN
Cäsarea Philippi
TRACHONITIS
ITURÄA
Ptolemais (Akko)
GALILÄA
Chorazin
Kafarnaum
Betsaida
Magdala
Tiberias
Kana
Karmel
Tabor
See Gennesaret
Nazaret
Abila
MITTEL-
MEER
Nain
Gadara
Megiddo
Cäsarea
Jordan
ZEHN STÄDTE
SAMARIA
Pella
Samaria
Gerasa
Sichem
Sychar
Garizim
Schilo
Jafo (Joppe)
Arimathäa
Bet-El
Philadelphia (Amman)
Lydda
Jericho
PERÄA
Emmaus
Betanien
Aschdod
Jerusalem
Qumran
Nebo 810 m
Aschkelon
Betlehem
JUDÄA
Totes Meer
Hebron
−394 m
Machärus
Gaza
Masada
Provinzgrenzen
Beerscheba
IDUMÄA
0 10 20 30 40 50 km